Monika Hochreiter

Die heimliche Überwachung internationaler Telekommunikation

– Eine rechtsvergleichende Untersuchung zur Rechtsstaatlichkeit der Arbeit von Auslandsnachrichtendiensten in Deutschland und dem Vereinigten Königreich unter besonderer Berücksichtigung der Europäischen Menschenrechtskonvention –

2., unveränderte Auflage

Herbert Utz Verlag · München

Münchner Juristische Beiträge

Herausgegeben von

Prof. Dr. Thomas Küffner
küffner maunz langer zugmaier, München

Band 25

Zugl.: Diss., 2001

Bibliografische Information der Deutschen Nationalbibliothek:
Die Deutsche Nationalbibliothek verzeichnet diese Publikation in der Deutschen Nationalbibliografie; detaillierte bibliografische Daten sind im Internet über http://dnb.d-nb.de abrufbar.

frühere Ausgabe: ISBN 978-3-8316-0117-2

ISBN 978-3-8316-8193-8

Printed in EU
Herbert Utz Verlag GmbH, München
www.utzverlag.de

Vorwort

Die vorliegende Arbeit wurde im Wintersemester 2001/2002 von der Juristischen Fakultät der Ludwig-Maximilians-Universität als Dissertation angenommen.

Das Manuskript wurde im Juli 2001 fertiggestellt. Die Rechtsänderungen, die aufgrund der Terroranschläge vom 11. September 2001 auch und gerade im Bereich der Sicherheitsgesetze in Deutschland und dem Vereinigten Königreich vorgenommen wurden, konnten nicht mehr berücksichtigt werden.

Die Untersuchung des rechtlichen Rahmens der heimlichen Überwachung internationaler Telekommunikation wurde im Rahmen des Graduiertenkollegs „Europäischer Persönlichkeitsrechtsschutz" von meinem Doktorvater, Herrn Prof. Dr. Hans-Jürgen Papier, angeregt, der mir bei der Ausgestaltung einen großen Freiraum gewährt hat und stets zum Gespräch und zu sonstiger Unterstützung bereit war. Dafür und für die zügige Erstellung des Erstgutachtens sei ihm an dieser Stelle sehr herzlich gedankt. Ebenso bedanke ich mich bei Herrn Prof. Dr. Peter Badura für die rasche Erstellung des Zweitgutachtens.

Mein weiterer Dank gilt Herrn Prof. Dr. Dr. h.c. Hans Jürgen Sonnenberger stellvertretend für alle Professoren und Dozenten, die sich für die wissenschaftliche Begleitung und die sonstigen guten Rahmenbedingungen des Graduiertenkollegs eingesetzt haben.

Ganz besonders danke ich Frau Prof. Dr. Dagmar Coester-Waltjen, LMU, Herrn Prof. Dr. Peter Birks, All Souls College, Oxford und Miss Ann Kennedy, Lady Margaret Hall, Oxford, durch deren Vermittlung und tatkräftige Unterstützung ich insgesamt vier Forschungsmonate in Oxford verbringen durfte. Der Aufenthalt in Lady Margaret Hall und die Arbeit in Oxford gehören zu den absoluten Höhepunkten meiner gesamten Studienzeit.

Außerdem habe ich der Deutschen Forschungsgemeinschaft zu danken, die mir zwei Jahre lang ein großzügiges Stipendium gewährt hat.

Meinen Mitkollegiaten und Freunden danke ich für ihre Gesprächsbereitschaft und Anteilnahme während der gesamten Promotionszeit sowie für die Mithilfe beim Korrekturlesen.

Mein innigster Dank gilt schließlich meinen Eltern, die mich in jeder Hinsicht vorbehaltlos unterstützt haben. Ihnen widme ich diese Arbeit.

München, im März 2002

Monika Hochreiter

INHALTSÜBERSICHT

INHALTSVERZEICHNIS

KAPITEL 7:

ABKÜRZUNGSVERZEICHNIS

1st ....first
A ....Assembly
a.A. ....anderer Ansicht
a.a.O. ....am angegebenen Ort
a.E. ....am Ende
a.F. ....alte Fassung
abl. ....ablehnend
ABl. ....Amtsblatt
Abs. ....Absatz
Abt. ....Abteilung
AC ....Appeal Cases (Entscheidungssammlung)
Admin LR..............Administrative Law Reports
AEMR ....Allgemeine Erklärung der Menschenrechte
AK ....Alternativkommentar
All ER.....................All England Law Reports (Entscheidungssammlung)
allg. ....allgemein
Alt. ....Alternative
Anm. ....Anmerkung
AöR ....Archiv des öffentlichen Rechts
Art. ....Artikel
AT...........................Altes Testament
Aufl. ....Auflage
BayVBl. ....Bayerische Verwaltungsblätter
BBC ....British Broadcasting Corporation
Bd. ....Band
BDSG ....Bundesdatenschutzgesetz
BegleitG ....Begleitgesetz (zum Telekommunikationsgesetz)
Bek. ....Bekanntmachung
BGBl. ....Bundesgesetzblatt
BGHZ ....Entscheidungen des Bundesgerichtshofes in Zivilsachen
Bgr. ....Begründung
BND ....Bundesnachrichtendienst
BNDG....................Gesetz über den Bundesnachrichtendienst
BR-Drs. ....Bundesratsdrucksache
BStatG ....Bundesstatistikgesetz
BT-Drs. ....Bundestagsdrucksache

BtMG.......................Betäubungsmittelgesetz
BVerfG....................Bundesverfassungsgericht
BVerfGE ....Entscheidungen des Bundesverfassungsgerichts
BVerfGG ....Bundesverfassungsgerichtsgesetz
BVerfSchG.............Bundesverfassungsschutzgesetz
bzw. ....beziehungsweise
C ....Serie „Mitteilungen und Ausschreibungen" des Amtsblatts der Europäischen Gemeinschaften
C ....Chapter
ca. ....circa
CC...........................County Council
CCPR......................Covenant on civil and political rights
CDU ....Christlich-Demokratische Union
CEDH.....................Convention européene des droits de l´homme
CIA.........................Central Intelligence Agency
CL&P ....Computer Law and Practice
CLJ ....The Cambridge Law Journal
CLSR......................Computer Law & Security Report
Cm, Cmnd ....Command Paper
col. ....column
CR...........................Computer und Recht
CrApp R ....Criminal Appeal Reports
CSU........................Christlich-Soziale Union
d.h. ....das heißt
Deb ....Debates
ders. ....derselbe
Diss. ....Dissertation
DÖV ....Die Öffentliche Verwaltung
DPP.........................Director of Public Prosecution
DSC ....Departmental Select Committee
DuD ....Datenschutz und Datensicherheit
DVBl. ....Deutsches Verwaltungsblatt
ECA........................European Communities Act
ed. ....edition
EG...........................Europäische Gemeinschaft
EGBGB ....Einführungsgesetz zum Bürgerlichen Gesetzbuch
EGMR....................Europäischer Gerichtshof für Menschenrechte
EGV........................Vertrag zur Gründung der Europäischen Gemeinschaft
EHRLR...................European human rights law review

EinigungsV ....Einigungsvertrag
Einigungs-
vertragsG ....Gesetz zum Einigungsvertrag
Einl. ....Einleitung
EKMR ....Europäische Kommission für Menschenrechte
EMRK ....Europäische Menschenrechtskonvention
Entsch. ....Entscheidung
EP ....Europäisches Parlament
EPL ....European Public Law
etc. ....et cetera
EU ....Europäische Union
EuGH ....Europäischer Gerichtshof
EuGRZ ....Europäische Grundrechte-Zeitschrift
EuZW ....Europäische Zeitschrift für Wirtschaftsrecht
ex p. ....ex parte
f. ....und nächste folgende (Seite)
FDP ....Freie Demokratische Partei
ff. ....und mehrere folgende (Seiten)
FIA ....Freedom of Information Act
FS ....Festschrift
FYROM ....Former Yougoslav Republic of Macedonia
G 10 ....Gesetz zur Beschränkung des Brief-, Post- und Fernmeldegeheimnisses (Gesetz zu Artikel 10 Grundgesetz)
GCHQ ....Government Communications Headquarters
gem. ....gemäß
GG ....Grundgesetz
Harv LR ....Harvard Law Review
HbStR ....Handbuch des Staatsrechts
HC ....House of Commons
HL ....House of Lords
HLR ....Holdsworth Law Review
HRA ....Human Rights Act
HRLJ ....Human Rights Law Journal
Hrsg. ....Herausgeber
hrsg. ....herausgegeben
http ....hypertext markup language
HUDOC ....Datensammlung der Organe des Europarats
i.S.v. ....im Sinne von
i.V.m. ....in Verbindung mit

ICLQ........................International and Comparative Law Quarterly
IJHR........................The International Journal of Human Rights
insb. ....insbesondere
IntKomm. ....Internationaler Kommentar
IOCA........................Interception of Communications Act
IPBPR......................Internationaler Pakt über bürgerliche und politische Rechte
IPR..........................Internationales Privatrecht
IPTR........................Investigatory Powers Tribunal Rules
ISA..........................Intelligence Services Act
JLSS........................Journal of the Law Society of Scotland
JP.............................Justice of Peace (Entscheidungssammlung)
JR.............................The Juridical Review
Jura..........................Juristische Ausbildung
JuS...........................Juristische Schulung
JZ.............................Juristen-Zeitung
Kap. ....Kapitel
KB ....King´s Bench
KJ ....Kritische Justiz
Komm. ....Kommentar
KritV ....Kritische Vierteljahresschrift für Gesetzgebung und .Rechtswissenschaft
KWKG ....Kriegswaffenkontrollgesetz
L ....Serie „Rechtsvorschriften“ des Amtsblatts der Europäischen Gemeinschaften
LA...........................Legal Action
LBC.........................London Borough Council
LJ.............................Lord Justice
LR...........................Law Reports
LSG.........................Law Society´s Gazette
Ltd. ....Limited
m. ....mit
M.R. ....Master of the Rolls
m.w.N. ....mit weiteren Nachweisen
MAD.......................Militärischer Abschirmdienst
MDH.......................Maunz-Dürig-Herzog
MI...........................Military Intelligence
MLR.......................Modern Law Review
n.F. ....neuer Fassung
NCIS.......................National Criminal Intelligence Service

NCS ....National Crime Squad
neubearb. ....neubearbeitete
NGO ....Non-governmental organization
NILQ ....Northern Ireland Legal Quarterly
NJ ....Neue Justiz
NJW ....Neue Juristische Wochenschrift
NLJ ....New Law Journal
No ....Number
Nr. ....Nummer
NVwZ......................Neue Zeitschrift für Verwaltungsrecht
OECD ....Organization of Economic Cooperation and Development
ÖJZ ....Österreichische Juristenzeitung
o.g. ....oben genannt
OVG ....Oberverwaltungsgericht
PACE.......................Police and Criminal Evidence Act
PAG ....Polizeiaufgabengesetz
para ....Paragraph
PKG ....Parlamentarisches Kontrollgremium
PKGrG....................Gesetz über die parlamentarische Kontrolle nachrichtendienstlicher Tätigkeit des Bundes
PKK........................Parlamentarische Kontrollkommission
PL ....Public Law
QB ....Queen´s Bench
RabelsZ ....Rabels Zeitschrift für ausländisches und internationales Privatrecht
Red. ....Redaktion
repr. ....reprinted
RES.........................Resolution
Res. ....Resolution
RIPA ....Regulation of Investigatory Powers Act
Rn. ....Randnummer
RTkom...................Zeitschrift für das gesamte Recht der Telekommunikation
S. ....Satz
S. ....Seite
s. ....Section
s.o. ....siehe oben
s.u. ....siehe unten
Sch. ....Schedule
SI ....Statutory Instrument

SIGINT.................Signals Intelligence
SIS.......................Secret Intelligence Service
SLR.......................Stanford Law Review
SSA.......................Security Service Act
st. Rspr. ....ständige Rechtsprechung
St.Tr. ....State Trials (Entscheidungssammlung)
StPO ....Strafprozeßordnung
StV........................Strafverteidiger
SZ.........................Süddeutsche Zeitung
TK.........................Telekommunikation
TKG......................Telekommunikationsgesetz
u.a. ....und andere
u.a. ....unter anderem
überarb. ....überarbeitet
UKUSA.................United Kingdom - United States Agreement
UN-Doc.................United Nations Document
Univ. ....Universität
Urt. ....Urteil
USA......................United States of America
v. ....von, vom
v............................versus
v. Chr. ....vor Christus
Verf'in..................Verfasserin
VerwA...................Verwaltungsarchiv
vgl. ....vergleiche
VOBlBZ................Verordnungsblatt für die britische Zone
Vol. ....Volume
Vorbem. ....Vorbemerkung
VVStRL.................Veröffentlichungen der Vereinigung der Deutschen Staatsrechtslehrer
VwVfG..................Verwaltungsverfahrensgesetz
WLR......................Weekly Law Reports
WTA......................Wireless Telegraphy Act
WVRK...................Wiener Vertragsrechtskonvention (Wiener Übereinkommen über das Recht der Verträge)
www ....world wide web
z.B. ....zum Beispiel
z.Zt. ....zur Zeit

ZaöR........................Zeitschrift für ausländisches öffentliches Recht und Völkerrecht
ZFIS........................Zeitschrift für Innere Sicherheit
Ziff. ....Ziffer
ZParl........................Zeitschrift für Parlamentsfragen
ZRP.........................Zeitschrift für Rechtspolitik
zugl. ....zugleich

EINLEITUNG

Seit einiger Zeit wird in den Medien durch die Berichterstattung über das Abhörsystem ECHELON verstärkt der Eindruck erweckt, als sei die flächendeckende Überwachung internationaler Telekommunikation mittlerweile die Regel. Die Berichterstattung in Deutschland im Herbst 1999 über das Vorhandensein von unzähligen Abhörprotokollen der Stasi von deutsch-deutschen Telefongesprächen stieß auf ein breites Interesse in der Bevölkerung. Die Rechtsentwicklung im europäischen Ausland findet in der deutschen Presse und Öffentlichkeit ebenfalls Gehör. Aus dem öffentlichen Interesse läßt sich ablesen, daß die heimliche Überwachung von Telekommunikation keineswegs als eine Selbstverständlichkeit angesehen, sondern vielmehr mit zunehmendem Unbehagen zur Kenntnis genommen wird.

Die vorliegende Untersuchung wurde ebenfalls von einem Fall veranlaßt, der auf breites Interesse nicht nur der juristischen Öffentlichkeit stieß. Im Juli 1999 hatte das BVerfG zur Verfassungsmäßigkeit von Bestimmungen des Gesetzes zur Beschränkung des Brief-, Post- und Fernmeldegeheimnisses (Gesetz zu Artikel 10 GG) (G 10) Stellung zu nehmen, die die Befugnis des Bundesnachrichtendienstes (BND) zur heimlichen Überwachung internationaler Telekommunikation und zum weiteren Umgang mit den dabei erlangten Daten regelten und so zu einem Eingriff in das in Art. 10 GG gewährleistete Fernmeldegeheimnis ermächtigten[1]. Die Diskussion wurde durch Art. 13 des Gesetzes zur Änderung des Strafgesetzbuchs, der Strafprozeßordnung und anderer Gesetze (Verbrechensbekämpfungsgesetz) vom 28. Oktober 1994[2] in Gang gesetzt, durch den das G 10 geändert worden war. Seither ist die Überwachung internationaler Telekommunikation durch den BND über die „klassischen" Aufklärungsziele der Früherkennung und der Abwehr der Gefahr eines bewaffneten Angriffs auf die Bundesrepublik Deutschland hinaus in weiteren Aufklärungsfeldern zulässig. Der Gesetzesbegründung läßt sich entnehmen, daß der internationale Terrorismus, Rauschgiftschmuggel, der illegale Handel mit Kriegswaffen sowie internationale Geldwäsche- und Geldfälschungsaktivitäten heute als ähnlich sicherheitsgefährdend eingestuft werden, um den Einsatz dieses nachrichtendienstlichen Mittels gegen die genannten Gefahren zu rechtfertigen[3].

---

1 BVerfG, Urt. v. 14. Juli 1999, BVerfGE 100, 313ff.

2 BGBl. I, S. 3186.

3 Vgl. die Begründung des Gesetzentwurfs der Fraktionen der CDU/CSU und F.D.P., BT-Drs. 12/6853, S. 42.

Im jüngsten „Abhörurteil" des BVerfG wurde die Erweiterung der Aufklärungsbefugnisse im wesentlichen nicht angetastet. Das BVerfG setzte jedoch zum Teil neue Maßstäbe und verlangte nach Präzisierungen des G 10. Das Verhältnis von Fernmeldegeheimnis und Datenschutz wurde schärfer als bisher konturiert.

Die Vorgaben des BVerG wurden vom Gesetzgeber mittlerweile in einem neuen „Gesetz zur Beschränkung des Brief-, Post- und Fernmeldegeheimnisses (Artikel 10-Gesetz - G 10)" vom 26. Juni 2001, das am 29. Juni 2001 in Kraft getreten ist, umgesetzt[4]. Der Diskussion um eine verfassungsgemäße rechtliche Regelung der Befugnisse und Kontrolle des BND wurde dadurch aber kein Ende gesetzt. Zum einen greift die Neuregelung zwar im wesentlichen die Konzeption des G 10 a.F. auf, geht aber über die vom BVerfG geforderten Präzisierungen hinaus. Zum anderen konnte die Frage des räumlichen Schutzumfangs des Fernmeldegeheimnisses vom BVerfG offen gelassen werden, obwohl die verfassungsrechtliche Beurteilung von Teilen des - alten wie neuen - G 10 von ihrer Beantwortung abhängt. Darüber hinaus bewegt sich die heimliche Überwachung von Telekommunikation in einem besonders sensiblen grundrechtsrelevanten Bereich. Da sich die Partner einer Telekommunikationsverbindung der Hilfe von Dritten bedienen müssen, ist diese Art von Kommunikation immer der Gefahr eines unbemerkten Zugriffs von außen ausgesetzt. Aufgrund der technischen Entwicklung, z.B. des Internets, wird Telekommunikation in Zukunft Formen annehmen, die sich mit dem herkömmlichen Telefongespräch nicht mehr vergleichen lassen. Damit steigen die Risiken für einen Eingriff in die Privatsphäre weiter an. Auch angesichts dessen ist es geboten, die gesetzlichen Regelungen, auch soweit sie derzeit den Vorgaben der Verfassung entsprechen, im Hinblick auf zukünftige Entwicklungen und einen anzustrebenden größtmöglichen Grundrechtsschutz zu hinterfragen.

Um Anstöße für das eigene Recht zu gewinnen, bietet sich zugleich die Methode des Rechtsvergleichs an. Aus aktuellem Anlaß wird die Regelung im Vereinigten Königreich[5] zu diesem Zweck herangezogen. Im Juli 2000 wurde

---

4 Art. 1 des Gesetzes zur Neuregelung von Beschränkungen des Brief-, Post- und Fernmeldegeheimnisses vom 26. Juni 2001, BGBl. I, S. 1254.

5 In der Verwendung der Begriffe „Vereinigtes Königreich", „Großbritannien", „Britische Inseln", „England", „Schottland" etc. hält sich die Arbeit vorrangig an die Definitionen im Interpretation Act 1978, Sch. 1. Danach, um nur die wichtigsten Definitionen zu nennen, umfaßt das „Vereinigte Königreich" Großbritannien und Nordirland, „Großbritannien" umfaßt England, Schottland und Wales, die „Britischen Inseln" umfassen das Vereinigte Königreich sowie die Kanalinseln und die Isle of Man. Weitere Details finden sich im

hier mit dem *Regulation of Investigatory Powers Act 2000* die heimliche Überwachung von Telekommunikation ebenfalls erst kürzlich umfassend neu geregelt. Die darin festgeschriebenen Institutionen und Mechanismen, die die Rechtsstaatlichkeit von Überwachungsmaßnahmen sicherstellen sollen, weichen von den in Deutschland geltenden Regelungen nicht unerheblich ab. Möglicherweise können die dortigen Lösungsansätze Anstöße geben, um den rechtlichen Schutz des Bürgers hierzulande zu verbessern.

Die in den Vergleichsländern vorgefundenen Regeln müssen zudem den völkerrechtlichen Anforderungen genügen, die von Deutschland und dem Vereinigten Königreich eingegangen worden sind. Im Mittelpunkt dieser Betrachtung steht die Europäische Menschenrechtskonvention von 1950, da sie in Art. 8 EMRK ein Recht auf Achtung des Privatlebens und des Briefverkehrs festschreibt und damit im Bereich heimlicher Telekommunikationsüberwachung in beiden Vergleichsländern als Mindeststandard einschlägig ist. Dieser Mindeststandard muß zunächst herausgearbeitet werden, ehe ein Urteil über die Vereinbarkeit des jeweiligen nationalen Rechts mit der EMRK getroffen werden kann. Der Rechtsprechung des Europäischen Gerichtshofs für Menschenrechte kommt dabei besondere Bedeutung zu. Das Ausmaß des international geforderten Schutzes hängt maßgeblich davon ab, welchen Ermessensspielraum der Gerichtshof dem nationalen Gesetzgeber einräumt.

Im Anschluß an das G 10 - Urteil greift die vorliegende Arbeit mit der Untersuchung der heimlichen Überwachung von Telekommunikation nur ein Überwachungsmittel aus dem Arsenal der Nachrichtendienste heraus. Andere Formen der Informationsgewinnung, wie z.B. Observation, Einsatz von verdeckten Ermittlern oder das Anbringen von Abhörvorrichtungen außerhalb des Telekommunikationsverkehrs bedürfen zwar ebenfalls rechtlicher Regelungen, ihre Einbeziehung würde jedoch den Rahmen dieser Arbeit sprengen.

Mit der Konzentration auf die Arbeit von Auslandsnachrichtendiensten wird ebenfalls eine Beschränkung des Untersuchungsgegenstands vorgenommen. Die heimliche Überwachung von Telekommunikation ist auch eine z.B. im Rahmen polizeilicher Ermittlungstätigkeit gebräuchliche und in der StPO geregelte Methode. Dennoch ist der Einsatz dieser Maßnahme durch die Polizei anderen

---

Interpretation Act 1978, Sch. 1 „Words and expressions defined“, in: Halsbury's Statutes, 4. Aufl., Vol. 41 (2000 Reissue), ab S. 592.

Das Adjektiv „englisch“ wird dagegen stellvertretend für die Regelung im gesamten Vereinigten Königreich verwendet, da das Recht der Geheimdienste, von einigen hier unerheblichen Ausnahmen abgesehen, einheitlich geregelt ist.

rechtlichen Voraussetzungen unterworfen. In deutlichem Unterschied zur nachrichtendienstlichen Tätigkeit steht der Einsatz durch die Polizei unter einem Richtervorbehalt und findet ausschließlich in Form einer Individualkontrolle, anknüpfend an einen durch „bestimmte Tatsachen" verdichteten Verdacht auf eine Katalogstraftat, zum Zweck der Strafverfolgung statt[6].

Wird die heimliche Telekommunikationsüberwachung dagegen von Auslandsnachrichtendiensten durchgeführt, so dient dies überwiegend der „Auslandsaufklärung". Mit „Auslandsaufklärung" wird eine umfassende Datensammlung über das Ausland charakterisiert, aufgrund derer der Nachrichtendienst Lagebilder über das Ausland auf außenpolitischem, wirtschaftlichem und militärischem Gebiet für die jeweilige Regierung erstellt, um sie zu einem verantwortbaren außen- und verteidigungspolitischen Handeln in Kenntnis aller relevanten Tatsachen zu befähigen. Damit steht diese Telekommunikationsüberwachung im Dienst des Erhalts sachbezogener Informationen; die Ansammlung personenbezogener Daten wird dagegen von diesem Ansatz ausgehend primär nicht bezweckt. Diese Telekommunikationsüberwachung richtet sich im Schwerpunkt auf das Ausland, d.h. auf internationale Telekommunikationskontakte; sie unterliegt zwar keinem Richtervorbehalt, unterliegt aber anderen Anordnungsvoraussetzungen. Insbesondere beschränkt sich die Überwachung des internationalen Telekommunikationsverkehrs nur zum Teil auf die verdachtsbezogene Individualkontrolle. Vor allem ermöglicht das G 10 die „strategische" Fernmeldekontrolle, die eine Vielzahl von Fernmeldekontakten in die Überwachung einbezieht und geringere Anforderungen an den Verdachtsgrad stellt.

Angesichts der gesetzlichen Neuregelung läßt sich eine Trennung heimlicher Telekommunikationsüberwachung zum Zweck der Strafverfolgung bzw. der Auslandsaufklärung jedoch nicht mehr so eindeutig wie früher durchführen. Doch dürfte dies nicht der entscheidende Gesichtspunkt sein, um einem staatlichen System heimlicher Telekommunikationsüberwachung die Rechtsstaatlichkeit zu bescheinigen. Wesentlich kommt es darauf an, welchen Stellenwert die Rechtsordnung den Interessen des tatsächlich oder potentiell von heimlichen Überwachungsmaßnahmen betroffenen Bürgers einräumt. Maßgeblich ist, ob die Freiheit der Telekommunikation - wie in Art. 10 GG - grundsätzlich als ein herausragendes schützenswertes (Verfassungs-)Rechtsgut angesehen wird, in das nur aufgrund einer besonderen Rechtfertigung eingegriffen werden darf. Das Ausmaß heimlicher Telekommunikationsüberwachung hängt weiter ent-

---

6 Vgl. §§ 100a, 100b StPO.

scheidend davon ab, wie eng oder weit mögliche Rechtfertigungstatbestände gefaßt sind. Von Bedeutung ist auch, ob bereits vor Ergreifen dieser Maßnahmen eine unabhängige Stelle deren Notwendigkeit prüft und welche Rechtsschutzmöglichkeiten einem vermeintlich oder tatsächlich Betroffenen offenstehen. Die Interessen des Bürgers sind zudem durch den weiteren Umgang mit den auf diese Weise erlangten Daten wesentlich berührt.

Unter diesen Gesichtspunkten bedarf die heimliche Überwachung von Telekommunikation durch Auslandsnachrichtendienste auch nach dem Urteil des BVerfG einer kritischen Überprüfung[7].

Auf das eingangs erwähnte Abhörsystem ECHELON wird dagegen nur indirekt eingegangen. Zwar läßt sich die Existenz dieses Abhörsystems, mit dem sich das Europäische Parlament mittlerweile sogar im Rahmen eines „nichtständigen Ausschusses“ befaßt, wohl nicht mehr leugnen. In das Abhörsystem, das auf eine Vereinbarung der USA, des Vereinigten Königreichs, von Kanada, Australien und Neuseeland aus dem Jahr 1947 zurückgeführt wird[8], ist der deutsche Staat jedoch nicht involviert. Zuviel bewegt sich hier aufgrund strenger Geheimhaltung im Bereich der Spekulation. Allerdings ist nicht ersichtlich, wie sich das Vereinigte Königreich mit ECHELON den rechtsstaatlichen Vorgaben jedenfalls im eigenen Land entziehen könnte. Diese Anforderungen herauszuarbeiten bedeutet daher zugleich, auch ECHELON rechtliche Grenzen zu setzen[9].

---

7 Dem Schwerpunkt der Arbeit entsprechend wird auf Bestrebungen in der EU nicht weiter eingegangen, die polizeiliche Arbeit auch in Bezug auf heimliche Telekommunikationsüberwachung aufeinander abzustimmen. Vgl. hierzu bereits die Resolution des Rates vom 17. Januar 1995 über die rechtmäßige Telekommunikationsüberwachung (96/C 329/01).
Mit den angesprochenen Fragen ist die Frage nach der Zulässigkeit des Einsatzes von Verschlüsselungstechniken (Kryptographie) eng verbunden, da die sichere Verschlüsselung auch die inhaltliche Kennntnisnahme durch Geheimdienste verhindert und dadurch die sicherste „Datenschutzmaßnahme“ gegen staatliches und privates Abhören darstellt. Es würde jedoch ebenfalls den Rahmen dieser Arbeit sprengen, zur „Kryptokontroverse“ Stellung zu nehmen. Vgl. hierzu weiterführend Bizer, in: Büllesbach (Hrsg.), Datenschutz im Telekommunikationsrecht, S. 245ff.

8 Bekannt auch als „Quadrapartite“ oder United Kingdom - United States (UKUSA) Agreement.

9 Angeblich haben die beteiligten Nationen die Erde in Einflußzonen unter sich aufgeteilt und Arbeitsweisen vereinheitlicht. Zu einem Aufsatz über ECHELON mit Blick auf das deutsche Recht vgl. Endell, DuD 1999, 692ff.; außerdem allgemein (ohne Angaben von Quellen) Davies, (1999) CLSR 392ff.; Bolesch, Die Big-Brother-Hotline, SZ vom 6. Juli 2000.

KAPITEL 1 legt mit einem Blick auf die Aufgaben der Auslandsnachrichtendienste in Deutschland und dem Vereinigten Königreich sowie auf ihre Befugnisse zur heimlichen Telekommunikationsüberwachung die Grundlagen für die weitere Bearbeitung des Themas. Anschließend werden in KAPITEL 2 die gefährdeten Persönlichkeitsrechte auf nationaler und internationaler Ebene in ihrem persönlichen und sachlichen Schutzbereich untersucht. Dem Aspekt des territorialen Schutzbereichs dieser Persönlichkeitsrechte widmet sich KAPITEL 3 und bildet zugleich einen inhaltlichen Schwerpunkt dieser Arbeit.

In Form eines Überblicks beschäftigt sich KAPITEL 4 mit den Vorgaben der EMRK für eine menschenrechtskonforme Telekommunikationsüberwachung. Seine Ergänzung findet dieser Überblick jeweils in den KAPITELN 5 bis 7, die einzelne Problemschwerpunkte (Datenschutz, Kontrollinstanzen, Rechtsschutz) herausgreifen und das nationale Recht auf die Vereinbarkeit mit der EMRK untersuchen. In diesem Zusammenhang werden auch die Rechtmäßigkeitsvoraussetzungen des nationalen (Verfassungs-)Rechts berücksichtigt. Die Gesamtbewertung des nationalen Rechts aus der Sicht der EMRK erfolgt schließlich in KAPITEL 8. Als zweiten Aspekt greift die Gesamtbewertung die Vergleichbarkeit von deutschem und englischem Recht auf.

Für die vorliegende Arbeit wurde sowohl aus praktischen Gründen als auch aufgrund der Konzentration auf den rechtlichen Rahmen der Arbeit von Auslandsnachrichtendiensten ausschließlich öffentlich zugängliches Material verwendet[10].

[10] Eine gute Zusammenfassung über andere Parameter, die bei der Beurteilung von Geheimdiensten eine Rolle spielen (z.B. die parlamentarische Struktur, das öffentliche Bewußtsein und die Einstellung in der Regierung) findet sich in der Studie von Shpiro, Guarding the Guards, S. 18ff.

KAPITEL 1:

TELEKOMMUNIKATIONSÜBERWACHUNG DURCH AUSLANDSNACHRICHTENDIENSTE: GRUNDLAGEN

Die Diskussion um die Rechtmäßigkeit heimlicher Telekommunikationsüberwachung kann nicht ohne genaue Kenntnis der Aufgaben und Befugnisse von Auslandsnachrichtendiensten eröffnet werden.

A. Aufgaben der Auslandsnachrichtendienste und ihre Stellung im behördlichen Organisationsgefüge

I. Begriffsbestimmungen[1]

1. Auslandsnachrichtendienst

Bei dem Begriff „Auslandsnachrichtendienst" handelt es sich um keinen Rechtsbegriff. Die Bestimmung der Aufgaben eines „Auslandsnachrichtendienstes" kann zunächst am Wortlaut ansetzen. Daß ein Auslandsnachrichtendienst mit Nachrichten über das Ausland zu tun hat, ist unmittelbar einleuchtend. Der Zweck dieser Nachrichtensammlung, d.h. die „Auslandsaufklärung" der jeweiligen Regierung auf außen- und verteidigungspolitischem Gebiet, wurde bereits angesprochen[2].

Weitere Aufgaben können in der Aufklärung gegnerischer Nachrichtendienste (Gegenspionage), der Spionageabwehr innerhalb des eigenen Dienstes und der Erledigung von Sonderaufträgen im Ausland bestehen; dies richtet sich nach der jeweiligen nationalen Rechtsgrundlage.

Mit der Beschreibung des Aufgabenbereichs wird der Begriff „Auslandsnachrichtendienst" nicht vollständig erfaßt. Die Abgrenzung zu anderen Behörden findet darüber hinaus dadurch statt, daß Auslandsnachrichtendienste sich zur Erfüllung ihrer Aufgaben „nachrichtendienstlicher Mittel" bedienen dürfen[3].

---

1 Die Begriffsbestimmungen orientieren sich im wesentlichen an Sprachgebrauch und Rechtslage in Deutschland.

2 Vgl. Einleitung.

3 S.u. 4.

2. Inlandsnachrichtendienst

Im Gegensatz zum Aufgabenbereich der Auslandsnachrichtendienste zielt die Arbeit von Inlandsnachrichtendiensten darauf ab, verfassungs- und/oder staatsfeindliche Bestrebungen im Inneren des Staates zu bekämpfen. Zu diesem Zweck bedienen sie sich ebenfalls nachrichtendienstlicher Mittel. Eine organisatorische Trennung von Auslands- und Inlandsnachrichtendiensten ist nicht zwingend, sie hat sich jedoch in der Praxis als zweckmäßig erwiesen und in vielen Staaten etabliert[4]. Zuständigkeitsüberschneidungen zwischen Inlands- und Auslandsnachrichtendiensten sind dabei nicht auszuschließen. Im folgenden wird auf die Tätigkeit von Inlandsnachrichtendiensten nur eingegangen, soweit eine Zusammenarbeit oder ein Datenaustausch zwischen Inlands- und Auslandsnachrichtendiensten gesetzlich vorgesehen ist. Die Verwendung des Begriffs „Nachrichtendienste“ schließt Auslands- und Inlandsnachrichtendienste ein.

3. Sicherheitsbehörden

Auslands- und Inlandsnachrichtendienste sind Teil der Sicherheitsbehörden. Auch bei diesem Begriff handelt es sich um keinen Fachterminus. In der - deutschen - Praxis wird darunter üblicherweise die Gesamtheit der Behörden und Dienststellen bezeichnet, die vorwiegend zur Aufrechterhaltung der öffentlichen Sicherheit einschließlich des Schutzes der freiheitlichen demokratischen Grundordnung zuständig sind[5]. Neben den Nachrichtendiensten sind damit jedenfalls die Polizeibehörden Teil der Sicherheitsbehörden. Diese Zuordnung läßt sich auch im Vereinigten Königreich feststellen.

4. Nachrichtendienstliche Mittel

Das besondere Merkmal der „nachrichtendienstlichen Mittel“ als Einsatzmittel von Nachrichtendiensten kommt in der populären Bezeichnung „Geheimdienst“, die für Auslands- wie Inlandsnachrichtendienste gleichermaßen verwendet wird, eindeutiger zum Ausdruck. Als „Geheimdienst“ - ebenfalls kein Rechtsbegriff - zeichnet sich ein Auslandsnachrichtendienst dadurch aus,

---

4 Eine deutliche Trennung zwischen Inlands- und Auslandsnachrichtendiensten existiert, von den Vergleichsländern abgesehen, z.B. in Frankreich, Italien oder den Niederlanden. Vgl. hierzu und zu den Kompetenzabgrenzungen in Israel, Norwegen, Österreich, USA und Kanada: Gröpl, Kontrolle der Nachrichtendienste, S. 216ff.

5 Riegel, Datenschutz bei den Sicherheitsbehörden, S. 17.

daß er „im geheimen“ operiert und seine Tätigkeit deshalb planmäßig abschirmt und verdeckt[6]. Nachrichtendienstliche Mittel sind daher Mittel zur vom Beobachteten unbemerkten Informationsgewinnung in Erfüllung der den observierenden Behörden eingeräumten Aufgabe[7]. Die heimliche Überwachung von Telekommunikation gehört dabei, neben der Informationsgewinnung durch menschliche Spione oder dem Einsatz von Beobachtungssatelliten, zu den „klassischen“ nachrichtendienstlichen Mitteln. Die zusätzliche Informationsgewinnung durch „offene“ Quellen ist dadurch nicht ausgeschlossen[8].

5. Polizeiliche Eingriffsbefugnisse

Mittel zur vom Beobachteten unbemerkten Informationsgewinnung werden nicht nur von den Nachrichtendiensten, sondern auch von anderen Sicherheitsbehörden, insbesondere von der Polizei, eingesetzt[9]. Darüber hinaus stehen der Polizei im Rahmen der Gefahrenabwehr originär jedoch noch weitere Mittel zur Verfügung, die mit hoheitlich ausgeübtem Zwang gegenüber den Betroffenen verbunden sind. Darunter sind vor allem die in den allgemeinen Polizeigesetzen genannten „Standardmaßnahmen“, wie z. B. erkennungsdienstliche Maßnahmen, Platzverweis, Sicherstellung, Durchsuchung von Personen und Sachen oder die Festnahme zu verstehen[10]. Auch diese Maßnahmen greifen tief in die Rechtssphäre des Bürgers ein. In der Bundesrepublik Deutschland sind diese Befugnisse jedoch, da sie über die reine Informationsgewinnung hinaus gehen, nach dem „Trennungsgebot“ den Polizeibehörden vorbehalten[11].

---

6 Gröpl, Nachrichtendienste, S. 35.

7 Hirsch, Kontrolle der Nachrichtendienste, S. 38.

8 „Offene“ Quellen können allgemein zugängliche Quellen wie z.B. (ausländische) Presseberichte sein, aber auch Berichte von Personen, die ganz offiziell im Ausland Kontakte pflegen, wie beispielsweise Botschaftsangehörige.

9 Vgl. z.B. Art. 33 bis 36 des bayerischen Polizeiaufgabengesetzes, die z.B. die Observation, den Einsatz verdeckter Ermittler oder den verdeckten Einsatz technischer Mittel regeln.

10 Eine Reihe von Standardmaßnahmen stehen der Polizei im Rahmen ihres Tätigwerdens als Hilfsbeamte der Staatsanwaltschaft bei der Strafverfolgung darüber hinaus nach der StPO zu, vgl. z.B. § 81 a StPO (Körperliche Untersuchung), § 81 b StPO (Erkennungsdienstliche Behandlung), § 81 e (DNA-Analyse), § 94 (Sicherstellung von Gegenständen) oder § 102 (Durchsuchung beim Verdächtigen). Zu den Standardmaßnahmen in Bayern vgl. Art. 12 bis 29 PAG.

11 Vgl. Hirsch, Kontrolle der Nachrichtendienste, S. 36-37. Näheres zum Trennungsgebot unter Kap. 5, C.I.1.b)cc).

II. Rechtslage in Deutschland

1. Bundesnachrichtendienst

Der Bundesnachrichtendienst (BND) ist der in der Bundesrepublik Deutschland zuständige Auslandsnachrichtendienst. Er ist eine aufgrund Art. 87 Abs. 3 S. 1 1. Alt. GG geschaffene Bundesoberbehörde[12]. Seine Zentrale befindet sich in Pullach bei München.

Eine umfassende gesetzliche Grundlage für die Tätigkeit des BND, d.h. das „Gesetz über den Bundesnachrichtendienst" (BNDG), wurde erst im Jahr 1990 als Art. 4 des Gesetzes zur Fortentwicklung der Datenverarbeitung und des Datenschutzes vom 20. Dezember 1990[13] geschaffen. Die Aufgabe des BND ist seither § 1 Abs. 2 S. 1 BNDG zu entnehmen:

> „Der Bundesnachrichtendienst sammelt zur Gewinnung von Erkenntnissen über das Ausland, die von außen- und sicherheitspolitischer Bedeutung für die Bundesrepublik Deutschland sind, die erforderlichen Informationen und wertet sie aus".

Im Teilbereich der (Auslands-)Überwachung des Fernmeldeverkehrs gab es dagegen - durch den Gesetzesvorbehalt in Art. 10 Abs. 2 GG bedingt - bereits seit dem 13. August 1968 im „Gesetz zur Beschränkung des Brief-, Post- und Fernmeldegeheimnisses (Gesetz zu Art. 10 Grundgesetz) (G 10)" eine gesetzliche Grundlage, die den BND zur heimlichen Überwachung von Telekommunikation ermächtigte[14]. Demnach wurde der BND bereits zu diesem Zeitpunkt implizit als Behörde anerkannt.

---

[12] Pieroth, in: Jarass/Pieroth, GG, 5. Aufl., Art. 87 Rn. 7-8.

[13] BGBl I 1990, 2979.

[14] Diese erste gesetzliche Regelung zur Beschränkung des Brief-, Post- und Fernmeldegeheimnisses wurde - nach mehrmaligen Änderungen - durch das neue „Gesetz zur Beschränkung des Brief-, Post- und Fernmeldegeheimnisses (Artikel 10-Gesetz - G 10) vom 26. Juni 2001, BGBl I, 1254, in Kraft getreten am 29. Juni 2001, vollständig abgelöst. S.u. B.I.1. zu weiteren Einzelheiten.

2. Historische Entwicklung

Vorläufer von Auslandsnachrichtendiensten finden sich bereits im Alten Testament[15], in Überlieferungen aus dem alten China[16] oder bei den Römern[17]. Die Geschichte des BND bzw. seiner Vorläufer reicht dagegen nur ins 19. Jahrhundert zurück. So wurde in Preußen nach dem Ende des Deutschen Krieges 1866 im Jahr 1867 das „Nachrichtenbüro des Großen Generalstabes" ins Leben gerufen, das anläßlich einer Umorganisation zunächst dem Generalquartiermeister III (Feindlage) als Sektion B unterstellt und schließlich 1917 in die „Abteilung Fremde Heere" umbenannt wurde[18]. Diese Abteilung wurde nach dem Ende des Ersten Weltkrieges aufgelöst. Während der Weimarer Republik entstand 1919 das Referat „Abwehr" der Heeresstatistischen Abteilung des Truppenamtes, das 1922 zu einer eigenen Abteilung ausgebaut und 1929 unmittelbar dem Reichswehrminister unterstellt wurde. Die militärische Auswertung jedoch verblieb beim Truppenamt und wurde 1931 wieder zur Abteilung „Fremde Heere"[19]. Während des Dritten Reiches kam es zu einer Ausweitung der Machtbefugnisse und einer Konzentration der Dienste im 1939 gegründeten Reichssicherheitshauptamt, mit Ausnahme der Auswertungsabteilungen „Fremde Heere West" bzw. „Fremde Heere Ost", die beim Heer verblieben[20].

Mit der Leitung der Abteilung „Fremde Heere Ost", deren Aufgabe die militärische Feindaufklärung in Osteuropa war, wurde am 1. April 1942 Reinhard Gehlen betraut[21]. Nach der Kapitulation des Dritten Reiches gelang es Gehlen

---

15 Vgl. Bibel, AT, Buch Josua, 2. Kapitel, 1-24, insbesondere Vers 1 und 23: „(1) Josua, der Sohn Nuns, schickte von Schittim heimlich zwei Kundschafter aus und befahl ihnen: Geht, erkundet das Land, besonders die Stadt Jericho! (...) (23) Sie erzählten ihm alles, was sie erfahren hatten (...)".

16 Sun Tse um 350 v. Chr. in „Dreizehn Gebote der Kriegskunst", zitiert und ausführlich erläutert bei Gröpl, Nachrichtendienste, S. 39 f.

17 Überliefert durch Cäsar, Der gallische Krieg, IV. Buch, Kapitel 21: „(1) Um sich hierüber (Cäsars erste Heerfahrt nach Britannien, die Verf'in) vor Beginn des gewagten Unternehmens zu unterrichten, schickte Cäsar den Gaius Volusenus, der ihm dazu geeignet erschien, mit einem Kriegsschiff voraus. (2) Er sollte alle nötigen Erkundigungen einziehen und dann so schnell wie möglich zu ihm zurückkommen. (...) (9) Volusenus erkundete die Gegenden, soweit es einem Manne möglich ist, der sich nicht an Land und unter die Barbaren wagt. Nach vier Tagen kehrte er zurück und erstattete Cäsar über seine Erkundung Bericht".

18 Hirsch, Kontrolle der Nachrichtendienste, S. 40.

19 Vgl. Gröpl, Nachrichtendienste, S. 43 m.w.N.

20 Ausführlicher Gröpl, Nachrichtendienste, S. 43 m.w.N. sowie Hirsch, Kontrolle der Nachrichtendienste, S. 40f. m.w.N.

21 Brenner, Bundesnachrichtendienst im Rechtsstaat, S. 3 m.w.N.

nicht nur, die Informationen und Unterlagen vor der Vernichtung zu bewahren, indem er sie in den bayerischen Bergen vergrub, sondern auch, die Amerikaner für seine Erfahrungen und Informationen zu interessieren. Bereits 1946 erhielt er vom US-Kriegsministerium den Auftrag, Nachrichten über die Sowjetunion zu beschaffen - damit war die „Organisation Gehlen" als direkter Vorläufer des Bundesnachrichtendienstes ins Leben gerufen. Während sie zunächst offenbar lediglich im Auftrag der USA, ab 1947 auf der Basis eines Abkommens zwischen Gehlen und den USA operierte, das die Organisation Gehlen als unabhängigen Verband innerhalb der CIA tätig werden ließ, begann sie nach Gründung der Bundesrepublik 1949, auch die Bundesregierung mit Informationen zu versorgen. 1955 wurde sie durch Kabinettsbeschluß in „Bundesnachrichtendienst" umbenannt und 1956 dem Bundeskanzleramt angegliedert[22].

Dieser Zustand wurde 1990 in § 1 Abs. 1 BNDG festgeschrieben. Danach hat der BND den Status einer Bundesoberbehörde im Geschäftsbereich des Chefs des Bundeskanzleramtes. Einer polizeilichen Dienststelle darf er nicht angegliedert werden (§ 1 Abs. 1 S. 2 BNDG).

3. Abgrenzung zu weiteren Sicherheitsbehörden

Während der BND konkurrenzlos zur Auslandsaufklärung befugt ist, sind die Aufgaben eines Inlandsnachrichtendienstes in Deutschland auf mehrere Behörden verteilt. Auf Bundesebene sind dies das Bundesamt für Verfassungsschutz sowie der Militärische Abschirmdienst für den Bereich der Bundeswehr, auf Landesebene die Landesämter für Verfassungsschutz. Nach der Kurzformel in § 1 Abs. 1 BVerfSchG, der die Zusammenarbeitspflicht aller Verfassungsschutzbehörden regelt, dient der Verfassungsschutz dem Schutz der freiheitlichen demokratischen Grundordnung, des Bestandes und der Sicherheit des Bundes und der Länder[23]. Polizeiliche Exekutivbefugnisse stehen weder dem BND noch den Inlandsnachrichtendiensten zu. Die Polizeibehörden sowie die Staatsanwaltschaft[24] vervollständigen den Kreis der Sicherheitsbehörden. Durch

---

[22] Zur Geschichte des BND ausführlich jeweils m.w.N.: Brenner, Bundesnachrichtendienst im Rechtsstaat, S. 3-6; Gröpl, Nachrichtendienste, S. 43f.; Hirsch, Kontrolle der Nachrichtendienste, S. 41.

[23] Darüber hinaus findet sich in § 3 BVerfSchG, ergänzt durch Definitionen in § 4 BVerfSchG, eine detailliertere Aufgabenzuweisung an die Verfassungsschutzbehörden.

[24] Im Anschluß an Riegel, Datenschutz bei den Sicherheitsbehörden, S. 17, werden die Staatsanwaltschaften, obwohl Teil der Strafverfolgungsbehörden, zusätzlich in die Sicherheitsbehörden einbezogen. Dies rechtfertigt sich durch ihre enge Verzahnung mit den übri-

die Aufteilung in allgemeine und besondere Polizeibehörden sowie durch die Zuständigkeitsabgrenzung auf Bundes- und Landesebene sind die Polizeibehörden wesentlich ausdifferenzierter als die Nachrichtendienste. Einzelheiten brauchen hier jedoch nicht berücksichtigt zu werden[25].

4. Organisation

Obwohl der BND sich heute wesentlich transparenter gibt als zu seiner Anfangszeit[26] und seit dem 21. August 1999 sogar mit einer eigenen Homepage im Internet vertreten ist[27], lassen sich über seine Organisation und Arbeitsweise nur wenige Angaben machen. Nach eigenen Angaben verfügt der BND derzeit über 6000 hauptamtliche Mitarbeiter[28], an deren Spitze ein Präsident[29] sowie ein Vizepräsident stehen. Der Dienst gliedert sich in 5 Abteilungen. Die heimliche Überwachung von Telekommunikation spielt sich hauptsächlich in Abteilung 2 (Technische Beschaffung) sowie Abteilung 3 (Auswertung) ab. Desweiteren sind Mitarbeiter des BND in den Abteilungen 1 (Operative Aufklärung), 4 (Verwaltung, Recht und Zentrale Dienste, Schule) und 6 (Technische Unterstützung)[30] beschäftigt. Dem Präsidenten sind darüber hinaus der Leitungsstab, der Qualitätsbeauftragte sowie eine Abteilung für Sicherheit, Spionageabwehr und die Tätigkeit des Geheimschutzbeauftragten direkt unterstellt.

III. Rechtslage im Vereinigten Königreich

Auch im Vereinigten Königreich besteht die klassische Trennung zwischen einem Auslands- und einem Inlandsnachrichtendienst. Die Aufgaben eines Auslandsnachrichtendienstes werden vom *Secret Intelligence Service* (SIS), auch bekannt unter der Bezeichnung MI 6[31], übernommen. Darüber hinaus

---

gen Behörden und wird bei der Untersuchung der Übermittlungsbefugnisse der Auslandsnachrichtendienste deutlicher in Erscheinung treten.

25 Dazu ausführlich Riegel, Datenschutz bei den Sicherheitsbehörden, S. 18ff.

26 Vom ersten Präsidenten des BND, Reinhard Gehlen, war z.B. während dessen Amtszeit nicht einmal ein Bild in der Öffentlichkeit erhältlich.

27 http://www.bundesnachrichtendienst.de

28 Über die Zahl der Mitarbeiter im Nebenberuf bzw. der Informanten schweigt sich der BND auf seiner Homepage (Besuch vom 14. Juli 2001) verständlicherweise aus.

29 Seit 17. Dezember 1998 ist dies Dr. August Hanning.

30 Weshalb im Organigramm des Dienstes Abt. 5 fehlt, bleibt den Besuchern der Homepage unverständlich.

31 MI steht für „military intelligence“.

existiert mit dem *Government Communications Headquarters* (GCHQ) eine eigene Behörde, der die besondere Aufgabe der Kommunikationsüberwachung übertragen wurde.

1. Secret Intelligence Service

Der deutschen Rechtslage nicht unähnlich wurde SIS, dessen Hauptquartier sich am Ufer der Thames in Vauxhall Cross/London befindet, durch den *Intelligence Services Act 1994* (ISA 1994) erst spät auf eine gesetzliche Grundlage gestellt. Gemäß s. 1 (1) ISA 1994 umfassen seine Aufgaben

(a) die Sammlung und Bereitstellung von Informationen in Bezug auf Handlungen oder Absichten von Personen außerhalb der Britischen Inseln; und

(b) die Ausführung anderer Aufträge, die sich auf die Handlungen oder Absichten dieser Personen beziehen.

Der weite Aufgabenbereich wird gem. s. 1 (2) ISA 1994 anhand dreier Kriterien eingeschränkt. SIS darf seine Aufgaben nur im Interesse der nationalen Sicherheit, im Interesse des wirtschaftlichen Wohls des Vereinigten Königreichs und zur Unterstützung bei der Verhinderung oder Entdeckung von schweren Verbrechen ausführen. Wann die nationale Sicherheit ein Tätigwerden verlangt, bestimmt sich dabei insbesondere in Bezug auf die Verteidigungs- und Außenpolitik der Regierung des Vereinigten Königreichs[32].

Vergleicht man diese Aufgabenzuweisung mit der Beschränkung auf Erkenntnisse von außen- und sicherheitspolitischer Bedeutung in § 1 Abs. 2 S. 1 BNDG, so läßt sich dies zunächst nur mit der Tätigkeit des SIS im Bereich „nationaler Sicherheit" in Deckung bringen. Die Aufgaben von SIS gehen damit bei dieser ersten Betrachtung offensichtlich weiter.

2. Government Communications Headquarters

GCHQ wurde ebenfalls erst durch ISA 1994 auf eine gesetzliche Grundlage gestellt. Nach s. 3 (1) (a) ISA 1994 soll GCHQ elektromagnetische, akkustische und andere Emissionen sowie jede Anlage, von der derartige Emissionen ausgehen, überwachen oder in diese eingreifen und die erlangten Informationen den Streitkräften, der Regierung, dem Nordirland-Ministerium oder anderen

[32] S. 1 (2) (a) ISA 1994.

vom Premierminister genauer bezeichneten Organisationen zur Verfügung stellen[33]. Im wesentlichen unterliegt die Informationsbeschaffung durch GCHQ den gleichen Einschränkungen wie SIS, d.h. sie kann im Interesse der nationalen Sicherheit und zur Unterstützung bei der Verhinderung oder Entdeckung von schweren Verbrechen erfolgen. Wird die Kommunikation allerdings, was ebenfalls zulässig ist, im Interesse des wirtschaftlichen Wohls des Vereinigten Königreichs überwacht, darf sie sich nur auf Handlungen oder Absichten von Personen außerhalb der Britischen Inseln beziehen, vgl. s. 3 (2) ISA 1994. Diese Beschränkung gilt damit, anders als bei SIS, nicht für den gesamten Aufgabenkreis von GCHQ.

Vor Inkrafttreten des ISA 1994 wurde die *royal prerogative,* d.h. die königliche Prärogative[34], als Rechtsgrundlage für die Dienste angesehen.

3. Historische Entwicklung

Im Vereinigten Königreich lassen sich bereits in der Regierungszeit von Elisabeth I[35] erste nachrichtendienstliche Strukturen unter dem Staatssekretär Sir Robert Walsingham[36] feststellen, der ein Netzwerk von Informanten im Ausland unterhielt. Obwohl sich auch in der Folgezeit immer wieder derartige Strukturen feststellen lassen, erreichten diese nie einen dauerhaften Charakter. Ihr zeitweiliges Bestehen läßt sich auf die persönliche Autorität der jeweiligen Staatssekretäre und auf aktuelle internationale Krisen zurückführen[37].

Die Vorläufer für die heute bestehenden modernen Nachrichtendienste im Vereinigten Königreich sind dagegen erst am Beginn des 20. Jahrhunderts zu

---

33 Nach dem englischen Fachjargon stellt GCHQ damit SIGINT, d.h. signals intelligence, bereit. Weitere Aufgaben, die hier ohne Bedeutung sind, umfassen die sprachliche Unterstützung (Übersetzungen) und Ver- bzw. Entschlüsselung (Kryptographie), vgl. s. 3 (b) ISA 1994.

34 Wörtlich leitet sich „Prärogative“ vom lateinischen Begriff „praerogatio“ = Vorrecht ab. Sie umfaßt die besonderen Vorrechte, die der Monarch bzw. die englische Krone nach common law im Verhältnis zu bzw. im Gegensatz zu seinen Untertanen hat, so besondere Würden, Freiheiten, Privilegien, Befugnisse und Regalien. Wird ein im common law anerkanntes Vorrecht durch Gesetz (statute) geregelt, hört es auf, Teil der königlichen Prärogative zu sein, es sei denn, dies wird im Gesetz ausdrücklich geregelt. Vgl. Halsbury's Laws of England, 4. Aufl., Constitutional Law and Human Rights, vol 8 (2) (1997 Reissue), paras. 367-369.

35 1558-1603.

36 Circa 1532 - 1590, Staatssekretär ab 1573.

37 Vgl. Davies, The British Secret Services, Introduction xi.

finden. Im Jahr 1909 wurde ein *Secret Service Bureau* eingerichtet. Bereits 1910 wurde dieses in zwei Einheiten, zuständig für die innere Sicherheit einerseits (*Home Section)* und die äußere Sicherheit andererseits *(Foreign Section)* aufgespalten[38]. Dabei läßt sich jüngsten Erkenntnissen zufolge die *Foreign Section* bereits auf eine Spezialeinheit des *War Office Directorate of Military Operations* zurückführen, die ihre Einrichtung im Jahr 1902 schlechten Erfahrungen mit der Nachrichtensammlung zur Zeit des Burenkrieges verdankt[39].

Die weitere Entwicklung bis hin zu MI 6 liegt bis heute weitgehend im Dunkeln[40]. Wiederkehrende Diskussionen der folgenden Jahre waren zwar nicht auf Bedrohungen von innen beschränkt, richteten sich jedoch auf Aufgabenbereiche, die dem heutigen Inlandsnachrichtendienst, dem *Security Service* bzw. MI 5, zuzuordnen sind[41]. Über die Existenz eines Nachrichtendienstes, dessen Hauptaufgabe die Gewinnung von Informationen über das Ausland war, hüllte sich die Regierung in Schweigen.

Erst im Mai 1992 wurde die Existenz von MI 6 der Öffentlichkeit offiziell bekanntgegeben. Ob der in ISA 1994 festgelegte Aufgabenbereich von MI 6 als bloße Fortführung der bis zu diesem Zeitpunkt ausgeführten Aufgaben von MI 6 angesehen werden kann, wie es das Gesetz selbst in der Formulierung *„There shall continue to be a Secret Intelligence Service (...)"* in s. 1 (1) ISA 1994 nahelegt, oder ob MI 6 neue Aufgaben zugeschrieben wurden, läßt sich nicht feststellen[42].

---

38 Wadham, (1994) MLR 916; interessanterweise wurde die Besorgnis der Briten über von Deutschland ausgehende Spionage als ein Grund für diese Entwicklung angesehen.

39 Vgl. im einzelnen Davies, The British Secret Services, Introduction xii ff., m.w.N.

40 Einige wenige Anhaltspunkte liefert Davies, ebenda.

41 Für MI 5 wurden erstmals 1963 Richtlinien (guidelines) des damaligen Innenministers Sir David Maxwell Fyfe aus dem Jahr 1952 öffentlich bekannt, als Lord Denning sie in seinem Bericht über die Profumo-Affäre zitierte (Report on the Profumo Affair, Cmnd 2152, S. 238; ebenfalls abgedruckt in: Lustgarten/Leigh, In from the Cold, Appendix I). Darin wurde als Aufgabe die Verteidigung des Herrschaftsgebiets als Ganzes festgelegt, sei es gegen Gefahren von außen oder innen, die durch Spionage oder Sabotage-Versuche entstehen, sei es gegen Handlungen von Personen oder Organisationen, ob innerhalb oder außerhalb des Landes, die den Staat untergraben könnten („subversive"). Da diese Umschreibung jedoch lediglich aus einer Ernennungsurkunde des Generaldirektors des Security Service hervorgeht, handelt es sich allenfalls um eine Verwaltungsrichtlinie, nicht aber um eine verbindliche Rechtsgrundlage; Best 16 (1993 - 94) HLR 90 (94).

42 Vgl. zu dieser Einschätzung Best, ebenda, 95.

Als Vorläufer für die heimliche Überwachung von Telekommunikation durch GCHQ kann das *Secret Office*, ein Teil des *Post Office*, angesehen werden, das bereits seit dem 17. Jahrhundert Briefe kontrollierte[43]. Die Überwachung von Telekommunikation auf Seiten der Regierung spielte bereits im Ersten Weltkrieg eine Rolle, ohne daß nähere Einzelheiten bekannt wären. In der Zwischenkriegszeit wurde die Überwachung elektronischer Signale von der *Government Code and Cyphers School* übernommen, die mit Beginn des Zweiten Weltkrieges in *Government Communications Headquarters* umbenannt wurde. Nach dem Krieg wurde GCHQ in Cheltenham angesiedelt[44] und nach und nach mit den heute bekannten Aufgaben betraut[45].

4. Abgrenzung zu weiteren Sicherheitsbehörden

Mit MI 5 existiert ein Inlandsnachrichtendienst für das gesamte Vereinigte Königreich. Auch dieser wurde durch den *Security Service Act 1989* (SSA 1989) erst spät auf eine gesetzliche Grundlage gestellt. Gemäß s. 1 (2) SSA 1989 hat er den Schutz der nationalen Sicherheit zur Aufgabe, im besonderen gegen Bedrohungen durch Spionage, Terrorismus und Sabotage, durch Aktivitäten von Agenten fremder Mächte und durch Handlungen in der Absicht, die parlamentarische Demokratie zu stürzen oder zu untergraben, sei es durch politische, industrielle oder gewaltsame Handlungen.

Allerdings läßt sich auch in der gesetzlichen Grundlage des britischen Inlandsnachrichtendienstes eine partielle Ausrichtung auf eine Bedrohung von außen erkennen. Denn es obliegt ihm gem. s. 1 (3) SSA 1989 gleichermaßen, das wirtschaftliche Wohl des Vereinigten Königreichs gegen Bedrohungen durch Handlungen oder Absichten von Personen außerhalb der Britischen Inseln zu schützen.

Im Zuge der politischen Umwälzungen nach dem Ende des Kalten Krieges wurde auch der Aufgabenbereich von MI 5 neu überdacht. Nach dem *Security Service Act 1996* (SSA 1996) hat MI 5 nunmehr die zusätzliche Aufgabe, die

---

43 Diese Praxis mußte infolge eines Skandals, der die Überwachung der Briefe eines italienischen Staatsbürgers, Giuseppe Mazzini, zum Gegenstand hatte, Mitte des 19. Jahrhunderts vorübergehend wieder eingestellt werden, vgl. Lustgarten/Leigh, In from the Cold, S. 52f.

44 Baxter, State Security, Privacy and Information, S. 185f.

45 Laut Davies, The British Secret Services, Introduction xvii, dürfte die Aufgabe der Überwachung von Telekommunikation in den fünfziger Jahren hinzugekommen sein, der Bereich Sicherheit in der Kommunikation im Jahr 1969.

Polizei und andere Strafverfolgungsbehörden bei der Verhütung und Entdekkung schwerer Verbrechen zu unterstützen[46].

Neben den Nachrichtendiensten existiert auch im Vereinigten Königreich eine Vielzahl organisatorisch verselbständigter Polizeibehörden, denen ebenfalls Überwachungsbefugnisse eingeräumt sind[47].

5. Organisation

Auch über SIS und GCHQ lassen sich offizielle Angaben im Internet finden[48]. Die Organisation und Größe der Dienste bleibt darin allerdings bis auf Hinweise auf den jeweiligen Direktor im Dunkeln[49]. Politisch verantwortlich ist der britische Außenminister und Minister für Commonwealth-Angelegenheiten[50].

B. Befugnis zur Telekommunikationsüberwachung

Sowohl in Deutschland als auch im Vereinigten Königreich ist die Befugnis zur heimlichen Überwachung von Telekommunikation durch Auslandsnachrichtendienste gesetzlich festgelegt. Durch die technische Entwicklung bedingt hat sich die inhaltliche Bedeutung von „Telekommunikation“ in den letzten Jahren entscheidend verändert. Der Gesetzgeber hat sich - nicht immer unumstritten - in seinen rechtlichen Regelungen den modernen Entwicklungen angepaßt. Für die Nachrichtendienste folgt daraus ein erweitertes Betätigungsfeld. Um die Reichweite der Befugnisse vollständig zu erfassen, muß an dieser Stelle zum Schlüsselbegriff „Telekommunikation“ erläuternd Stellung genommen werden. Dieser Begriff knüpft zwar an ein technisches Phänomen - dem Austausch von Nachrichten jeglicher Art über größere Distanzen mit Hilfe von Telekommunikationsmitteln - an, ist jedoch in beiden Vergleichsländern auch rechtlich

---

46 Vgl. die durch s. 1 (1) SSA 1996 neu eingefügte s. 1 (4) SSA 1989.

47 Eine Neuregelung der Befugnisse erfolgte im Police Act 1997 und im Regulation of Investigatory Powers Act 2000 (RIPA 2000), insbesondere Teil II des Gesetzes.

48 Zu finden über http://www.official-documents.co.uk, Stichwort: national intelligence machinery oder Name des jeweiligen Dienstes. GCHQ hat darüber hinaus unter http://www.gchq.gov.uk eine eigene Homepage, die aber vor allem der Rekrutierung von Mitarbeitern dient.

49 Direktor von SIS ist seit August 1999 Richard Dearlove, von GCHQ seit September 1998 Francis Richards.

50 „Secretary of State for Foreign and Commonwealth Affairs“.

definiert. Die Definition von „Telekommunikation" muß daher im Zusammenhang mit der jeweiligen nationalen Rechtsordnung erfolgen.

Im Hinblick auf das ins Ausland gerichtete Informationsinteresse der *Auslands*nachrichtendienste ist die Befugnis zur Überwachung von internationaler Telekommunikation von besonderem Interesse.

I. Rechtslage in Deutschland

1. G 10

In der Bundesrepublik Deutschland wurde die Überwachung des Brief-, Post- und Fernmeldeverkehrs erst spät gesetzlich geregelt, da die Kontrolle nach dem Zweiten Weltkrieg zunächst nach Art. 5 Abs. 2 des Generalvertrages[51] den Alliierten vorbehalten war. Die Durchführung von Überwachungsmaßnahmen gehörte nach dieser Vorschrift zu den Befugnissen der Alliierten, die sie „als bisher innegehabte oder ausgeübte Rechte in Bezug auf den Schutz der Sicherheit von in der Bundesrepublik stationierten Streitkräften" bis zu einer entsprechenden Regelung durch die deutsche Gesetzgebung weiterhin ausüben konnten[52]. Zu einer solchen Regelung kam es erst, als der Bundesgesetzgeber durch das 17. Gesetz zur Änderung des Grundgesetzes[53], der sogenannten „Notstandsverfassung", auch Art. 10 Abs. 2 GG änderte und im Anschluß daran das „Gesetz zur Beschränkung des Brief-, Post- und Fernmeldegeheimnisses (Gesetz zu Artikel 10 Grundgesetz) (G 10)[54] verabschiedete, das am 1. November 1968 in Kraft trat[55]. Dieses G 10 wurde in der Folgezeit mehrfach geändert

---

51 Vertrag über die Beziehungen zwischen der Bundesrepublik Deutschland und den Drei Mächten vom 26. Mai 1952 in der Fassung der Bekanntmachung vom 30. März 1955 (BGBl II, 301, 305).

52 Vgl. statt aller Hermes, in: Dreier, GG, Art. 10, Rn. 5.

53 Vom 24. Juni 1968 (BGBl I, 709).

54 Vom 13. August 1968 (BGBl I, 949).

55 In Bezug auf Berlin (West) erloschen die alliierten Vorbehalte allerdings erst zum Zeitpunkt des Beitritts der neuen Bundesländer am 3. Oktober 1990, im Vorgriff auf Art. 7 des Vertrages über die abschließende Regelung im Bezug auf Deutschland vom 12. September 1990 (BGBl II, 1318), in Kraft nach Hinterlegung aller Ratifikationsurkunden gem. Art. 9 am 15. März 1991 (BGBl II, 587). Das G 10 trat dort nach Wegfall der alliierten Vorbehaltsrechte zur gleichen Zeit wie im Beitrittsgebiet in Kraft, vgl. Art. 8 EinigungsV v. 31. August 1990 i.V.m. Art. 1 des EinigungsvertragsG vom 23. September 1990 (BGBl II, 885, 889) und § 1 i.V.m. § 5 Abs. 1 des Gesetzes zur Überleitung von Bundesrecht nach Berlin (West) vom 25. September 1990 (BGBl I, 2106).

und jüngst durch ein neues „Gesetz zur Beschränkung des Brief-, Post- und Fernmeldegeheimnisses (Artikel 10-Gesetz - G 10)“ vom 26. Juni 2001[56], in Kraft getreten am 29. Juni 2001, vollständig abgelöst. Wie im Vorläufergesetz wird auch im neuen G 10 die nachrichtendienstliche heimliche Überwachung von Telekommunikation umfassend geregelt. Dagegen wird die Telekommunikationsüberwachung im strafprozessualen Verfahren erstmals nicht mehr aufgegriffen, da Art. 2 G 10 a.F., der diesen Bereich zum Gegenstand hatte, vollständig in die StPO eingearbeitet und damit gegenstandslos wurde. Die in § 1 Abs. 1 G 10 festgelegte allgemeine Zuständigkeit der Nachrichtendienste zur Überwachung und Aufzeichnung der Telekommunikation wird in Abschnitt 2 („Beschränkungen in Einzelfällen) und Abschnitt 3 („Strategische Beschränkungen“) des Gesetzes näher konkretisiert. Danach ist der BND in folgenden Fällen zur heimlichen Überwachung von Telekommunikation befugt:

a) Individualkontrolle

Nach § 3 Abs. 1 G 10 können bei tatsächlichen Anhaltspunkten für den Verdacht auf eine Reihe staatsgefährdender Delikte[57] Personen gezielt überwacht werden. Diese „verdachtsbezogene Individualkontrolle“ ist vorrangig Aufgabe der Verfassungsschutzbehörden. Vom BND wird sie nur im Rahmen der Eigensicherung veranlaßt. Die Formulierung in § 9 Abs. 2 G 10 n.F. („Antragsberechtigt sind im Rahmen ihres Geschäftsbereichs (...) 4. der Bundesnachrichtendienst durch den Behördenleiter oder dessen Stellvertreter (...)“) ist nunmehr zwar offener als § 4 Abs. 2 G 10 a.F. („Antragsberechtigt sind im Rahmen ihres Geschäftsbereichs (...) 1. in den Fällen des § 2 (...) d) bei Handlungen gegen den Bundesnachrichtendienst dieser durch seinen Präsidenten oder dessen Stellvertreter (...)“), doch ergibt sich diese Beschränkung bereits aus dem Verweis auf den Geschäftsbereich.

---

56 BGBl I, 1254.

57 Z.B. Straftaten des Friedensverrats oder des Hochverrats, der Gefährdung des demokratischen Rechtsstaats, des Landesverrats und der äußeren Sicherheit etc., vgl. § 3 Abs. 1 Nr. 1-7 G 10 n.F. Die Delikte wurden im Zusammenhang mit der Novellierung ausgeweitet, insbesondere können G 10-Maßnahmen bei tatsächlichen Anhaltspunkten für den Verdacht einer Volksverhetzung (§ 130 StGB) angeordnet werden. Über die Neuerungen im Bereich der Individualkontrolle, auf die hier nicht näher eingegangen wird, informiert Wollweber, ZRP 2001, 213ff.

b) Überwachung anhand von Suchbegriffen: „strategische" Kontrolle

Das eigentliche Betätigungsfeld des BND findet sich dagegen in § 5 G 10, der die Überwachung von Telekommunikationsbeziehungen anhand von Suchbegriffen[58] vorsieht. Im Gegensatz zur gezielten Überwachung setzt diese Art der Überwachung nicht bei den Identifikationsmerkmalen eines konkreten Teilnehmers, sondern am Inhalt der übermittelten Informationen an. Eine unbestimmte Vielzahl von Nachrichten wird computergestützt anhand von Suchbegriffen untersucht und bei einem „Treffer" aufgezeichnet. Für diese Art der Überwachung, die weder an „tatsächliche Anhaltspunkte für einen Verdacht" noch überhaupt an einen Verdacht anknüpft, ist der BND ausschließlich zuständig[59].

In der ersten Fassung des G 10 von 1968 war die Überwachung anhand von Suchbegriffen auf die Sammlung von Nachrichten über Sachverhalte beschränkt, deren Kenntnis notwendig war, um die Gefahr eines bewaffneten Angriffs auf die Bundesrepublik Deutschland rechtzeitig zu erkennen und einer solchen Gefahr zu begegnen[60]. Aus dieser Zeit stammt der Ausdruck „strategische" Kontrolle, der mittlerweile allgemein zur Kennzeichnung der Methode der verdachtslosen Überwachung von Telekommunikation verwendet wird[61]. Trotz zahlreicher sonstiger inhaltlicher Änderungen des G 10 wurde bis 1994 unverändert daran festgehalten.

Durch Art. 13 des Gesetzes zur Änderung des Strafgesetzbuchs, der Strafprozeßordnung und anderer Gesetze (Verbrechensbekämpfungsgesetz) vom 28. Oktober 1994 erfolgte allerdings eine Änderung des G 10, die strukturelle Neuerungen mit sich brachte. Neben das ursprüngliche Aufklärungsfeld traten

---

58 Häufig wird hier der Ausdruck „Schlüsselwörter" verwendet.

59 Vgl. §§ 3 Abs. 1 S.1, 4 Abs. 3 Nr. 2 G 10.

60 Vgl. § 3 Abs. 2 G 10 a.F.

61 Bedeutungsgleich werden die Begriffe „strategische Fernmeldekontrolle" bzw. „strategische Fernmeldeüberwachung", „strategische Fernmeldeaufklärung" „strategische oder elektronische Rasterfahndung" gebraucht, vgl. Riegel, G 10 - Kommentar, Vorbem. Rn. 21 m.w.N. Huber, NVwZ 2000, 393 (395) zählt auch das Abhören des „offenen Himmels" zur strategischen Fernmeldeaufklärung und verweist dabei auf BND-Angaben (im Rahmen des G 10 - Verfahrens, vgl. BVerfGE 100, 313 (337)), wonach von 15.000 z.Zt. täglich erfaßbaren Fernmeldevorgängen zwischen Deutschland und dem Ausland 14.300 nicht dem G 10 unterfallen würden (die Rechtsansicht des BND wird aber nur verständlich, wenn sich aus diesen 14.000 Fernmeldevorgängen keinerlei personenbezogene Daten deutscher Staatsbürger ergeben). Die Verfasserin bedient sich des Ausdrucks „strategischer Kontrolle" ausschließlich im Rahmen des G 10.

weitere Aufklärungsfelder, die sich auch in der jüngsten Fassung des G 10 wiederspiegeln. § 5 Abs. 1 S. 3 G 10 n.F. gestattet dem BND nun folgendes:

„Beschränkungen nach Satz 1 sind nur zulässig zur Sammlung von Nachrichten über Sachverhalte, deren Kenntnis notwendig ist, um die Gefahr
1. eines bewaffneten Angriffs auf die Bundesrepublik Deutschland,
2. der Begehung internationaler terroristischer Anschläge mit unmittelbarem Bezug zur Bundesrepublik Deutschland,
3. der internationalen Verbreitung von Kriegswaffen im Sinne des Gesetzes über die Kontrolle von Kriegswaffen sowie des unerlaubten Außenwirtschaftsverkehrs mit Waren, Datenverarbeitungsprogrammen und Technologien in Fällen von erheblicher Bedeutung,
4. der unbefugten Verbringung von Betäubungsmitteln in nicht geringer Menge in die Bundesrepublik Deutschland,
5. der Beeinträchtigung der Geldwertstabilität im Euro-Währungsraum durch im Ausland begangene Geldfälschungen oder
6. der international organisierten Geldwäsche in Fällen von erheblicher Bedeutung

rechtzeitig zu erkennen und einer solchen Gefahr zu begegnen“[63].

Neben diesen bereits bekannten Aufklärungsfeldern führt § 8 G 10 eine neue Befugnis zur strategischen Überwachung internationaler Telekommunikation ein. Sie greift nach § 8 Abs. 1 G 10 ein, „um eine im Einzelfall bestehende Gefahr für Leib oder Leben einer Person im Ausland rechtzeitig zu erkennen oder ihr zu begegnen und dadurch Belange der Bundesrepublik Deutschland unmittelbar in besonderer Weise berührt sind“. Insbesondere soll diese Befugnis bei der Entführung von Deutschen im Ausland eingreifen können[64].

---

[62] Dieser Überwachungstatbestand ist allerdings nach dem jüngsten Abhörurteil des BVerfG insoweit wegen Unverhältnismäßigkeit des Eingriffs mit Art. 10 GG unvereinbar, als im Ausland begangene Geldfälschungen die Geldwertstabilität in der Bundesrepublik Deutschland nicht bedrohen.

[63] Diese Aufklärungsfelder entsprechen im wesentlichen § 3 Abs. 1 S. 2 Nr. 1 bis 6 G 10 a.F. Neben einer sprachlichen Vereinfachung in Nr. 4 wird vor allem die Vorgabe des BVerfG umgesetzt, daß die in Nr. 5 als Aufklärungsfeld festgelegte Geldfälschung ein Ausmaß erreichen muß, das die Geldwertstabilität bedroht. Auch eine Überwachung mit Blick auf das Aufklärungsfeld Nr. 6 (Geldwäsche) kommt nur noch in Fällen von erheblicher Bedeutung in Betracht. Eine geringfügige inhaltliche Veränderung läßt sich auch in Nr. 2 feststellen, da ein internationaler terroristischer Anschlag mit unmittelbarem Bezug zur Bundesrepublik Deutschland rein sprachlich nicht voraussetzt, daß der Anschlag auf dem Gebiet der Bundesrepublik Deutschland ausgeführt werden soll (so noch G 10 a.F.).

[64] Die Bundesregierung verweist in ihrer Pressemitteilung vom 24. Januar 2001 ausdrücklich darauf, daß eine Lücke geschlossen werden sollte, die in Zusammenhang mit der Geisel-

Um sicherzustellen, daß die strategische Kontrolle nicht zur verdachtslosen Überwachung bestimmter Teilnehmer mißbraucht wird, verlangt § 5 Abs. 2 S. 2 G 10, daß die Suchbegriffe keine Identifizierungsmerkmale enthalten, die zu einer gezielten Erfassung bestimmter Telekommunikationsanschlüsse führen. Für im Ausland befindliche Ausländer kann dieser Schutz vor einer verdachtsunabhängigen, aber dennoch gezielten Überwachung allerdings gelokkert werden. Sofern ausgeschlossen werden kann, daß Anschlüsse, deren Inhaber oder regelmäßige Nutzer deutsche Staatsangehörige sind, gezielt überwacht werden, können nach § 5 Abs. 2 S. 3 G 10 ausländische Anschlüsse auch gezielt überwacht werden[65].

2. Die technische Komponente der Eingriffsbefugnisse

a) Telekommunikation

Das G 10 knüpft in § 1 an die Überwachung der „Telekommunikation", in § 5 an die Beschränkung von „Telekommunikationsbeziehungen" an. Durch die Bedeutung des Begriffs „Telekommunikation" wird daher über die Reichweite des G 10 erheblich mitbestimmt.

Erst durch Art. 2 Abs. 1 des Begleitgesetzes zum Telekommunikationsgesetz (BegleitG) vom 17. Dezember 1997[66] wurde der im G 10 a.F. zunächst verwendete Begriff „Fernmeldeverkehr" durch „Telekommunikation" ersetzt. Durch den Regelungszusammenhang des BegleitG mit dem Telekommunikations-

---

nahme auf Jolo im Frühjahr/Sommer 2000 offenkundig geworden war (http://www.bmi.bund.de/top/dokumente/Pressemeldung/ix_29582.htm).

65 Dies trifft nach § 8 Abs. 3 S. 3 G 10 auch für die strategische Überwachung nach § 8 Abs. 1 G 10 zu.
Dagegen wurde die Vorschrift des § 3 Abs. 2 S. 3 G 10 ersatzlos gestrichen, soweit Anschlüsse von Gesellschaften mit dem Sitz im Ausland betroffen waren, wenn der überwiegende Teil ihres Vermögens oder ihres Kapitals sowie die tatsächliche Kontrolle über die Gesellschaft deutschen natürlichen oder juristischen Personen zustand und die Mehrheit der Vertretungsberechtigten deutsche Staatsangehörige waren. Durch den Verzicht auf eine Bewertung von Gesellschaftsinterna bei gleichzeitigem Abstellen auf die Staatsangehörigkeit desjenigen, der die Telekommunikationsanlage tatsächlich nutzt, dürfte die Vorschrift nicht nur praktischen Bedürfnissen, sondern auch den Interessen von Deutschen im Ausland deutlich näher kommen. Zur Verfassungsmäßigkeit dieser Vorschrift vgl. insbesondere unten Kap. 3 (territorialer Schutzbereich des Grundgesetzes).

66 BGBl I 1997, 3108 (3112), in Kraft getreten am Tag nach der Verkündung, a.a.O., S. 3119, Art. 5 Abs. 1 BegleitG.

gesetz (TKG) vom 25. Juli 1996[67] kann auf den Willen des Gesetzgebers geschlossen werden, den Inhalt dieses Begriffs auch für den Bereich des - damaligen und heutigen - G 10 im Sinne der Legaldefinition in § 3 Nr. 16 TKG zu verstehen[68]. Danach ist „Telekommunikation“ der „technische Vorgang des Aussendens, Übermittelns und Empfangens von Nachrichten jeglicher Art in der Form von Zeichen, Sprache, Bildern und Tönen mittels Telekommunikationsanlagen“.

„Telekommunikationsanlagen“ sind nach § 3 Nr. 17 TKG „technische Einrichtungen oder Systeme, die als Nachrichten identifizierbare elektromagnetische oder optische Signale senden, übertragen, vermitteln, empfangen, steuern oder kontrollieren können“.

Diese Definition umfaßt zum einen das herkömmliche Telefonnetz und die seit längerem bekannten Kommunikationsformen wie Telex, Telefax oder Bildschirmtext. In ihrer Weite schließt sie darüber hinaus moderne Kommunikationsformen ein. Insbesondere sind hier der Mobilfunk, die Übertragung durch ISDN oder Satelliten und das Internet von wachsender Bedeutung[69].

Durch die sprachliche Anpassung bereits des G 10 a.F. hat der Gesetzgeber deutlich gemacht, daß er die neuen Kommunikationsformen lediglich als Wei-

---

67 BGBl I 1996, 1120.

68 Vgl. für § 100a StPO, dessen Terminologie durch Art. 2 Abs. 9 Ziff. 2 BegleitG ebenfalls angepaßt wurde, bei Bär, in: Handbuch zum Internetrecht, S. 611 (633): dies ist auf das G 10 übertragbar.

69 Für die - im Rahmen dieser Arbeit nicht im Vordergrund stehende - Individualkontrolle aufgrund §§ 1, 2 G 10 a.F. wurde die Befugnis zur Überwachung von Mobilfunk aufgrund technischer Besonderheiten vereinzelt bestritten: Abgesehen vom direkten Abhören eines Gesprächs müsse hier erst die jeweils genutzte Funkverbindung ausfindig gemacht werden, da es beim Mobilfunk keinen Einzelanschluß wie beim leitungsgebundenen Fernmeldeverkehr gebe. Dies komme jedoch einer personenbezogenen strategischen Kontrolle gleich. Vgl. Riegel, G 10 - Kommentar, Vorbem. Rn. 33. Germann weist in seiner Dissertation „Gefahrenabwehr und Strafverfolgung im Internet“ darauf hin, daß diese Argumentation dann ebenso für die gesamte Kommunikation im Internet gelten müßte, da diese auf der Vermittlung einzelner Datenpakete beruht, die zunächst als zu überwachende Kommunikation identifiziert werden müssen (S. 561). Im Ergebnis ist diese Ansicht, wie Germann überzeugend nachweist, abzulehnen. Die Neufassung wurde vom Gesetzgeber bewußt technikoffen gehalten, eine Versteinerung der Überwachungsbefugnisse auf herkömmliche Telekommunikationstechnik ist damit nicht erwünscht. Als entscheidendes und nach Ansicht der Verf'in überzeugendes Argument stellt Germann jedoch darauf ab, daß es darauf ankomme, daß die jeweilige Überwachungsbefugnis im Rahmen des Notwendigen auch einen Eingriff in die Rechte Unbeteiligter decke. Vgl. S. 554f. und ausführlich S. 561ff.

terentwicklung herkömmlicher Telekommunikation, nicht aber als etwas grundlegend Neues versteht, was eine Anpassung des G 10 über die redaktionelle Änderung hinaus notwendig gemacht hätte. Diese Sichtweise kann als späte Weiterentwicklung eines Urteils des BVerfG aus dem Jahr 1977 angesehen werden. Das Urteil hatte zwar nicht die Auslegung des G 10, sondern die Auslegung des Begriffs „Fernmeldeanlage" zum Gegenstand. Da der im G 10 a.F. ursprünglich verwendete Begriff des „Fernmeldeverkehrs" aber an das Vorhandensein einer „Fernmeldeanlage" anknüpfte, ist das Urteil auch auf die Auslegung des Überwachungsgegenstandes übertragbar. Das BVerfG stellte fest: „Der Begriff der Fernmeldeanlage wurde vom Gesetzgeber bewußt offengehalten für neue, seinerzeit noch nicht bekannte Techniken der Nachrichtenübertragung"[70].

b) Rechtliche Vorgaben für die technische Durchführung der Überwachung

§ 5 Abs. 1 S. 1 G 10 bestimmt:

> „Auf Antrag des Bundesnachrichtendienstes dürfen Beschränkungen nach § 1 für internationale Telekommunikationsbeziehungen, soweit eine gebündelte Übertragung erfolgt, angeordnet werden".

In dieser Formulierung liegt eine nicht unerhebliche Änderung des G 10 a.F., das die strategische Überwachung in den 1994 neu hinzugekommenen Aufklärungsfeldern auf internationale nicht-leitungsgebundene Telekommunikationsbeziehungen eingegrenzt hatte[71]. Nicht-leitungsgebunden ist diejenige Telekommunikation, deren Übertragung drahtlos, d.h. über Richtfunkstrecken, Satellit oder Kurzwelle erfolgt. Für die Überwachung nicht-leitungsgebundener Telekommunikation wurde das Bild des „elektronischen Staubsaugers" geprägt[72], der die Informationen nach den derzeitigen technischen Möglichkeiten im „downlink"[73] aufnimmt.

---

[70] BVerfGE 77, 120 (143).

[71] Vgl. § 3 Abs. 1 S. 1 und S. 3 G 10 a.F.

[72] Der Ausdruck „Staubsauger im Äther", der mittlerweile in der abgewandelten Form „elektronischer Staubsauger" vor allem in den Medien benutzt wird, stammt aus einem Interview des BND-Abteilungsleiters Güllich, in: Der Spiegel 15/1993, S. 65 (68).

[73] D.h. im Datenstrom vom Satelliten auf die auf der Erdoberfläche befindliche Empfangsstation, im Gegensatz zum „uplink", bei dem der Datenstrom in umgekehrter Richtung verläuft. Dies wurde im G 10-Verfahren offengelegt, vgl. BVerfGE 100, 313 (377). Dabei

Die Anknüpfung an nicht-leitungsgebundene Telekommunikation läßt sich auf das Betätigungsfeld des BND vor der Gesetzesänderung 1994 zurückführen. Das Informationsinteresse richtete sich zu dieser Zeit, vom herkömmlichen Telefonnetz abgesehen, im Rahmen der „Fernmeldeaufklärung“ auf den drahtlosen Fernmeldeverkehr[76].

Die Sinnhaftigkeit einer Unterscheidung nach der Übertragungstechnik wurde allerdings in Frage gestellt[77], da Auslandskommunikationen heute, egal ob sie über das herkömmliche Telefon, über ISDN, Mobilfunk, Online-Netze oder Internet verbunden werden, zunehmend nicht-leitungsgebunden, insbesondere über Satellitenverbindungen, hergestellt werden. Die technische Entwicklung setzt allgemein immer mehr auf die drahtlose Übermittlung von Daten[78]. Auch der Gesetzgeber erkannte, daß die ursprünglich durch diese Eingrenzung vorgenommene quantitative Beschränkung nach und nach ihren Sinn verloren hatte. Eine ersatzlose Aufgabe der Unterscheidung kam jedoch aus Gründen der Verhältnismäßigkeit nicht in Betracht[79], da in dieser Unterscheidung zumindest noch ein gewisses Potenzial zur Begrenzung der Überwachungsbefugnisse steckte. Der Gesetzgeber hat jedoch einen neuen Weg gefunden, die strategische Überwachung quantitativ einzugrenzen. § 10 Abs. 4 S. 3 und 4 G 10 sieht nunmehr vor, daß in der Überwachungsanordnung festzulegen ist, welcher Anteil der auf den - in der Anordnung ebenfalls zu bezeichnenden - Übertragungswegen zur Verfügung stehenden Übertragungskapazität überwacht werden darf, der bei der strategischen Überwachung nach § 5 G 10 n.F. höchstens zwanzig vom Hundert betragen darf[80].

G 10 n.F. läßt durch die Vorgabe einer „gebündelten Übertragung“ zudem keinen Zweifel daran, daß bei den zu überwachenden

---

wurde darauf hingewiesen, daß aufgrund dieser Gegebenheit die Beiträge beider Seiten nur bei älteren Satelliten mit weiter Ausleuchtzone aufgezeichnet werden.

74 Vgl. Germann, Gefahrenabwehr und Strafverfolgung im Internet, S. 579.

75 Vgl. am Beispiel des Internet Germann, ebenda.

76 Vgl. Güllich, in: Der Spiegel, 15/1993, 65 (68).

77 Germann, Gefahrenabwehr und Strafverfolgung im Internet, S. 580.

78 Allein im Bereich des Mobilfunknetzes wurde bereits 1999 von einer Zunahme der (damals) 200 Millionen Mobiltelefonierer weltweit um 700 Millionen innerhalb der nächsten 15-20 Jahre gesprochen. Vgl. Nobbe, „Auto und Brieftasche mit E-mail-Adresse“, SZ vom 8. März 1999.

79 Zum Erfordernis der Verhältnismäßigkeit vgl. unten Kap.3, C.3.a)dd) und b)cc).

80 Die Anregung von Germann, Gefahrenabwehr und Strafverfolgung im Internet, S. 580, wonach eine Unterscheidung nach der Vermittlungstechnik möglich wäre, wurde nicht aufgegriffen.

„Telekommunikationsbeziehungen" eine unbestimmte Vielzahl von Telekommunikationsanschlüssen übermittelt werden muß, da andernfalls eine gezielte statt einer strategischen Überwachung vorliegen würde[81]. Auf die genannten neuen Kommunikationsformen trifft dies zu[82].

Die Neuregelung ist, was die technische Seite der Überwachungsbefugnis des BND betrifft, nicht nur positiv zu bewerten.

Zwar setzt diese Regelung erstmals auch der Überwachung der nicht-leitungsgebundenen Telekommunikation eine quantitative Grenze. Kritisch anzumerken ist aber, daß sich das zulässige Überwachungsvolumen der jeweiligen Überwachungskapazität anpaßt, d.h. in Zukunft immer weiter zunehmen wird, ohne daß hierzu erneut ein Vorgehen des Gesetzgebers notwendig wäre.

3. Überwachungsdimension

Während im Bereich strafprozessualer Maßnahmen die Veröffentlichung der Anzahl heimlicher Überwachungsmaßnahmen üblich ist, werden vom BND offiziell keine Zahlen veröffentlicht. In der mündlichen Verhandlung vor dem BVerfG vom 15./16. Dezember 1998 wurde bezüglich der Erfassung und Auswertung des internationalen Telekommunikationsverkehrs vom BND jedoch Auskunft erteilt. Nach diesen Angaben sah die Situation im Verhandlungszeitraum etwa folgendermaßen aus:

Von ca. 8 Millionen Fernmeldekontakten täglich wurden ca. 15.000 Fernmeldevorgänge durch den BND erfaßt. Etwa 700 der so erfaßten Vorgänge fielen in den Anwendungsbereich des G 10 und wurden mit Hilfe der Suchbegriffe selektiert. Ca. 70 davon wurden einer näheren Prüfung durch Mitarbeiter unterzogen und nicht mehr als 15 Meldungen schließlich fachlich ausgewertet. Der BND rechnete daher vor, daß nur 0,1 Promille der Fernmeldekontakte mit dem Ausland in den maschinellen Selektionsprozeß und weniger als 0,01 Promille zur Kenntnis von Bearbeitern des Bundesnachrichtendienstes gelangen würden[83]. Dem wurde vom BVerfG allerdings zu Recht entgegengehalten, daß der

---

[81] Der Begriff „Telekommunikationsbeziehungen" wurde zwar in § 3 Abs. 1 S. 1 G 10 a.F. ebenfalls verwendet, die Eingrenzung auf eine gebündelte Übertragung ergab sich jedoch erst in der Zusammenschau mit § 3 Abs. 2 S. 2 G 10 a.F., der die Verwendung von Suchbegriffen zur gezielten Erfassung bestimmter Telekommunikationsanschlüsse ausschloß.

[82] Vgl. am Beispiel des Internet Germann, S. 579.

[83] BVerfGE 100, 313 (337).

gegenwärtige Umfang durch die vorhandenen technischen und personellen Kapazitäten bedingt und daher ohne Rechtsverstoß ausweitbar sei[84].

Nach Auskunft des BND wurden zum Zeitpunkt der mündlichen Verhandlung vorwiegend der über Fernmeldesatelliten geleitete Telex- und Telefax-Verkehr, Telefonverkehr nur in geringem Maße und über Funk geleitete Kommunikationen bislang gar nicht erfaßt, eine Ausdehnung der Überwachung auf e-mail war vorgesehen[85].

Wie rasant allerdings die Entwicklung vonstatten geht, zeigt sich an den Zahlen, die jüngst in der Begründung zum Entwurf des neuen Gesetzes zur Beschränkung des Brief-, Post- und Fernmeldegeheimnisses (Art. 10-Gesetz - G 10) veröffentlicht wurden. Nach diesen Angaben werden weltweit mehrere Milliarden Telekommunikationen geführt, davon ca. 50 Millionen von und nach Deutschland, die theoretisch zum Gegenstand der strategischen Überwachung werden können. Die Empfangsanlagen des BND erfassen täglich ca. 100.000 Telekommunikationen, unter denen sich ca. 750 Telekommunikationen befinden, die von oder nach Deutschland geführt werden. Ca. 40 dieser 750 Telekommunikationen enthalten Suchbegriffe aus dem Ausland, die von Mitarbeitern des BND inhaltlich und rechtlich geprüft werden. In der Regel werden danach 37 erfaßte Telekommunikationen sofort wieder vernichtet und ca. drei Telekommunikationen täglich der weiteren Auswertung zugeführt[86].

Der Einsatz der strategische Überwachung hat demnach trotz einer Zunahme in absoluten Zahlen in Bezug auf die Gesamtmenge aller von und nach Deutschland geführten Telekommunikationen abgenommen. Offen bleibt, welche Art von Telekommunikation überwacht wird.

---

84 BVerfGE, a.a.O., 380. Das Gericht hat die Gefahr einer Überwachungs-Ausweitung also offensichtlich gesehen. Von Paeffgen, StV 1999, 668 (673) wird ihm die „Verharmlosung der technischen Gegebenheiten" vorgeworfen. Eine Ausweitung der strategischen Überwachung auf ein Maximum der technischen Möglichkeiten erscheint allerdings angesichts der Vielzahl von Personen, die dies zu genehmigen hätten (PKG und G 10-Gremium sind involviert) realitätsfern.

85 BVerfGE, a.a.O., 379f. Der Nutzen einer Überwachung des Internet wird von Germann mit Überlegungen zum technischen Aufwand, zur Masse der Informationen, zur Identifizierbarkeit von Sender und Empfänger und schließlich mit einem Hinweis auf die Möglichkeiten zur Verschlüsselung stark in Zweifel gezogen.

86 BR-Drs. 54/01 vom 26. Januar 2001, S. 32.

II. Rechtslage im Vereinigten Königreich

1. Regulation of Investigatory Powers Act 2000

Am 28. Juli 2000 erhielt der *Regulation of Investigatory Powers Act 2000* (RIPA 2000) *royal assent*[87]. RIPA 2000 tritt an die Stelle des *Interception of Communications Act 1985* (IOCA 1985), worin bisher die maßgeblichen Vorschriften zur heimlichen Überwachung von Telekommunikation enthalten waren. RIPA 2000 geht, im Gegensatz zu IOCA 1985 und auch zum G 10 in Deutschland, über Regelungen zur heimlichen Überwachung von Telekommunikation hinaus und strebt eine umfassende Regelung von heimlichen Überwachungsmaßnahmen durch Polizei, Strafverfolgungsbehörden und Nachrichtendienste an[88]. Dabei fällt auf, daß RIPA 2000 - in Fortführung von IOCA 1985 und anders als G 10 - nicht nach der ausführenden Behörde unterscheidet. Aus dem Gesetz ergibt sich vielmehr eine allgemeine Festlegung von Aufklärungsfeldern und weiteren Überwachungsvoraussetzungen, doch wird erst in der Zusammenschau mit den Befugnisnormen der Sicherheitsbehörden im einzelnen deutlich, wer auf das Mittel der Telekommunikationsüberwachung

---

87 Als Abschluß des formellen Gesetzgebungsverfahrens entspricht der royal assent (hierzu Bradley/Ewing, Constitutional and Administrative Law, 12. Aufl., S. 209) der Ausfertigung eines Gesetzes durch den Bundespräsidenten gem. Art. 82 Abs. 1 GG. In weiten Teilen ist RIPA 2000 mittlerweile durch The Regulation of Investigatory Powers Act 2000 (Commencement No. 1 and Transitional Provisions) Order 2000 (SI 2000 Nr. 2543 (C.71)) des Innenministers vom 17. September 2000 gem. s. 83 (2) RIPA 2000 in Kraft getreten. Einzelheiten zum Inkrafttreten sowie das Gesetz selbst sind auf der Homepage zu diesem Gesetz unter http://www.homeoffice.gov.uk/ripa/imptable.htm bzw. unter http://www.hmso.gov.uk unter „legislation", „United Kingdom", statutory instruments" zu finden.

88 Vgl. die einleitende Inhaltsbeschreibung von RIPA 2000: „An Act to make provision for and about the interception of communications, the acquisition and disclosure of data relating to communications, the carrying out of surveillance, the use of covert human intelligence sources and the acquisition of the means by which electronic data protected by encryption or passwords may be decrypted or accessed; to provide for commissioners and a tribunal with functions and jurisdiction in relation to those matters, to entries on and interferences with property or with wireless telegraphy and to the carrying out of their functions by the Security Service, the Secret Intelligence Service and the Government Communications Headquarters; and for connected purposes" (vgl. für einen Überblick über das Gesetz Cape, (2001) LA 21).
Dagegen lautet die Inhaltsbeschreibung von IOCA 1985 schlicht: „An Act to make new provision for and in connection with the interception of communications sent by post or by means of public telecommunications systems and to amend section 45 of the Telecommunications Act 1984".

zurückgreifen kann[89]. Die folgende Darstellung konzentriert sich, soweit möglich, auf die Tätigkeit der Auslandsnachrichtendienste.

Um die Befugnisse der Auslandsnachrichtendienste des Vereinigten Königreichs zur Überwachung von Telekommunikation aufzuzeigen, genügt an dieser Stelle ein Blick auf die Aufklärungsfelder und die Maßnahmerichtung (Individualkontrolle/strategische Kontrolle) sowie die Überwachungsbehörden. Weitere Rechtmäßigkeitsvoraussetzungen, wie das Erfordernis der Verhältnismäßigkeit der Maßnahme oder Einzelheiten der Überwachungsanordnung, bleiben, wie bereits bei der deutschen Rechtslage, späteren Erörterungen vorbehalten.

a) Aufklärungsfelder

aa) Überwachung von „communication"

Die wichtigste Rechtsgrundlage findet sich in s. 5 (1) (a) i.V.m. s. 5 (3) (a) (b) (c) RIPA 2000. Danach ist der zuständige Minister[90] befugt, eine Vollmacht *(„warrant")* zur Telekommunikationsüberwachung auszustellen, wenn dies, so s. 5 (3) RIPA 2000 im einzelnen,

(a) im Interesse der nationalen Sicherheit;
(b) zum Zwecke der Verhütung oder Entdeckung schwerer Verbrechen oder
(c) zum Zwecke des Schutzes des wirtschaftlichen Wohls des Vereinigten Königreichs

erforderlich ist[91].

---

89 Einen gewissen Hinweis auf die potentiellen Überwachungsbehörden liefert RIPA 2000 jedoch insoweit, als das Gesetz, anders als noch IOCA 1985, in s. 6 RIPA 2000 festlegt, daß nur bestimmte Personen, in der Regel die Behördenleiter, eine Überwachungsanordnung beantragen dürfen.

90 RIPA 2000 verwendet den Begriff „secretary of state", womit der jeweils zuständige Minister gemeint ist, vgl. auch Interpretation Act 1978, Schedule 1 „Words and expressions defined", in: Halsbury's Statutes, 4. Aufl., Vol. 41 (2000 Reissue), S. 592ff., unter „secretary of state". Welcher Minister im Einzelfall zuständig ist, entscheidet sich nach der antragstellenden Behörde. Für die Anträge von SIS und GCHQ sind der Außenminister oder der Nordirlandminister zuständig, für die Anträge des Security Service der Innenminister oder der Minister für Schottland.

91 Fälle zulässiger Überwachung ohne warrant des Ministers sind in s. 3 und s. 4 RIPA 2000 geregelt.

Zudem grenzt s. 5 (5) RIPA 2000 die Befugnis unter (c) inhaltlich auf Informationen ein, die Aufschluß über Handlungen oder Absichten von Personen außerhalb der Britischen Inseln geben können[92].

Diese Ermächtigung bezieht sich auf das Abhören der *„communication"*, was als weit gefaßter Gesprächsinhalt zu verstehen ist. Im einzelnen umfaßt *communication*, abgesehen von den Gegenständen des Postverkehrs, alles, was Sprache, Musik, Geräusche, Bilder oder Daten jeglicher Art enthält, sowie Signale, die entweder für jegliche Übermittlung zwischen Personen, Personen und Sachen, und zwischen Sachen dienen oder für den Antrieb oder die Kontrolle irgendeines Geräts[93]. Nach dieser Formulierung schließt *„communication"* nicht nur den Telefon-, Fax- und e-mail-Verkehr, sondern auch den Zugang ins Internet, Videokonferenzen und Nachrichten auf dem Anrufbeantworter bzw. der Mailbox ein[94] und ist damit denkbar weit gefaßt.

bb) Überwachung von „communication data"

Ein eigener Abschnitt ist der Gewinnung von Daten gewidmet, die nicht dem Gesprächsinhalt zuzurechnen sind, sondern zusätzlich im Zusammenhang mit einer Verbindung anfallen, wie die Identität der Gesprächspartner, Dauer des Gesprächs oder die angewählte Rufnummer. Die auch unter *„metering"* bekannte Praxis wird von einem *warrant* nicht erfaßt. Auf die Daten kann aufgrund einer *„authorisation"* oder *„notice"* zurückgegriffen werden. Die zulässigen Aufklärungsfelder sind in s. 22 (a-h) RIPA 2000 geregelt. Sie greifen über die zulässige Überwachung des Gesprächsinhalts weit hinaus. Zwar ist eine Aufklärung „im Interesse der nationalen Sicherheit" (a) noch deckungsgleich, doch es reicht bereits eine Aufklärung zum Zweck der Verhütung oder Entdeckung von Verbrechen (statt: *schweren* Verbrechen) und zur Verhütung von Auf-

---

92 In Erweiterung von IOCA 1985 kann der zuständige Minister zudem eine Vollmacht ausstellen, um einem internationalen gegenseitigen Rechtshilfeabkommen Folge zu leisten bzw. selbst um die Gewährung von Rechtshilfe in Form von heimlicher Telekommunikationsüberwachung zu ersuchen bzw. um die Auskunftserteilung über bereits aufgrund einer Überwachung angefallener Daten zu autorisieren, vgl. s. 5 (1) (b) (c) (d) und s. (3) (d) RIPA 2000. Da auch im Falle eines internationalen gegenseitigen Rechtshilfeabkommens die Ausstellung eines warrant an die Vergleichbarkeit mit dem Aufklärungsfeld „zur Verhinderung oder Entdeckung schwerer Verbrechen" geknüpft ist, werden die Aufklärungsfelder im Vergleich zu IOCA 1985 inhaltlich nicht wirklich erweitert (zumal hier vermutlich nur eine gesetzliche Klarstellung einer bestehenden Praxis erfolgt ist).

93 Vgl. s. 81 (1) RIPA 2000.

94 So Milgate (2000) NLJ 1862.

ruhr (b), eine Aufklärung *im Interesse* des wirtschaftlichen Wohles des Vereinigten Königreichs (c), *im Interesse* der öffentlichen Sicherheit (d), zum Zweck des Schutzes der öffentlichen Gesundheit, zur Eintreibung von Steuern und anderen Zahlungsverpflichtungen gegenüber dem Staat[95], zum körperlichen und geistigen Schutz von Personen in Notfällen[96] und zu jedem anderen Zweck, der durch Anordnung des Ministers festgelegt wird[97].

Eine Unterscheidung zwischen *communication* und *communication data* läßt sich im deutschen Recht zwar ebenfalls finden, doch bezieht sich die Sonderregelung in Bezug auf Verbindungsdaten in § 12 FAG zum einen nicht auf laufende, sondern nur auf abgeschlossene Kommunikationsvorgänge, zum anderen nur auf „strafgerichtliche Untersuchungen" und kann somit nicht als Eingriffsermächtigung im Zusammenhang mit (strategischer) Überwachung internationaler Telekommunikation herangezogenen werden[98].

b) Maßnahmerichtung

Im deutschen Recht lassen sich Aufklärungsfelder und die Frage nach der Maßnahmerichtung, d.h. ob individuell-verdachtsbezogen überwacht werden muß oder ungezielt, „strategisch", überwacht werden darf, nicht voneinander trennen. Obwohl dies im Recht des Vereinigten Königreichs anhand der Ermächtigungsnorm nicht offensichtlich ist, läßt sich auch hier eine Unterscheidung zwischen Individualkontrolle und strategischer Kontrolle feststellen. Die folgenden Ausführungen beziehen sich dabei ausschließlich auf die Überwachung des Gesprächsinhalts durch *warrant*. Dagegen lassen sich den Bestim-

---

95 S. 22 RIPA 2000: „..(f) for the purpose of assessing or collecting any tax, duty, levy or other imposition, contribution or charge payable to a government department".

96 S. 22 RIPA 2000: „(...) (g) for the purpose, in an emergency, of preventing death or injury or any damage to a person's physical or mental health, or of mitigating any injury or damage to a person's physical or mental health".

97 S. 22 RIPA 2000: „(...) (h) for any purpose (not falling within paragraphs (a) to (g)) which is specified for the purposes of this subsection by an order made by the Secretary of State".

98 § 12 FAG (Neufassung veröffentlicht in BGBl I 1989, 1455f.) lautet: „In strafgerichtlichen Untersuchungen kann der Richter und bei Gefahr in Verzug auch die Staatsanwaltschaft Auskunft über den Fernmeldeverkehr verlangen, wenn die Mitteilungen an den Beschuldigten gerichtet waren oder wenn Tatsachen vorliegen, aus denen zu schließen ist, daß die Mitteilungen von dem Beschuldigten herrührten oder für ihn bestimmt waren und daß die Auskunft für die Untersuchung Bedeutung hat". Die Vorschrift soll reformiert werden, ihre Geltungsdauer wurde jedoch schon mehrfach, zuletzt bis zum 31. Dezember 2001, verlängert (BGBl I 1997, 3108 (3118), BGBl I 1999, 2491 (2492)).

mungen zur Überwachung von *communications data* keine Erkenntnisse zur Maßnahmerichtung entnehmen.

Der Regelfall heimlicher Telekommunikationsüberwachung besteht in der Individualkontrolle und läßt sich s. 8 (1), (2) RIPA 2000 entnehmen. Danach muß ein *warrant* entweder die zu überwachende Person oder den zu überwachenden Ort festlegen, außerdem weitere Identifikationsmerkmale, wie Adressen, Rufnummern, Apparate oder andere Faktoren[99].

Die Erfordernisse aus s. 8 (1), (2) RIPA 2000 entfallen jedoch bei grenzüberschreitender Kommunikation[100], sofern der *warrant* in diesem Fall von einem *certificate* des zuständigen Ministers begleitet wird, der „die Beschreibungen des überwachten Materials, dessen Untersuchung er für notwendig erachtet", enthält. Dabei müssen sich diese „Beschreibungen" ebenfalls im Rahmen der oben aufgeführten Überwachungsfelder halten[101]. Durch diese Vorschrift wird im Vereinigten Königreich ebenfalls eine „strategische Kontrolle" ermöglicht, wobei die Unterscheidung zwischen leitungsgebundener und nicht-leitungsgebundener Telekommunikation keine Rolle spielt.

Die Erweiterung der Überwachungsbefugnis bei grenzüberschreitender Kommunikation wurde bereits unter IOCA 1985 zugelassen und an den Erlaß eines *certificate* geknüpft. Doch wurde die Befugnis zur Überwachung grenzüberschreitender Kommunikation darüber hinaus dadurch beschränkt, daß das *certificate* nach s. 3 (3) IOCA 1985 nur dann eine Adresse innerhalb der Britischen Inseln enthalten durfte, wenn die angeordnete Überwachung die Verhinderung oder Entdeckung terroristischer Anschläge zum Gegenstand hatte[102]. Auf den ersten Blick verzichtet RIPA 2000 auf dieses Erfordernis.

Bei genauerer Analyse läßt sich jedoch im Rahmen der Schutzbestimmungen (*„safeguards"*), die sich systematisch unter Datenschutzmaßnahmen[103] einordnen lassen, in s. 16 RIPA 2000 eine Regelung finden, in der die strategische Überwachung von Einzelpersonen innerhalb der Britischen Inseln auf der Basis eines *certificate* ebenfalls eingeschränkt wird. Als Quintessenz der detaill-

---

99 Bei „anderen Faktoren" ist z.B. an die technischen Eigenheiten des Internet zu denken.

100 Das Merkmal „grenzüberschreitende Kommunikation" (external communication) wird in s. 20 RIPA 2000 definiert als Kommunikation, die außerhalb der Britischen Inseln entweder gesendet oder empfangen wird.

101 Vgl. s. 8 (4), (5) RIPA 2000.

102 Zum System der „strategischen Kontrolle" nach IOCA 1985 vgl. Friehe, ZFIS 1998, 215 (220ff.).

103 Im Sinne von Kap. 5, s.u.

reichen Regelung läßt sich herauskristallisieren, daß das angefallene Material grundsätzlich nicht nach Faktoren durchsucht werden soll, die sich auf eine Einzelperson beziehen, die sich bekanntermaßen innerhalb der Britischen Inseln aufhält, oder auf Faktoren, die zur Identifizierung von Kommunikationen einer solchen Einzelperson führen sollen.

Die Einschränkung läßt ihrerseits wiederum Ausnahmen zu. So kann eine Einzelperson innerhalb der Britischen Inseln bis zu 3 Monaten in die Überwachung einbezogen werden[104]. Zudem führt die Erkenntnis, daß sich die mit Hilfe von strategischer Überwachung erfaßte Einzelperson doch innerhalb der Britischen Inseln aufhält[105], nicht sofort zur Unzulässigkeit der Auswertung. Eine Auswertung des angefallenen Materials kann, legitimiert durch eine weitere *authorisation,* bis zum Ende des dieser Erkenntnis folgenden Arbeitstages erfolgen[106].

c) Überwachungsbehörden

Gleicht man die nach RIPA 2000 zulässigen Aufklärungsfelder mit den Betätigungsfeldern der (Auslands-)Nachrichtendienste ab, so wird deutlich, daß diese weitgehend deckungsgleich sind. Auch der Gesetzgeber geht offensichtlich davon aus, daß sowohl SIS als auch GCHQ als Überwachungsbehörden in Betracht kommen, da er die jeweiligen Behördenleiter in den Kreis derjenigen aufgenommen hat, die potentiell zur Beantragung eines *warrant* befugt sind[107].

---

[104] S. 16 (2), (3) (b) RIPA 2000. Sofern s. 16 (3) (b) RIPA 2000 darüber hinaus an die Überwachungsfelder aus s. 5 (3) (a), (b) oder (c) RIPA 2000 anknüpft, stellt dies kein zusätzliches Kriterium dar, da dies bereits allgemeine Voraussetzung für den Erlaß eines certificate ist, vgl. s. 8 (4) (b) (ii) RIPA 2000.

[105] Wobei sich dies daraus ergeben kann, daß während des Überwachungszeitraums die Einreise erfolgt ist, bzw. daraus, daß die Annahme des Aufenthaltsortes außerhalb der Britischen Inseln von Anfang an nicht zutreffend war, vgl. s. 16 (5), (6) RIPA 2000.

[106] S. 16 (5) (b), (c) RIPA 2000.

[107] Vgl. s. 6 (b) und (c) RIPA 2000 (Chief of the Secret Intelligence Service und Director of GCHQ). Die Auflistung umfaßt darüber hinaus alle maßgeblichen Sicherheitsbehörden innerhalb des Vereinigten Königreichs: Director-General of the Security Service, Director General of NCIS, Commissioner of Police of the Metropolis, Chief Constable of the Royal Ulster Constabulary; chief constable of any police force maintained under or by virtue of section 1 of the Police (Scotland) Act 1967; Commissioners of Customs and Excise, Chief of Defence Intelligence.

d) Begriffsbestimmungen

Der Gesetzeszweck von RIPA 2000 umfaßt eindeutig die Regelung der Überwachung moderner Telekommunikationsformen wie Mobilfunk, e-mail und anderer Computer-Kommunikation[108]. Entsprechend weit sind die Begriffsbestimmungen des Gesetzes gehalten. Jede Art von Überwachung knüpft an die Benutzung eines - öffentlichen oder privaten - *telecommunication system* an.

Telecommunicaton system umfaßt jedes System (einschließlich der damit verbundenen Endgeräte), das die Übertragung von Kommunikationen auf jede Art und Weise, einschließlich der Verwendung elektrischer oder elektromagnetischer Energie, ermöglicht, wobei es nicht darauf ankommt, ob sich das System ganz, teilweise oder gar nicht im Vereinigten Königreich befindet[109].

2. Überwachung von „wireless telegraphy“

Eigene Rechtsgrundlagen finden sich im Zusammenhang mit Eingriffen in drahtlose Telegrafie („*wireless telegraphy*“). Schon vor Erlaß von IOCA 1985 war die drahtlose Telegrafie im *Wireless Telegraphy Act 1949* (WTA 1949)[110] zum Gegenstand einer eigenen gesetzlichen Regelung gemacht worden. Unter „drahtloser Telegrafie“ ist nach der weiten Definition in s. 19 (1) WTA 1949 das Senden oder Empfangen nicht-leitungsgebundener elektromagnetischer Energie mit einer Frequenz nicht über 3 Mio. Megahertz zu verstehen[111], welches entweder (a) der Übertragung von (schriftlichen) Nachrichten, Geräuschen oder Bildern oder der Inbetriebnahme oder Kontrolle einer Maschine oder eines sonstigen Geräts („*apparatus*“) dient, oder welches (b) in Verbindung mit der Bestimmung der Position, Orientierung oder Entfernung verwendet wird oder zur Gewinnung von Informationen in Bezug auf die Anwesenheit, Abwesenheit, Position oder Bewegung irgendeines Gegenstands oder mehrerer Gegenstände dient.

---

108 Vgl. Cape, (2000) NLJ 452 und das Kapitel 3 „The need for new legislation“ in „Interception of Communications in the United Kingdom - A Consultation Paper“, Cm 4368 (1999), mit dem die Regierung den Gesetzgebungsprozeß in Gang setzte und worin z.B. die Möglichkeit der Überwachung von e-mail ausdrücklich angesprochen wird.

109 Vgl. s. 2 (1) RIPA 2000.

110 Abgedruckt in Halsbury's Statutes, 4. Aufl. (1999 Reissue), Vol. 45 „Telecommunication and Broadcasting“, S. 31ff.

111 Unter anderem ist dieser Bereich für Satellitenverkehre einschlägig, vgl. Friehe, ZFIS 1998, 215 (220).

Gemäß s. 5 WTA 1949 a.F. stellte es ein Vergehen dar, sich Informationen bezüglich des Inhalts oder des Senders oder Empfängers einer Nachricht zu verschaffen, oder - von gerichtlichen Prozessen abgesehen - diese weiterzugeben, ohne entweder vom zuständigen Minister dazu bevollmächtigt zu sein oder in der Eigenschaft als Bediensteter der Krone zu handeln. Allerdings enthält WTA 1949 a.F. keine Anforderungen, unter welchen Umständen eine Anordnung durch den Minister erfolgen kann.

Dieses rechtliche Vakuum wurde für den Bereich der Nachrichtendienste durch Regelungen in ISA 1994 ausgefüllt. So wurde nach s. 5 ISA 1994 die Befugnis des Ministers, entsprechende Anordnungen („*warrant*") zu erlassen, an die jeweiligen Aufgaben von MI 6, GCHQ und MI 5 gebunden und darüber hinaus an den Erlaß von Datenschutzmaßnahmen bei der Offenlegung von Informationen geknüpft sowie daran, daß das Ziel der Überwachungsmaßnahme nicht vernünftig auf anderem Wege erreicht werden könne. Mit s. 6 (2) (a) ISA 1994 wurde eine - erneuerbare - Befristung der Überwachungsmaßnahme auf 6 Monate festgelegt. Allerdings genügt es für eine Anordnung, wenn der Minister es für wahrscheinlich hält, daß die Maßnahme wesentlich zur Aufgabenerfüllung des jeweiligen Dienstes beiträgt[112].

Läßt sich somit zumindest für den Bereich der Auslandsnachrichtendienste bereits durch ISA 1994 eine Annäherung zwischen den Anforderungen von - damals - IOCA 1985 und Überwachungsmaßnahmen im Bereich drahtloser Telegrafie feststellen, so ist doch offensichtlich, daß die Überwachungsbefugnis im Bereich drahtloser Telegrafie weitergehend war. Diese Diskrepanz wurde auch von der Regierung gesehen und in *Interception of Communications in the United Kingdom - A Consultation Paper* folgendermaßen zur Diskussion gestellt:

> „*As means of communication increasingly make use of both telecommunications and wireless telegraphy networks, it is logical that any interception of communications, regardless of the physical point at which it occurs, should be treated the same way in law*"[113].

---

[112] S. 5 (2) ISA 1994: „(...) if the Secretary of State - (a) thinks it necessary for the action to be taken on the ground that *it is likely* to be of substantial value in assisting, as the case may be (...)".

[113] Interception of Communications in the United Kingdom - A Consultation Paper, Cm 4368 (1999), Part A, 3.10.

Tatsächlich wurde die Überwachung drahtloser Telegrafie in s. 73 und s. 74 RIPA 2000 neu geordnet. S. 5 WTA 1949 wurde erweitert und die Anordnung einer Überwachungsmaßnahme erstmals an inhaltliche Voraussetzungen geknüpft. Die inhaltlichen Voraussetzungen umfassen nach s. 5 (4) (a bis g) WTA 1949 n.F. die Überwachung im Interesse der nationalen Sicherheit (a), zur Verhütung und Entdeckung von Verbrechen (b), im Interesse des wirtschaftlichen Wohls des Vereinigten Königreichs (c), im Interesse der öffentlichen Sicherheit (d), zum Schutz der öffentlichen Gesundheit (e), zum Zweck von Steuer- und Abgabenangelegenheiten (f) und für weitere Zwecke, die der Minister verordnen kann (g)[114]. Jede Anordnung unterliegt darüber hinaus einer Verhältnismäßigkeitsprüfung, vgl. s. 5 (4) (3) (b) WTA 1949 n.F.

Obwohl die Vielzahl der möglichen Überwachungsfelder eine weitreichende Befugnis vermuten läßt, stellt das Gesetz in s. 5 (2) WTA 1949 n.F. ebenfalls klar, daß dann, wenn die - im Vergleich hierzu wesentlich engeren - übrigen Bestimmungen von RIPA 2000 einschlägig sind, diese nicht mit Hilfe von WTA 1949 übergangen werden dürfen.

Die Überwachungsbefugnis im Rahmen des hier aufgrund des Regelungszusammenhangs mit den Auslandsnachrichtendiensten wichtigeren ISA 1994 wurde ebenfalls nicht unangetastet gelassen. Wichtigste Änderung ist hier die Einführung des Verhältnismäßigkeitsprinzips für den Erlaß eines *warrant* anstelle der weiten Prognoseentscheidung des zuständigen Ministers[115].

Mit der Neuregelung wurden die Anforderungen an die Überwachung von drahtloser Telegrafie durch Auslandsnachrichtendienste im Ergebnis verstärkt. Hinter dem selbst gesteckten und als „logisch“ dargestellten Ziel, die Anforderungen an die Überwachung von Telekommunikation und drahtloser Telegrafie einheitlich zu regeln, ist der Gesetzgeber jedoch deutlich zurückgeblieben.

3. Überwachungsdimension

Obwohl sich die Regierung des Vereinigten Königreichs von der jahrzehntelang geübten Praxis gelöst hat, keinerlei Zahlen zu veröffentlichen, um möglichen Zielpersonen keinen Anhaltspunkt über den Einsatz heimlicher Tele-

[114] Auch im Interesse des betrieblichen Ablaufs (Lizenzierung, Behebung von Störungen) können gem. s. 5 (5) RIPA 2000 Anordnungen ergehen.

[115] Vgl. insbesondere s. 5 (2) (a) und (b) ISA 1994 n.F., basierend auf s. 74 (1) RIPA 2000. Insoweit handelt es sich hier bereits um eine spezifisch datenschutzrechtliche Anforderung, vgl. hierzu Kap. 5.

kommunikationsüberwachung zu geben, besteht diese Öffnung nur in dem Teilbereich, in dem ein *warrant* vom Innenminister bzw. vom Schottland-Minister ausgestellt wird, d.h. im Bereich von Strafverfolgung und innerer Sicherheit, wobei nur die Gesamtzahl ohne Aufschlüsselung nach Aufklärungszielen veröffentlicht wird. Auf dem hier interessierenden Gebiet der Tätigkeit der Auslandsnachrichtendienste ist die Regierung dagegen nicht von der bisherigen Geheimhaltungspraxis abgewichen. Die Anzahl der *warrants,* die vom Außenminister und vom Nordirlandminister ausgestellt werden, werden der Öffentlichkeit nicht zur Kenntnis gebracht, aus Sorge, feindlichen Diensten Anhaltspunkte über die geübte Praxis zu geben[116].

Der Öffentlichkeit bleibt damit nichts anderes übrig, als sich auf die gelegentlichen Äußerungen des jeweiligen *Interception of Communications Commissioners* zu verlassen[117].

Befürchtungen, daß die Überwachung ungeachtet der Kontrolle durch den *Interception of Communications Commissioner* im Zusammenhang mit den Partnern des Systems ECHELON an den bestehenden Gesetzen vorbei eine erhebliche Dimension annimmt, werden auf diese Weise allerdings nicht ausgeräumt. Da das System jedoch, wie bereits angesprochen, weitgehend auf Spekulationen beruht, kann es für die weiteren Überlegungen nicht berücksichtigt werden.

---

116 Diese Zahlen sind in den Berichten des IOCA Commissioners (in Zukunft nach RIPA 2000: Interception of Communications Commissioner), nur im vertraulichen, an den Premierminister gerichteten Anhang enthalten. Bereits von den Verfassern des Birkett Report (Cmnd 283 (1957)) wurde diese Praxis eingeführt und auch vom jeweiligen IOCA Commissioner beibehalten. Vgl. z.B. Report of the Commissioner for 1988, Cm 652 (1989), para 5-7; Report of the Commissioner for 1990, Cm 1489 (1991), para 16-17; Report of the Commissioner for 1992, Cm 2173 (1993), para 11; Report of the Commissioner for 1994, Cm 2828 (1995), para 9; Report of the Commissioner for 1995, Cm 3254 (1996), para 9-11 mit erneutem Verweis auf den Birkett Report; Report of the Commissioner for 1997, Cm 4001 (1998), para 24. Zur Aufgabe und Institution des Interception of Communications Commissioners vgl. Kap. 6, C.II.1.

117 Auch von einer öffentlichen Bewertung der nicht-veröffentlichten Zahlen haben die Commissioner bislang in der Regel abgesehen, bis auf Sir Bingham, in: Report of the Commissioner for 1992, Cm 2173 (1993), para 11: „As compared with previous years, the figures do not cause me concern".

KAPITEL 2:

DURCH TELEKOMMUNIKATIONSÜBERWACHUNG GEFÄHRDETE PERSÖNLICHKEITSRECHTE

Nachdem der Handlungsrahmen der Auslandsnachrichtendienste bei der heimlichen Überwachung von Telekommunikation abgesteckt wurde, stellt dieses Kapitel die gefährdeten Persönlichkeitsrechte in ihrem persönlichen und sachlichen Schutzbereich in den Mittelpunkt. Eine Gefährdung von Persönlichkeitsrechten läßt sich unter verschiedenen Blickwinkeln beobachten. Die Gefährdung kann sich zum einen aus dem Überwachungsvorgang selbst, zum anderen aus der weiteren Verwendung der dabei erlangten personenbezogenen Daten ergeben. Die einschlägigen Normen finden unter dem gemeinsamen Dach „Schutz der Privatsphäre" Berücksichtigung.

In Deutschland werden dem staatlichen Handeln durch die Grundrechte des Grundgesetzes als oberste Wertmaßstäbe Grenzen gesetzt. Die besondere verfassungsrechtliche Situation im Vereinigten Königreich läßt dagegen eine Anknüpfung an einen Grundrechtskatalog mit Verfassungsrang nicht zu. Persönlichkeitsrechtsschutz oder anders ausgedrückt, der Schutz der Privatsphäre (*„privacy"*) findet auf der Ebene des einfachen Rechts statt[1].

Der Schutz der Privatsphäre ist zudem Gegenstand zahlreicher Normen im Völker- und Europarecht. Für einen zusätzlichen Individualrechtsschutz des einzelnen erlangen diese Normen jedoch nur dann praktische Relevanz, wenn er sich entweder vor den nationalen Gerichten unmittelbar darauf berufen kann oder wenn ihm die Möglichkeit offensteht, ein internationales Gremium anzurufen. Diese Gesichtspunkte stehen daher bei der Untersuchung des internationalen Rechts im Vordergrund.

---

1 Zum besonderen, wenngleich nicht verfassungsrechtlichen Charakter des Human Rights Act 1998 s.u. C.I.2.b).

A. Stärkung des Individualrechtsschutzes durch internationales Recht?

I. Recht der Vereinten Nationen

1. Allgemeine Erklärung der Menschenrechte vom 10. Dezember 1948

In der „Allgemeinen Erklärung der Menschenrechte“ (AEMR) der Vereinten Nationen vom 10. Dezember 1948[2] wird die Freiheit der Telekommunikation nicht gesondert geregelt. Ein Privatsphärenschutz ergibt sich jedoch aus Art. 12 (Freiheitssphäre des einzelnen):

> „Niemand darf willkürlichen Eingriffen in sein Privatleben, seine Familie, sein Heim oder seinen Briefwechsel noch Angriffen auf seine Ehre und seinen Beruf ausgesetzt werden. Jeder Mensch hat Anspruch auf rechtlichen Schutz gegen derartige Eingriffe oder Anschläge“.

Da es keine „Rechtsprechung“ zur AEMR gibt, wird Art. 12 AEMR im Einklang mit anderen internationalen Rechtsverbürgungen interpretiert, d.h. in der Regel wird die Telekommunikation in einer erweiternden Interpretation dem „Briefgeheimnis“ zugeordnet, die bei einer Überwachung gewonnenen Daten unterstehen zusätzlich dem Schutz des „Privatlebens“[3].

Bei der AEMR handelt es sich um eine Resolution der Generalversammlung, die nach h.M. rechtlich nicht verbindlich ist[4]. Sie sieht weder Individualrechtsschutz noch einen anderen Mechanismus vor, um die Einhaltung ihrer Vorschriften zu überwachen[5]. Für den einzelnen hat Art. 12 AEMR damit zwar Symbolcharakter, aber keine praktischen Konsequenzen, so daß sich eine tiefere Auseinandersetzung mit ihrem Schutzbereich erübrigt.

---

2 Internationale Quelle: Resolution 217 (III) Universal Declaration of Human Rights, in: United Nations, General Assembly, Official Records third Session (part I) Resolutions (Doc. A/810) S. 71.

3 Vgl. ausführlich Gridl, Datenschutz in globalen Telekommunikationssystemen, S. 168ff. m.w.N.

4 Verdross-Simma, Universelles Völkerrecht, 3. Aufl., § 1234 und ausführlich §§ 634-639.

5 Das Fehlen eines Überwachungsmechanismus macht auch die Auslegung der AEMR schwierig. Daher lehnt sich die Interpretation der AEMR an die Interpretation des Internationalen Paktes über bürgerliche und politische Rechte sowie der Europäischen Menschenrechtskonvention an.

2. Internationaler Pakt über bürgerliche und politische Rechte vom 19. Dezember 1966

1966 gelang es den in den Vereinten Nationen zusammengeschlossenen Staaten, sich im „Internationalen Pakt über bürgerliche und politische Rechte" (IPBPR) vom 19. Dezember 1966[6] auf einen völkerrechtlich verbindlichen Rechtskatalog mit universellem Geltungsanspruch zur Wahrung bürgerlicher und politischer Freiheiten zu einigen. In Deutschland trat der IPBPR nach Ratifikation vom 17. Dezember 1973 am 23. März 1976[7], im Vereinigten Königreich nach Ratifikation vom 20. Mai 1976 am 20. August 1976 in Kraft. Der Einfluß des Privatsphärenschutzes der „Allgemeinen Erklärung der Menschenrechte" wird hier besonders deutlich, da Art. 17 IPBPR fast wortgleich mit Art. 12 AEMR bestimmt:

> „(1) Niemand darf willkürlichen oder rechtswidrigen Eingriffen in sein Privatleben, seine Familie, seine Wohnung und seinen Schriftverkehr oder rechtswidrigen Beeinträchtigungen seiner Ehre oder seines Rufes ausgesetzt werden.
> (2) Jedermann hat Anspruch auf rechtlichen Schutz gegen solche Eingriffe oder Beeinträchtigungen".

Durch Art. 17 IPBPR werden einzelne Aspekte des Rechts auf freie Entfaltung der Persönlichkeit geschützt[8]. Unter „Schriftverkehr" fallen heute alle Formen der Kommunikation auf Distanz, also auch per Telefon, Telegramm, Telex, Telefax sowie durch sonstige mechanische oder elektronische Kommunikationsmittel[9]. Geheime staatliche Überwachungsmaßnahmen wie das Abhören von Telefongesprächen für Zwecke der Strafrechtspflege, Verbrechensverhütung, Terrorismusbekämpfung etc. sind als Eingriffe nur zulässig, wenn sie auf gesetzlicher Grundlage erfolgen und das Verhältnismäßigkeitsprinzip wahren[10]. Einen materiell determinierten Gesetzesvorbehalt in Bezug auf Einschränkungen sieht Art. 17 Abs. 2 IPBPR aber nicht vor.

---

6 Res. 2200/A (XXI) vom 16. Dezember 1966.

7 Inkrafttreten unter Vorbehalten und mit Ausnahme von Art. 41 IPBPR, vgl. BGBl II, 1068. Vgl. auch BGBl 1993 II, 1533ff. (Vertragsgesetz und Vertrag).

8 Seidel, Handbuch der Grund- und Menschenrechte, S. 40.

9 Nowak, CCPR-Kommentar, Art. 17, Rn. 36; allg. Ansicht, vgl. auch Volio in Henkin (Hrsg.), The International Bill of Rights, S. 183 (197); Newman/Vasak in Vasak/Alston I, S. 154.

10 Nowak, CCPR-Kommentar, ebenda; im Ergebnis auch Allgemeine Bemerkung 16/32 (Privatheit), Nr. 8.

Der Vorschrift wurde auch eine datenschutzrechtliche Dimension beigemessen. In der Auslegung durch den Menschenrechtsausschuß sind darin Handlungen von datenschutzrechtlicher Relevanz sowohl des Staates als auch von Privaten eingeschlossen. Insbesondere bedürfe das Sammeln von personenbezogenen Informationen auf Computern, Datenbanken und ähnlichem der gesetzlichen Grundlage. Die zweckwidrige Verwendung solcher Daten müsse verhindert werden. Daraus folge ein Einsichtsrecht Betroffener in die zu ihrer Person gespeicherten Daten sowie ein Anpruch auf Korrektur unrichtiger bzw. auf Löschung rechtswidrig erlangter personenbezogener Daten[11]. Hierzu seien die Staaten aufgrund von Art. 17 Abs. 2 IPBPR verpflichtet[12].

IPBPR verpflichtet die Staaten zur Einhaltung der darin enthaltenen Menschenrechte, nicht aber zur Inkorporation des Vertrags in nationales Recht[13]. Im Gegensatz zur AEMR sieht er mehrere Schutzmechanismen vor, um die Einhaltung der Bestimmungen des Paktes zu gewährleisten. Für den Individualrechtsschutz des einzelnen ist dabei nur das Verfahren von Bedeutung, das im ersten „Fakultativprotokoll zu dem Internationalen Pakt über bürgerliche und politische Rechte“ vom 19. Dezember 1966[14] vorgesehen ist, sofern der beteiligte Vertragsstaat dieses Protokoll ratifiziert hat. Darin wird dem einzelnen das Recht eingeräumt, dem Ausschuß für Menschenrechte[15] Mitteilungen über Verletzungen der in dem Pakt niedergelegten Rechte zu machen. Nach einer Untersuchung teilt der Ausschuß dem betroffenen Vertragsstaat seine Auffassung mit.

Das Fakultativprotokoll wurde vom Vereinigten Königreich bislang nicht unterzeichnet. In Deutschland ist es am 25. November 1993 in Kraft getreten[16].

---

[11] Seidel, Handbuch der Grund- und Menschenrechte, S. 40; vergleiche ebenso Allgemeine Bemerkung 16/32 (Privatheit), Nr. 10; UN-Doc. HRI/GEN/1/Rev. 1, S. 21, insbes. Rn. 1, 10.

[12] Nowak, CCPR-Kommentar, Art. 17, Rn. 21.

[13] Dies geht insbesondere aus Art. 2 IPBPR hervor, in dem sich die Staaten zur Einleitung der notwendigen Schritte „verpflichten“ bzw. für ein wirksames nationales Beschwerderecht „Sorge tragen“ wollen.

[14] BGBl 1992 II, 1247. Das zweite Fakultativprotokoll vom 15. Dezember 1989 (BGBl 1992 II, 391) hat dagegen mit der Abschaffung der Todesstrafe ein materielles Recht zum Gegenstand.

[15] Die Einrichtung, Zusammensetzung, Verfahrensweise, Befugnisse etc. des „Ausschuß für Menschenrechte“ wird in Teil IV (Art. 28ff.) IPBPR geregelt. Er besteht aus 18 Mitgliedern, die jeweils für die Dauer von 4 Jahren gewählt werden.

[16] BGBl 1994 II, 311. Deutschland hat für drei Fälle einen Vorbehalt angebracht. Danach ist der Ausschuß unzuständig, wenn bereits ein anderes internationales Gremium den Fall ge-

Damit wird bei der Frage nach der Rechtmäßigkeit heimlicher Telekommunikationsüberwachung der Rechtsschutz des einzelnen in Deutschland um die Möglichkeit erweitert, sich an den Ausschuß für Menschenrechte zu wenden. Die Wirksamkeit dieses „Individualbeschwerdeverfahrens" wird allerdings dadurch geschmälert, daß der beteiligte Vertragsstaat nicht an die Auffassung des Menschenrechtsausschusses gebunden ist[17].

3. Übereinkommen über die Rechte des Kindes vom 20. November 1989

Zur Vollständigkeit sei hier noch eine Vorschrift angeführt, die den Schutz der Privatsphäre von Kindern gewährleisten soll. Art. 16 des Übereinkommens über die Rechte des Kindes[18] bestimmt:

> „(1) Kein Kind darf willkürlichen oder rechtswidrigen Eingriffen in sein Privatleben, seine Familie, seine Wohnung oder seinen Schriftverkehr oder rechtswidrigen Beeinträchtigungen seiner Ehre oder seines Rufes ausgesetzt werden.
>
> (2) Das Kind hat Anspruch auf rechtlichen Schutz gegen solche Eingriffe oder Beeinträchtigungen".

Die Anlehnung des Wortlauts an Art. 17 IPBPR ist unverkennbar, weshalb es naheliegt, auch den Schutzbereich im Sinne von Art. 17 IPBPR auszulegen. Telekommunikation und Datenschutz sind somit in den Schutzbereich einbezogen. Hinsichtlich Maßnahmen heimlicher Telekommunikationsüberwachung dürfte der Anwendungsbereich der Vorschrift in tatsächlicher Hinsicht begrenzt sein. Auch in rechtlicher Hinsicht trägt die Vorschrift zum Individualrechtsschutz wenig bei: Das Übereinkommen ist für die Bundesrepublik Deutschland am 5. April 1992 mit dem ausdrücklichen Hinweis darauf, daß es nicht unmit-

---

prüft hat, das gerügte Verhalten sich bereits vor Inkrafttreten des Fakultativprotokolls ereignet hat oder wenn im Rahmen einer Beschwerde zu Art. 26 (Nichtdiskriminierung) die gerügte Verletzung sich auf andere als im vorgenannten Pakt garantierte Rechte bezieht.

17 Weitere Maßnahmen, die die Einhaltung des IPBPR sicherstellen sollen: Berichtspflicht der Staaten nach Art. 40 IPBPR, „Staatenbeschwerde" nach Art. 41 IPBPR sowie die Möglichkeit zu „allgemeinen Bemerkungen" des Ausschusses, die als Auslegungshilfe zu einzelnen Bestimmungen des Paktes herangezogen werden können, nach Art. 40 Abs. 4 IPBPR.

18 BGBl II 1992, 122.

telbar anwendbar ist, in Kraft getreten[19]. Daß das Übereinkommen die innerstaatliche Umsetzung erfordert, geht allerdings bereits aus Art. 4 des Übereinkommens hervor. Insoweit unterscheidet sich die Rechtslage im Vereinigten Königreich nicht, wo es am 15. Januar 1992 in Kraft getreten ist. Eine Stärkung des Individualrechtsschutzes unmittelbar aus dem Pakt ergibt sich nicht.

4. Richtlinien der Vereinten Nationen für die Regelung des Umgangs mit computergestützten Dateien mit personenbezogenem Inhalt

Die „Richtlinien der Vereinten Nationen für die Regelung des Umgangs mit computergestützten Dateien mit personenbezogenem Inhalt" wurden am 14. Dezember 1990 von der Generalversammlung der Vereinten Nationen angenommen[20]. Im Gegensatz zu den bisher angesprochenen umfassenden Regelwerken werden in den Richtlinien bereichsspezifische, d.h. datenschutzrechtliche Regelungen getroffen, deren Umsetzung in nationales Recht ebenfalls dem Schutz des Persönlichkeitsrechts dient. Die Richtlinien sind auf die automatisierte Verarbeitung personenbezogener Daten im privaten und öffentlichen Bereich anwendbar[21], d.h. grundsätzlich auch dann, wenn Telekommunikationsüberwachung zur Ansammlung personenbezogener Daten geführt hat. Als Grundsätze, die als Mindeststandard angelegt sind, werden unter anderem Rechtmäßigkeit und Ehrlichkeit, Richtigkeit, Zweckbestimmung und die Möglichkeit des Betroffenen zur Einsichtnahme genannt. Die genannten Grundsätze lassen nach Grundsatz Nr. 6 („Ausnahmebefugnisse") allerdings Ausnahmen zum Schutz der nationalen Sicherheit und der öffentlichen Ordnung zu, sofern deren Grenzen ausdrücklich festgelegt sind und sie einen angemessenen Schutz gewährleisten. Eine eingehendere Erörterung erübrigt sich jedoch. Die Richtlinien der Vereinten Nationen sind nicht verbindlich, ein verbesserter Individualrechtsschutz ergibt sich daraus nicht.

---

19 Bek. v. 10. Juli 1992, BGBl 1992 II, 990; der Gesetzestext findet sich in BGBl 1992 II, 121ff. Die mit der Ratifikation verbundene Erklärung ist im übrigen hier nicht relevant.

20 Resolution of the General Assembly at its 68th plenary meeting, A/RES/45/95. Eine deutsche Übersetzung der Richtlinien findet sich auf der Homepage des Berliner Datenschutzbeauftragten: http://www.datenschutz-berlin.de/recht/int/uno/gl_pbdde.htm. Zur Vorgeschichte vgl. Gridl, Datenschutz in globalen Kommunikationssystemen, S. 182f. m.w.N.

21 Vgl. Grundsatz Nr. 10 „Geltungsbereich".

II. Sonstige Regelungen auf internationaler Ebene

1. Weltweit unter Einschluß Europas

a) Internationaler Fernmeldevertrag vom 6. November 1982

Eine ausdrückliche internationale Regelung des Fernmeldegeheimnisses findet sich in Art. 22 des Internationalen Fernmeldevertrags vom 6. November 1982[22]:

> „1. Die Mitglieder verpflichten sich, alle nur möglichen Maßnahmen zu treffen, die mit dem verwendeten Fernmeldesystem vereinbar sind, um die Geheimhaltung der Nachrichten im internationalen Verkehr zu gewährleisten.
>
> 2. Sie behalten sich jedoch das Recht vor, den zuständigen Behörden von diesem Nachrichtenverkehr Kenntnis zu geben, um die Anwendung ihrer Inlandsgesetzgebung oder die Ausführung internationaler Übereinkommen, deren Vertragsparteien sie sind, zu sichern".

Aus der Formulierung wird deutlich, daß diese Regelung allein die Staaten verpflichtet, ohne dem einzelnen ein subjektives Recht auf Wahrung des Fernmeldegeheimnisses einzuräumen. Die Möglichkeiten zur Einschränkung sind bei Vorliegen einer entsprechenden Inlandsgesetzgebung oder eines internationalen Übereinkommens nahezu unbegrenzt. Für eine Arbeit, die sich dem Schutz des einzelnen bei der heimlichen Überwachung der Telekommunikation widmet, bleibt Art. 22 des Internationalen Fernmeldevertrags daher ohne Bedeutung.

b) OECD-Leitlinien

Noch vor den Richtlinien der Vereinten Nationen wurden von der Organisation für wirtschaftliche Zusammenarbeit und Entwicklung (OECD) erste ausdrückliche Regelungen im Bereich des Datenschutzes auf supranationaler Ebene geschaffen. Am 23. September 1980 wurden vom Rat der OECD die „Leitlinien für den Schutz des Persönlichkeitsbereiches und den grenzüber-

---

[22] Ratifikation in Deutschland durch Gesetz zu dem Internationalen Fernmeldevertrag vom 6. November 1982 vom 4. März 1985, BGBl II, 425, in Kraft getreten am 6. Dezember 1985 (Bek. am 31. Mai 1995, BGBl 1995 II, 507); in Kraft getreten im Vereinigten Königreich am 15. November 1984.

schreitenden Verkehr personenbezogener Daten" verabschiedet[23]. Darin sind wichtige Grundsätze über Art und Umfang der Datenbeschaffung, über die Qualität von Daten, Zweckbindung bzw. Beschränkung der Verwendung, Sicherungsmaßnahmen, Tranzparenzgebot, Beteiligung des einzelnen und Verantwortlichkeit enthalten[24]. Vom Anwendungsbereich der Richtlinie sind Datenverarbeitungen im privaten und öffentlichen Bereich, d.h. auch durch Sicherheitsbehörden, umfaßt. Von den Leitlinien kann aber - insoweit den erörterten Datenschutz-Richtlinien der Vereinten Nationen vergleichbar - nach Nr. 4 im Interesse der nationalen Souveränität, der nationalen Sicherheit und des *ordre public* abgewichen werden.

Darüber hinaus sind die Empfehlungen ebenfalls unverbindlich, sie wurden zudem vom Vereinigten Königreich bislang nicht angenommen[25]. Auf ihre „moralische Wirkung"[26] kann sich der einzelne vor Gericht nicht berufen.

2. Europaweite Regelungen

a) Europäische Menschenrechtskonvention vom 4. November 1950

Einen hohen Standard zum Schutz der Menschenrechte und Grundfreiheiten haben die Mitglieder des Europarates[27] in der „Konvention zum Schutze der

---

23 Deutsche Fassung: Bekanntmachung der Empfehlung des Rates der Organisation für wirtschaftliche Zusammenarbeit und Entwicklung (OECD) vom 23. September 1980 über Leitlinien für den Schutz des Persönlichkeitsbereichs und den grenzüberschreitenden Verkehr personenbezogener Daten, Bundesanzeiger vom 14. November 1981, Nr. 215, Amtlicher Teil. Vgl. zur Vorgeschichte erneut Gridl, Datenschutz in globalen Telekommunikationssystemen, S. 172f., m.w.N.

24 Ausführlicher zu den Leitlinien Simitis, in: Simitis u.a., BDSG, § 1, Rn. 143-147 sowie Gridl, Datenschutz in globalen Telekommunikationssystemen, S. 172-182. Die Bestimmungen der OECD sind teilweise enger als die Bestimmungen der Europäischen Datenschutzkonvention (s.u. 2.b), z.B. beim Prinzip der eingeschränkten Erfassung (Ziff. 7), wo das OECD-Dokument die Bedeutung der Zustimmung des Betroffenen hervorhebt. Auch beim Prinzip der Zweckbestimmung (Ziff. 9) sind die OECD-Empfehlungen spezifischer, indem sie hervorheben, die Zweckbestimmung dürfe nicht später als bei der Erfassung erfolgen. Das Prinzip der begrenzten Verwendung (Ziff. 10), mit dem das Prinzip der Vertraulichkeit der personenbezogenen Daten festgeschrieben und die Offenlegung zur Ausnahme erklärt wird, läßt sich hier ebenfalls anführen. Näheres zu diesem Vergleich bei Burkert, CR 1988, 751 (755f.).

25 Henke, Datenschutzkonvention, S. 40, Fn. 3.

26 Gridl, Datenschutz in globalen Telekommunikationssystemen, S. 173.

Menschenrechte und Grundfreiheiten“ vom 4. November 1950 gesetzt, die sowohl von Deutschland als auch dem Vereinigten Königreich ratifiziert wurde[28] und in beiden Ländern am 3. September 1953 in Kraft getreten ist[29]. Die in der EMRK verbürgten Menschenrechte und Grundfreiheiten gelten in persönlicher Hinsicht gem. Art. 1 EMRK für alle der Herrschaftsgewalt eines Staates unterstehenden Personen ungeachtet ihrer Staatsangehörigkeit[30].

Ein ausdrückliches „Fernmeldegeheimnis“ ist in der EMRK nicht verbürgt. Dies bedeutet jedoch nicht, daß die ungestörte Kommunikation auf Distanz damit schutzlos gestellt wäre.

aa) Art. 8 EMRK

Wichtigster Ansatzpunkt ist Art. 8 EMRK, der ein Recht auf Privatleben schützt. An seiner Formulierung läßt sich der Einfluß der AEMR erneut ablesen:

> „(1) Jedermann hat Anspruch auf Achtung seines Privat- und Familienlebens, seiner Wohnung und seines Briefverkehrs.
>
> (2) Der Eingriff einer öffentlichen Behörde in dieses Recht ist nur statthaft, insoweit dieser Eingriff gesetzlich vorgesehen ist und eine Maßnahme darstellt, die in einer demokratischen Gesellschaft für die nationale Sicherheit, die öffentliche Ruhe und Ordnung, das wirtschaftliche Wohl des Landes, die Verteidigung der Ordnung und zur Verhinderung von strafbaren Handlungen, zum Schutz der Gesundheit und der Moral oder zum Schutz der Rechte und Freiheiten anderer notwendig ist“.

---

27 Z.Zt. (28. Juli 2001) 41 Mitglieder: Albanien, Andorra, Österreich, Belgien, Bulgarien, Kroatien, Zypern, Tschechische Republik, Dänemark, Estland, Finnland, Frankreich, Georgien, Deutschland, Griechenland, Ungarn, Island, Irland, Italien, Lettland, Liechtenstein, Litauen, Luxemburg, Malta, Moldavien, Niederlande, Norwegen, Polen, Portugal, Rumänien, Russland, San Marino, Slowakei, Slowenien, Spanien, Schweden, Schweiz, Ehemalige jugoslavische Republik Mazedonien (FYROM), Türkei, Ukraine, Vereinigtes Königreich. Darüber hinaus haben am 25. Januar 2001 Armenien und Aserbaidschan die Konvention unterzeichnet, die Ratifikation steht noch aus. Der aktuelle Stand ist im Internet unter http://conventions.coe.int abrufbar.

28 Ratifikation durch Deutschland am 5. Dezember 1952 (unter dem Vorbehalt, daß Art. 7 Abs. 2 nur in den Grenzen von Art. 103 Abs. 2 GG angewendet wird), die EMRK ist gem. Bek. v. 15. Dezember 1953 (BGBl II 1954, 14) am 3. September 1953 in der in BGBl 1952 II, 685, 953 veröffentlichten Fassung in Kraft getreten; Ratifikation durch das Vereinigte Königreich am 8. März 1951.

29 Vgl. Art. 66 Abs. 2 EMRK (Inkrafttreten nach Hinterlegung der 10. Ratifikationsurkunde).

30 Frowein, in: Frowein/Peukert, EMRK-Komm., Art. 1, Rn. 3.

Zur Bestimmung des Schutzbereichs von Art. 8 Abs. 1 EMRK muß auf die Entscheidungen der Konventionsorgane, vor allem des Europäischen Gerichtshofs für Menschenrechte (EGMR) zurückgegriffen werden[31]. Bei Maßnahmen heimlicher Telekommunikationsüberwachung ist Art. 8 Abs. 1 EMRK sachlich in doppelter Hinsicht einschlägig:

(1) Schutz von Telekommunikation

Das besonders hervorgehobene Einzelgrundrecht des Briefverkehrs in Art. 8 Abs. 1 EMRK weist deutlich auf einen Schutz des einzelnen gegen Ausforschung hin[32]. Man könnte daher auch die Telekommunikation im Rahmen einer erweiterten Auslegung durch das Recht auf Achtung des Briefverkehrs als geschützt ansehen. Dieser Schluß wurde vom EGMR jedoch nur teilweise gezogen. Bereits im Fall *Klass*, in dem er sich erstmalig mit geheimen Abhörmaßnahmen auseinandersetzen mußte, stellte er fest, daß Telefongespräche im Rahmen von Art. 8 Abs. 1 EMRK sowohl von „Briefverkehr" als auch von „Privatleben" erfaßt würden[33]. Die Abgrenzung zwischen den einzelnen Garantiebereichen des Art. 8 Abs. 1 EMRK ist bis heute offen geblieben[34]. Eine Ergänzung der Rechtsprechung hat nur insoweit stattgefunden, als nicht nur Privatgespräche, sondern auch Gespräche, die geschäftlich geführt werden, von der Garantie des Art. 8 Abs. 1 EMRK erfaßt sind[35]. Eine Klärung der mittlerweile ständigen Rechtsprechung[36] ist nicht zu erwarten, der dogmatische

---

31 Die gesamte Rechtsprechung der Konventionsorgane ist im Internet in der Datensammlung HUDOC abrufbar, zu der man über http://www.echr.coe.int (Homepage des Gerichtshofs) gelangt.

32 Vgl. Bleckmann, in: Recht der Persönlichkeit, S. 15.

33 EGMR, Urteil vom 6. September 1978, Serie A, Nr. 28, *Klass ./. Deutschland,* Ziff. 41 = EuGRZ 1979, 278.

34 Vgl. Wildhaber/Breitenmoser, in: IntKomm. EMRK, Art. 8, Rn. 284.

35 Vgl. EGMR, Urt. v. 25. Juni 1997, *Halford ./. Vereinigtes Königreich,* Reports 1997-III, Ziff. 44 und im Anschluß daran EGMR, Urt. v. 25. März 1998, *Kopp ./. Schweiz,* Reports 1998 - II, Ziff. 50.

36 Vgl. auch EGMR, Urt. v. 2. August 1984, *Malone ./. Vereinigtes Königreich,* Serie A, Nr. 82, Ziff. 64 = EuGRZ 1985, 17 (20); ders., Urt. v. 24. April 1990, *Kruslin ./. Frankreich,* Serie A, Nr. 176- A, Ziff. 26; ders., Urt. v. 24. April 1990, *Huvig ./. Frankreich,* Serie A, Nr. 176 - B, Ziff. 25; ders., Urt. v. 15 Juni 1992, *Lüdi ./. Schweiz,* Serie A, Nr. 238, Ziff. 39; ders., Urt. v. 16. Februar 2000, *Amann ./. Schweiz,* Ziff. 44 (http://www.echr.coe.int); unzutreffend insoweit Seidel, Handbuch der Grund- und Menschenrechte, S. 72, dessen Auffassung zufolge die EMRK - Organe das Post- und

Gewinn wäre angesichts dessen, daß beide Modalitäten gleichermaßen den Einschränkungen des Art. 8 Abs. 2 EMRK unterliegen, überdies begrenzt.

(2) Datenschutz

Aber auch, soweit der Eingriff in die Telekommunikation datenschutzrechtliche Fragen aufwirft, d.h. solche, die die Speicherung und Verwendung der bei einer Überwachungsmaßnahme angefallenen Daten betreffen, läßt sich an das Recht auf Achtung des Privatlebens im Rahmen von Art. 8 Abs. 1 EMRK anknüpfen. Der Fall *Leander ./. Schweden* setzt hier Maßstäbe. Herrn Leander war nach einer Sicherheitsüberprüfung die Weiterbeschäftigung in einem Marinemuseum verweigert worden, bei dem ihm der Zugang zu wichtigen an das Museum angrenzenden militärischen Einrichtungen möglich gewesen wäre. Die Sicherheitsüberprüfung war aufgrund von Informationen über das Privatleben von Leander aus einem geheimen Polizei-Register negativ ausgefallen, dessen Inhalt ihm nicht zugänglich war. Der Gerichtshof entschied, daß sowohl die Speicherung als auch die Weitergabe solcher Informationen, die mit der Weigerung verbunden waren, Herrn Leander Gelegenheit zu geben, diese in Frage zu stellen, einem Eingriff in sein Recht auf Achtung des Privatlebens nach Art. 8 Abs. 1 EMRK gleichkamen[37]. Damit fällte der EGMR ein erstes bedeutsames Urteil auf dem Gebiet des Datenschutzes[38]. In der Folgezeit betonte der Gerichtshof zudem, daß der Begriff „Privatleben“ nicht restriktiv auszulegen sei. Die Achtung vor dem Privatleben schließe auch das Recht ein, mit Mitmenschen Beziehungen zu knüpfen und zu vertiefen. Ein Grund, Aktivitäten

---

Fernmeldegeheimnis primär dem Briefgeheimnis unterstellen. Aus den zitierten Entscheidungen läßt sich dies nicht entnehmen.

[37] EGMR, Urt. v. 25 Februar 1987, *Leander ./. Schweden,* Serie A, Nr. 116, Ziff. 48: Both the storing and the release of such information, which were coupled with a refusal to allow Mr. Leander an opportunity to refute it, amounted to an interference with his right to respect for private life as guaranteed by Article 8 § 1 (art. 8-1).

[38] Dagegen läßt sich der Fall EGMR, Urt. v. 7. Juli 1989, *Gaskin ./. United Kingdom*, Serie A, Nr. 160 hier nicht anführen. Dort wurde die Sammlung von Informationen über den Beschwerdeführer während der Zeit, in der er als Kind und Jugendlicher öffentlicher Fürsorge unterstand, nicht in Frage gestellt. Der Fall betraf nicht einen Eingriff des Staates in Art. 8 Abs. 1 EMRK, sondern die Frage, ob eine positive Verpflichtung des Staates bestand, ihm diese Informationen zugänglich zu machen, und inwieweit diese Verpflichtung abgesichert sein mußte. Schwan, NJW 1980, 1992 (1997) sah bereits im Urteil *Klass* ein wichtiges Datenschutzurteil. Dies war zwar 1980 im Hinblick auf Art. 8 EMRK bereits sehr weitsichtig, der Zusatz-Gesichtspunkt des Datenschutzes kam aber in *Klass* noch nicht so deutlich zum Ausdruck

beruflicher oder geschäftlicher Natur davon auszunehmen, sei nicht ersichtlich, unter anderem sei oft nicht zwischen den beiden Sphären klar zu trennen[39]. Diese Argumentation wurde vom EGMR in späteren Entscheidungen durch einen Verweis auf Art. 1 und 2 der „Datenschutzkonvention“ des Europarates vom 28. Januar 1981 untermauert, wonach personenbezogene Daten ebenfalls nicht nach „privaten“ oder „öffentlichen“ Sachverhalten inhaltlich unterschieden werden[40]. Darüber hinaus, so der Gerichtshof, könne allein durch die Tatsache, daß öffentliche Informationen systematisch gesammelt und in Dateien gespeichert werden, die Privatsphäre berührt sein[41]. Diese Interpretation von „Privatleben“ kommt einem umfassenden Schutz der informationellen Selbstbestimmung des einzelnen in der Tat am nächsten[42].

Darauf, ob die Daten der engeren privaten Sphäre oder eher öffentlichem Wirken entstammen, kann es im Falle heimlicher Informationsbeschaffung daher nicht ankommen. Sofern bei der heimlichen Überwachung von Telekommunikation Daten anfallen, ist Art. 8 Abs. 1 EMRK auch in seiner datenschutzrechtlichen Komponente anwendbar[43].

bb) Art. 10 EMRK

> „(1) Jedermann hat Anspruch auf freie Meinungsäußerung. Dieses Recht schließt die Freiheit der Meinung und die Freiheit zum Empfang und zur Mitteilung von Nachrichten oder Ideen ohne Eingriffe öffentlicher Behörden und ohne Rücksicht auf Landesgrenzen ein (...)“.

In den Entscheidungen des EGMR zu Sachverhalten, in denen die heimliche Überwachung von Telekommunikation im Mittelpunkt steht, spielt Art. 10 Abs. 1, der die Meinungs- und Informationsfreiheit schützt, keine Rolle und wird daher in diesen Fällen nicht einmal erwähnt. Dies läßt sich darauf

---

39 Vgl. EGMR, Urt. v. 16. Dezember 1992, *Niemietz ./. Deutschland,* Serie A, Nr. 251-B, Ziff. 29; EGMR, Urt. v. 25. Juni 1997, *Halford ./. Vereinigtes Königreich,* Reports 1997 - III, Ziff. 44; erneut bekräftigt in EGMR, Urt. v. 4. Mai 2000, *Rotaru ./. Rumänien,* Ziff. 43 (http://www.echr.coe.int).

40 EGMR, Urt. v. 16. Februar 2000, *Amann ./. Switzerland,* Ziff. 65 und EGMR, Urt. v. 4. Mai 2000, *Rotaru ./. Rumänien,* Ziff. 43 (beide http://www.echr.coe.int). Zur „Datenschutzkonvention“ des Europarates vgl. unter b).

41 EGMR, Urt. v. 4. Mai 2000, *Rotaru ./. Rumänien,* Ziff. 43 (http://www.echr.coe.int).

42 A. A. das Sondervotum des Richters Bonello im Fall *Rotaru ./. Rumänien,* a.a.O.

43 Auch der EGMR prüft im Fall *Amann ./. Switzerland,* a.a.O., in dem nach einer Abhörmaßnahme eine Kartei über den Beschwerdeführer angelegt worden war, Art. 8 Abs. 1 EMRK in den Komponenten „Telekommunikationsüberwachung“ und „Datenschutz“.

zurückführen, daß der Zweck des staatlichen Eingriffs nicht darin gesehen wird, den Inhalt der mit Hilfe von Telekommunikation übermittelten Nachrichten zu beeinflußen, sondern darin, die Vertraulichkeit zwischen den Gesprächsteilnehmern zu durchbrechen. Da Art. 8 Abs. 1 EMRK diesen Aspekt durch das Recht auf Achtung des Briefgeheimnisses ausdrücklich mit einbezieht, ist dieser insoweit *lex specialis*.

Dennoch kann Art. 10 Abs. 1 EMRK in Sonderfällen neben Art. 8 Abs. 1 EMRK mitzuberücksichtigen sein. Denn als Teil der Meinungsfreiheit wird die Pressefreiheit, wenn auch nicht ausdrücklich, mitgeschützt[44]. Die Pressefreiheit schließt die Informationsbeschaffung durch den Journalisten ein. Bei einen Eingriff in die Telekommunikation eines Journalisten sind die Daten eines Informanten daher über Art. 8 Abs. 1 EMRK hinaus zusätzlich durch Art. 10 Abs. 1 EMRK geschützt[45].

Auch die Sammlung, sonstige Erhebung und (auch grenzüberschreitende) Weitergabe personenbezogener Daten durch natürliche oder juristische Personen wird in den Schutzbereich von Art. 10 Abs. 1 EMRK einbezogen[46]. Dies kann sich jedoch nur auf private Datensammlungen beziehen. Die hier problematisierte staatliche Datensammlung wird von Art. 10 Abs. 1 EMRK, der Rechte gegen den Staat verleiht, nicht erfaßt.

Im Anschluß kann Art. 10 Abs. 1 EMRK bei der Prüfung eines Eingriffs aufgrund seines beschränkten Anwendungsbereichs vernachlässigt werden[47].

cc) Verbindlichkeit

Für den einzelnen ist von entscheidender Bedeutung, ob er sich gegenüber einem Vertragsstaat auf die in der EMRK festgeschriebenen Menschenrechte und Grundfreiheiten berufen kann. Nach ständiger Rechtsprechung des EGMR läßt sich der EMRK jedoch nicht entnehmen, wie die Vertragsstaaten dem In-

---

44 Vgl. Frowein in Frowein/Peukert, EMRK-Komm., Art. 10, Rn. 15.

45 Vgl. zu diesem Aspekt auch Gridl, Datenschutz in globalen Telekommunikationssystemen, S. 143. Die „Verstärkung" von Art. 8 Abs. 1 EMRK durch Art. 10 Abs. 1 EMRK dürfte sich allerdings in der Praxis kaum bemerkbar machen, da die in Art. 10 Abs. 2 EMRK normierten Eingriffsmöglichkeiten mindestens ebenso weitreichend sind wie die des Art. 8 Abs. 2 EMRK.

46 Vgl. Gridl, Datenschutz in globalen Telekommunikationssystemen, S. 143ff., 146.

47 Vgl. aber in Verbindung mit einer staatlichen Auskunftspflicht Kap. 7, B.I.1.

halt der Konvention innerstaatliche Geltung zu verschaffen haben[48]. In Betracht kommt damit sowohl die Inkorporation der EMRK in das nationale Recht als auch eine inhaltliche Anpassung des nationalen Rechts. Damit stellt sich das allgemeine Problem der innerstaatlichen Verbindlichkeit völkerrechtlicher Verträge. Eine allgemeine Regel des Völkerrechts, wonach Staaten verpflichtet wären, ihre Verträge in innerstaatliches Recht zu inkorporieren und ihnen dort Geltungs- oder Anwendungsvorrang vor innerstaatlichem Recht beizumessen, existiert nicht[49]. Die Klärung der Ausgangsfrage richtet sich daher nach nationalem Verfassungsrecht und soll wegen dieses Zusammenhangs an dieser Stelle zurückgestellt werden.

Auch losgelöst von der Geltung im nationalen Recht wird der Individualrechtsschutz durch die Grund- und Menschenrechte der EMRK verstärkt, da die Konvention zusätzlich ein internationales Rechtsschutzsystem bereithält. Bereits der ursprüngliche Konventionstext sah einen Europäischen Gerichtshof für Menschenrechte vor, zu dem Einzelpersonen unter bestimmten Voraussetzungen Zugang hatten[50]. War das Verfahren während der ersten Jahrzehnte noch von einem Ineinandergreifen der Überprüfung durch die Europäische Kommission für Menschenrechte, das Ministerkomitee und den Gerichtshof geprägt[51], so wurde durch das Reform-Protokoll Nr. 11 vom 11. Mai 1994 das Verfahren für Einzelpersonen erheblich vereinfacht. Nunmehr können diese gem. Art. 34 des neuen Konventionstextes den Gerichtshof unmittelbar anrufen[52]. Das Protokoll Nr. 11 ist seit dem 1. November 1998 sowohl in

---

48 EGMR, Urt. v. 6. Februar 1976, *Swedish Engine Drivers Union ./. Schweden*, Serie A, Nr. 20, Ziff. 50; bestätigt z.B. von EGMR, Urt. v. 12. Februar 1986, *James u.a. ./. Vereinigtes Königreich*, Serie A, Nr. 98, Ziff. 84; EGMR, Urt. v. 8. Juli 1986, *Lithgow u.a. ./. Vereinigtes Königreich*, Serie A, Nr. 102, Ziff. 205 = EuGRZ 1988, 350 (364f.); vgl. auch Frowein, in: Frowein/Peukert, EMRK-Kommentar, Artikel 1, Rn. 2. Dagegen vertritt Chryssogonos, Europarecht 2001, 49 ff. die Auffassung, daß sich aus Art. 1 und 13 EMRK eine Pflicht zur Inkorporation ableiten läßt, wobei er vor allem auf die Tatsache abstellt, daß die meisten Vertragsstaaten die EMRK nicht nur ratifiziert, sondern auch inkorporiert haben. Für eine Rechtspflicht zur Inkorporation dürfte dies jedoch nicht ausreichen.

49 Vgl. BVerfGE 73, 339 (375).

50 Voraussetzung war, daß der Staat die Möglichkeit der Individualbeschwerde ausdrücklich anerkannte, was in der Praxis durch die Vertragsstaaten regelmäßig geschah.

51 Vgl. zu dem ursprünglich geltenden Individualbeschwerdeverfahren Fahrenhorst, Jura 1987, 130ff.

52 Damit ist das Erfordernis entfallen, daß die Staaten zunächst die Möglichkeit der Individualbeschwerde anerkennen müssen.

Deutschland als auch im Vereinigten Königreich in Kraft[53]. Der Inhalt der Konventionsrechte wurde von der weitreichenden Verfahrensänderung nicht berührt.

Obwohl die Entscheidungen und Urteile der Konventionsorgane nicht mit Zwangsmitteln durchgesetzt werden können, werden sie aufgrund ihres enormen politischen Gewichts von den betroffenen Staaten in der Regel umgesetzt. Insoweit erlangen die Grund- und Menschenrechte der EMRK für den einzelnen ungeachtet der Umsetzung im nationalen Recht de facto ebenfalls Verbindlichkeit.

b) Die „Datenschutzkonvention“ des Europarats vom 28. Januar 1981

Personenbezogene Daten, die aus einer heimlichen Überwachung von Telekommunikation durch Auslandsnachrichtendienste herrühren, können zudem in den Schutzbereich des bereichsspezifischen „Übereinkommens zum Schutz des Menschen bei der automatischen Datenverarbeitung personenbezogener Daten“ vom 28. Januar 1981[54] fallen. Es handelt sich dabei um das erste verbindliche völkerrechtliche Abkommen auf dem Gebiet des grenzüberschreitenden Datenschutzes[55]. Aus der Präambel geht hervor, daß das Abkommen einen Ausgleich der grundlegenden Werte der Achtung des Persönlichkeitsbereichs und des freien Informationsaustauschs zwischen den Völkern erreichen möchte. Art. 1 der Konvention verdeutlicht diese Zielsetzung:

> „Zweck dieses Übereinkommens ist es, im Hoheitsgebiet jeder Vertragspartei für jedermann ungeachtet seiner Staatsangehörigkeit oder seines Wohnorts sicherzustellen, daß seine Rechte und Grundfreiheiten, insbesondere sein Recht auf einen Persönlichkeitsbereich, bei der automatischen Verarbeitung personenbezogener Daten geschützt werden („Datenschutz“)“.

---

[53] Ratifikation durch Deutschland am 2. Oktober 1995, durch das Vereinigte Königreich am 9. Dezember 1994. Für einen Überblick über das neue Rechtsschutzsystem s. Meyer-Ladewig/Petzold, NJW 1999, 1165ff.; das Protokoll Nr. 11 ist abgedruckt in EuGRZ 1994, 323ff.

[54] Europaratsabkommen Nr. 108, BGBl II 1985, 538; Ratifikation durch Deutschland am 19. Juni 1985, durch das Vereinigte Königreich am 26. August 1987.

[55] Henke, Datenschutzkonvention, S. 48 und die Denkschrift zu dem Übereinkommen, BT-Drs. 10/2118, S. 19; Auernhammer, DuD 85, 7 bezeichnet die Datenschutzkonvention als „Meilenstein zum internationalen Datenschutz“.

Durch die sich anschließenden Grundsätze soll, den Datenschutzrichtlinien der Vereinten Nationen vergleichbar, ein „Minimalstandard“[56] im Bereich des Datenschutzes definiert werden. Auch inhaltlich finden sich bereits bekannte Grundsätze, z.B. die Erhebung nach Treu und Glauben und auf rechtmäßige Weise, Zweckbindungsgrundsatz, Aktualisierungsgrundsatz, Schutz sensibler Daten, Datensicherung, Auskunfts-, Löschungs- oder Berichtigungsanspruch[57].

In der Umsetzung der in der Konvention festgelegten Grundsätze geht die Datenschutzkonvention einen anderen Weg als die EMRK[58]. Entschließt sich ein Staat zum Beitritt, hat er zunächst sein nationales Recht an die in Kapitel II der Konvention niedergelegten Datenschutzgrundsätze anzupassen[59]. Der Vertrag ist somit nicht *self-executing*[60]. Aufgrund des *non-self-executing* - Charakters des Übereinkommens kann der einzelne Bürger unmittelbar aus dem Vertrag keine Rechte geltend machen, sondern ist auf das nationale Recht angewiesen. Auch wenn sich darin als Minimalkonsens ein „europäischer Datenschutzkonsens“[61] spiegelt, stärkt dieses Abkommen die Rechte des Bürgers im Ergebnis nur mittelbar. Im übrigen sind auch die „zum Schutz der Sicherheit des Staates, der öffentlichen Sicherheit sowie der Währungsinteressen des Staates oder zur Bekämpfung von Straftaten“ zulässigen Ausnahmen sehr weitreichend[62].

c) Empfehlungen des Europarats

Das Ministerkomitee des Europarats hat darüber hinaus in zahlreichen Empfehlungen die besondere Bedeutung des Datenschutzes unterstrichen, ohne daß dies dem einzelnen zu einem konkreten Gewinn an Rechtsschutz verhelfen würde. Zu erwähnen ist hier die Empfehlung Nr. R (87) 15 des Ministerkomitees an die Mitgliedstaaten über die Nutzung personenbezogener

---

56 Henke, Datenschutzkonvention, S. 49.

57 Zu einer ausführlicheren inhaltlichen Erläuterung vgl. Henke, Datenschutzkonvention, S. 49ff.; Burkert, CR 1988, 751 (752); Simitis, BDSG-Komm., § 1 Rn. 123ff.

58 Im Unterschied zur EMRK ist die Datenschutzkonvention zudem für die Mitgliedschaft von Staaten außerhalb des Europarats offen.

59 Das Vereinigte Königreich trat der Konvention erst nach Verabschiedung des Data Protection Act 1984 bei; das britische Datenschutzgesetz stellt gesetzestechnisch eine direkte Umsetzung der Prinzipien der Konvention in nationales Recht dar, vgl. Burkert, CR 1988, S. 751 (753).

60 Statt vieler m.w.N. Simitis, in: Simitis u.a., BDSG, § 1, Rn. 122.

61 Burkert, CR 1988, S. 751 (753).

62 Art. 9 Abs. 2 b) der Konvention.

Daten im Polizeibereich, die Empfehlung Nr. R (91) 10 des Ministerkomitees an die Mitgliedstaaten für die Übermittlung der von öffentlichen Stellen gespeicherten personenbezogenen Daten an Dritte, die Emfehlung Nr. R (95) 4 des Ministerkomitees an die Mitgliedstaaten über den Schutz personenbezogener Daten im Bereich von Telekommunikationsdiensten, insbesondere Telefondiensten, sowie die Empfehlung Nr. R (99) des Ministerkomitees an die Mitgliedstaaten für den Schutz des Privatlebens im Internet.

d) Europarecht im engeren Sinne - Recht der Europäischen Gemeinschaften

aa) Charta der Grundrechte der Europäischen Union

Am 7. Dezember 2000 wurde auf dem Europäischen Rat in Nizza die Charta der Grundrechte der Europäischen Union von Parlament, Rat und Kommission unterzeichnet[63]. Für den Problemkreis heimlicher Telekommunikationsüberwachung durch staatliche Behörden hat sie nahezu keine Bedeutung. Zum einen gilt sie nach Art. 51 der Charta für die Organe und Einrichtungen der Union unter Einhaltung des Subsidiaritätsprinzips und für die Mitgliedstaaten ausschließlich bei der Durchführung des Rechts der Union, d.h. der Anwendungsbereich ist bei staatlichen Abhörmaßnahmen nicht eröffnet. Zum anderen ist die Charta der Grundrechte der Europäischen Union bislang nicht rechtsverbindlich, vielmehr gehen Europäisches Parlament, Kommission und Rat eine Selbstbindung ein[64].

Auch wenn ihr Anwendungsbereich nicht berührt ist, kommt der Stellenwert von Telekommunikation und Datenschutz in dieser modernsten Proklamation von gemeinsamen europäischen Grundrechten besonders deutlich zum Ausdruck. Im Kapitel „Freiheiten“ wird zum ersten Mal in *einem* Rechtstext das Recht auf „Achtung des Privat- und Familienlebens“ (Art. 7) und das Recht auf den „Schutz personenbezogener Daten“ (Art. 8) festgeschrieben. Ein deutliches Zeichen setzt zudem die Formulierung von Art. 7: „Jede Person hat das Recht auf Achtung ihres Privat- und Familienlebens, ihrer Wohnung sowie ihrer

---

[63] ABl. EG C 364/01 vom 18. Dezember 2000; veröffentlicht auch unter http://ue.eu.int/df/default.asp?lang=de. Für eine kurze Einführung in die Charta der Grundrechte der EU siehe Hilf, in: Charta der Grundrechte der EU, Sonderbeilage zu NJW, EuZW, NVwZ und JuS 2000, S. 5*ff.; siehe auch Grabenwarter, DVBl. 2001, 1ff.

[64] Vgl. Hilf, in: Charta der Grundrechte der EU, Sonderbeilage zu NJW, EuZW, NVwZ und JuS 2000, S. 6*.

Kommunikation". Damit hat der technische Wandel erstmals auch sprachlich in einen europäischen Grundrechtskatalog Eingang gefunden[65].

bb) Äußerungen des Europäischen Parlaments

Das Europäische Parlament (EP) kann nur im Zusammenwirken mit Kommission und Rat für die Bürger verbindliche Rechtsakte erlassen[66]. Im Alleingang sind ihm damit nur Entschließungen und Empfehlungen möglich, die ohne einen Anspruch auf Rechtsverbindlichkeit auf drängende Probleme aufmerksam machen, die nach einer gemeinschaftsrechtlichen Lösung verlangen oder ganz allgemein öffentlicher Diskussion bedürfen[67]. Diese Äußerungen verleihen dem einzelnen keinerlei Rechte. Bedeutungslos sind sie dennoch nicht, da sie das öffentliche Bewußtsein schärfen und Rechtsentwicklungen in Gang setzen können. Zwei wichtige Resolutionen seien hier deshalb kurz angerissen.

Es handelt sich um die beiden Entschließungen zum Schutz der Rechte des einzelnen angesichts der fortschreitenden technischen Entwicklung auf dem Gebiet der Datenverarbeitung vom 8. Mai 1979[68] bzw. vom 9. März 1982[69]. In

---

65 Dies wird in der Erläuterung zu Art. 7 EU-Charta des Präsidiums des Konvents (das vom Europäischen Rat von Köln das Mandat zur Ausarbeitung einer Charta der Grundrechte bekommen hatte und aus 15 persönlichen Beauftragten der Staats- und Regierungschefs der Mitgliedstaaten, 16 Mitgliedern des Europäischen Parlaments, 30 Mitgliedern der nationalen Parlamente sowie einem Mitglied der Kommission bestand) ausdrücklich festgehalten.

66 Dies ergibt sich aus den „Gesetzgebungsnormen" des EG-Vertrags. Das Parlament hat in unterschiedlichen Verfahren Rechte und Einflußmöglichkeiten. Für den Bürger ist der Einfluß des Parlaments im Mitentscheidungsverfahren nach Art. 251 EG-Vertrag am bedeutsamsten, da hier die Rechtssetzung mit der Zustimmung des Parlaments steht und fällt. Vgl. aber z.B. auch die Verfahren nach Art. 252 EG-Vertrag (Verfahren der Zusammenarbeit), nach Art. 37 Abs. 2, Unterabsatz 3, Art. 175 Abs. 2 (Konsultation des Parlaments), Art. 161 (Zustimmung) oder Art. 272 (Haushaltsverfahren).

67 Die Diskussion kann dabei auch durch Fragen an die Kommission in Gang kommen, wobei sich das EP keineswegs nur auf Themen beschränkt, für die die EG formal zuständig ist. Vgl. z.B. die schriftliche Anfrage des Abgeordneten Nel van Dijk (V) an die Kommission zum Thema ECHELON und MI 6: E-1039/98 und E-1040/98 vom 6. April 1998, ABl. EG C 354 v. 19. November 1998, S. 55 oder die schriftliche Anfrage der Abgeordneten Elly Plooij-van Gorsel (ELDR) an den Rat offensichtlich bezüglich ECHELON: E-0499/98 vom 27. Februar 1998, ABl. EG C 323 vom 21. Oktober 1998, S. 42.

68 EP Dokumentation (Rechtsausschuß) 100/79 = BT-Drs. 8/2928, S. 1.

69 BT-Drs. 9/1516, S. 1 = DuD 1982, S. 189 f.

der ersten Entschließung werden die Bedeutung rechtlicher Regelungen auf nationaler wie auf internationaler Ebene betont und Datenschutzgrundsätze[70] aufgestellt. Dabei wird deutlich, daß dem EP die Brisanz geheimdienstlicher Datensammlung bewußt ist. Bei den Einzelheiten über die Zustimmung der Betroffenen findet sich in Nr. 7 folgende Regelung:

> „Daten aus medizinischen, polizeilichen, nachrichtendienstlichen Datenbanken sowie aus dem Datenbereich der sozialen Sicherung dürfen untereinander oder mit anderen Dateien nur mit Zustimmung des Betroffenen verbunden werden. Ausnahmen bedürfen der Zustimmung des Datenschutzorgans".

Desweiteren wird ein Recht des Betroffenen gefordert, die „Überprüfung der auf seine Person bezogenen Daten durch das Datenschutzorgan auf ihre rechtliche Zulässigkeit zu veranlassen, wenn sie in Dateien gespeichert wurden, die aus Gründen der nationalen Sicherheit kraft Gesetzes nicht Gegenstand der aufgeführten Rechte sein konnten"[71].

In der zweiten Entschließung, auch bekannt als „Datenschutzresolution des Europäischen Parlaments", wird den Mitgliedstaaten die Ratifizierung der Datenschutzkonvention des Europarats anempfohlen. Darüber hinaus wird die Kommission in Nr. 7, 8 und 17 zum Tätigwerden aufgefordert[72].

cc) Richtlinien der Europäischen Gemeinschaften

Auch die Europäischen Gemeinschaften haben sich mit der Querschnittsmaterie „Datenschutz" befaßt. Der weitreichendste Schutz findet sich in der „Richtlinie 95/46/EG des Europäischen Parlaments und des Rates zum Schutz natürlicher Personen bei der Verarbeitung personenbezogener Daten und zum freien Datenverkehr" vom 24. Oktober 1995.

Die gesetzlichen Regelungen bezüglich eines Auslandsnachrichtendienstes bleiben jedoch vom Anwendungsbereich der Richtlinie ausgenommen. Dazu bestimmt Art. 3 (Anwendungsbereich):

---

[70] U.a.: Grundsatz der vorherigen Anmeldung oder Genehmigung von Dateien, Grundsatz der rechtmäßigen Beschaffung, Einwilligungsvorbehalt bei sensiblen Daten, Zweckgebundenheit, Anspruch auf Richtigkeit, Löschungspflichten, Schadensersatzpflicht.

[71] So das Recht 8 d) der Entschließung.

[72] Höfelmann, Grundrecht auf informationelle Selbstbestimmung, S. 113.

„(1) Diese Richtlinie gilt für die ganze oder teilweise automatisierte Verarbeitung personenbezogener Daten sowie für die nicht automatisierte Verarbeitung personenbezogener Daten, die in einer Datei gespeichert sind oder gespeichert werden sollen.

(2) Diese Richtlinie findet keine Anwendung auf die Verarbeitung personenbezogener Daten,

- die für die Ausübung von Tätigkeiten erfolgt, die nicht in den Anwendungsbereich des Gemeinschaftsrechts fallen, beispielsweise Tätigkeiten gemäß den Titeln V und VI des Vertrags über die Europäische Union, und auf keinen Fall auf Verarbeitungen betreffend die öffentliche Sicherheit, die Landesverteidigung, die Sicherheit des Staates (einschließlich seines wirtschaftlichen Wohls, wenn die Verarbeitung die Sicherheit des Staates berührt) und die Tätigkeiten des Staates im strafrechtlichen Bereich (...)".

Diese Ausnahmevorschrift geht über die Feststellung einer Selbstverständlichkeit nicht hinaus. Eine Regelung bezüglich der Verarbeitung personenbezogener Daten kann sich nur auf Sachverhalte beziehen, die sich im Geltungsbereich des Gemeinschaftsrechts bewegen. Eine Verlagerung von Kompetenzen im Bereich der äußeren Sicherheit, die über die Abstimmung von Positionen zu bestimmten Fragen hinausgeht, ist aber weder in den Verträgen vorgeschrieben, noch sonst zum gegenwärtigen Zeitpunkt vorstellbar[73].

III. Ergebnis

Im Rückgriff auf die Ausgangsfrage, ob der Individualrechtsschutz bei einer - mutmaßlichen - heimlichen Überwachung von Telekommunikation durch Normen des internationalen Rechts gestärkt wird, läßt sich feststellen, daß sie nur eingeschränkt positiv beantwortet werden kann.

Konkrete Handlungsmöglichkeiten, die über den nationalen Rechtsschutz hinausgreifen, räumen im Ergebnis nur der Internationale Pakt über bürgerliche und politische Rechte sowie die Europäische Menschenrechtskonvention ein, da der einzelne bei diesen Verträgen zur Durchsetzung seiner Rechte unabhängige internationale Gremien und Gerichte anrufen kann.

Im folgenden wird das nationale Recht nur noch auf seine Vereinbarkeit mit den Bestimmungen der EMRK überprüft. Zum einen steht das Individual-

---

[73] Das Gleiche gilt für die Richtlinie 97/66/EG des Europäischen Parlaments und des Rates über die Verarbeitung personenbezogener Daten und den Schutz der Privatsphäre im Bereich der Telekommunikation vom 15. Dezember 1997 (ABl. L 24 v. 30. Januar 1998), vgl. Erwägungsgrund 12 sowie Art. 1 Abs. 3 der Richtlinie.

beschwerdeverfahren des IPBPR Betroffenen im Vereinigten Königreich nicht zur Verfügung. Aber auch in Deutschland wird ein Fall, der in den Anwendungsbereich sowohl des IPBPR als auch der EMRK fällt, in der Regel nicht zu einem Verfahren nach IPBPR führen. Die Bundesrepublik Deutschland hat ihre Unterzeichnung des 1. Fakultativprotokolls zum IPBPR unter den Vorbehalt gestellt, daß die Zuständigkeit des Ausschusses nicht für Mitteilungen gilt, die bereits in einem anderen internationalen Untersuchungs- oder Streitregelungsverfahren geprüft wurden[74]. Da der Individualrechtsschutz der EMRK dem Individualbeschwerdeverfahren des IPBPR an Durchsetzungskraft deutlich überlegen ist - man denke nur an das Fehlen eines materiell determinierten Gesetzesvorbehalts im Rahmen des IPBPR - , dürfte dies zur Inanspruchnahme des Rechtsschutzsystems der EMRK führen.

B. Grundrechtsschutz in Deutschland

In Folge einer längeren Tradition wurde dem Geheimnisschutz durch das Fernmeldegeheimnis im Verbund mit Brief- und Postgeheimnis in Art. 10 GG ein eigener Artikel gewidmet[75]. Dagegen findet sich der im internationalen Recht gebräuchliche Begriff des „Privatlebens“ im Grundgesetz nicht. Damit ist jedoch nicht vorgezeichnet, daß die heimliche Überwachung von Telekommunikation ausschließlich den Schutzbereich des Fernmeldegeheimnisses berührt. Art. 10 GG gewährleistet als Spezialgrundrecht den Schutz der Privatsphäre in einem Teilbereich[76]. Wie weitreichend dieser Schutz ist, muß ebenso geklärt werden wie das daraus hervorgehende Verhältnis von Art. 10 GG zu weiteren Grundrechten, insbesondere zum Recht auf informationelle Selbstbestimmung aus Art. 2 Abs. 1 i.V.m. Art. 1 Abs. 1 GG sowie zur Meinungs- und Pressefreiheit aus Art. 5 Abs. 1 GG.

---

[74] Vorbehalt a), BGBl 1994 II, 311.

[75] Die erste verfassungsrechtliche Kodifizierung des Briefgeheimnisses findet sich bereits in § 38 der Verfassungsurkunde des Kurfürstentums Hessen 1831. Auch die Paulskirchenverfassung sah in § 142 die Gewährleistung des Briefgeheimnisses vor, ebenso die Verfassungsurkunde für den Preußischen Staat von 1850. Das Briefgeheimnis richtete sich zunächst gegen Eingriffe der postfremden Exekutive. Eine gesetzliche Verankerung des „Telegraphengeheimnisses“ findet sich erstmals in § 8 des Gesetzes über das Telegraphenwesen vom 6. April 1892 (RGBl. S. 467) und wurde auf Verfassungsebene erstmals in Art. 117 Weimarer Reichsverfassung aufgegriffen. Vgl. zu Vorläufern des Art. 10 GG Schuppert, in: AK - GG, Art. 10 Rn. 4 sowie Hermes, in: Dreier, GG-Kommentar, Art. 10, Rn. 1-3.

[76] Rohlf, Schutz der Privatsphäre, S. 190; Schmitt Glaeser, HbStR VI, § 129, Rn. 3. Einen weiteren Teilbereich schützt Art. 13 GG (Grundrecht auf Unverletzlichkeit der Wohnung).

I. Fernmeldegeheimnis - Art. 10 GG

Art. 10 GG (Brief-, Post- und Fernmeldegeheimnis) bestimmt:

> „(1) Das Briefgeheimnis sowie das Post- und Fernmeldegeheimnis sind unverletzlich.
>
> (2) Beschränkungen dürfen nur auf Grund eines Gesetzes angeordnet werden. Dient die Beschränkung dem Schutze der freiheitlichen demokratischen Grundordnung oder des Bestandes oder der Sicherung des Bundes oder eines Landes, so kann das Gesetz bestimmen, daß sie dem Betroffenen nicht mitgeteilt wird und daß an die Stelle des Rechtsweges die Nachprüfung durch von der Volksvertretung bestellte Organe und Hilfsorgane tritt".

1. Abgrenzung zu Brief- und Postgeheimnis

Art. 10 GG normiert drei verschiedene Grundrechte, die sich durch ihren formellen Anknüpfungspunkt auf einen Nenner bringen lassen: Geschützt ist jede Art von Kommunikation, die sich entweder bestimmter Übermittlungsarten (Briefverkehr, Fernmeldetechnik) oder eines bestimmten Übermittlers (Post) bedient[77]. Der Schutzbereich des Briefgeheimnisses ist angesichts des Themas offensichtlich nicht berührt. Ob heimliche Überwachung von Telekommunikation dagegen in den Schutzbereich von Post- oder Fernmeldegeheimnis einzuordnen ist, war zunächst weniger eindeutig. Das Grundrecht des Postgeheimnisses knüpft an die Benutzung der staatlich organisierten Post im umfassenden Sinn an. Der Schutzbereich umgreift all das, wofür der Benutzer die Post im Rahmen ihrer Aufgaben in Anspruch nimmt[78]. Der Schutz richtet sich sowohl gegen die Post selbst als auch gegen die postfremde Exekutive, Rechtsprechung und Gesetzgebung[79]. Solange daher der Fernmeldeverkehr - bis auf Randbereiche z.B. im Amateurfunkbereich - in der Hand des staatlichen Monopolisten Deutsche Bundespost organisiert wurde, wurde das Fernmeldegeheimnis weitgehend vom Postgeheimnis überdeckt[80]. In dem Maße, wie das Postgeheimnis durch die Privatisierung der Deutschen Bundespost an Bedeutung verloren hat, hat das Fernmeldegeheimnis an eigenständiger Bedeutung gewonnen. Da der Umfang des Grundrechtsschutzes im übrigen gleich ist[81],

---

77 Hermes, in: Dreier, GG-Kommentar, Art. 10, Rn. 16.
78 Schuppert, in: Wassermann (Hrsg.), AK-GG, Art. 10, Rn. 17.
79 Schuppert, in: Wassermann (Hrsg.), AK-GG, Art. 10, Rn. 18.
80 Rohlf, Der grundrechtliche Schutz der Privatsphäre, S. 165.
81 Löwer, in: v. Münch, GG, 5. Aufl., Art. 10, Rn. 11.

wird im folgenden Art. 10 GG nur noch erörtert, soweit er das Fernmeldegeheimnis schützt.

2. Schutzbereich

a) Sachlicher Schutzbereich

Gegenstand des Fernmeldegeheimnisses sind Kommunikationen, die wegen der räumlichen Distanz zwischen den Beteiligten auf Übermittlung durch Dritte angewiesen sind[82]. Der grundrechtliche Schutz des Fernmeldegeheimnisses ist mehrdimensional. Während die Reichweite des Schutzes sowohl für den Kommunikationsinhalt als auch für den Kommunikationsvorgang seit langem anerkannt ist[83], gilt dies nicht gleichermaßen für die Frage der Verwendung und Weitergabe der im Rahmen einer Überwachungsmaßnahme anfallenden personenbezogenen Daten. Hierzu wurde in der höchstrichterlichen Rechtsprechung erst in jüngster Zeit ausführlich Stellung genommen. Im einzelnen stellt sich der Schutzbereich des Fernmeldegeheimnisses nunmehr eindeutig folgendermaßen dar:

aa) Kommunikationsinhalt

Als klassisches liberales Abwehrrecht schützt das Fernmeldegeheimnis zunächst den Kommunikationsinhalt vor staatlicher Kenntnisnahme, soweit eine Mitteilung mit Mitteln der Fernmeldetechnik weitergegeben wird[84]. Der Inhalt soll „Geheimnis bleiben, nicht etwa wegen seines generell verschwörerischen Gehalts, sondern weil jeder, der mit einem anderen korrespondiert oder telefoniert, dem Gegenüber ein Stück seiner Persönlichkeit öffnet[85]". Auf den vertraulichen Inhalt des Gesprächs kommt es daher nicht an, private Kommunikation wird ebenso wie geschäftliche erfaßt[86]. Unerheblich ist zudem, ob die

---

[82] Vgl. BVerfGE 85, 386 (396).

[83] So schon OVG Münster, NJW 1975, S. 1335; sich daran anschließend BVerfGE 67, 157 (172); st. Rspr.

[84] Vgl. BVerfGE 100, 313 (358).

[85] Schuppert, in: Wassermann (Hrsg.), AK-GG, Art. 10, Rn. 12.

[86] So bereits BVerfGE 67, 157 (172), ebenso BVerfGE 100, 313 (358).

Kommunikation von einem privaten oder öffentlichen Betreiber vermittelt wird, sofern die Kenntnisnahme durch die öffentliche Gewalt erfolgt[87].

Ob eine Mitteilung mit „Mitteln der Fernmeldetechnik“ kommuniziert wird, wurde vom BVerfG noch in jüngster Zeit an den Begriff der „Fernmeldeanlage“ geknüpft[88]. Damit wird, wenn auch nicht ausdrücklich, dem Argument aus dem Jahre 1977, wonach der Gesetzgeber den Begriff der „Fernmeldeanlage“ bewußt entwicklungsoffen verstanden wissen wollte, erneut gefolgt. Das BVerfG formuliert selbst, daß Art. 10 GG die freie Telekommunikation sichert[89]. Deutlicher wäre es daher, auch an dieser Stelle die sprachliche Wende zu Telekommunikation und Telekommunikationsanlage in der oben erläuterten Bedeutung des TKG zu vollziehen[90]. Eine inhaltliche Änderung ergibt sich dadurch nicht.

Tatsächlich wird der Schutzbereich des Fernmeldegeheimnisses, d.h. der geschützte Kommunikationsinhalt, dadurch erweitert, daß sich durch die Weiterentwicklung der Fernmeldetechnik eine „Grauzone“[91] zwischen Telekommunikationsangeboten an die Allgemeinheit und Individualkommunikation entwickelt hat. Durch das Fernmeldegeheimnis wird grundsätzlich lediglich Individualkommunikation geschützt[92]. Anhand der verwendeten Netze läßt sich eine eindeutige Trennung in Zukunft nicht mehr durchführen. Das Fernmeldegeheimnis knüpft jedoch technisch-formal an und greift nicht auf die fernmeldetechnisch vermittelten Inhalte zurück. Daher muß es im Bereich der technischen „Grauzone“ genügen, wenn die Möglichkeit zur Individualkommunikation besteht[93]. Eine Inhaltskontrolle käme der Abschaffung des Fernmeldegeheimnisses gleich.

Schließlich wirkt sich der Fortschritt in der Telekommunikation auf den inhaltlichen Schutz dahingehend aus, daß nicht nur der Austausch von Nachrichten, Gedanken und Meinungen[94], sondern auch von Bildern, Zeichen und jeder Art sonstiger Daten geschützt ist[95].

---

87 Im Ergebnis ähnlich, wenngleich schon vor der Liberalisierung Schuppert, in: Wassermann (Hrsg.), AK-GG, Art. 10, Rn. 24.

88 Urteil vom 14. Juli 1999, BVerfGE 100, 313 (358).

89 BVerfGE 100, 313 (358).

90 Vgl. Kap. 1, B.I.2.a).

91 Hermes, in: Dreier, GG-Kommentar, Art. 10, Rn. 34.

92 Vgl. Gusy, in: v. Mangoldt/Klein/Starck, GG, 4. Aufl., Art. 10, Rn. 42.

93 Vgl. Hermes, in: Dreier, GG-Kommentar, Art. 10, Rn. 35.

94 Vgl. BVerfGE 67, 157 (171).

95 Hermes, in: Dreier, GG-Kommentar, Art. 10, Rn. 36.

bb) Kommunikationsvorgang

Der grundrechtliche Schutz bezieht sich darüber hinaus auf den Kommunikationsvorgang selbst, wozu alle näheren Umstände des Fernmeldeverhältnisses gehören, „insbesondere die Tatsache, ob, wann und wie oft zwischen welchen Personen und Fernmeldeanschlüssen Fernmeldeverkehr stattgefunden hat oder versucht worden ist“[96]. Angesichts der technischen Entwicklung im Mobilfunk- bzw. Satellitenbereich muß auch die Tatsache, wo sich die Gesprächsteilnehmer zum Zeitpunkt der Kommunikation aufgehalten haben, zum geschützten Kommunikationsvorgang gezählt werden[97].

cc) Datenverwendung nach erfolgter Überwachung

Nach dem 1. Leitsatz des jüngsten „Abhörurteils“ des BVerfG vom 14. Juli 1999 ist der Schutzbereich des Fernmeldegeheimnisses auch nach erfolgter Überwachung durch die anschließende Verwendung der erlangten personenbezogenen Daten berührt. Der Schutz erstreckt sich auf den Informations- und Datenverarbeitungsprozeß, der sich an zulässige Kenntnisnahmen anschließt, und den Gebrauch, der von den erlangten Kenntnissen gemacht wird. Eine derartige Auslegung des Grundrechts kann man zwar bereits in einer früheren Entscheidung angedeutet sehen[98], sie wurde jedoch in dieser Eindeutigkeit vorher nicht festgehalten[99]. Erst recht wird man auch die Datenverwendung, die sich an einen unzulässigen Eingriff in die Telekommunikationsfreiheit anschließt, als von Art. 10 GG geschützt ansehen dürfen.

---

96 BVerfGE 100, 313 (358); BVerfGE 85, 386 (396); BVerfGE 67, 157 (172).

97 Aufgrund des Zusammenhangs mit der Fernmeldeüberwachung ist auch dieser Gesichtspunkt in den Schutz des Fernmeldegeheimnisses einzubeziehen. Würde man dagegen ohne diesen Zusammenhang z.B. durch Peilsender die Position einer Person bestimmen, ließe sich dieser Eingriff in die Privatsphäre bei Art. 2 Abs.1 i.V.m. Art. 1 Abs. 1 GG ansiedeln.

98 BVerfGE 67, 157 (172): „Es (das Fernmeldegeheimnis, die Verf.'in) erstreckt sich insbesondere auf den konkreten Inhalt der übermittelten Sendung und schützt vor der Offenbarung (Übermittlung, Weitergabe), wer mit wem durch die Post Briefe und Sendungen wechselt (...)“.

99 Zum Verhältnis zum Recht auf informationelle Selbstbestimmung vgl. unten II.1.; zu den - durch diese Komponente deutlich erhöhten - Voraussetzungen eines Eingriffs vgl. unten Kap. 5, C.I.2. und 3.

b) Persönlicher Schutzbereich

Im Geltungsbereich des Grundgesetzes schützt das Fernmeldegeheimnis jeden, unabhängig davon, ob er In- oder Ausländer ist. Über Art. 19 Abs. 3 GG kann auch juristischen Personen und Personenvereinigungen des Privatrechts Grundrechtsschutz zukommen, nicht jedoch ausländischen Vereinigungen[100].

3. Terminologie: Fernmeldegeheimnis - Telekommunikationsgeheimnis

Angesichts der sich wandelnden technischen Rahmenbedingungen mutet der Begriff des „Fernmeldegeheimnisses“ fast schon veraltet an. Dieser Eindruck verstärkt sich, wenn man in Betracht zieht, daß sowohl auf der Ebene des einfachen Rechts, z.B. des G 10, als auch im Bereich der Verfassung (Art. 73 Nr. 7) der Begriff „Fernmeldeverkehr“ bzw. „Fernmeldewesen“ durch „Telekommunikation“ ersetzt wurde. Die Forderung nach einer Ersetzung des Begriffs „Fernmeldegeheimnis“ durch „Telekommunikationsgeheimnis“ wurde bereits erhoben[101]. Der Verfassungsgeber ist ihr jedoch bislang begrifflich nicht gefolgt. Trotzdem ist, wie aufgezeigt, der Schutzbereich des Fernmeldegeheimnisses dynamisch zu verstehen[102] und die Freiheit der Kommunikation umfassend geschützt. Dennoch wäre eine begriffliche Anpassung auch im Grundrechtsteil in der Zukunft zur Klarstellung wünschenswert.

II. Ergänzung des Grundrechtsschutzes durch weitere Grundrechte

1. Verhältnis von Art. 10 GG zum Recht auf informationelle Selbstbestimmung

Der Schutz der Privatsphäre wird im deutschen Recht nicht ausschließlich bei Art. 10 GG angesiedelt. Mit dem Grundrecht auf Unverletzlichkeit der Woh-

---

[100] Jarass, in: Jarass-Pieroth, GG, 5. Aufl., Art. 10, Rn. 8.

[101] Rieß, in: Datenschutz im Telekommunikationsrecht, S. 127 (136); anders dagegen Scherer, Rechtsprobleme des Datenschutzes bei den neuen Medien, 1988, S. 25. Zwar wird auch hier der Begriff „Telekommunikationsgeheimnis“ verwendet, der jedoch sowohl das Fernmeldegeheimnis als auch das Grundrecht auf informationelle Selbstbestimmung des Benutzers von Telekommunikationsnetzen und -diensten umfaßt. Nach Scherer ist dies konsequent, da nach seiner Auffassung nur der reine Übermittlungsvorgang und die damit zusammenhängenden Daten vom Fernmeldegeheimnis umfaßt werden, nicht aber die weitere Datenverwendung.

[102] Vgl. Löwer, in: v. Münch, GG, 5. Aufl., Art. 10, Rn. 11 und 19.

nung ist in Art. 13 GG die Privatsphäre in einem weiteren Teilbereich ausdrücklich gewährleistet. Darüber hinaus steht der Schutz der Privatsphäre anerkanntermaßen im Mittelpunkt des allgemeinen Persönlichkeitsrechts aus Art. 2 Abs. 1 GG i.V.m. Art. 1 Abs. 1 GG, denn dessen „Aufgabe ist es, im Sinne des obersten Konstitutionsprinzips der Würde des Menschen (Art. 1 Abs. 1 GG) die engere persönliche Lebenssphäre und die Erhaltung ihrer Grundbedingungen zu gewährleisten, die sich durch die traditionellen Freiheitsgarantien nicht vollständig erfassen lassen; diese Notwendigkeit besteht namentlich auch im Hinblick auf moderne Entwicklungen und die mit ihnen verbundenen neuen Gefährdungen für den Schutz der menschlichen Persönlichkeit[103]". Bei dieser noch konturlosen Aussage ist die Judikative jedoch nicht stehengeblieben. Zwar muß das allgemeine Persönlichkeitsrecht auf moderne Entwicklungen reagieren, so daß sich der Schutzbereich nicht abschließend umschreiben läßt. Durch die Bildung einzelner Fallgruppen hat das allgemeine Persönlichkeitsrecht aber in vielen Teilbereichen deutlich an Konturen gewonnen. Da bei der Überwachung von Telekommunikation selbst dann, wenn diese als „strategische Überwachung" angeordnet wurde, personenbezogene Daten anfallen können, könnte das allgemeine Persönlichkeitsrecht hier in seiner Ausprägung als „Recht auf informationelle Selbstbestimmung" einschlägig sein.

Das Recht auf informationelle Selbstbestimmung wurde vom BVerfG im Volkszählungsurteil aus dem Jahr 1987 erstmals in aller Deutlichkeit herausgearbeitet[104]. Es gewährleistet dem einzelnen die Befugnis, „grundsätzlich selbst zu entscheiden, wann und innerhalb welcher Grenzen persönliche Lebenssachverhalte offenbart werden"[105] oder, anders ausgedrückt, „selbst über die Preisgabe und Verwendung persönlicher Daten zu bestimmen"[106]. Der Schutzbereich umfaßt damit zum einen personenbezogene Daten, die in eine Datei eingeflossen sind. Zum anderen ist das Recht auf informationelle Selbst-

---

[103] BVerfGE 54, 148 (153) - Fall Eppler; vgl. auch BVerfGE 79, 256 (268).

[104] BVerfGE 65, 1; das BVerfG weist in dieser Entscheidung, S. 42, ausdrücklich auf folgende hinführende Urteile hin: BVerfGE 27, 1 (6f.) - Mikrozensus; BVerfGE 27, 344 (350f.) - Scheidungsakten; BVerfGE 32, 373 (379f.) - Arztkartei; BVerfGE 35, 202 (219f.) - Fall Lebach sowie auf den soeben bereits erwähnten Fall Eppler, BVerfGE 54, 148 (153f.).

[105] BVerfGE 65, 1 (41); bestätigt z.B. in BVerfGE 80, 367 (373).

[106] BVerfGE 65, 1 (43); bestätigt z.B. in BVerfGE 78, 77 (84), BVerfGE 84, 192 (194).

bestimmung nicht nur beim weiteren Umgang mit bereits erhobenen Daten, sondern schon bei der Einholung des Datums berührt[107].

Daraus folgt, daß, soweit bei der heimlichen Überwachung von Telekommunikation personenbezogene Daten gezielt oder zufällig erhoben und dann weiterverwertet werden, das Recht auf informationelle Selbstbestimmung thematisch ebenfalls einschlägig ist. Damit ist das Verhältnis des Fernmeldegeheimnisses zum Recht auf informationelle Selbstbestimmung im Hinblick auf personenbezogene Daten zu klären.

Auch zu dieser Frage hat das BVerfG in seiner Entscheidung vom 14. Juli 1999 Stellung genommen. Demnach kommt das Recht auf informationelle Selbstbestimmung neben Art. 10 GG nicht zur Anwendung, sondern wird vielmehr von Art. 10 GG im Bereich des Fernmeldeverkehrs als speziellere Vorschrift verdrängt[108]. In dieser Klarheit hatte sich das Gericht bislang nicht geäußert[109]. Fernmeldegeheimnis und Recht auf informationelle Selbstbestimmung stehen also im Hinblick auf personenbezogene Daten in unechter Gesetzeskonkurrenz[110], das Fernmeldegeheimnis wird zum datenschutzrechtlichen Spezialgrundrecht[111].

Betrachtet man den Zusammenhang zwischen der Erhebung und dem weiteren Umgang mit personenbezogenen Daten, so wird deutlich, weshalb das BVerfG eine Klärung in Bezug auf das Fernmeldegeheimnis herbeigeführt hat. Im Gegensatz zum Recht auf informationelle Selbstbestimmung, das erst angesichts der Möglichkeiten der modernen Datenverarbeitung durch die Rechtsprechung entwickelt wurde, gehört das Fernmeldegeheimnis zu den zur Zeit der Verfassungsentstehung in das Grundgesetz hineingeschriebenen Grundrechten. Ein Bewußtsein für die besondere Bedeutung dieser Art von Datenerhebung war aufgrund des erforderlichen heimlichen Vorgehens früh vorhanden. Der Eingriff in den Schutzbereich des Fernmeldegeheimnisses geschieht grundsätzlich dadurch, daß sich der Staat Kenntnis über

---

107 Vgl. Kunig, Jura 1993, 595 (600).

108 BVerfGE 100, 313 (358).

109 Zwar wurde bereits in BVerfGE 67, 157 (171) ausgeführt, daß Art. 2 Abs.1 i.V.m. Art. 1 Abs. 1 GG neben Art. 10 GG nicht heranzuziehen sei, jedoch betraf diese Aussage Art. 2 Abs. 1 i.V.m. Art. 1 Abs. 1 GG, soweit die Verletzung der „freien Entfaltung der Persönlichkeit" geltend gemacht wurde, nicht aber die spezielle Ausprägung des Rechts auf informationelle Selbstbestimmung.

110 Zum Begriff der unechten Gesetzeskonkurrenz vgl. Jarass, in: Jarass-Pieroth, GG, 5. Aufl., Vorb. vor Art. 1, Rn. 23.

111 So ausdrücklich OVG Bremen, Urt. v. 28. Juni 1994, NJW 1995, 1769 (1771).

Kommunikationsinhalt oder Kommunikationsvorgang verschafft. Die Fernmeldeüberwachung war damit immer schon mit der Erhebung von Informationen verknüpft. Aus diesem Grund kann man die rechtliche Verankerung von Brief-, Post- und Fernmeldegeheimnis als erstes „Datenschutzgrundrecht" betrachten.

Der Zusammenhang zwischen Datenerhebung und einem potentiell grundrechtsrelevanten weiteren Umgang mit diesen Daten hat sich dagegen erst durch die Möglichkeiten moderner Datenverarbeitung herausgebildet. Erst durch die Formulierung des Rechts auf informationelle Selbstbestimmung wurde die grundrechtliche Relevanz moderner Datensammlung und -verwendung auch verfassungsgerichtlich anerkannt. Dieser Zusammenhang ist genauso erheblich, wenn die Daten durch heimliche Überwachung von Telekommunikation angefallen sind. Da jedoch bereits der Erhebungsvorgang anerkanntermaßen dem Schutzbereich des Fernmeldegeheimnisses zuzurechnen ist, ist es folgerichtig, auch den weiteren Umgang mit den erlangten Daten in diesen Schutzbereich einzubeziehen.

Darüber hinaus ist der Schutzbereich des Fernmeldegeheimnisses im Verhältnis zum Recht auf informationelle Selbstbestimmung weiter gefaßt, da er alle auf dem Fernmeldeweg übermittelten Daten und Informationen einbezieht, ob private oder geschäftliche, von natürlichen oder juristischen Personen. Insbesondere kommt es nicht darauf an, ob es sich um personenbezogene oder nicht-personenbezogene Informationen handelt[112].

2. Verhältnis von Art. 10 GG zum Recht auf freie Meinungsäußerung

In der Literatur wird immer wieder die besondere Nähe des Fernmeldegeheimnisses zum Recht auf freie Meinungsäußerung aus Art. 5 Abs. 1 S. 1 GG hervorgehoben. Das Recht auf freie Meinungsäußerung könne nur dann sinnvoll ausgeübt werden, wenn der Austausch von Meinungen auch über räumliche Distanzen hinweg frei erfolgen könne[113]. Damit erscheint das Fernmelde-

---

[112] Rieß, in: Datenschutz im Telekommunikationsrecht, S. 127 (143); vgl. ebenso Hermes, in: Dreier, GG-Kommentar, Art. 10, Rn. 82.

[113] Evers, in: Anm. zu BGH, Urt. v. 11. Januar 1963, JZ 1963, 404.

geheimnis in „dienender Funktion gegenüber dem Kommunikations-Hauptgrundrecht des Art. 5“[114].

Dennoch läßt sich daraus keine Ergänzung des Schutzbereichs von Art. 10 GG durch das Recht auf freie Meinungsäußerung ableiten. Zwar setzt die freie Meinungsäußerung voraus, daß die geäußerte Meinung unverfälscht beim Empfänger ankommt. Die Schutzrichtung des Art. 10 GG ist jedoch nicht die Verläßlichkeit, sondern die Vertraulichkeit der Kommunikation[115]. Ob der Inhalt der Kommunikation überhaupt einer Meinungsäußerung gleich kommt, ist für Art. 10 GG unerheblich. Die angesprochene Verknüpfung der Meinungsäußerungsfreiheit mit dem Fernmeldegeheimnis läßt sich daher eher als Nebeneffekt denn als „dienende Funktion“ des Fernmeldegeheimnisses beschreiben[116]. Das Fernmeldegeheimnis schützt einen speziellen Kommunikationsvorgang und ist so gedeutet im Verhältnis zu Art. 5 Abs. 1 S. 1 GG *lex specialis*[117].

3. Verhältnis von Art. 10 GG zur Pressefreiheit

Die Pressefreiheit gem. Art. 5 Abs. 1 S. 2 GG kann bei der heimlichen Überwachung von Telekommunikation ebenfalls eine Rolle spielen. Ihr Schutzbereich umfaßt jede Weiterleitung gedruckter oder in anderer Weise verkörperter Information an einen individuell unbestimmten Personenkreis[118]. Darüberhinaus schließt sie diejenigen Voraussetzungen und Hilfstätigkeiten ein, ohne welche die Presse ihre Funktion nicht zu erfüllen vermag. Die Pressetätigkeit wird durch die Geheimhaltung der Informationsquellen, durch das Vertrauensverhältnis zwischen Presse und Informanten sowie durch die Vertraulichkeit der Redaktionsarbeit wesentlich unterstützt. Diese Rahmenbedingungen sind sämtlich für die Informationsbeschaffung und -verarbeitung unerläßlich[119] und könnten durch die heimliche Überwachung von Telekommunikation empfindlich gestört werden.

---

114 Schuppert, in: Wassermann (Hrsg.), AK-GG, Art. 10, Rn. 12; vgl. bereits Evers, in: Anm. zu BGH, Urt. v. 11. Januar 1963, JZ 1963, 404; ähnlich Schmitt Glaeser, HbStR VI, § 129 Rn. 66.
115 Hermes, in: Dreier, GG-Kommentar, Art. 10, Rn. 83.
116 Ähnlich Hermes, ebenda.
117 Dürig, in: Maunz/Dürig, Art. 10, Rn. 29.
118 Wendt, in: v. Münch, GG, 5. Aufl., Art. 5, Rn. 30.
119 BVerfGE 100, 313 (365).

Sofern daher die Pressefreiheit berührt sein könnte, muß der Schutz des Art. 10 GG durch weitere Grundrechtsgarantien ergänzt werden[120]. Angesichts der ungezielten Erfassung von Daten und Information bei der strategischen Fernmeldeüberwachung kann die spezifische Schutzwirkung der Pressefreiheit erst bei der Speicherung, Verwertung und Weitergabe der bereits gewonnenen Daten und Information berücksichtigt werden[121].

III. Grundrechtsschutz und EMRK

1. Geltung und Rang der EMRK im deutschen Recht

Ob sich ein Bürger neben den Grundrechten des Grundgesetzes auch auf die Menschenrechte und Grundfreiheiten der EMRK berufen kann, ergibt sich nicht bereits aus dem Charakter der EMRK als Völkerrecht. Dies wurde bereits festgestellt[122]. Geltung und Rang der EMRK innerhalb der deutschen Rechtsordnung bestimmen sich nach dem Grundgesetz. Für die „allgemeinen Regeln des Völkerrechts" regelt dieses die Übernahme in das Bundesrecht in Art. 25 GG unmittelbar. Im übrigen ergibt sich aus Art. 25 GG und Art. 59 Abs. 2 GG, daß Völkerrecht erst aufgrund eines innerstaatlichen Aktes (Zustimmungsgesetz) innerstaatlich anwendbar wird[124]. Der Rang der übernommenen Regelung entspricht dem des Zustimmungsgesetzes[125].

Für die EMRK bedeutet dies, daß sie einerseits - in Abhängigkeit von der völkerrechtlichen Wirksamkeit des Vertrags - durch das Zustimmungsgesetz vom 7. August 1952 innerstaatlich verbindlich geworden ist und dadurch andererseits den Rang eines einfachen Bundesgesetzes angenommen hat. Als solches kann sie allerdings durch nachfolgendes Bundesrecht gemäß dem *lex-posterior-*

---

120 BVerfGE, ebenda.

121 BVerfGE, ebenda.

122 Siehe oben A.II.2.a)cc).

123 Vgl. BVerfGE 73, 339 (375).

124 Vgl. Jarass, in: Jarass/Pieroth, GG, 5. Aufl., Art. 25, Rn. 1.

125 Auf den Streit, ob man das Zustimmungsgesetz als „Rechtsanwendungsbefehl", als „Vollziehbarkeitserklärung" oder als „Transformation" ansehen will, soll hier nicht näher eingegangen werden. Die Antwort auf diese Frage hängt auch davon ab, ob man von einer grundsätzlichen Einheit von Völkerrecht und nationalem Recht (Theorie des Monismus) oder von einer grundsätzlichen Trennung von Völkerrecht und nationalem Recht (Theorie des Dualismus) ausgeht. Dem GG läßt sich diesbezüglich keine eindeutige Antwort entnehmen. Vgl. zu diesen Fragen Schweitzer, Staatsrecht III, Rn. 26-41, 418ff., insb. Rn. 441-443.

Grundsatz abgeändert werden. Darüber hinaus ist mangels Verfassungsrang eine direkte Überprüfung im Rahmen einer Verfassungsbeschwerde durch das BVerfG nicht möglich. Probleme können hier dann entstehen, wenn die Garantien von Grundgesetz und EMRK auseinanderfallen.

Das BVerfG sucht diese Konflikte durch eine völkerrechtskonforme Interpretation der Grundrechte zu umgehen[126]. Berücksichtigt werden die Rechte der EMRK in der Auslegung, die sie durch den EGMR gefunden haben. Auf diese Weise kommt es zu einem faktischen Vorrang der EMRK vor deutschem Recht[127].

2. Verhältnis von Art. 10 GG und Art. 8 EMRK

Das Verhältnis des - sachlichen - Schutzbereichs von Art. 10 GG und Art. 8 EMRK ist anhand dessen, daß das BVerfG auch in seinem jüngsten Urteil an der Methode einer völkerrechtskonformen Auslegung festgehalten hat, unschwer zu klären:

Die Rechtmäßigkeit von Maßnahmen heimlicher Telekommunikationsüberwachung ist in der Bundesrepublik Deutschland vorrangig am Maßstab des Fernmeldegeheimnisses nach Art. 10 GG und im Einzelfall darüber hinaus am Maßstab der Pressefreiheit nach Art. 5 Abs. 1 S. 2 GG zu überprüfen.

Art. 8 EMRK kommt daneben keine größere Bedeutung zu. Bei einem Vergleich des Fernmeldegeheimnisses mit dem Schutzbereich von Art. 8 EMRK läßt sich eine weitgehende Übereinstimmung sowohl bei der eigentlichen Überwachungsmaßnahme als auch bei dem weiteren Umgang mit den erlangten personenbezogenen Daten feststellen. Der gebotene Einklang mit den völkerrechtlichen Bestimmungen ist daher ohne weiteres auf der Ebene des Schutzbereichs gegeben[128].

Erst bei der Frage nach der Zulässigkeit von Eingriffen werden sich deutlichere Unterschiede zwischen Art. 10 GG und Art. 8 EMRK herauskristallisieren.

---

126 Z.B. BVerfGE 83, 119 (128); erneut BVerfGE 100, 313 (363); jeweils bezüglich des sachlichen Schutzbereichs.

127 Schweizer, Staatsrecht III, 7. Aufl., Rn. 710.

128 Vgl. BVerfGE 100, 313 (363).

C. „Grundrechtsschutz“ im Vereinigten Königreich

Die verfassungsrechtlichen Besonderheiten im Vereinigten Königreich machen es notwendig, einige verfassungsrechtliche Grundlagen herauszuarbeiten, ehe auf den Schutz von Telekommunikationsbeziehungen gegen staatliche Überwachungsmaßnahmen eingegangen werden kann.

I. Verfassungsrechtlicher Rahmen

Im Gegensatz zur kontinentaleuropäischen Tradition und fast allen Staaten weltweit stützt sich das Verfassungsrecht des Vereinigten Königreichs nicht auf ein geschriebenes einheitliches Verfassungsdokument[129]. Es wäre jedoch voreilig, aus diesem Befund auf einen Staat ohne Verfassung zu schließen. Einen Teil der Regelungen, die gewöhnlich in Staatsverfassungen zu finden sind, z.B. die Staatsform, das Gesetzgebungsverfahren oder das Verhältnis der Staatsorgane zueinander, findet man in England zum einen in teilweise jahrhundertealten Gesetzen[130], zum anderen in sog. *conventions*, die, ohne zu den formellen, d.h. schriftlichen, Rechtsquellen zu gehören, dennoch aus Gewohnheit beachtet und allgemein als verbindlich angesehen werden[131]. Bis ins Jahr 1998 mußte dagegen derjenige auf Schwierigkeiten stoßen, der nach einem Grundrechtskatalog nach Art des deutschen Grundgesetzes (1949), der französischen *Déclaration des droits de l'homme et du citoyen* (1789) oder der amerikanischen *Bill of Rights* (1791) suchte.

---

[129] Blumenwitz, Einführung in das anglo-amerikanische Recht, 6. Aufl., S. 18.

[130] S. Fn. 27 aus Blumenwitz, a.a.O., S. 19: Magna Charta Libertatum (1215); Petition of Rights (1627); Habeas-Corpus-Akte (1679); Bill of Rights (1689); Act of Settlement (1707); die schottische Unionsakte (1706); die Römisch-Katholische Emanzipationsakte (1829); Westminster-Statut (1931), die Parlamentsgesetze von 1911 und 1949.

[131] Beispielsweise werden das Verhältnis Monarch-Minister-Parlament, die Frage der Verantwortlichkeit der Minister, die Trennung der judikativen von der gesetzgebenden Funktion im House of Lords und die Verhaltensregeln innerhalb der beiden Häuser des Parlaments durch conventions geregelt. Im Gegensatz zu Gesetzen sind conventions vor Gericht nicht einklagbar (vgl. ausführlicher Halsbury's Laws of England, 4. Aufl. (1996 Reissue), vol. 8 (2), para. 19-21). Dies unterscheidet sie vom deutschen Gewohnheitsrecht, das als Rechtsnorm i.S.v. § 2 EGBGB gilt (vgl. Palandt-Heinrichs, 59. Aufl., Art. 2 EGBGB) und damit gerichtlich einklagbar ist.

1. Civil liberties

Zwar sind einige Rechte, die üblicherweise in einem Grundrechtskatalog enthalten sind, in verschiedenen englischen Verfassungstexten zu finden[132]. Darüber hinaus werden Freiheitsrechte als „*civil liberties*"[133] vom *common law*[134] und durch Gesetze, die *statutes,* d.h. im Rahmen des althergebrachten Rechtssystems, geschützt. Der auf diese Weise entstandene „Grundrechtsschutz" ist lückenhaft geblieben[135]. Im übrigen galt die Rechtsregel, daß ein Bürger tun und lassen konnte, was er wollte, solange sein Handeln weder durch *common law* noch durch *statutes* untersagt wurde.

Dieser Rechtszustand hatte nicht unerhebliche Konsequenzen. Zum einen enthielten vorhandene *civil liberties* lediglich eine Abwehrdimension, nicht aber ein Leistungsrecht[136]. Zum anderen wurde von englischen Autoren der

---

132 Vgl. z.B. Art. 39 der Magna Charta, der festlegt, daß gegen einen „freien Mann" ohne Gerichtsurteil und Gesetz keine Sanktion verhängt werden kann. Obwohl die Magna Charta dem mittelalterlichen Lehnsrecht entstammt, mutet dies sehr modern an. Vgl. auch die Habeas-Corpus-Akte von 1679, die Schutz gegen willkürliche Verhaftungen und prozedurale Garantien bei Freiheitsentziehungen vorsieht, sowie die Bill of Rights (1689), die neben grundlegenden Parlamentsrechten auch ein Petitionsrecht des Bürgers als Individualrecht einführt. Näheres bei Ipsen, Staatsrecht II, § 1 Rn. 3-12 m.w.N.

133 Bei dem Begriff civil liberties (bürgerliche Freiheiten) handelt es sich um keinen feststehenden Rechtsbegriff. Im Schrifttum wird er häufig bedeutungsgleich mit human rights (Menschenrechte) oder fundamental rights (Grundrechte) verwendet. Richtig ist daran, daß civil liberties im Vereinigten Königreich die „Funktion" von Menschen- oder Grundrechten einnehmen, die in anderen Staaten Aufnahme in eine Verfassung gefunden haben. Der Begriff spiegelt dennoch die besondere verfassungsrechtliche Situation im Vereinigten Königreich wider und wird im folgenden nur im Zusammenhang mit dem englischen Recht verwendet. Eine hervorragende Analyse der civil liberties im englischen Recht findet sich bei Feldman, Civil Liberties and Human Rights in England and Wales.

134 „Common law" wird hier in der Bedeutung „Richterrecht" im Gegensatz zum Gesetzesrecht der statutes verwendet. „Common law" wird darüber hinaus im Gegensatz zum kontinentaleuropäischen Recht verstanden, vgl. hierzu Zweigert/Kötz, Einführung in die Rechtsvergleichung, 3. Aufl., S. 69: „Das englische Common Law hat sich von Entscheidung zu Entscheidung durch eine allmählich wachsende Tradition entwickelt; es ist seiner historischen Herkunft nach nicht Gesetzesrecht, sondern Fallrecht". Zu den verschiedenen Bedeutungen von „common law" s. auch Blumenwitz, Einführung in das anglo-amerikanische Recht, 6. Aufl., S. 8.

135 Am Beispiel der Telekommunikation wird sich dies deutlich zeigen.

136 Ein Überblick über die verschiedenen civil liberties und die Art, wie im Vereinigten Königreich vor Einführung des Human Rights Act 1998 (HRA 1998) ihr Schutz gewährleistet wurde, findet sich bei Halsbury's Laws of England, 4. Auflage (1996 Reissue) vol 8 (2), para 106-121. Darunter befindet sich das Recht auf Leben, Meinungs-

„Residualcharakter" des Grundrechtsschutzes hervorgehoben, da unter *civil liberties* nur diejenigen Rechte fallen, die übrig bleiben, wenn von der grundsätzlich allumfassenden „Freiheit" alle bestehenden Beschränkungen abgezogen werden[137]. Auch soweit durch englisches Recht nicht geschützte Interessen in internationalen Rechtsverbürgungen wie der EMRK enthalten waren, konnten sich die Bürger des Vereinigten Königreichs mangels Inkorporation nicht unmittelbar auf diese Bestimmungen stützen[138].

Dennoch herrschte im Vereinigten Königreich lange Zeit die Auffassung vor, daß das nationale Recht seine Bürger wirksam zu schützen vermochte[139]. Die Verantwortlichkeit der Regierung gegenüber ihren Wählern wurde als ausreichender Schutz angesehen, um sie von Maßnahmen abzuhalten, welche die Freiheit der Bürger unverhältnismäßig einschränkten. Die seit den sechziger Jahren immer wieder erhobene Forderung nach einem Grundrechtskatalog blieb daher lange Zeit ohne praktische Konsequenzen[140]. Nachdem jedoch nach Zulassung der Individualbeschwerde im Rahmen des Rechtsschutzverfahrens der Europäischen Menschenrechtskonvention das Vereinigte Königreich wiederholt durch den Europäischen Gerichtshof für Menschenrechte wegen Menschenrechtsverstößen verurteilt und damit öffentlich an den Pranger gestellt wurde, begann der Ruf nach einem nationalen Grundrechtskatalog lauter zu werden. Im Zuge des Wahlkampfes 1997 versprach die *Labour Party* unter Tony Blair die Inkorporation der Europäischen Menschenrechtskonvention für den Fall des Wahlsiegs[141]. Dieses Versprechen wurde mit dem *Human Rights*

---

freiheit, Versammlungsfreiheit, Vereinigungsfreiheit, Recht auf körperliche Unversehrtheit, Recht auf Freizügigkeit und das Recht auf Eigentum, um nur einige zu nennen.

137 Vgl. De Smith/Brazier, Constitutional and administrative law (8. Aufl.), S. 388; Halsbury's Laws of England, 4. Aufl. (1996 Reissue), vol 8 (2) para 105 Fn 3.

138 Zum mittelbaren Einfluß der EMRK auf die Rechtsordnung im Vereinigten Königreich vgl. ausführlich Grote, ZaöRV 1998, 309, 314-322, m.w.N.

139 Vgl. z.B. Lord Diplock in *Home Office v. Harman* [1982] 1 All ER 532, 534 d-h; weitere Nachweise bei Schieren, ZParl 1999, 999 (1004), in Fn. 32.

140 Die Diskussion um einen eigenen Grundrechtskatalog im Vereinigten Königreich kann gleichzeitig als die Vorgeschichte des HRA 1998 angesehen werden. Sie kann an dieser Stelle nicht nachgezeichnet werden. Vgl. aber Donson, in: Administrative Law Facing the Future, S. 347ff.; Schieren, ZParl 1999, 999-1001, jeweils m.w.N., sowie für einen ausführlichen Überblick in deutscher Sprache: Grote, ZaöRV 1998, 309, 327-337.

141 „Citizens should have statutory rights to enforce their human rights in the UK courts. We will by statute incorporate the European Convention on Human Rights into UK law to bring these rights home and allow our people access to them in their national courts", so das Parteiprogramm der Labour Party für den Wahlkampf 1997: New Labour: Because Britain Deserves Better (1997). Dem Wahlprogramm ging ein grundlegender Wandel der

Act 1998 (HRA 1998) eingelöst[142]. Damit wurde zum ersten Mal ein Dokument geschaffen, mit dem die Grundrechte der EMRK[143] in das englische Recht inkorporiert werden[144]. Zugleich läßt sich erstmals in der englischen Geschichte vom Vorhandensein eines umfassenden Grundrechtskatalogs, wenn auch ohne echten Verfassungscharakter, sprechen. Das Ausmaß dieser Entwicklung läßt sich jedoch erst dann beurteilen, wenn man weitere verfassungsrechtliche Grundlagen des Vereinigten Königreichs berücksichtigt.

2. Das Parlament als Souverän

a) Grundsatz

Das Rechtssystem des Vereinigten Königreichs ist vom Grundsatz der *sovereignty of Parliament,* der absoluten Parlamentssouveränitat, geprägt. Das Zitat „*A statute can do anything except change man to woman*"[145] spiegelt die-

---

Haltung der Labour Party zur Frage der Inkorporation voraus. Vgl. zu dieser Entwicklung Ewing (1999) MLR 79, 80f. und Grote, ZaöRV 1998, 309, 329-331, jeweils m.w.N.; sowohl die Ratifizierung der Menschenrechtskonvention 1951 als auch die Zulassung der Individualbeschwerde vor den Konventionsorganen 1966 erfolgten unter einer Labour Regierung.

142 Der HRA 1998 ist seit dem 2. Oktober 2000 in Kraft, vgl. SI 2000 Nr. 1851 (C.47) vom 12. Juli 2000.

143 Der HRA 1998 umfaßt die Grundrechte der EMRK bzw. die in den Zusatzprotokollen festgeschriebenen Rechte nicht vollständig; Gegenstand des HRA 1998 sind die Artikel 2 bis 12 und 14 EMRK sowie Artikel 1 bis 3 des Ersten Protokolls sowie Artikel 1 und 2 des Sechsten Protokolls. Die Außerachtlassung von Art. 1 EMRK ist unproblematisch, da sich dieser Artikel an die Staaten der EMRK wendet und daher dem Bürger keine Rechte verleiht. Dagegen löste die Außerachtlassung von Art. 13 EMRK eine Kontroverse aus, vgl. hierzu Kap. 8, A.

144 Benutzt man den Begriff „Inkorporation" in Bezug auf den HRA 1998, so muß man sich dessen bewußt sein, daß „Inkorporation" hier keine vollständige Übernahme des aus der EMRK fließenden Rechts in das englische Rechtssystem bedeutet. Sie scheitert schon daran, daß nach s. 1 HRA 1998 weder die Artikel 1 und 13 EMRK noch alle Bestimmungen der Zusatzprotokolle als „Convention rights" in das englische Recht übernommen wurden. Auch die übernommenen Rechte sind nicht uneingeschränkt anzuwenden, obwohl ihnen eine herausragende Bedeutung zukommt. Im Ergebnis werden die Konventionsrechte nicht inhaltlich unverändert übernommen, sondern erhalten einen eigenen, rechtlich genau definierten Status im Vereinigten Königreich, vgl. Ewing (1999) MLR 79, 84, insb. 86: What this in fact confirms is that what we have incorporated is not the European Convention on Human Rights, but a number of principles which happen to be included in the Convention.

145 Zitiert nach: Smith&Keenan, English Law (12. Aufl.), S. 13.

sen absoluten Vorrang wider. Allein für das gesetzgebende Parlament selbst und dessen Nachfolger gilt diese Regel nicht, d.h. eine Selbstbindung des Parlaments ist dem Grundsatz nach ausgeschlossen[146]. Ein Parlamentsgesetz hat damit ohne Rücksicht auf seinen Inhalt immer Vorrang vor Rechtsregeln, die durch *common law* oder *equity* entstanden sind[147] und ist von den Gerichten dementsprechend anzuwenden[148]. Eine Überprüfung der Rechtmäßigkeit von Parlamentsgesetzen durch die Gerichte ist mit der absoluten Parlamentssouveränität nicht vereinbar.

Dicey, der prägende englische Verfassungsrechtler des ausgehenden 19. und beginnenden 20. Jahrhunderts, umschreibt dies folgendermaßen:

> *„The principle of Parliamentary sovereignty means neither more nor less than this, namely, that Parliament thus defined*[149] *has, under the English constitution, the right to make or unmake any law whatever, and further, that no person or body is recognised by the law of England as knowing a right to override or set aside the legislation of Parliament*"[150].

Die Diskussionen um den *European Communities Act 1972* und den *Human Rights Act 1998* zeigen, daß dem Grundsatz der absoluten Parlamentssouveränität bis heute ein besonderer Stellenwert zukommt.

b) Rechtsentwicklung: European Communities Act 1972 und Human Rights Act 1998

Die Parlamentssouveränität wurde bereits durch den Beitritt des Vereinigten Königreichs zu den Europäischen Gemeinschaften durch den *European Com-*

---

[146] Für den Fall der inconsistency, d.h. der Unvereinbarkeit eines neuen mit einem alten Gesetz wurde die doctrine of implied repeal entwickelt, nach der das neue Gesetz die Regel des alten Gesetzes stillschweigend ändert. Vgl. ausführlicher Bradley/Ewing, Constitutional and Administrative Law, S. 65f.

[147] Common law - equity steht hier für den Gegensatz zwischen strengem Recht und Billigkeitsrecht, damit ist eine weitere Bedeutung von common law angesprochen, vgl. auch Blumenwitz, Einführung in das anglo-amerikanische Recht, 6. Aufl., S. 8.

[148] Dies geht soweit, daß das Parlament vereinzelt sogar rückwirkende (Straf-)gesetze erlassen hat, vgl. *Phillip v. Eye* (1870) LR 6, QB 1 (2) und 23-28 per Willes J.; s. auch *Cheney v. Conn* (1968) 1 All ER 779.

[149] Dicey definiert das Parlament im vorhergehenden Abschnitt als „Queen in Parliament", bestehend aus Queen, House of Lords und House of Commons.

[150] Dicey, Introduction to the Study of the Law of the Constitution, 10. Aufl. 1959, S. 39f. Im Kern hat sich diese Auffassung von Parliamentary sovereignty, wenn auch nicht unbestritten, bis heute gehalten; zur Kritik siehe Le Sueur/Sunkin, S. 104ff.

munities Act 1972 und die sich abzeichnende Rechtsprechung des Gerichtshofs der EG als gefährdet angesehen[151].

In der Debatte um den *HRA 1998* nahm der Konflikt zwischen einem auch für den Gesetzgeber verbindlichen Grundrechtskatalog und der *Parliamentary sovereignty* erneut einen breiten Raum ein. Eine *convention* des Inhalts, daß von der Gesetzgebung als solcher keine Verletzung von Grund- oder Menschenrechten ausgehen darf, wird nur vereinzelt angenommen[152]. Damit wirft das Prinzip der *Parliamentary sovereignty* offensichtlich die Frage auf, wie in diesem System die Rechte von Minderheiten gegen die Mehrheitsmeinung abgesichert werden können.

Als Ergebnis des Gesetzgebungsverfahrens wird die *Parliamentary sovereignty* auch durch den HRA 1998 letztendlich nicht angetastet[153]. Im Kern wird den Gerichten zwar die Verpflichtung auferlegt, den in Section 1 aufgeführten Rechten der EMRK größtmögliche Wirkung zu verschaffen, indem Section 3 (1) bestimmt:

> „*So far as it is possible to do so, primary legislation and subordinate legislation must be read and given effect in a way which is compatible with the Convention rights*“[154].

Zudem darf ein Gericht, das die Unvereinbarkeit von Sekundärrecht mit von der Konvention gewährten Rechten feststellt, dieses außer Kraft setzen, vgl. s. 4 (2) HRA 1998[155].

---

151 Der Grund für diese Besorgnis lag darin, daß der EuGH bereits früh forderte, daß im Falle eines Konflikts zwischen nationalem Recht und Gemeinschaftsrecht das Gemeinschaftsrecht zwingend vorzugehen habe. In den Fällen *Factortame* wurde der Vorrang des Gemeinschaftsrechts schließlich auch für das Vereinigte Königreich anerkannt. Die Berechtigung hierzu leitete man aus dem European Communities Act 1972 ab. Vgl. insbesondere *R v Transport Secretary, ex p Factortame Ltd. (No 2)* [1991] 1 AC 603, 658f. (per Lord Bridge); zur gesamten Rechtsentwicklung Bradley/Ewing, Constitutional and Administrative Law, ab S. 148.

152 So Marshall, Constitutional Conventions (1986), S. 9.

153 Vgl. für einen ausführlichen Überblick über Systematik und Inhalt des HRA 1998 sowie zur Entstehungsgeschichte und den verfassungsrechtlichen Grundlagen in deutscher Sprache Baum, EuGRZ 2000, 281ff., insb. 294ff.

154 Man beachte den Spielraum, den die gewählte Formulierung der Judikative läßt: „*So far as it is possible (...)*“. Hierzu Ewing, (1999) MLR 79, 86 sehr kritisch: „(...): to sever the jurisprudence from the treaty is like severing the limbs from a torso“.

155 Insbesondere, auch dies eine Neuerung, kommt es nicht darauf an, ob die „subordinate legislation“ vor oder nach dem Inkrafttreten des HRA 1998 erlassen wurde, vgl. s. 3 (a)

Den Gerichten wird aber nicht die Befugnis verliehen, Parlamentsgesetze („*primary legislation*"), die auch durch Interpretation nicht mit Konventionsrechten zu vereinbaren sind, für ungültig zu erklären und demzufolge nicht anzuwenden, vgl. s. 4 (6) und s. 3 (2) HRA 1998[156]. Das Gesetz ist daher - so auch die vorherige Rechtslage - ungeachtet des Menschenrechtsverstoßes weiterhin anzuwenden.

Neu ist dagegen, daß die Gerichte gem. s. 4 HRA 1998 bei dieser Sachlage einen Beschluß, die sogenannte *declaration of incompatibility*, fassen können, der die Unvereinbarkeit des Gesetzes mit einem Konventionsrecht feststellt. Auf diesen Beschluß hin kann ein beschleunigtes Gesetzgebungsverfahren in Gang gesetzt werden, um das Gesetz in Einklang mit der Konvention zu bringen[157].

Die Verbindlichkeit der Rechtsprechung der Konventionsorgane ist ebenfalls besonders geregelt. Gemäß s. 2 (1) HRA 1998 muß diese bei den Entscheidungen englischer Gerichte berücksichtigt werden *(„must take into account").* Eine unbedingte Bindung folgt daraus dagegen nicht. Eine solche wäre auch nicht sinnvoll. Die Formulierung soll verhindern, daß die *doctrine of precedent* dahingehend abgeändert würde, daß den Entscheidungen aus Straßburg bindende Kraft zukommen würde. Dies gilt jedoch auch für den EGMR selbst nicht[158]. Auch diese Bestimmung trägt dazu bei, daß das Parlament des Vereinigten Königreichs das letzte Wort behält, die *Parliamentary sovereignty* damit formal gewahrt bleibt.

Damit wird ein möglicherweise weitreichender Einfluß auf die *doctrine of precedent* dennoch nicht verhindert. S. 2 (1) HRA 1998 erfordert eine Berücksichtigung der Rechtsprechung aus Straßburg *„whenever made or given"*. Da

---

HRA 1998: „This section applies to primary legislation and subordinate legislation whenever enacted". Interessant ist in diesem Zusammenhang die Definition von „subordinate legislation" in s. 21 HRA 1998, wonach Gesetze des schottischen bzw. nordirischen Parlaments als solche anzusehen und damit von der Parliamentary sovereignty ausgenommen sind.

156 Zutreffend daher Rivers, JZ 2001, 127 (130), der s. 3 HRA 1998 als „starke Gesetzauslegungsnorm" bezeichnet.

157 Zu Einzelheiten vgl. s 10 HRA 1998 i.V.m. Schedule 2.

158 Lustgarten/Leigh, (1999) CLJ 509, 510; die Formulierung weicht von derjenigen im European Communities Act 1972 ab, wo eine Bindung besteht, vgl. S. 3 (1) ECA 1972: „(...) in accordance with the principles laid down by and any relevant decision of the European Court. Lustgarten/Leigh weisen darauf hin, daß die offene Formulierung eine unterschiedliche nationale Interpretation zugunsten des Betroffenen zuläßt, sofern die Mindeststandards der EMRK eingehalten werden.

diese Rechtsprechung sich an die Erfordernisse ihrer Zeit anpaßt, kann dies dazu führen, daß Untergerichte zu anderen Ergebnissen gelangen können, als länger zurückliegende Entscheidungen des House of Lords[159].

Mit der Verabschiedung des HRA 1998 hat sich ein Wandel vollzogen, dessen Bedeutung sich erst zeigen wird. Es handelt sich - jedenfalls potentiell - um eine beispiellose Übertragung politischer Macht von der Exekutive und Legislative hin zur Judikative[160].

Für die Legislative bedeutet dies trotz der formalen Wahrung der Parlamentssouveränität die grundlegende Neuerung, daß sich das Parlament nunmehr vor Verabschiedung eines neuen Gesetzes selbst Rechenschaft darüber ablegen muß, ob dieses Gesetz in Konflikt mit Konventionsrechten geraten könnte und, wenn dies so wäre, sich explizit zu diesem Schritt entscheiden und ihn vor der Öffentlichkeit rechtfertigen müßte. Man kann dies auch als faktische Rechtfertigungs- oder zumindest Erklärungspflicht des Parlaments gegenüber den Gerichten ansehen[161]. Es ist wünschenswert, daß das Parlament von der Möglichkeit, ausdrücklich von den Konventionsrechten abzuweichen, keinen Gebrauch machen wird. Andernfalls würde die Absicht der Regierung *„to bring rights home"* verfehlt; der Weg nach Straßburg steht zudem weiterhin offen.

Als nicht weniger einschneidend könnte - und, so die Absicht des HRA 1998, sollte - sich der Wandel für die Judikative erweisen[162]. Vom Leitbild des „unpolitischen" Richters[163] nimmt der HRA 1998 jedenfalls Abschied.

Die Judikative hat es nunmehr in der Hand, durch die Interpretation des HRA 1998 den Kurs in Menschenrechtsfragen vorzugeben. Einen ähnlichen Verfassungswandel hat es seit 1911 oder gar seit 1688 nicht mehr gegeben[164]. Allerdings bleibt abzuwarten, ob die Judikative in Zukunft von ihren neuen Befugnissen Gebrauch machen wird.

---

159 Vgl. zu diesem Problem ausführlicher Lustgarten/Leigh, (1999) CLJ 509, 511f., die soweit gehen, von einer weiteren „Europäisierung des common law" zu sprechen.

160 Ewing (1999) MLR 79. Die zögerliche Entwicklung bis zur Verabschiedung des HRA 1998 läßt allerdings die in diesem Zusammenhang geäußerte Vermutung von Rivers, JZ 2001, 127 (132), wonach dieser Wandel eine „baldige Gesamtkodifikation der Verfassung" nach sich ziehen könnte, als sehr kühn erscheinen.

161 Schieren, ZParl 1998, 999, 1010.

162 Zu den Auswirkungen des HRA 1998 auf die Rechtsschutzform des judicial review vgl. Kap. 7, C.III.2.b).

163 Grote, ZaöRV 1998, 309, 333.

164 Ewing (1999) MLR 79 m.w.N.

Obwohl das Vereinigte Königreich die absolute Parlamentssouveränität nicht aufgegeben hat, läßt sich in der Verabschiedung des HRA 1998 eine Annäherung an die kontinentale Rechtsentwicklung erkennen[165].

3. Rule of law

Eine weitere tragende Säule des britischen Rechtssystems stellt die *rule of law* dar. Bereits *Aristoteles* erkannte, wie wichtig diese Regel für ein geordnetes Zusammenleben der Bürger ist, als er festhielt:

> „Daß füglich das Gesetz herrscht, ist in höherem Grade wählenswert, als daß das *Einer* von den Bürgern tut"[166].

Dennoch läßt sich die *rule of law* heute nicht auf eine einfache Formel bringen. Am ehesten gelingt dies in einer historischen Betrachtung. *Dicey* hat während seiner Vorlesungen über Verfassungsrecht in Oxford 1885 drei Ansätze geliefert. Danach beinhaltet die *rule of law* im wesentlichen drei Aspekte:

> „*(a) It means, in the first place, the absolute supremacy or predominance of regular law as opposed to the influence of arbitrary power, and excludes the existence of arbitrariness, of prerogative, or even of wide discretionary authority on the part of the government (...); a man may with us be punished for a breach of law, but he can be punished for nothing else.*
>
> *(b) (...) equality before the law, or the equal subjection of all classes to the ordinary law of the land administered by the ordinary law courts.*
>
> *(c) (...); thus the constitution is the result of the ordinary law of the land*[168]".

Dicey's Interpretation der *rule of law* wirft jedoch Fragen auf, z.B. nach der Definition eines „normalen Gesetzes" oder nach der Grenze zu einem „weiten" und damit unzulässigen Ermessensspielraum der Regierung. Zudem werden Handlungsformen der Verwaltung von allgemeinen Gesetzen nicht immer erfaßt[169]. Und gerade die Debatte um einen Grundrechtskatalog im Vereinigten Königreich hat aufgezeigt, daß viele Bürger ihre Grundrechte durch *common law* nicht mehr ausreichend geschützt sahen. Für das moderne Vereinigte

---

165 Vgl. Schieren, ZParl 1998, 999, 1013.
166 Aristoteles, Politics III.16, 1287a19.
167 Dicey, Law of the Constitution, 10. Aufl., S. 202f.
168 Auszüge aus: Dicey, Law of the Constitution, 10. Aufl., S. 202f.
169 Zur Kritik vgl. Bradley/Ewing, Constitutional and Administrative Law, 12. Aufl., S. 103ff.

Königreich ist daher *Dicey's* Interpretation der *rule of law* nicht mehr verbindlich[170].

Heute läßt sich der *rule of law* vor allem entnehmen, daß sich die Regierung nach dem Gesetz zu richten hat und daß bei auftretenden Streitigkeiten eine gerichtliche Entscheidung über den Inhalt des Gesetzes zu ergehen hat[171]. Dies ist jedoch insoweit wertfrei, als dies weder über den Charakter des Gesetzgebers noch über den Gesetzesinhalt etwas aussagt. Alle weiteren Überlegungen zur *rule of law* sind rechtlich nicht oder nur schwer zu fassen, z.B. wenn die Bevorzugung einer Vorherrschaft des Rechts innerhalb einer Gesellschaft anstelle von Anarchie betont wird[172]. Mit der Diskussion um die *rule of law* ist ein Ringen darum verbunden, inwieweit diese ganz bestimmte inhaltliche Regeln, sowohl materiell als auch prozessual, fordert. Prozessual ist hierzu die Unschuldsvermutung ebenso zu rechnen wie das Rückwirkungsverbot. Materiell kommt der Verankerung von Grund- und Menschenrechten innerhalb der Rechtsordnung die größte Bedeutung zu. Im Vereinigten Königreich ist mit der Verabschiedung des HRA 1998 eine Grundentscheidung zugunsten der klassischen liberalen Abwehrrechte gefallen. Dagegen ist die Diskussion um den Stellenwert sozialer und wirtschaftlicher Rechte noch voll im Gange - nicht nur im Vereinigten Königreich. Der Inhalt der *rule of law* bleibt damit Gegenstand einer fortwährenden politischen Debatte[173].

Auch in der „schwachen Version" dient die *rule of law* einer grundsätzlich begrüßenswerten Machtbegrenzung.

---

170 De Smith/Brazier, Constitutional and Administrative Law, 8. Aufl. 1998, S. 17 kommen sogar zu dem Schluß: „(...) today they no longer warrant detailed analysis".

171 Bradley/Ewing, Constitutional and Administrative Law, S. 105. Alder, Constitutional and Administrative Law, S. 70 bezeichnet dies als „Minimum" bzw. als die „schwache Version" der rule of law. Alder stellt mit dem EGMR - Urteil *Klass ./. Deutschland* vom 6. September 1978, Serie A, Nr. 28, Ziff. 67 = EuGRZ 1979, 278 (288) - in Frage, ob die Streitbeilegung tatsächlich in jedem Falle durch ein unabhängiges Gericht zu erfolgen hat (ebenda). Dies kann zunächst dahingestellt bleiben.

172 Bradley/Ewing, Constitutional and Administrative Law, S. 105.

173 Dies gilt auf nationaler wie auf internationaler Ebene; z.B. stellen die Mitgliedstaaten der EMRK ihr gemeinsames Erbe an geistigen Gütern, politischen Überzeugungen, Achtung der Freiheit und *Vorherrschaft des Rechts* in der Präambel besonders heraus. Auch vom EGMR wird die „Vorherrschaft des Rechts" gelegentlich betont, vgl. z.B. EGMR, Urt. v. 2. August 1984, *Malone ./. Vereinigtes Königreich,* Serie A, Nr. 82, Ziff. 67 = EuGRZ 1985, S. 17 (20). Auch in Deutschland bleibt das Bemühen, das Rechtsstaatsprinzip (Artikel 20 und 28 GG) mit Inhalt zu füllen, eine fortwährende Aufgabe aller drei Gewalten.

II. Der Schutz von Telekommunikation

Nachdem die verfassungsrechtlichen Grundlagen geklärt sind, stellt sich die Frage, inwieweit die Telekommunikation im Vereinigten Königreich konkret geschützt ist.

1. Common law

Das *common law* erweist sich beim Schutz von Telekommunikationsbeziehungen als lückenhaft. Im Vereinigten Königreich wurde kein allgemeines *right of privacy* entwickelt, das imstande gewesen wäre, das Fernmeldegeheimnis als Unterfall dieses Rechts zu schützen[174]. In aller Deutlichkeit wurde dies von *Sir Robert Megarry V-C* im Urteil *Malone v. Metropolitan Police Commissioner* vom 28. Februar 1979 festgestellt:

> „*Held (...) (ii) There was in English law neither a general right of privacy nor a particular right of privacy regarding the holding of a telephone conversation without molestation (...)* “[175].

Infolgedessen konnte das Telefon des Klägers ohne Rechtsbruch von den Behörden abgehört werden.

Das unbefriedigende Ergebnis dieser Entscheidung läßt sich noch auf die Auslegung der *rule of law* in der Tradition *Dicey's* zurückführen. Denn wenn sich für den Eingriff des Staates keine gesetzliche Grundlage finden läßt, stehen dem Bürger die Rechtsbehelfe des *common law* offen. Doch auch die Rechte selbst bestimmen sich nach *common law,* und zwar, so der weitere Aspekt der *rule of law,* für Bürger und Staat gleichermaßen. Problematisch wird dies sobald das *common law*, wie beim *right of privacy*, gerade kein Recht vorsieht. Denn dann folgt aus der Gleichbehandlung von Bürger und Staat nicht nur, daß dem

---

[174] Die Entwicklung verlief insoweit anders als in den Vereinigten Staaten, wo die Gerichte infolge eines aufsehenerregenden Artikels von Warren und Brandeis in der Harvard Law Review - (1890) 4 Harv LR 193 - ein right of privacy aus dem common law heraus entwickelten. Im englischen common law wurden einzelne Aspekte des right of privacy im „law of confidence“, im „law of trespass to land“, in „nuisance“ oder im „law of defamation“ zwar erfaßt, aber zum einen blieben diese Rechte bruchstückhaft, zum anderen finden sie im Bereich der heimlichen Überwachung von Telekommunikation, die nicht mit einer Verletzung von Grundstücksrechten einhergeht, keine Anwendung. Für einen Überblick der möglichen Rechtsbehelfe des common law vgl. Rowe/Proudler, (1993) CL&P 224ff.

[175] *Malone v Commissioner of Police of the Metropolis (Nr. 2)* [1979] 2 All ER 620.

Staat in gleicher Weise wie dem Bürger rechtliche Bindungen auferlegt sind, sondern auch, daß das Fehlen solcher Bindungen für Bürger und Staat gleichermaßen gilt[176].

An diesem Fall zeigt sich die Notwendigkeit des Vorhandenseins von geschriebenen Grundrechten besonders deutlich.

2. Statutes

a) Human Rights Act 1998[177]

Als zentrale Norm des *Human Rights Act 1998* bestimmt s. 6 (1) HRA 1998:

> *„It is unlawful for a public authority to act in a way which is incompatible with a Convention right".*

Eine *„public authority"*[178] handelt nur dann nicht rechtswidrig, wenn das einschlägige Parlamentsgesetz ihr keinen Ermessensspielraum beläßt, sondern sie zu einer konventionswidrigen Aufgabenerfüllung verpflichtet.

Nach s. 1 (1), (3) HRA 1998 i.V.m. Sch. 1 gehört auch Art. 8 EMRK zu den *„Convention rights"*. Damit sind alle Behörden im Vereinigten Königreich, die

---

176 Zellick, (1985) PL 283, 294. Insofern unterscheidet sich der Fall *Malone* von dem Präzedenzfall *Entick v. Carrington*, St.Tr. 1031. Dort hatte es ebenfalls an einer gesetzlichen Grundlage für eine Durchsuchung und Beschlagnahme auf dem Land des Klägers *Entick* gefehlt, wofür das common law „trespass to land" als Rechtsbehelf bereithielt und das Bestehen eines Sonderrechts für den Staat aufgrund von state necessity strikt abgelehnt wurde. Von Zellick, ebenda, S. 295 wird allerdings die Zwangsläufigkeit der Schlußfolgerung, die zur Entscheidung im Fall *Malone* führte, in Frage gestellt: „It would not have been impossible for the courts to have fashioned a different answer to this problem out of the common law. The Crown has always been recognised as a distinct legal entity to which special rules of law attached, mostly, of course, privileges and immunities. But there was enough to found a whole doctrine of limited State power had the judges the imagination and will to do so".

177 Trotz seines weitreichenden Einflusses auf alle Bereiche der Rechtsanwendung im Vereinigten Königreich ist auch der HRA 1998 Teil des statute law.

178 Nach s. 6 (3) HRA 1998 schließt der Begriff der „public authority" nicht nur Gerichte („court or tribunal"), sondern auch „any person certain of whose functions are functions of a public nature" ein. Unzweifelhaft fällt die Tätigkeit der Nachrichtendienste, aber auch der beteiligten Kontroll- und Rechtsschutzinstanzen (s.u. Kapitel 6 und 7) unter diese Definition. Vgl. zur Problematik des Begriffs der öffentlichen Gewalt im englischen Recht Rivers, JZ 2001, 127 (130).

heimliche Überwachung von Telekommunikation durchführen, über diese Bestimmungen an das Recht auf Achtung der Privatsphäre im Sinne von Art. 8 EMRK gebunden.

b) Spezielle gesetzliche Regelungen eines „Fernmeldegeheimnisses“

Die Rechtslage im Vereinigten Königreich wäre mit dem Blick auf HRA 1998 nicht vollständig beleuchtet. HRA 1998 verpflichtet zwar die Nachrichtendienste zur Wahrung von Art. 8 EMRK als *Convention right*, läßt aber völlig offen, wie dieser Schutz zu verwirklichen ist. Damit rückt die Bedeutung spezialgesetzlicher Regelungen in den Mittelpunkt, die in s. 11 HRA 1998 zudem im Bereich des Grundrechtsschutzes ausdrücklich anerkannt[179] und ihrerseits nach der Auslegungsregel des s. 3 HRA 1998 unter Berücksichtigung der Konventionsrechte auszulegen sind. In der Praxis sind diese spezialgesetzlichen Regelungen zunächst vorrangig.

Anders als die allgemeine Verankerung eines Rechts auf Achtung der Privatsphäre durch die Inkorporation von Art. 8 EMRK im HRA 1998 wurde ein spezialgesetzlicher Schutz eines „Fernmeldegeheimnisses“ bereits über ein Jahrzehnt zuvor im bereits erwähnten *Interception of Communications Act 1985* eingeführt. Die Verabschiedung von IOCA 1985 wurde maßgeblich davon beeinflußt, daß der Rechtsfall *Malone* in der Folgezeit auch den EGMR in Straßburg beschäftigte und zu einer Verurteilung des Vereinigten Königreichs wegen Verstoßes gegen Art. 8 EMRK führte[180]. Die neueste Gesetzesänderung,

---

179 S. 11 HRA 1998: „A person's reliance on a Convention right does not restrict - (a) any other right or freedom conferred on him by or under any law having effect in any part of the United Kingdom (...)“.

180 IOCA 1985 hat eine lange Vorgeschichte. Eine erste offizielle Äußerung findet sich im Birkett Report, Cmnd 283 (1957), in dem die Ergebnisse des vom Home Office eingesetzten Committee of Privy Councillors Appointed to Inquire into the Interception of Communications veröffentlicht wurden. Das Home Office sah sich durch einen Skandal zur Einsetzung des Birkett Committee veranlaßt, da bekannt geworden war, daß Gespräche zwischen dem Anwalt Marriman und seinem Mandanten abgehört worden waren. In Bezug auf die Rechtsgrundlage dieser Praxis gelangte das Birkett Committee zu keinem eindeutigen Ergebnis, auf die Heranziehung der königlichen Prärogative (royal prerogative) konnte man sich nicht einigen. Nichtsdestotrotz wurde die Praxis als rechtmäßig angesehen, da sie bereits in einigen Gesetzen anerkannt worden sei, vgl. Birkett Report, para 51: „We are therefore of the opinion that the state of the law might fairly be expressed in this way: (a) The power to intercept letters has been exercised from the earliest times, and has been recognised in successive Acts of Parliament. (b) This power extends to telegrams. (c) It is difficult to resist the view that if there is a lawful

d.h. die vollständige Neuregelung heimlicher Überwachungsmaßnahmen im *Regulation of Investigatory Powers Act 2000* als Nachfolgegesetz zu IOCA 1998 dürfte dagegen bereits als erste Gesetzesänderung unter dem Einfluß des HRA 1998 anzusehen sein[181]. Der Schutz von Telekommunikation wird zudem durch weitere Gesetze flankiert.

Zur Verdeutlichung des in RIPA 2000 gesetzlich verankerten „Fernmeldegheimnisses" soll zunächst kurz auf den Vorläufer IOCA 1985 eingegangen werden.

aa) Interception of Communications Act 1985

Das in s. 1 (1) IOCA 1985 erstmals geschaffene „Fernmeldegeheimnis"[182] nahm die Form einer Strafvorschrift an:

---

power to intercept communications in the form of letters and telegrams, then it is wide enough to cover telephone communications as well". Auch was die Ausführung der Praxis anbelangt, sahen die Privy Counciller keinen Anlaß zur Beunruhigung:
Birkett Report, para 156: „We are satisfied that interception is highly selective and that it is used only when there is good reason to believe that a serious offence or security interest is involved". Infolgedessen stellten sie fest: „We *recommend* that the powers of interception should continue to be used subject to the conditions and safeguards (...)" (para 168, Hervorhebung im Original).
Erst im Weißbuch „The Interception of Communications in Great Britain 1980" (Cmnd 7873) sowie im Diplock Report „Interception of Communications in Great Britain" (Cmnd 8191 (1981)) wurde das Thema vom Home Office wieder aufgegriffen. Die Verurteilung vor dem EGMR war nicht der einzige Grund, weshalb IOCA 1985 schließlich verabschiedet wurde. Anhand der Gesetzgebungsgeschichte zeigt sich, daß ein weiterer Grund die Verabschiedung des IOCA 1985 zumindest beschleunigt hat: Als die Regierung unter Thatcher 1983 den staatlichen Telekommunikationsdienst durch Gesetz (Telecommunications Bill) privatisieren wollte, forderte das House of Lords einen Zusatz, um das heimliche Abhören von Telekommunikation auf eine gesetzliche Grundlage zu stellen. Erst nachdem die Regierung zugesichert hatte, in der nächsten Sitzungsperiode ein eigenes Gesetz zu verabschieden, zogen die Lords diesen Zusatz zurück. Vgl. hierzu mit Nachweisen Lloyd, (1986) MLR 86 (88).
Zum geschichtlichen Hintergrund siehe die zitierten Dokumente sowie: Ewing/Gearty, Freedom under Thatcher, S. 48-65; Cameron, (1986) NILQ 126, insb. 126-133; Baxter, Security, Privacy and Information, S. 158-174; zu Geschichte und Inhalt Feldman, Civil Liberties and Human Rights in England and Wales, 475ff.; vgl. auch *Malone v Commissioner of Police of the Metropolis (Nr. 2)* [1979] 2 All ER 620 als leading case sowie *R v Preston and others* [1993] 4 All ER 638, 649 per Lord Mustill, L.J.

181 Vgl. Cape, (2001) LA 21.

182 Ähnlich Feldman, Civil Liberties and Human Rights in England and Wales, S. 483.

„(...) a person who intentionally intercepts a communication in the course of its transmission by post or by means of a public telecommunications system shall be guilty of an offence and liable -
(a) on summary conviction, to a fine not exceeding the statutory maximum;
(b) on conviction on indictment, to imprisonment for a term not exceeding two years or to a fine or both".

Erfolgte die Übertragung innerhalb des öffentlichen Telekommunikationssystems durch drahtlose Telegrafie, so war der Gesprächsinhalt gleichfalls durch diese Vorschrift geschützt[183]. Dennoch erwies sich die Reichweite dieses so geschaffenen „Fernmeldegeheimnisses" in der Praxis als begrenzt.

(1) Beschränkung auf öffentliche Telekommunikationsnetze

Dies war zum einen der ausdrücklichen Beschränkung der Strafvorschrift auf öffentliche Telekommunikationsnetze[184] zuzuschreiben, welche von den Gerichten eng interpretiert wurde. Das öffentliche Telekommunikationsnetz ende, so das Ergebnis der Entscheidung *R v Effik*[185], an der Steckdose[186]. Private Telefongeräte wie das im Fall *Effik* verwendete schnurlose Telefon seien vom Schutz des IOCA 1985 nicht umfaßt. Das Gericht sah seine Entscheidung darin begründet, daß das Gesetz zum Schutz eines intakten öffentlichen Telekommunikationsnetzes geschaffen worden sei, auf dessen Betrieb der Bürger keinen Einfluß habe. *Lord Oliver of Aylmerton* sprach den „begrenzten Zweck des Gesetzes" ausdrücklich an[187]. Seine Lordschaft konnte diese Sichtweise auch logisch erklären. Hinsichtlich seiner privaten Geräte könne der Bürger Vorsorge

---

[183] Dies ergibt sich im Umkehrschluß aus s. 1 (3) (b) IOCA 1985: „A person shall not be guilty of an offence under this section if -
(...) (b) the communication is being transmitted by wireless telegraphy and is intercepted, with the authority of the Secretary of State, for purposes connected with the issue of licences under the Wireless Telegraphy Act 1949 or the prevention or detection of interference with wireless telegraphy".

[184] Zur Definition vgl. s. 10 (1) IOCA 1985 i.V.m. s. 9 Telecommunications Act 1984.

[185] *R v Effik* [1994] 3 All ER 458.

[186] Bei der damaligen Rechtslage war daher die Schlußfolgerung von Rowe/Proudler, (1993) CL&P 224, 230 zutreffend, daß das öffentliche Telefonnetz im Falle eines Telefonats zwischen Mobiltelefon und öffentlichem Netz an der Basisstation endet, die an das Mobiltelefon ausstrahlt bzw. von der es empfängt.

[187] *R v Effik*, a.a.O., S. 465 per Lord Oliver of Aylmerton: „A more reliable guide to construction is, I think, to be found in a consideration of the limited purposes of the Act and of the mischief at which it was aimed".

treffen, nicht dagegen hinsichtlich des öffentlichen Telekommunikationsnetzes[188].

(2) Metering

Der Schutz durch dieses „Fernmeldegeheimnis" wurde darüber hinaus dadurch geschmälert, daß er sich auf den Gesprächsinhalt beschränkte. Anders als in Deutschland wurden die Verbindungsdaten, d. h. Informationen wie die angewählte Rufnummer oder die Dauer des Gesprächs, nicht davon erfaßt[189].

bb) Regulation of Investigatory Powers Act 2000

Die anhand *R v Effik*[190] zutage getretene Schutzlücke wurde im *Regulation of Investigatory Powers Act 2000* geschlossen. In s. 1 RIPA 2000 sind Abhörmaßnahmen ohne besondere, dem Gesetz entsprechende Ermächtigung („*lawful authority*") sowohl innerhalb eines öffentlichen als auch innerhalb eines privaten Telekommunikationssystems grundsätzlich verboten[191]. Die Strafvorschrift

---

188 Ebenda, S. 466: „And there is logic in this: The individual who connects his own private apparatus to the public system has means at his disposal to protect that apparatus from interference. What he cannot protect himself from is interference with the public system without which his private apparatus is useless. Hence the necessity for statutory protection of that system".

189 Dies folgte aus Sch. 2 IOCA 1985, wodurch s. 45 Telecommunications Act 1984 geändert wurde. Diese Vorschrift droht für die Betreiber eines öffentlichen Telekommunikationsnetzes bzw. die dort Beschäftigten bei Weitergabe von Informationen zusätzlich Strafe an. Als Rechtfertigungsgrund für die Weitergabe von Verbindungsdaten genügt nach dieser Vorschrift, wenn dies zur Verhütung und Entdeckung von Verbrechen, zum Zwecke der Strafverfolgung, aufgrund einer gerichtlichen Anordnung oder, wenn der Grund der Weitergabe die nationale Sicherheit betrifft, aufgrund eines certificate eines Kabinettsmitglieds, des Attorney General oder des Lord Advocate erfolgt. Im Vergleich zu einem warrant nach IOCA 1985 war der Schutz der Verbindungsdaten also deutlich herabgesetzt. So sieht dies offensichtlich auch das House of Lords in *R v Preston and others* [1993] 4 All ER 638, 669g-670g. Vgl. auch Lloyd (1986) MLR 86, 92 und - mit einer guten Darstellung der unter (1) und (2) genannten Schutzlücken - Noorlander (1999) 4 IJHR 49 (56ff.).

190 Siehe auch die Entscheidungen *R v Ahmed* (1995) Crim LR 246 sowie *T v Taylor-Sabori* [1999] 1 All ER 160.

191 Vgl. s. 1 (1) und (2) RIPA 2000. Eingriffe in die Kommunikation innerhalb eines privaten Telekommunikationssystems sind neben dem Fall, daß eine behördliche Genehmigung (lawful authority) vorliegt, unter Umständen auch dem Betreiber des privaten Telekommunikationssystems gestattet, vgl. s. 1 (6) RIPA 2000.

erstreckt sich ebenfalls auf Übertragungen mit Hilfe von drahtloser Telegrafie[192]. Das Strafmaß ist gleich geblieben[193].

Auch RIPA 2000 unterscheidet, wie bereits bei der Erörterung der Befugnisse zur heimlichen Telekommunikationsüberwachung deutlich geworden ist, zwischen der Überwachung des Gesprächsinhalts und *metering*. Daraus läßt sich jedenfalls schließen, daß *metering* im Vereinigten Königreich grundsätzlich ebenfalls als schutzbedürftig angesehen wird. Damit hat diese Unterscheidung für die Bestimmung der Reichweite des „Fernmeldegeheimnisses" keine Bedeutung. Sie wird erst auf der Eingriffsebene relevant.

cc) Wireless Telegraphy Act 1949

Der Gebrauch von drahtloser Telegrafie in der Absicht, sich ohne Ermächtigung des zuständigen Ministers Informationen bezüglich des Inhalts, Senders oder Empfängers einer Nachricht (ungeachtet dessen, ob diese selbst mittels drahtloser Telegrafie verschickt wurde) zu verschaffen bzw. die Weitergabe solcher Informationen außerhalb eines Prozesses ist nach s. 5 (1) WTA 1949 n.F.[194] ebenfalls als Vergehen unter Strafe gestellt.

dd) Telecommunications Act 1984

Für Personen, die mit dem Betrieb eines öffentlichen Telekommunikationssystems beschäftigt sind, besteht zudem eine spezielle Geheimhaltungsvorschrift in s. 45 *Telecommunications Act 1984*[195].

III. Zusammenfassung und Verhältnis zu Art. 8 EMRK

Der Schutz des „Fernmeldegeheimnisses" im Vereinigten Königreich beruht heute im Ergebnis auf zwei Säulen: Einmal läßt es sich spiegelbildlich zu den bestehenden Strafvorschriften definieren. Daß damit jedoch, anders als durch

---

[192] S. 2 (2) (c) RIPA 2000: „For the purposes of this Act (...) a person intercepts a communication in the course of its transmission by means of a telecommunication system if (...) he (...) (c) so monitors transmissions made by wireless telegraphy to or from apparatus comprised in the system, as to make some or all of the contents of the communication available...".

[193] S. 1 (7) RIPA 2000.

[194] Vgl. s. 73 (1) RIPA 2000.

[195] Die Einzelheiten können hier außer Betracht gelassen werden.

die Grundrechtsgarantie des Art. 10 GG im deutschen Recht, kein lückenloser Grundrechtsschutz erreicht werden muß, hat bereits die Rechtsprechung zu IOCA 1985 - man denke insbesondere an *R v Effik*[196] - gezeigt. Wenn auch durch RIPA 2000 die als wesentlich erkannten Schutzlücken beseitigt wurden, so bleibt nicht ausgeschlossen, daß sich bei der Rechtsanwendung weitere Regelungslücken zeigen werden.

Ein lückenloser Grundrechtsschutz sollte dagegen mit Inkrafttreten des HRA 1998 durch die nun mögliche Berufung auf Art. 8 EMRK auch vor den Gerichten des Vereinigten Königreichs erreicht werden. Das Recht auf Achtung des Privatlebens in seiner besonderen Ausprägung als Fernmeldegeheimnis hat durch s. 6 HRA 1998 eigenständige Bedeutung erlangt. Durch die enge Verknüpfung von HRA 1998 und den Rechten der EMRK steht deshalb als Teilergebnis für das Verhältnis von Art. 8 EMRK und dem *„Convention right“* im Vereinigten Königreich fest: der Schutzbereich im Vereinigten Königreich muß mindestens das Niveau von Art. 8 EMRK erreichen. In Anlehnung an Art. 8 EMRK wird die Telekommunikation im Vereinigten Königreich damit sowohl hinsichtlich des Gesprächsinhalts und der Verbindungsdaten als auch im Hinblick auf die weitere Verwendung von dabei angefallenen personenbezogenen Daten geschützt. Der persönliche und sachliche Schutzbereich im Vereinigten Königreich ist demzufolge jedenfalls über den Umweg des HRA 1998 und damit der EMRK auch mit dem in Deutschland geltenden Niveau vergleichbar.

Unabhängig davon haben die Legislative und vor allem - im Wege der Auslegung des HRA 1998 - die Judikative die Möglichkeit, ein weitergehendes *right of privacy* für das eigene Land zu entwickeln.

---

[196] *R v Effik* [1994] 3 All ER 458; vgl. oben C.II.2.b)aa)(1).

KAPITEL 3:

TERRITORIALER SCHUTZBEREICH DER EINSCHLÄGIGEN PERSÖNLICHKEITSRECHTE

A. Einführung

I. Fragestellung und Abgrenzung zum unproblematischen Regelfall

Bei der vorangegangenen Erörterung des Schutzbereichs von durch Telekommunikationsüberwachung betroffenen Persönlichkeitsrechten wurde der territoriale Schutzbereich nicht berücksichtigt. Durch den territorialen Schutzbereich wird die Reichweite im Raum abgesteckt, innerhalb derer sich die Rechtsunterworfenen auf ein Recht berufen können bzw. innerhalb derer die Staatsgewalt bei ihrem Handeln bestimmte Rechte des einzelnen zu beachten hat.

Als unproblematischer Regelfall gilt: Die Geltung von (Grund-)Rechten, die auf der innerstaatlichen Rechtsordnung beruhen, ist bei Sachverhalten, die vollständig innerhalb der territorialen Grenzen des eigenen Staatsgebietes ablaufen, zumindest für die eigenen Staatsangehörigen eine Selbstverständlichkeit, die keiner weiteren Erörterung bedarf. Dies gilt selbstverständlich auch dann, wenn das geltend gemachte Recht ursprünglich auf einem völkerrechtlichen Vertrag beruht hat und im Inland anzuwenden ist[1].

Begründungsbedürftig ist dagegen, ob die einschlägigen Persönlichkeitsrechte auch bei Sachverhalten mit Auslandsberührung bzw. im Ausland gelten. Dem Telekommunikationsgeheimnis in seinen verschiedenen Ausprägungen würde dies die größtmögliche Reichweite verschaffen.

In der Literatur wird die Frage nach dem territorialen Schutzbereich unter zwei Aspekten erörtert. Zum einen wird diskutiert, ob und inwieweit sich die Rechtsgebundenheit für die Staatsgewalt über die Grenzen des eigenen Territoriums hinaus ausdehnen läßt bzw. wie ein Sachverhalt mit Auslandsbezug beschaffen sein muß, um weiterhin dem Schutz durch nationale Grundrechte zu unterfallen.

---

[1] Auch hier ist es unerheblich, ob das Völkerrecht durch Transformation nunmehr den Charakter innerstaatlichen Rechts angenommen hat oder ob es aufgrund eines „Rechtsanwendungsbefehls" oder einer „Vollziehbarkeitserklärung" als Völkerrecht innerstaatlich gilt.

Zum anderen stellt man sich die Frage, ob die nationalen Grundrechte auch für das Handeln ausländischer Staaten Geltung beanspruchen, sofern diese im Inland tätig werden. Diese Situation liegt hier jedoch nicht vor. Es steht der Geltungsbereich des Grundgesetzes bei der heimlichen Telekommunikationsüberwachung durch die Bundesrepublik Deutschland bzw. die Reichweite der *civil liberties* im Hinblick auf englisches Staatshandeln zur Diskussion. Der letztere Ansatz bleibt daher außer Betracht.

II. Fallkonstellationen mit Auslandsbezug

Zunächst ist voranzustellen, welche Fallkonstellationen wegen ihres Auslandsbezuges im Hinblick auf die bedingungslose Anwendung des Telekommunikationsgeheimnisses problematisch sein könnten.

Man kann den Auslandsbezug eines Sachverhalts grundsätzlich daran festmachen, ob die einschlägige inländische Norm im Tatbestand oder in der Rechtsfolge eine Beziehung zum Ausland aufweist[2]. Auch dann, so *Elbing*, ließe sich ein Auslandsbezug nicht eindeutig feststellen, sondern hänge vom Standort des Betrachters ab. Erfasse z.B. eine Norm einen Ausländer im Inland, so führte eine enge, räumlich orientierte Sichtweise dazu, einen Auslandsbezug zu verneinen, solange nur inländisches Territorium betroffen sei. In einer weiten Auslegung ließe sich dagegen ein Auslandsbezug allein wegen des auslandsbezogenen Anknüpfungspunktes - Ausländereigenschaft des Betroffenen - bejahen[3].

Bei dieser Polarisierung werden jedoch zwei Gesichtspunkte vermengt. Grundsätzlich führt jeder auslandsbezogene Anknüpfungspunkt im Sinne der „weiten" Auslegung auch zu einem Auslandsbezug. Dennoch ist die Bewertung eine andere, wenn sich der Sachverhalt - ohne Rücksicht auf die Staatsangehörigkeit des Betroffenen - vollständig im innerstaatlichen Bereich abspielt. Ein Widerspruch oder Gegensatz zur „weiten" Auslegung vermag hierin jedoch nicht gesehen zu werden. Auf dem eigenen Staatsgebiet stellt sich hinsichtlich der Grundrechtsgeltung für Ausländer insoweit nicht die Frage nach dem territorialen, sondern nach dem persönlichen Anwendungsbereich der Grundrechte.

Der Standort des Betrachters verliert an Bedeutung, wenn man weniger auf die jeweilige Norm selbst als auf die auslandsbezogenen Anknüpfungspunkte abstellt, die sich bei der fraglichen Problematik sinnvollerweise heranziehen

---

2 Elbing, Anwendbarkeit der Grundrechte, S. 44.
3 Elbing, Anwendbarkeit der Grundrechte, S. 45.

lassen. Diese dürften, im Gegensatz zu einer möglichen Vielzahl einschlägiger Normen, begrenzt sein. Damit wird auch vermieden, die Geltung des Grundrechts von einfachem Gesetzesrecht abhängig zu machen. Ein solches Vorgehen könnte sich zwar dem Vorwurf der Beliebigkeit ausgesetzt sehen. *Lüderitz* schlägt in ähnlichem Zusammenhang vor, nicht beliebige Umstände heranzuziehen, sondern solche, die mindestens von einer Rechtsordnung als erheblich ausgewählt, somit bewertet wurden[4]. Diese Argumentation verschließt sich jedoch der Tatsache, daß insbesondere neuere technische Entwicklungen auch eine Neudefinition des Auslandsbezuges erforderlich machen können. Wird daher nur auf bereits als sinnvoll erkannte und damit rechtlich verdichtete Bewertungen zurückgegriffen, wäre eine Rechtsauslegung nicht möglich, die gegebenenfalls die veränderten Umstände berücksichtigt. Die Frage nach möglichen Anknüpfungspunkten für einen Auslandsbezug muß sich daher ohne Rückgriff auf geltendes Recht stellen lassen.

Im übrigen wird durch die Bejahung eines - wie auch immer gearteten - Auslandsbezuges lediglich der Ausgangspunkt für die Diskussion um den räumlichen Geltungsbereich der Grundrechte festgelegt.

Wendet man sich nun speziell dem Telekommunikationsgeheimnis zu, so läßt sich bei diesem raumbezogenen Grundrecht - wesentliches Merkmal ist die Kommunikation auf Distanz - ein Auslandsbezug an folgendem anknüpfen:

- Aufenthaltsort der Teilnehmer: Es ist offensichtlich, daß dieser bei der internationalen Telekommunikation einen Auslandsbezug begründet. Möglich sind zwei Erscheinungsformen, d.h. zum einen grenzüberschreitende Telekommunikation, bei der sich mindestens ein Teilnehmer im Inland befindet, zum anderen Telekommunikation, die vollständig im Ausland abläuft. Gespräche im Inland bleiben außer Betracht.
- Nationalität der Teilnehmer: Da dies jedoch, wie zuvor angesprochen, bei reinen Inlandsgesprächen eine Frage des persönlichen Anwendungsbereichs ist, tritt dieser Gesichtspunkt nur in Kombination mit dem - soweit hier als „problematisch“ herauskristallisierten - Aufenthaltsort der Teilnehmer in Erscheinung.

---

4 Lüderitz, RabelsZ 36 (1972), 35 (49).

Damit sind für die Bestimmung des territorialen Schutzbereichs folgende Fallkonstellationen mit Auslandsbezug Gegenstand der weiteren Betrachtungen:

Fälle grenzüberschreitender Telekommunikation	Telekommunikation vollständig im Ausland
• Ausländer im Inland mit Ausländer im Ausland • Inländer im Inland mit Ausländer im Ausland • Inländer im Inland mit Inländer im Ausland	• Ausländer mit Ausländer • Inländer mit Ausländer • Inländer mit Inländer

B. Territorialer Schutzbereich im Völkerrecht

Das Problem des territorialen Schutzbereichs der betroffenen Persönlichkeitsrechte stellt sich bei der auslandsbezogenen[5] Telekommunikationsüberwachung je nach Herkunft der vom sachlichen und persönlichen Schutzbereich als einschlägig erkannten Norm, d.h. grundsätzlich auch in Bezug auf einschlägiges Völkervertragsrecht. Auf eine diesbezügliche Erörterung kann jedoch verzichtet werden, wenn bereits der Überwachungsvorgang als solcher losgelöst von völkervertraglichen Bindungen gegen Völkerrecht verstößt. Daher ist diese Frage vorab zu klären.

I. Vorüberlegung: Völkerrechtsverstoß durch Mißachtung von territorialer Souveränität und Gebietshoheit durch den überwachenden Staat?

Grundsätzlich und damit auch im Bereich heimlicher Telekommunikationsüberwachung gilt, daß ein Staat nicht berechtigt ist, auf dem Gebiet eines anderen Staates Hoheitsakte zu setzen[6]. Dem stehen die territoriale Souveränität bzw. die Gebietshoheit des anderen Staates entgegen. Mit territorialer Souveränität wird das Recht bezeichnet, über das Staatsgebiet oder Teile desselben endgültig und ohne Einschaltung anderer Stellen verfügen zu können[7]. Die Gebietshoheit ist das Recht, auf dem betreffenden Staatsgebiet gegenüber

[5] „Auslandsbezogen" im Sinne der oben entwickelten Konstellationen.
[6] Vgl. Seidl-Hohenveldern/Stein, Völkerrecht, 10. Aufl., Rn. 1504.
[7] Seidl-Hohenveldern/Stein, Völkerrecht, 10. Aufl., Rn. 1112.

dessen Bewohnern Akte der Staatsgewalt zu setzen[8]. Fraglich ist damit, ob durch die heimliche Überwachung von Telekommunikation in die territoriale Souveränität oder Gebietshoheit eines anderen Staates eingegriffen wird.

1. Überwachung leitungsgebundener Telekommunikation

Sofern die Überwachung leitungsgebundener Telekommunikation ein physisches Eindringen in fremdes Staatsgebiet erfordert, um die Leitung „anzuzapfen", liegt, von dem unwahrscheinlichen Fall einer Einwilligung des betroffenen Staates abgesehen, unzweifelhaft eine Mißachtung der territorialen Souveränität bzw. der Gebietshoheit und damit ein Völkerrechtsverstoß vor. Die Frage, wie weit gegebenenfalls der territoriale Schutzbereich völkervertraglicher Verpflichtungen reicht, stellt sich in diesen Fällen nicht. Anders ist zu entscheiden, wenn internationale leitungsgebundene Telekommunikation auf eigenem Staatsgebiet überwacht wird.

2. Überwachung nicht-leitungsgebundener Telekommunikation

Dagegen macht der Fall, daß nicht-leitungsgebundene Telekommunikation überwacht wird, immer weitere Überlegungen notwendig. Hier findet eine Informationsgewinnung aus dem Äther statt. Doch gehört der Ätherraum, anders als der Luftraum, nicht zum Staatsgebiet, da er nicht als beherrschbar gilt[9]. Als Äther ist der Raum über jedem Staatsgebiet frei[10]. Demzufolge findet bei dieser Informationsgewinnung kein Eingriff in fremdes Staatsgebiet statt. Durch den Einsatz von Satelliten und die damit verbundene Zunahme nicht-leitungsgebundener Telekommunikation können daher zunehmend auslandsbezogene Kommunikationsvorgänge ohne Inanspruchnahme von fremdem Territorium, und damit ohne Verletzung von territorialer Souveränität bzw. Gebietshoheit erfaßt werden[11]. Ein Völkerrechtsverstoß läßt sich aus einem solchen Überwachungsvorgang allein daher nicht ableiten[12].

---

[8] Seidl-Hohenveldern/Stein, Völkerrecht, 10. Aufl., Rn. 1113.

[9] Verdross/Simma, Universelles Völkerrecht, 3. Aufl., § 1051.

[10] Seidl-Hohenveldern/Stein, Völkerrecht, 10. Aufl., Rn. 1277.

[11] Vom BVerfG wurde dies in Bezug auf Deutschland ausdrücklich festgestellt, vgl. BVerfGE 100, 313 (362).

[12] Ebenso im Ergebnis Badura, FS Leisner, 403 (405).

II. Territorialer Schutzbereich des Völkervertragsrechts[13]

In Anlehnung an diesen Befund ist nun auch der territoriale Schutzbereich des Völkervertragsrechts zu klären.

1. Rechtsgrundlagen

Im Internationalen Pakt über bürgerliche und politische Rechte verpflichtet sich jeder Vertragsstaat, die aufgeführten Rechte (einschließlich des Rechts auf Achtung der Privatsphäre in der Ausprägung als Telekommunikationsgeheimnis) gem. Art. 2 IPBPR „allen in seinem Gebiet befindlichen und seiner Herrschaftsgewalt unterstehenden Personen" zu gewährleisten.

Der territoriale Schutzbereich der EMRK ist in Art. 1 EMRK geregelt. Danach sichern die Hohen Vertragschließenden Teile allen ihrer Herrschaftsgewalt unterstehenden Personen die in Abschnitt I dieser Konvention niedergelegten Rechte und Freiheiten zu.

Art. 1 der Datenschutzkonvention des Europarats bestimmt, daß der Schutz „im Hoheitsgebiet jeder Vertragspartei für jedermann ungeachtet seiner Staatsangehörigkeit oder seines Wohnortes sicherzustellen" sei.

2. „Gebietshoheit" und „Herrschaftsgewalt" als maßgebliche Kriterien

Von den Rechtsgrundlagen ausgehend sind es zwei Kriterien, auf die es bei der Bestimmung des territorialen Schutzbereichs ankommt. Zum einen weist die Gewährleistung für Personen, die sich auf dem Gebiet befinden (IPBPR) bzw. im Hoheitsgebiet aufhalten (Datenschutzkonvention) auf die Gebietshoheit hin, zum anderen wird die „Herrschaftsgewalt" als zusätzliches (IPBPR) bzw. alleiniges Kriterium (EMRK) in den Mittelpunkt gestellt.

Die „Gebietshoheit" wurde bereits zur völkerrechtlichen Beurteilung des Überwachungsvorgangs herangezogen. Nach traditionellem Verständnis ist sie in der Tat gebietsbezogen zu verstehen, so daß sich eine „Ausdehnung" des territorialen Schutzbereichs nicht allein auf die Gebietshoheit stützen läßt.

Auf etwas anderes läßt allerdings die Erweiterung in Art. 1 der Datenschutzkonvention des Europarats schließen. „Hoheitsgebiet" steht hier nicht als isoliertes Kriterium da, vielmehr gilt der Schutz im Hoheitsgebiet für „jedermann ungeachtet seiner Staatsangehörigkeit oder seines Wohnortes". Letzteres wird

[13] Es werden hier nur die einschlägigen Völkerrechtsverträge herangezogen.

nur dadurch verständlich, daß der Wohnort außerhalb der territorialen Souveränität/Gebietshoheit des Vertragsstaates liegen kann, da andernfalls bereits der Hinweis auf das Hoheitsgebiet genügt hätte. Damit weist die Datenschutzkonvention in ihrem Anwendungsbereich territorial über das Hoheitsgebiet und die daran anknüpfende Gebietshoheit hinaus. Da sich der Datenschutzkonvention jedoch keine subjektiven Rechte des Bürgers entnehmen lassen, soll sie hier nicht weiter vertieft werden[14].

Dagegen ist die Auslegung des in EMRK und IPBPR verwendeten Begriffs der „Herrschaftsgewalt“ für den Rechtsschutz des einzelnen entscheidend.

„Herrschaftsgewalt“ ist weder mit „territorialer Souveränität“ noch mit „Gebietshoheit“ gleichzusetzen. Dies ergibt sich aus den beiden verbindlichen Konventionstexten, da dort für „Herrschaftsgewalt“ *„jurisdiction“* (englische Fassung) bzw. *„juridiction“* (französische Fassung) verwendet wird[15].

Wenn man *„jurisdiction“* bzw. *„juridiction“* nicht, wie die nichtamtliche deutsche Fassung der EMRK, mit „Herrschaftsgewalt“, sondern mit der üblichen Übersetzung als „Gerichtsbarkeit“ übersetzt, dann wäre eine Ausdehnung des Anwendungsbereichs über die Gebietshoheit hinaus zu verneinen; ein Ausländer untersteht im Ausland grundsätzlich der Gerichtsbarkeit des eigenen Staates, der abhörende Staat ist für diesen - kommen keine zusätzlichen Gesichtspunkte hinzu - unzuständig.

Die einschlägigen Entscheidungen des EGMR deuten jedoch eine weitergehende Auslegung an. Eine Zusammenfassung der bisher getroffenen Aussagen findet sich im Urteil *Loizidou ./. Turkey* vom 23. März 1995[16]:

> *„In this respect, the court recalls that, although Art. 1 sets limits on the reach of the Convention, the concept of „jurisdiction“ under this provision is not re-*

---

[14] Da sowohl Deutschland als auch das Vereinigte Königreich die Datenschutzkonvention ratifiziert haben, müßten sie ihr innerstaatliches Recht allerdings insoweit angepaßt haben. Insbesondere für die in Art. 8 der Datenschutzkonvention geforderten Auskunfts- und Benachrichtigungspflichten sind jedoch nach Art. 9 Abs. 2 a) Ausnahmen möglich, soweit „eine solche Zuwiderhandlung in der Gesetzgebung des Unterzeichnerstaates vorgesehen ist und eine notwendige Maßnahme in einer demokratischen Gesellschaft für den Schutz der Staatssicherheit, der öffentlichen Sicherheit, der finanziellen Staatsinteressen oder für die Verhinderung von Straftaten“ darstellt.

[15] Zur Verbindlichkeit des englischen bzw. französischen Konventionstextes vgl. den protokollarischen Zusatz nach Art. 59 EMRK.

[16] EGMR, Urt. v. 23. März 1995 (nur bzgl. Zulässigkeit), *Loizidou ./. Türkei,* Serie A, Nr. 310, Ziff. 62; vgl. auch EGMR, Urt. v. 26. Juni 1992, *Drosz and Janousek ./. France and Spain*, Serie A, Nr. 240, Ziff. 91 m.w.N.

stricted to the national territory of the High Contracting Parties (...). In addition, the responsibility of Contracting States can be involved because of acts of their authorities, whether performed within or outside their national boundaries, which produce effects outside their own territory".

Entscheidend ist damit, wie die „*effects*" bzw. Wirkungen staatlicher Hoheitsakte und damit auch der auslandsbezogenen Telekommunikationsüberwachung außerhalb des eigenen Staatsgebietes aussehen müssen. Der EGMR hat sich hierzu bislang nicht geäußert.

Die entschiedenen Fälle waren dadurch gekennzeichnet, daß die staatlichen Hoheitsakte auf die Ausübung physischer Kontrolle, wenn auch nicht auf eigenem Staatsgebiet, zurückzuführen waren[17]. Dies spricht dafür, für die Bejahung von „*jurisdiction/juridiction*" an die Ausübung physischer Kontrolle anzuknüpfen.

Das Element der physischen Kontrolle erschwert die Vergleichbarkeit dieser Fälle mit dem hier interessierenden Fall, daß die Telekommunikation von Ausländern auf eine Weise abgehört wird, die einen Eingriff in die Gebietshoheit (und damit einen Völkerrechtsverstoß) gerade nicht voraussetzt. Hier wird zwar Information abgeschöpft, die Möglichkeit der physischen Kontrolle über den abgehörten Ausländer ist aber nicht gegeben. Demzufolge müßte man das Vorliegen staatlicher *jurisdiction/juridiction* eigentlich verneinen.

Gegenstand und Zweck der Konvention sprechen jedoch dafür, auch für diesen Fall der Telekommunikationsüberwachung den Schutz durch EMRK und - daran angelehnt - durch IPBPR zu bejahen. Andernfalls könnte kein Staat für den Eingriff in die Privatsphäre verantwortlich gemacht und damit kein umfassender Menschenrechtsschutz erreicht werden. Daß jedoch eine *universelle* und wirksame Anerkennung und Einhaltung der bereits in der AEMR enthaltenen Menschenrechte von den Vertragsstaaten der EMRK bezweckt wurde, geht be-

[17] Vgl. bereits die in EGMR, Urt. v. 23. März 1995, *Loizidou ./. Türkei,* Serie A, Nr. 310, Ziff. 57 zitierte Ansicht der Kommission: „A State is, in principle, internationally accountable for violation of rights occurring in territories over which it has physical control". Insoweit auch Carrillo-Salcedo, in: Petiti/Decaux/Imbert, CEDH, Art. 1, S. 136: „L'élément déterminant est une question de fait: au moment du comportement incrimé, les autorités de l'Etat exerçaient-elles un contrôle effectif sur les personnes qui se prétendent lésées? ".

reits aus ihrer Präambel hervor. Zur Begründung läßt sich darüber hinaus erneut der Fall *Loizidou ./. Türkei* heranziehen[18]:

> *„Finally, if Turkey was not to be held responsible for conditions in northern Cyprus, no other legal person can be held responsible. However, the principle of effective protection recognised in the case-law of the Court requires that there be no lacuna in the system of responsibility".*

Der hier vom Gerichtshof verfolgte Ansatz, wonach der effektive Schutz der Menschenrechte verlangt, staatliche Verantwortung gerade dann zuzuweisen, wenn der Betroffene sonst rechtsschutzlos gestellt wäre, läßt sich auch in den erörterten Fällen heimlicher Telekommunikationsüberwachung heranziehen.

III. Ergebnis

Im Ergebnis steht das allgemeine Völkerrecht dem Abhörvorgang als solchem in der Regel nicht entgegen. Soweit jedoch im Völkervertragsrecht, und hier insbesondere in IPBPR und EMRK, das Telekommunikationsgeheimnis verankert ist, spricht der Gesichtspunkt des effektiven Grundrechtsschutzes dafür, es ungeachtet dessen, wo der Staat abhört, auf alle Gesprächsteilnehmer, die von dieser Abhörmaßnahme erfaßt werden, zu erstrecken.

Demnach ist der völkervertragliche Schutz von Telekommunikation auch in territorialer Hinsicht denkbar weit, ohne daß daraus bereits auf die Rechtmäßigkeit oder Rechtswidrigkeit eines Abhörvorgangs geschlossen werden kann, da das Recht auf Privatheit in der Ausprägung als Telekommunikationsgeheimnis auch nach Art. 8 EMRK bzw. Art. 17 IPBPR nicht schrankenlos gewährleistet ist. In der Rechtsprechung des EGMR ist diese Problematik bislang offen.

---

[18] EGMR, Urt. v. 23. März 1995, *Loizidou ./. Türkei,* Serie A, Nr. 310, Ziff. 57; die zitierte Passage gibt allerdings nicht das Urteil des EGMR, sondern die Entscheidung der EKMR wider.

C. Rechtslage in Deutschland

In Deutschland stellt sich die Frage nach dem territorialen Schutzbereich des Fernmeldegeheimnisses in Bezug auf Art. 10 GG als datenschutzrechtlichem - und insoweit allein einschlägigem - Spezialgrundrecht.

I. Die Rechtsprechung des Bundesverfassungsgerichts

Die Verfassungsrechtsprechung hat sich der Frage nach der räumlichen Reichweite von Art. 10 GG erst im Verfahren bezüglich der Novellierung des G 10 durch das „Verbrechensbekämpfungsgesetz" von 1994 zugewandt, ohne die Reichweite des Schutzes abschließend zu klären[19]. Auslöser war die im geänderten § 3 Abs. 1 S. 2 G 10 a.F. festgelegte Unterscheidung, die eine „gezielte" strategische Überwachung bei Gesprächen von Ausländern im Ausland, nicht aber von Deutschen zuließ. Der tiefere Grund für die notwendig gewordene Stellungnahme liegt in den gewandelten technischen Rahmenbedingungen. Das BVerfG weist darauf hin, daß die Staatsgewalt regelmäßig nur im Staatsgebiet ausgeübt werden konnte, mit der Folge, daß die Staatsgrenzen im allgemeinen die Grenzen der Staatsgewalt gebildet hatten. Durch die neuere Technik, insbesondere durch den Einsatz von Satelliten, habe sich die Staatsgewalt im Bereich der Kommunikation vom Raumbezug gelöst. Nunmehr könnten Kommunikationsvorgänge außerhalb Deutschlands ohne Inanspruchnahme fremden Territoriums erfaßt, d.h. die Staatsgewalt auch auf das Gebiet anderer Staaten erstreckt werden[20].

Vor dem Hintergrund dieser Ausgangslage gelangt das Gericht über mehrere Zwischenschritte zu einer Aussage über den räumlichen Geltungsbereich von Art. 10 GG:

1. Ausgangspunkt: Art. 1 Abs. 3 GG

Ausgangspunkt der Überlegungen des BVerfG zum räumlichen Geltungsumfang des Fernmeldegeheimnisses bildet Art. 1 Abs. 3 GG[21]. Nach dieser Norm binden die nachfolgenden Grundrechte Gesetzgebung, vollziehende Gewalt und Rechtsprechung als unmittelbar geltendes Recht. Damit ordnet

---

19 BVerfGE 100, 313 (362ff.).

20 BVerfGE 100, 313 (362).

21 Vgl. ebenda.

Art. 1 Abs. 3 GG eine umfassende Grundrechtsbindung aller staatlichen Organe in Bund und Ländern sowie der Träger mittelbarer Staatsgewalt an[22].

2. Art. 25 GG (Völkerrecht Bestandteil des Bundesrechts)

Art. 1 Abs. 3 GG bestimme zwar, so das BVerfG, den Geltungsumfang der Grundrechte im allgemeinen. Dennoch könne daraus nicht abschließend auf den Umfang des räumlichen Geltungsbereichs geschlossen werden[23]. Mit dieser Überlegung wird der „Ansatzpunkt" wieder verlassen und der Blick darauf gelenkt, daß das Grundgesetz neben der Verfassung des Staates im Inneren das Verhältnis zur Staatengemeinschaft in Grundzügen regelt. Daraus leiten die Richter zwei Voraussetzungen ab, wenn der räumliche Geltungswille der Grundrechte ermittelt werden soll. Es müsse zum einen der Umfang der Verantwortlichkeit und Verantwortung deutscher Staatsorgane bei der Reichweite grundrechtlicher Bindungen berücksichtigt werden, zum anderen das Verfassungsrecht mit dem Völkerrecht abgestimmt werden. Das Völkerrecht schließe eine Geltung von Grundrechten bei Sachverhalten mit Auslandsbezügen nicht prinzipiell aus. Vielmehr sei die Reichweite der Grundrechte unter Berücksichtigung von Art. 25 GG aus dem Grundgesetz selbst zu ermitteln. Je nach den einschlägigen Verfassungsnormen könnten dabei Modifikationen und Differenzierungen zulässig oder geboten sein[24].

3. Ergebnis

Im entschiedenen Fall leitet das BVerfG daraus im Bereich des Fernmeldegeheimnisses folgendes ab: Dadurch, daß sich die technischen Überwachungsanlagen auf dem Gebiet der Bundesrepublik befänden, werde eine technisch-informationelle Beziehung zu den jeweiligen Kommunikationsteilnehmern und ein - den Eigenheiten von Daten und Informationen entsprechender - Gebietskontakt hergestellt[25]. Die Verknüpfung wird nach Ansicht des BVerfG durch die Auswertung der so erfaßten Telekommunikation auf deutschem Boden noch verstärkt und eine hinreichende Inlandsbeziehung hergestellt, um die Anwendung des Fernmeldegeheimnisses auch auf Kommunikationen im Ausland zu

---

22 Kunig, in: v. Münch, GG, 5. Aufl., Art. 1, Rn. 51.

23 BVerfGE 100, 313 (362).

24 Vgl. zum Ganzen BVerfGE 100, 313 (362f.); ebenso bereits BVerfGE 31, 58 (77) - „Spanierentscheidung".

25 BVerfGE 100, 313 (363).

bejahen[26]. Zu Art. 25 GG kehrt das BVerfG in seiner Argumentation nicht mehr zurück[27].

Die Frage des territorialen Schutzbereichs des Fernmeldegeheimnisses ist dadurch jedoch auch höchstrichterlich noch nicht abschließend geklärt. Ob die Inlandsbeziehung auch dann noch als hinreichend angesehen werden kann, wenn es sich um die Kommunikation von Ausländern im Ausland handelt, wurde ausdrücklich offengelassen[28]. Die Ausführungen des BVerfG beziehen sich ausschließlich auf die Kommunikation *deutscher* Staatsbürger im Ausland, sofern die Empfangsstation in der Bundesrepublik Deutschland belegen ist[29].

II. Zur Diskussion in der Lehre

1. Überblick über den derzeitigen Meinungsstand

In der Rechtslehre ist die Diskussion um die räumliche Reichweite des Fernmeldegeheimnisses erst in Zusammenhang mit dem Verfahren zum G 10 in Gang gekommen. In den Urteilsbesprechungen wird von einer Mehrzahl von Autoren die Geltung des Fernmeldegeheimnisses für Ausländer im Ausland vertreten[30]. Zum Teil wird dies aus den Aussagen des BVerfG im G 10-Urteil herausgelesen[31], zum - geringeren - Teil auch mit eigenen Überlegungen unter-

---

26 Vgl. BVerfGE 100, 313 (363f.).

27 Baldus, RTkom 1999, 133 (136) bezweifelt, ob Art. 25 GG in den Überlegungen des BVerfG seinen Platz hat, da das Territorialitätsprinzip als allgemeine Regel des Völkerrechts die Regelung grenzüberschreitender Sachverhalte nicht verbiete. Ausschließen läßt sich jedoch nicht, daß in anders gelagerten Fällen die Auslandsgeltung von Grundrechten aufgrund allgemeiner Regeln des Völkerrechts an Grenzen stößt. Der allgemein gehaltene Hinweis auf Art. 25 GG ist daher nicht fehl am Platz.

28 BVerfGE 300, 313 (364).

29 Nur eine der gegen das G 10 im jüngsten Verfahren erhobenen Verfassungsbeschwerden, die des Beschwerdeführers zu 2b), betraf einen Ausländer, einen uruguayischen Staatsangehörigen mit Wohnsitz in Uruguay. Mangels ausreichender Substantiierung einer möglichen Grundrechtsbetroffenenheit wurde sie bereits als unzulässig verworfen, vgl. BVerfGE 100, 313 (357).

30 Arndt, NJW 2000, 47 (48f.); Müller-Terpitz, Jura 2000, 296 (302); Rupprecht, ZFIS 1999, 256 (260); Schrader, DuD 1999, 650 (652f.); bereits eindeutig für diese Lösung Gröpl, ZRP 1995, 13ff.; Gusy/Hueck, NJ 1995, 461ff.; offen Baldus, RTkom 1999, 133 (135f.); Huber, NVwZ 2000, 393 (394f.); Möstl, DVBl. 1999, 1394 (1397); ohne jegliche eigene Stellungnahme Sachs, JuS 2000, 597 (598). A.A. Paeffgen, StV 1999, 668 (677f.); schon früher ohne Begründung Borgs-Maciejewski/Ebert, Teil B, § 1, Rn. 21.

31 Schrader, a.a.O.; wohl auch Rupprecht, a.a.O.

mauert[32]. Der Mühe einer ausführlicheren Begründung unterziehen sich jedoch nur wenige[33], während andere es bei dem Hinweis auf die notwendige genauere Analyse des Schutzbereichs belassen, ohne eine eigene Lösung anzubieten[34].

Losgelöst vom Fernmeldegeheimnis läßt sich die Debatte, die sich eingehender mit der räumlichen Geltung der Grundrechte allgemein beschäftigt, zeitlich bereits weiter zurück verfolgen.

2. Begriffserläuterungen

Ehe die Entwicklung im Schrifttum genauer in den Blick genommen wird, muß an dieser Stelle eine terminologische Klärung erfolgen.

a) „Erweiterung" oder „Begrenzung" der Grundrechte?

Wenn im Schrifttum von einer „Erweiterung" oder „Begrenzung" der Grundrechte bei Sachverhalten mit Auslandsbezug gesprochen wird, so ist dies, worauf *Elbing* zutreffend aufmerksam gemacht hat, begrifflich unscharf[35]. Im eigentlichen Sinne kann man weder von einer Erweiterung noch von einer Eingrenzung sprechen, da beide Begriffe eine - jeweils entgegengesetzte - Prämisse in sich tragen: Wer von einer Erweiterung der Grundrechte spricht, geht stillschweigend davon aus, daß diese im Regelfall nur bei Inlandssachverhalten gelten, wer eine „Begrenzung" als Ansatzpunkt wählt, setzt eine grundsätzlich territorial unbegrenzte Grundrechtsgeltung voraus. Es darf daher nicht übersehen werden, daß es gerade um die *Bestimmung* der Reichweite der Grundrechte geht. Steht diese schließlich fest, so stellt sich die Frage nach einer „Erweiterung" oder „Begrenzung" jedenfalls bei deutschem Staatshandeln nicht

---

32 Müller-Terpitz, a.a.O.

33 Gröpl, ZRP 1995, 13ff.; Gusy/Hueck, NJ 1995, 461ff.

34 Baldus, RTkom 1999, 133 (135f.).

35 Elbing weist unter anderem darauf hin, daß im Mittelpunkt nicht die Grundrechte als solche, sondern vielmehr das Handeln der Staatsgewalt steht. Diese hat ungeachtet bestehender Grundrechte eine Kompetenz für grenzüberschreitendes Handeln nach Maßgabe des Völkerrechts inne. Es ist also vielmehr die Frage, wie sich dieser aufgrund anderer Vorschriften bestehende Spielraum mittels der Grundrechte eingrenzen läßt. Die Grundrechtsbindung, so überzeugend Elbing, begrenzt das Handeln, nicht aber schafft umgekehrt die Grundrechtsbindung eine Kompetenz für Sachverhalte mit Auslandsbezug. Zudem variiert die Einschätzung als „Einschränkung" oder „Erweiterung" je nach dem Standort des im Inland oder Ausland befindlichen Betrachters. Vgl. Elbing, Anwendbarkeit der Grundrechte, S. 82f.

mehr[36]. Von einer „Erweiterung" läßt sich untechnisch allenfalls dann sprechen, wenn man jede Grundrechtsgeltung, die über den unproblematischen Regelfall der Sachverhaltsverwirklichung im Inland[37] hinausreicht, als solche ansieht.

b) Grundrechtsanwendung, -geltung, -verwirklichung

Die Begriffe Grundrechtsanwendung, Grundrechtsgeltung oder Grundrechtsverwirklichung werden im Schrifttum nicht trennscharf verwendet. In einer grundlegenden Untersuchung über den räumlichen Anwendungsbereich der Verwaltungsrechtsnorm hat *Vogel* bereits im Jahr 1965 darauf aufmerksam gemacht, daß Geltung bzw. Anwendung des Grundrechts ein Doppeltes bedeuten kann: Einmal kann darunter der Bereich verstanden werden, innerhalb dessen die jeweilige Norm von Hoheitsträgern angewandt wird. *Vogel* sieht darin die Frage nach der Anwendung *schlechthin*, wofür er den Begriff der „intransitiven" Anwendung geprägt hat[38]. Im Gegensatz dazu stehe bei einer „transitiven" Anwendung der Sachverhalt im Vordergrund, auf den die verwaltungsrechtliche Norm nach ihrem spezifischen Regelungsgehalt jeweils anzuwenden sei, es gehe also um eine Anwendung *auf* etwas[39]. Wendet man diese Unterscheidung auf die vorliegende Fragestellung an, so bewegt sich diese Arbeit im Bereich der transitiven Anwendung. Die „intransitive Anwendung" wäre nur dann von Bedeutung, wenn die Anwendung der Grundrechte durch eine ausländische Hoheitsgewalt bzw. vom deutschen Hoheitsträger, der sich physisch im Ausland befindet, in Frage stehen würde. Dies ist hier jedoch nicht der Fall[40].

Damit ist der mögliche Sinn von Geltung bzw. Anwendung nicht ausgelotet. Nach einer älteren Auffassung verhält sich die „Geltung" einer Norm zu ihrer

---

36 Ähnlich Elbing, Anwendbarkeit der Grundrechte, S. 83, der darüber hinaus darauf aufmerksam macht, daß von einer echten Erweiterung dann gesprochen werden könne, wenn sich die Frage der Grundrechtsgeltung beim Handeln nicht-(ausschließlich)deutscher Hoheitsorgane stellt, die funktional deutsche Hoheitsgewalt wahrnehmen.

37 Es wird hier nicht übersehen, daß der unter A. I. angesprochene „unproblematische Regelfall" sich, da das Fernmeldegeheimnis ein Jedermann-Grundrecht ist, aufgrund des persönlichen Schutzbereichs auch auf das staatliche Handeln gegenüber Ausländern im Inland erstrecken kann.

38 Vogel, Der räumliche Anwendungsbereich der Verwaltungsrechtsnorm, S. 1f.

39 Vogel, ebenda.

40 Der oben angesprochene völkerrechtswidrige Fall, daß physisch auf fremdem Staatsgebiet eine Leitung „angezapft" wird, soll nicht weiter vertieft werden.

„Anwendung" wie die *Existenz* einer Norm zu ihrer *Verwirklichung*[41]. Zwischen transitiver und intransitiver Anwendung im Sinne *Vogels* wird dabei nicht eindeutig unterschieden[42]. Nach weiteren Autoren wird „Geltungsbereich" einer Grundrechtsnorm auch synonym mit „Schutzbereich" oder mit „Normbereich" verwendet[43]. Zur Grundrechtsverwirklichung kommt es in diesem Falle nur dann, wenn nicht eine Schranke eingreift. In der Bedeutung scheinen sich zudem Grundrechtsverwirklichung und Grundrechtsdurchsetzung nicht zu unterscheiden, wenn sich auch mit letzterem Begriff eher ein Element des Zwangs assoziieren läßt.

Mangels einer feststellbaren einheitlichen Sprachregelung gilt für die vorliegende Auseinandersetzung folgendes: Zwischen den Begriffen Geltung oder Anwendung wird nicht unterschieden. Beide Begriffe werden synonym im Sinne der Fragestellung verwendet, ob der Schutzbereich des Grundrechts sich auch auf Sachverhalte mit Auslandsbezug erstreckt. Die Verwirklichung bzw. Durchsetzung des Grundrechts ist dieser Frage jedenfalls nachgeordnet und soll hier begrifflich nicht weiter problematisiert werden.

3. Ausgangspunkt: Internationales Privatrecht

Die Diskussion um die Wirkkraft der Grundrechte bei Sachverhalten mit Auslandsbezug nimmt nicht im staatsrechtlichen Schrifttum ihren Anfang. Überlegungen hierzu wurden zuerst im Bereich des Internationalen Privatrechts notwendig. Vom Ansatz her sind die Regelungen des IPR im Hinblick auf die berufene Rechtsordnung wertneutral, es handelt sich um „technisches Verweisungsrecht"[44]. Im Prinzip kann daher jede ausländische Rechtsordnung zur Anwendung kommen. Ein Problem tauchte auf, als - vor allem im Familien- und Erbrecht - aufgrund der Kollisionsregeln anwendbares ausländisches Recht im konkreten Fall zu Ergebnissen führte, die mit den in den Grundrechten verdichteten Wertvorstellungen des Grundgesetzes kollidierten[45]. Damit stellte sich die Frage, ob und gegebenenfalls wie die Grundrechte des Grundgesetzes auch auf

---

41 Elbing, Anwendbarkeit der Grundrechte, S. 47 mit Verweis (Fn. 9) auf Vogel, Anwendungsbereich der Verwaltungsrechtsnorm, S. 2, Fn. 6.

42 Vgl. Vogel, Anwendungsbereich der Verwaltungsrechtsnorm, S. 2, Fn. 6 m.w.N.

43 Alexy, Theorie der Grundrechte, S. 273, Fn. 61 m.w.N.

44 Begriff bei Stern, Staatsrecht III/1, § 72, V. 6.

45 Eine weitere Frage war die Anwendbarkeit der Grundrechte auf die Kollisionsnormen des EGBGB selbst, vgl. hierzu BVerGE 31, 58, Leitsatz 2: „Die Vorschriften des deutschen Internationalen Privatrechts (...) sind an den Grundrechten zu messen". („Spanierentscheidung").

diese Rechtsverhältnisse, deren Schwerpunkt in einer ausländischen Rechtsordnung lokalisiert wurde, anwendbar seien. In diesem Rahmen taucht der Begriff „Kollisionsrecht für die Verfassung" zum ersten Mal auf[46]. Die Notwendigkeit, Kriterien für ein Grundrechtskollisionsrecht zu entwickeln, wurde jedoch mit der IPR-Reform von 1986 obsolet. Der Gesetzgeber hat sich darin für die neben der Herausbildung eines Grundrechtskollisionsrechts bestehende Möglichkeit entschieden, die Grundrechte über den ordre-public-Vorbehalt des Art. 6 S. 2 EGBGB wirken zu lassen. Die h.L. und die Rechtsprechung sind dem gefolgt[47].

Der international-privatrechtliche Ansatz braucht hier nicht weiter verfolgt zu werden. Für die Bestimmung des räumlichen Anwendungsbereichs der Grundrechte wird jedoch auf Kriterien zurückzukommen sein, die bereits im IPR für die Frage nach dem anwendbaren Recht eine Rolle spielen[48].

4. „Verfassungskollisionsrecht"

Es wäre unzutreffend, vom „Kollisionsrecht" IPR auf den Inhalt des „Verfassungskollisionsrechts" zu schließen. Der im Staatsrecht gebräuchliche Begriff des „Verfassungskollisionsrechts" hat mit dem internationalprivatrechtlichen Kollisionsrecht nur wenig gemein.

Hier geht es nicht darum, welche von mehreren Verfassungen auf einen Sachverhalt anzuwenden ist. Vom Ansatz her stellt sich nur die Frage, auf welche auslandsbezogenen Sachverhalte die eigene Verfassung anwendbar ist und auf welche nicht[49]. Eine solche „Einseitigkeit" bei der Rechtsanwendung wurde bereits früh für das internationale Verwaltungsrecht erkannt[50]. Auf ein „Verfassungskollisionsrecht" ist dies übertragbar[51] und als Ansatzpunkt allgemein anerkannt.

Dagegen ist sowohl der Begriff als auch der mögliche Inhalt eines „Verfassungskollisionsrechts" nicht geklärt. Einer verfassungsdogmatischen

46 Bernstein, Ein Kollisionsrecht für die Verfassung, NJW 1965, 2273.

47 Vgl. Coester-Waltjen in Coester-Waltjen/Kronke/Kokott: Wirkungskraft der Grundrechte, S. 19f., m.w.N.

48 Dies gilt z.B. für die Frage nach der Staatsangehörigkeit oder nach dem sonstigen Vorliegen eines Inlandsbezugs.

49 So schon Bernstein, NJW 1965, 2273 (2275).

50 Zum Internationalen Verwaltungsrecht ausführlich Vogel, Anwendungsbereich, S. 194 ff., m.w.N.

51 Elbing, Anwendbarkeit der Grundrechte, S. 40; in diesem Sinne ebenso Isensee, HbStR V, § 115, Rn. 77, Fn. 164.

Durchdringung wird noch in jüngster Zeit bescheinigt, in den „Kinderschuhen" zu stecken[52]. Die von *Isensee* bereits 1974 angemahnte Zukunftsaufgabe, ein Verfassungskollisionsrecht zu entwickeln, das vor allem die „Grenznormen der Grundrechte" aufzuweisen habe[53], wurde noch nicht bewältigt.

Übereinstimmung läßt sich dahingehend feststellen, daß die Lösung autonom aus der Verfassung entwickelt werden muß[54]. Auch besteht Einigkeit, daß allgemeingültige Antworten bezüglich der Reichweite der Grundrechte nicht gegeben werden können, vielmehr im Hinblick auf jedes einzelne Grundrecht festgestellt werden muß, ob die Rechtsnorm außerhalb der eigenen Staatsgrenzen gelten kann, darf und soll[55].

Die Folgerungen, die aus der Notwendigkeit einer auf den Einzelfall bezogenen Entscheidung für oder gegen die räumliche Ausdehnung des Anwendungsbereichs eines Grundrechts gezogen werden, sind jedoch unterschiedlich. Für die einen bedeutet diese Tatsache, daß es ein Verfassungskollisionsrecht, anders als im IPR, nicht geben kann[56]. Dagegen schließt für die anderen die Notwendigkeit von Einzelfallentscheidungen ein solches nicht aus. Allerdings muß das Verständnis von einem Grundrechtskollisionsrecht an diesen Befund angepaßt werden. Grundrechtskollisionsrecht ist nach dieser Sichtweise kein von den Grundrechten gelöstes System von Rechtsregeln, sondern vielmehr Teil des materiellen Grundrechts[57]. Es soll versucht werden, „allen Grundrechten gemeinsame Kriterien aufzuzeigen, die aus den Grundrechten selbst abzuleiten sind und daher wie die Grundrechte selbst mit starken Wertungen verbunden sind"[58]. An anderer Stelle wird von „Leitlinien" gesprochen, ohne daß sich daraus ein Unterschied in der Sache ergäbe[59].

Die Auffassung, die ein „Verfassungskollisionsrecht" für sachgerecht hält, ohne ihm die Aufgabe und Bedeutung des IPR zuzumessen, ist vorzugswürdig.

---

52 Gröpl, ZRP 1995, 13 (15).

53 Isensee, VVDStRL 32 (1974), 49 (60).

54 Z.B. Isensee, VVDStRL 32 (1974), 49 (60): „Die Grenznormen der Verfassung sind aus ihren Sachnormen zu erschließen"; Stern, Staatsrecht III/1, § 72, V. 4. (S. 1228) m.w.N.; Ruthig, in: Wolter/Riedel/Taupitz (Hrsg.): Einwirkungen der Grundrechte auf das Zivilrecht, Öffentliche Recht und Strafrecht, S. 271 (291).

55 Quaritsch, HbStR V, § 120, Rn. 74; Schröder, FS Schlochauer, S. 137 (140); Stern, Staatsrecht III/1, § 72, V. 4.; Gröpl, ZRP 1995, 13 (16)

56 Schröder, FS Schlochauer, S. 37 (140, 144, 146).

57 Elbing, Anwendbarkeit der Grundrechte, S. 37.

58 Elbing, a.a.O., S. 43.

59 Stern, Staatsrecht III/1, § 72, V. 4.

Zwar ist der Rechtsanwender auch bei der Übertragung von kollisionsrechtlichen Leitlinien[60] auf das einzelne Grundrecht im Ergebnis zu einer Einzelfallentscheidung gezwungen. Andererseits müssen auch diejenigen Autoren, die ein „Verfassungskollisionsrecht“ ablehnen, nach einer irgendwie gearteten Verknüpfung zwischen dem Sachverhalt im Ausland und den deutschen Grundrechten suchen. Es erscheint aus zwei Gründen vorzugswürdig, diese Suche nach einer Verknüpfung zu systematisieren. Der erste Grund ist praktischer Natur. In einer großen Zahl von Fällen werden die Gesichtspunkte, die für oder gegen die Ausdehnung des territorialen Schutzbereichs sprechen, identisch sein. Es wäre ineffizient, sich bei jedem neuen Problemfall ohne jede Systematik neu an eine Lösung heranzutasten. Hier dient die Herausarbeitung eines Verfassungskollisionsrechts der Arbeitserleichterung. Zum anderen stärkt diese Vorgehensweise die Position des Grundrechtsträgers, für den eher vorhersehbar wird, ob in seinem speziellen Fall das jeweilige Grundrecht anwendbar sein wird oder nicht. Da zudem der „Leitliniencharakter“ eines Verfassungskollisionsrechts von allen Autoren betont wird, bleibt das System auch bei außergewöhnlichen Fällen flexibel.

Bei diesem Verständnis ist gegen ein „Verfassungskollisionsrecht“ begrifflich nichts einzuwenden.

III. Das Verhältnis von Verfassungskollisionsrecht und Auslegung

Beim gegenwärtigen Stand der Analyse läßt sich als Gemeinsamkeit zwischen der Vorgehensweise des BVerfG und den Vertretern in der Literatur feststellen, daß alle die Notwendigeit einer differenzierenden Betrachtungsweise des jeweiligen Grundrechts im Einzelfall und die Bestimmung der räumlichen Reichweite aus der Verfassung selbst betonen. Damit stellt sich die Frage, wodurch sich das Verfassungskollisionsrecht in der hier vertretenen Bedeutung von der Auslegung eines Grundrechts durch das BVerfG (in Bezug auf die räumliche Reichweite) unterscheidet.

1. Stufenverhältnis von Verfassungskollisionsrecht und Auslegung

Die terminologische Anlehnung des Begriffs „Verfassungskollisionsrecht“ an das IPR könnte dazu verleiten, die Frage der räumlichen Anwendbarkeit der

---

[60] Die Verfasserin bedient sich im Folgenden des Begriffs von „Leitlinien“ anstelle von „Kriterien“, da dieser Begriff in höherem Maße Flexibilität widerspiegelt.

Grundrechte als reine Vorfrage anzusehen[61]. Nachdem - gleichsam auf einer ersten Stufe - die räumliche Anwendbarkeit des Grundrechts feststünde, würde auf einer weiteren Stufe eine Auslegung des Grundrechts erfolgen, um dieses dann auf den konkreten Sachverhalt anzuwenden. Diese Vorgehensweise setzt allerdings voraus, daß sich Verfassungskollisionsrecht und Auslegung klar voneinander trennen lassen. Bei der Auslegung von Grundrechtsnormen kommen die herkömmlichen allgemeinen Auslegungsmethoden zum Tragen[62]. Herkömmlich und damit jedenfalls zulässig ist die „Auslegung aus dem Wortlaut der Norm (grammatikalische Auslegung), aus ihrem Zusammenhang (systematische Auslegung), aus ihrem Zweck (teleologische Auslegung) und aus den Gesetzesmaterialien und der Entstehungsgeschichte (historische Auslegung)"[63]. Der Unterschied zu einem Verfassungskollisionsrecht, das aufgrund einer „differenzierenden Betrachtungsweise" sowie einer „Bestimmung der Reichweite aus der Verfassung selbst" gewonnen werden muß, liegt nicht offen zutage. Auch bei der Erarbeitung von Leitlinien des Verfassungskollisionsrechts muß man zumindest Überlegungen zur Systematik der Verfassung, zu ihrem Zweck und ihrer Entstehungsgeschichte anstellen, um Anhaltspunkte für oder gegen eine Ausdehnung des räumlichen Geltungsbereichs der Grundrechte zu gewinnen. Verfassungskollisionsrecht und Auslegung des einzelnen Grundrechts überschneiden sich daher zumindest teilweise. Ein Stufenverhältnis muß daher konsequenterweise abgelehnt werden.

2. Verfassungskollisionsrecht als „vor die Klammer gezogene Auslegung"

Mit der Ablehnung eines Stufenverhältnisses ist das Verhältnis von Verfassungskollisionsrecht und Auslegung weiterhin offen. Eine Annäherung könnte dadurch ermöglicht werden, daß man die Ebenen betrachtet, auf welchen Verfassungskollisionsrecht - im Sinne einer Erarbeitung der Leitlinien - bzw. die Auslegung eines Grundrechts zur Anwendung kommen. Bereits die Terminologie verdeutlicht: *Leitlinien* eines Verfassungskollisionsrechts bewegen sich auf einer abstrakten Ebene. Es werden Argumente untersucht, die - auf den Einzelfall angewendet - für eine Ausdehnung des territorialen Schutzbereichs sprechen könnten. Auf dieser Ebene bleibt offen, welche Schlußfolgerungen für ein

61 Angedeutet bei Isensee, HbStR V, § 115, Rn. 78.
62 Jarass, in: Jarass/Pieroth, GG, 5. Aufl., Einl., Rn. 6.
63 BVerfGE 11, 126 (130).

einzelnes Grundrecht hinsichtlich des territorialen Schutzbereichs gezogen werden können[64].

Die Auslegung wendet sich dagegen konkret dem einzelnen Grundrecht zu. Dies geschieht jedoch nicht losgelöst von den Leitlinien des Verfassungskollisionsrechts. Vielmehr ist hier der Ort, an dem diese konkret auf den Einzelfall angewendet werden.

Berücksichtigt man nun, wie bereits angesprochen, daß auch bei der Erarbeitung der Leitlinien (zumindest) teilweise herkömmliche Auslegungsmethoden herangezogen werden, so läßt sich das gegenseitige Verhältnis bestimmen: Durch die Erarbeitung der Leitlinien wird ein Teil der Auslegung vorweggenommen, gleichsam „vor die Klammer gezogen", soweit dies ohne ein Eingehen auf ein konkretes Grundrecht möglich ist. Im Ergebnis handelt es sich daher auch beim „Verfassungskollisionsrecht" um Grundrechtsauslegung. Im Unterschied zur „herkömmlichen" Auslegung fördert das Verfassungskollisionsrecht jedoch noch keine verbindliche Aussage zum territorialen Schutzbereich zutage. Es zeigt in allgemeinerer Form auf, welche Richtung die Auslegung schließlich nehmen könnte. In der Erleichterung der Auslegung des einzelnen Grundrechts liegt der tiefere Sinn des Verfassungskollisionsrechts; Verfassungskollisionsrecht und Auslegung ergänzen sich so gegenseitig.

IV. Völkerrechtliche Schranken einer Anwendung von Grundrechten auf Sachverhalte mit Auslandsbezug

Ehe von den im Schrifttum vorhandenen Ansätzen ausgehend anhand der Verfassung mögliche Leitlinien eines „Verfassungskollisionsrecht" entwickelt werden sollen, bietet es sich an, vorab zu klären, ob einer Grundrechtsgeltung im Ausland von vornherein zwingende Gründe entgegenstehen, die dem Völkerrecht zu entnehmen und in jedem Falle zu beachten sind[65]. Folgende Gesichtspunkte könnten in Betracht kommen:

---

[64] In der an Alexy angelehnten Terminologie von Elbing geht es an dieser Stelle um die strukturelle Anwendbarkeit der Grundrechte, vgl. Elbing, Anwendbarkeit der Grundrechte, S. 31f. u. S. 312f.

[65] Unter B.I. wurde dagegen die völkerrechtliche Zulässigkeit des *Überwachungsvorgangs als solchem* in den Blick genommen.

1. Zuständigkeit des Heimatstaates für Ausländer im Ausland

Grundsätzlich untersteht ein Ausländer im Ausland der Personalhoheit seines Heimatstaates bzw. der Gebietshoheit des Staates, auf dessen Territorium er sich gerade aufhält. In erster Linie befindet er sich damit im Rechts- und Verantwortungsbereich einer anderen, nicht-deutschen Staatsgewalt[66]. Mit der völkerrechtlichen Zuständigkeit ist die äußerste Grenze der möglichen Reichweite der Grundrechte markiert[67]. Damit ist der andere Staat vorrangig zuständig, wenn es um Ansprüche des Ausländers geht, die unseren grundrechtlichen Leistungs- und Teilhaberechten vergleichbar sind.

Betrachtet man allerdings das durch heimliche Überwachungsmaßnahmen berührte Fernmeldegeheimnis, so geht es hier nicht um einen Anspruch des Ausländers auf eine Leistung oder ein Unterlassen. Als grundrechtlicher „Anspruch" wird ein Unterlassen des Staates gefordert, die klassische Abwehrfunktion des Grundrechts kommt - möglicherweise - zum Tragen. Inwiefern das Unterlassen des Einsatzes von Überwachungsmaßnahmen mit der Zuständigkeit eines ausländischen Staates kollidieren könnte, ist nicht ersichtlich[68].

2. Vermeidung eines Grundrechtsimperialismus oder „Grundrechtsoktrois"

Im Schrifttum wird zu Recht darauf hingewiesen, daß die Anwendung der Grundrechte nicht dazu führen darf, anderen Rechtsordnungen das deutsche Grundrechtssystem gleichsam aufzudrängen[69]. Ein solcher „Grundrechtsimperialismus[70]" oder „Grundrechtsoktroi" wird abgelehnt[71].

Doch auch dieser Gesichtspunkt kommt beim Fernmeldegeheimnis als Abwehrrecht nicht zum Tragen. Bei der heimlichen Überwachung von Telekommunikation von Ausländern im Ausland spielt ausländisches (Verfassungs- oder Verwaltungs-)Recht keine Rolle, es sei denn, gleichgerichtete ausländische

---

66 Stern, Staatsrecht III/1, § 72, V. 5. a) γ.

67 Isensee, HbStR V, § 115, Rn. 79.

68 Dagegen wird, wie aufgezeigt, jedenfalls bei einem Eingriff in leitungsgebundene Telekommunikation auf dem Gebiet eines fremden Staates in aller Regel ein Völkerrechtsverstoß vorliegen.

69 Stern, Staatsrecht III/1, § 72, V. 4. und näher 7.

70 Begriff von Starck, in: v. Mangoldt/Klein/Starck, GG, 3. Aufl., Art. 1 Abs. 3, Rn. 150, Fn. 178; ebenfalls verwendet von Isensee, HbStR V, § 115, Rn. 79.

71 Stern, Staatsrecht III/1, § 72, V. 7.; für den Bereich des Privatrechts in der Sache ebenso BGHZ 60, 68 (80); ausführlich Elbing, Anwendbarkeit der Grundrechte, S. 128ff.

Grundrechte streiten ebenfalls für den betroffenen Grundrechtsträger[72]. Sollte die Interpretation des Fernmeldegeheimnisses dazu führen, daß die Bundesrepublik dieses auch gegenüber Ausländern im Ausland zu beachten habe, so folgt daraus nicht etwa ein zu mißbilligender „Grundrechtsoktroi“, vielmehr wird der einzelne zusätzlich geschützt.

V. Leitlinien eines Verfassungskollisionsrechts[73]

Eine letzte Vorfrage ist zu klären, ehe auf die Leitlinien im einzelnen eingegangen wird. Für den Fall, daß die Verfassung die Frage ihres räumlichen Geltungsbereichs ausdrücklich, d.h. niedergelegt in einer Verfassungsnorm, geregelt hat, stellt sich die Frage nach einem Verfassungskollisionsrecht nicht.

1. Vorüberlegung: Art. 1 Abs. 3 GG

Eine solche Norm könnte möglicherweise in Art. 1 Abs. 3 GG gefunden werden. Er lautet:

> „Die nachfolgenden Grundrechte binden Gesetzgebung, vollziehende Gewalt und Rechtsprechung als unmittelbar geltendes Recht“.

Nicht nur in der Rechtsprechung des BVerfG, sondern auch im Schrifttum spielt diese Vorschrift eine zentrale Rolle bei der Suche nach einer Antwort hinsichtlich der räumlichen Reichweite der Grundrechte, wenn es dort etwa heißt:

> „Deutsche Staatsgewalt ist nach Art. 1 Abs. 3 GG stets an die Grundrechte gebunden, gleichgültig, ob die Wirkungen ihrer staatlichen Handlungen innerhalb der eigenen oder innerhalb fremder Gebietshoheit eintreten. Die Grundrechtsbindung ist absolut und umfassend, Freiräume soll es nicht geben. Die Grundrechtsbindung nach Art. 1 Abs. 3 GG muß auch räumlich effektiv sein. Nicht nur ist *alle* Staatsgewalt gebunden, sondern auch die gesamte deutsche Staatsgewalt

---

72 Gröpl, ZRP 1995, 13 (16).

73 Es würde den Rahmen dieser Arbeit sprengen, ein geschlossenes System eines „Verfassungskollisionsrechts“ zu entwickeln. Die im Anschluß aufgezeigten Leitlinien erheben daher keinen Anspruch auf Vollständigkeit. Die wesentlichen Gesichtspunkte werden aber aufgezeigt. Siehe hierzu umfassend Elbing, Zur Anwendbarkeit der Grundrechte bei Sachverhalten mit Auslandsbezug, 1992.

grundsätzlich überall dort, wo sie tätig wird oder sich auswirkt"[74] oder „Art. 1 Abs. 3 GG differenziert nicht nach Handlungs- und Erfolgsort"[75].

Im Ergebnis wird dieser Schluß jedoch überwiegend nicht gezogen[76]. Die zitierten Auffassungen sind zwar für sich gesehen zutreffend. Über den räumlichen Geltungsbereich der Grundrechte sagen sie dennoch nichts aus. Art. 1 Abs. 3 GG regelt die *Art* der Bindung an die Grundrechte[77]. Die Vorschrift legt damit eine *formelle* Bindung aller Staatsgewalt an die Grundrechte fest, der sie sich zu keiner Zeit und nirgends entziehen kann. Daraus kann nicht auf den materiellen Gehalt der Grundrechte geschlossen werden. Art. 1 Abs. 3 GG enthält keinen selbständigen - materiellen - Prüfungsmaßstab. Die umfassende - formelle - Bindung an die Grundrechte setzt voraus, daß die Grundrechte *überhaupt* gelten. Wenn sie dies nicht tun, ist auch Art. 1 Abs. 3 GG nicht anwendbar. *Ob* sie dies tun, ist eine außerhalb Art. 1 Abs. 3 GG zu klärende Vorfrage. Es wäre daher ein Zirkelschluß, die räumliche Reichweite der Grundrechte aus Art. 1 Abs. 3 GG zu entnehmen[78].

So läßt sich zutreffenderweise inhaltlich in Art. 1 Abs. 3 GG keine Antwort auf die Frage nach dem räumlichen Geltungsbereich der Grundrechte finden, die über den territorialen Wirkungsraum, d.h. das Staatsgebiet, der deutschen Staatsgewalt hinausgeht[79]. Eine Lösung des Problems kann damit nur „aus dem einzelnen Grundrecht heraus" mit Unterstützung verfassungskollisionsrechtlicher Leitlinien gefunden werden.

2. Territorialitätskriterium

Das Territorialitätskriterium in seiner „primitiven Version"[80], wonach die Grundrechte ausschließlich auf dem Territorium der Bundesrepublik Deutsch-

---

74 Stern, Staatsrecht III/1, § 72, V. 5.a) (Hervorhebungen im Original).

75 Kronke, in: Wirkkraft der Grundrechte, S. 33 (41), m.w.N. in Fn. 29; ebenso Schröder, FS Schlochauer, S. 137 (138).

76 So aber offensichtlich für das Fernmeldegeheimnis Baldus, RTkom 1999, 133 (136).

77 Jarass, in: Jarass/Pieroth, GG, 5. Aufl., Art. 1, Rn. 18; vgl. auch BVerfGE 61, 126 (137).

78 Elbing, Anwendbarkeit der Grundrechte, S. 72.

79 Vgl. Badura, FS Leisner, S. 403 (409); Elbing, Anwendbarkeit der Grundrechte, S. 72ff., 222; Gröpl, ZRP 1995, 13 (16); Quaritsch, HbStR V, § 120 Rn. 75; Schröder, FS Schlochauer, S. 137 (138).

80 Kronke, in: Wirkungskraft der Grundrechte, S. 33 (40).

land gelten, wird so schon länger nicht mehr vertreten[81]. Ausgangspunkt dieses Denkansatzes war Art. 23 GG a.F., der festlegte, wo das Grundgesetz „gilt“ bzw. gelten sollte[82]. Dies lasse die Deutung zu, daß nur Organe der Bundesrepublik, die auf deutschem Hoheitsgebiet handeln, an das Grundgesetz und damit an die Grundrechte gebunden seien, von der weiteren Frage abgesehen, ob dies nur für das Handeln der Organe oder auch für den daraus resultierenden Erfolg gelten sollte[83]. Diese Sichtweise wird jedoch zu Recht abgelehnt. Art. 23 GG a.F. legte das Staatsgebiet als eines der drei Elemente fest, die nach Völkerrecht einen Staat kennzeichnen[84]. Die Anwendbarkeit der Grundrechte auf diesem Gebiet versteht sich von selbst. Über den räumlichen Anwendungsbereich der Grundrechte außerhalb der Gebietshoheit ist damit jedoch nichts entschieden.

Auch den übrigen Verfassungsnormen läßt sich eine Beschränkung der Grundrechtsgeltung auf das Territorium der Bundesrepublik nicht entnehmen. Vielmehr weist die Gesamtheit der Verfassungsnormen in eine andere Richtung: Aus zahlreichen Normen des Grundgesetzes geht hervor, daß das Grundgesetz von internationaler Zusammenarbeit und damit auch von einem Handeln deutscher Organe im Ausland ausgeht. Wäre die Grundrechtsgeltung ausschließlich auf das Inland beschränkt, so wäre ein Staatshandeln im Ausland ohne jede rechtliche Grundlage möglich[85].

---

81 Ausgehend von einer IPR-rechtlichen Sichtweise ausdrücklich Kronke, Wirkungskraft der Grundrechte, S. 33 (40); vgl. Elbing, Anwendbarkeit der Grundrechte, S. 220 m.w.N.; a.A. aber OVG Nordrhein-Westfalen, Urt. v. 26. November 1981, DVBl. 1983, 37f. m. abl. Anm. Kunig, DVBl. 1983, 38 (39); wohl auch Zuleeg, DVBl. 1974, 341 (346), der aber eine „Ausstrahlungswirkung“ der Grundrechte über die Grenzen des Bundesgebietes bei Vorhandenseins eines Anknüpfungspunktes für möglich hält. Badura, FS Leisner, S. 403 (410) stellt zwar die „territoriale Bestimmtheit und Begrenztheit der Staatsgewalt“ als Leitgedanke in den Mittelpunkt, hält aber zusätzliche Gesichtspunkte (Personalhoheit/Gebietshoheit) für möglich.

82 Zwischenzeitlich, d.h. nach dem Beitritt der neuen Bundesländer zur Bundesrepublik zum 3. Oktober 1990, wird die Funktion des Art. 23 GG a.F. von der neu ergänzten Präambel übernommen.

83 Man denke an den Schuß, der jenseits der Grenze Schaden anrichtet, vgl. Bleckmann, Staatsrecht II, § 7, Rn. 2.

84 Die beiden anderen Elemente sind Staatsvolk und Staatsgewalt; aus der völkerrechtlichen Literatur statt aller: Geiger, Grundgesetz und Völkerrecht, § 7, I. 1. (S. 21).

85 Vgl. etwa die Kompetenz des Bundes zur Regelung des Auswärtigen Dienstes (Art. 87 Abs. 1 GG), zur Regelung der Hochseefischerei (Art. 74 Nr. 17 GG) oder der Hochseeschifffahrt (Art. 74 Nr. 21 GG), oder die Artikel 23 bis 26 GG, die die

Mit Hilfe des Territorialitätsprinzips allein läßt sich daher keine Aussage über den räumlichen Anwendungsbereich der Grundrechte treffen. Auf den geographischen Ort kann es nicht ausschließlich ankommen[86].

3. Personalitätskriterium

Das Grundgesetz selbst unterscheidet zwischen Grundrechten, die nur Deutschen (z.B. Versammlungsfreiheit - Art. 8 GG, Vereinigungsfreiheit - Art. 9 GG, Berufsfreiheit - Art. 12 GG) und solchen, die Deutschen und Ausländern, d.h. jedermann, zustehen können. Zu letzteren zählt das Fernmeldegeheimnis. Das Personalitätskriterium, d.h. die Anknüpfung der Grundrechtsgeltung an die Staatsangehörigkeit, stellt also ein zulässiges Anknüpfungsmerkmal dar, um sich dem räumlichen Geltungsbereich der Grundrechte über das Staatsgebiet der Bundesrepublik hinaus zu nähern.

Solange sich allerdings der Sachverhalt ausschließlich auf dem Gebiet des deutschen Staates abspielt, läßt sich das „Personalitätskriterium“ nicht von der Frage des persönlichen Schutzbereichs des Grundrechts trennen. Zu einem eigenständigen Kriterium hinsichtlich des räumlichen Anwendungsbereichs entwickelt es sich erst dann, wenn sich ein Deutscher oder ein Ausländer im Ausland deutschem Staatshandeln gegenübersehen. Sofern deutsche Staatsangehörige im Ausland betroffen sind, kann man das Personalitätskriterium allein als ausreichend ansehen, um eine umfassende Grundrechtsbindung des handelnden deutschen Staates zu bejahen[87].

Für Ausländer im Ausland ist die Grundrechtsgebundenheit deutschen Staatshandelns dagegen nicht zwingend. Hier fehlt es an der Personalhoheit, die den deutschen Staat mit einem Deutschen im Ausland weiterhin verbindet. In der Literatur gehen die Meinungen zu dieser Konstellation auseinander:

Nach *Bleckmann* genießen im Ausland lebende Ausländer den vollen Schutz der an die auswärtigen Verhältnisse angepaßten Grundrechte für ihre Handlungen im Ausland[88]. Es bleibt jedoch im Dunkeln, was unter den „an die auswärti-

---

internationale Zusammenarbeit der Bundesrepublik direkt zum Gegenstand haben; dazu ausführlich Elbing, Anwendbarkeit der Grundrechte, S. 236 f.

86 Elbing, Anwendbarkeit der Grundrechte, S. 228; ebenso Isensee, HbStR V, § 115, Rn. 80.

87 In der Tendenz, allerdings nur „in begrenztem Umfang“ Bleckmann, Staatsrecht II, § 7, Rn. 1. Der unbegrenzten Grundrechtsbindung des Staates kann jedoch de facto eine begrenzte Grundrechtsausübung durch den Staatsangehörigen gegenüberstehen, da er sich auf fremdem Hoheitsgebiet befindet.

88 Bleckmann, Staatsrecht II, § 7, Rn. 9.

gen Verhältnisse angepaßten Grundrechte" zu verstehen ist. Und daß sich die Bundesrepublik „faktisch an die im fremden Staatsgebiet geltende Wertordnung" zu halten habe[89], ist ebensowenig aussagekräftig. Dies alles führt hier jedoch schon deshalb nicht weiter, weil *Bleckmann* diese Gedanken mit der Prämisse entwickelt, die Bundesrepublik übe deutsche Hoheitsgewalt über fremdes Staatsgebiet aus[90]. Ein so weitgehender Eingriff der Bundesrepublik in die Gebietshoheit eines fremden Staates und ihre Konsequenzen stehen hier sowohl bei den allgemeinen Überlegungen als auch speziell im Hinblick auf das Fernmeldegeheimnis nicht zur Diskussion. Der Ansicht *Bleckmanns* wird daher nicht weiter gefolgt.

Stern formuliert neutraler, daß dann, wenn die deutsche Staatsgewalt im Ausland gegenüber Ausländern wirkt, sie ebenfalls an die Grundrechte gebunden ist, sofern ihre Anwendung nicht an die Eigenschaft, Deutscher zu sein, anknüpft[91]. Gleichzeitig weist er auf Kriterien hin, welche dennoch gegen eine Anwendbarkeit der Grundrechte sprechen könnten. Ein Ausländer unterliege aufgrund seiner Staatsangehörigkeit zunächst einmal der Personalhoheit seines Staates und damit in erster Linie dem Rechts- und Verantwortungsbereich dieser Staatsgewalt[92]. Mit diesem Hinweis wird deutlich, daß auch bei *Stern* das Personalitätskriterium allein nicht weiterführen kann. Ohne weitere Gesichtspunkte ist es nur bei *Deutschen* im Ausland geeignet und ausreichend, um eine Bindung der deutschen Staatsgewalt an die Grundrechte zu begründen. Die Bindung deutscher Staatsgewalt gegenüber im Ausland befindlichen Ausländern läßt sich dagegen mit dem Personalitätskriterium nicht erschöpfend begründen.

4. Die Auffassung Isensees: Statusprinzip

Nach *Isensee* muß die Anwendbarkeit der Grundrechte mit Hilfe von Anknüpfungspunkten außerhalb der Grundrechte geklärt werden[93]. Diese leitet er aus dem „Statusprinzip" ab. Danach ist die Grundrechtsgeltung mit dem status

---

89 Bleckmann, ebenda, § 7, Rn. 7.
90 Bleckmann, ebenda, § 7, Rn. 4.
91 Stern, Staatsrecht III/1, § 72, V. 5. a) *γ*).
92 Stern, ebenda.
93 Isensee, HbStR V, § 115, Rn. 83.

passivus des potentiellen Grundrechtsträgers verbunden, der entweder der Gebietshoheit oder der Personalhoheit Deutschlands unterstehen muß[94].

Die Personalhoheit Deutschlands knüpft an die deutsche Staatsangehörigkeit an (Personalitätskriterium), der *Isensee* auch im Ausland Bedeutung beimißt, wenn auch abgeschwächt durch die faktische Unmöglichkeit des Staates, die Staatsgewalt im Ausland auszuüben[95].

Die Gebietshoheit deckt sich so, wie sie von *Isensee* verstanden wird, mit dem Territorialitätskriterium in einer eher engen Auslegung. Für Ausländer sollen die Grundrechte grundsätzlich an den Gebietskontakt gebunden sein und daher mit Verlassen des Gebiets enden. *Isensee* läßt mehrere Ausnahmen zu: ein partieller, sachbezogener Grundrechtsstatus bei Belegenheit von Eigentum eines Ausländers im Inland[96], bzw. ein derivativer Grundrechtsschutz, gleichsam als „Grundrechtsreflex", bei ausländischen Familienmitgliedern, sofern sich nur ein (deutsches oder ausländisches) Familienmitglied im Inland befindet[97]. Zudem soll Ausländern im Ausland bei finalem Staatshandeln über die Grenze hinweg (Nacheile, Schuß über die Grenze) ungeachtet der völkerrechtlichen Zulässigkeit dieses Vorgehens Grundrechtsschutz zuteil werden[98].

Obwohl dem Statusprinzip von *Isensee* in seiner Definition die „große Attraktivität der Einfachheit"[99] innezuwohnen scheint, vermag es die Frage des räumlichen Anwendungsbereichs der Grundrechte nicht einheitlich zu lösen. An dieser Theorie werden die dogmatischen Schwierigkeiten besonders deutlich. *Isensee* geht - im Gegensatz zur „herrschenden Meinung" - von einer Lösung außerhalb der Grundrechte aus. In der Sache greift er jedoch auf eine Kombination aus Territorialitäts- und Personalitätskriterium zurück und damit auf Kriterien, die auch bei den übrigen Vertretern des Schrifttums im Mittelpunkt der Diskussion stehen. Ein wirklicher Neuansatz ist daher mit dem „Statusprinzip" nicht verbunden. Das „Prinzip" hält zudem kritischen Situationen nicht stand, so daß im Rahmen der Ausnahmen auch *Isensee* zusätzliche Anknüpfungs-

---

94 Isensee, HbStR V, § 115, Rn. 82; die Meinung von Badura, FS Leisner, S. 403 (411), nach der Auswirkungen der Ausübung deutscher Staatsgewalt im Ausland, die weder auf die Gebietshoheit, noch auf die Personalhoheit zurückgeführt werden können, nicht unter Berufung auf Grundrechte des Grundgesetzes abgewehrt werden können, kommt der Auffassung von Isensee sehr nahe.

95 Isensee, HbStR V, § 115, Rn. 86.

96 Isensee, HbStR V, § 115, Rn. 85.

97 Isensee, HbStR V, § 115, Rn. 87.

98 Isensee, HbStR V, § 115, Rn. 90.

99 Kronke, Anwendbarkeit der Grundrechte, S. 33 (43).

punkte heranziehen muß. Im übrigen vermögen auch die Ausnahmen *Isensees* nicht wirklich zu überzeugen. Weshalb, so stellt *Kronke* zu Recht in Frage, solle ein Familienmitglied dem noch gebietsexternen Angehörigen den Status vermitteln, nicht aber ein ansässiges Glaubensgemeinschafts- oder Gewerkschaftsmitglied über Art. 4 Abs. 2 GG bzw. Art. 9 Abs. 3 GG den noch nicht im Inland angekommenen Mitgliedern? Weshalb solle beim finalen Staatshandeln deutscher Staatsgewalt über die Grenze nur die physische Einwirkung (Schuß) den Grundrechtsstatus verschaffen und nicht ebenso die juristische, etwa die Anwendung deutschen Steuer-, Kartell- oder Kapitalmarktaufsichtsrechts?[100] Angesichts dieser dogmatischen Unklarheiten erscheint es richtiger, in einem solchen Fall besser kein „Prinzip" („Dogma") aufzustellen, das den Anschein eines einheitlichen, schlüssigen Konzepts erweckt, sondern von Anfang an nur mit „Leitlinien" zu arbeiten, an deren Flexibilität kein Zweifel gelassen wird.

Die Auffassung *Isensees* führt daher ebenfalls nicht weiter.

5. Inlandsbezug

Als mögliches Kriterium wird in Verbindung mit der Grundrechtsberechtigung von Ausländern im Ausland auch ein irgendwie gearteter Inlandsbezug zur Bundesrepublik Deutschland verlangt[101]. Im Anschluß an den „Spanierbeschluß" des BVerfG, in dem danach gefragt wird, ob ein konkreter Sachverhalt eine „mehr oder weniger starke Inlandsbeziehung" aufweist[102], wurde gefordert, die Art der Inlandsbeziehung zu systematisieren[103]. Danach bietet es sich an, Fälle, in denen ein greifbares Rechtsgut, z.B. ein Grundstück, vorhanden ist, von denjenigen zu unterscheiden, in denen die mögliche Inlandsbeziehung nicht an einer Sache festgemacht werden kann, z.B. bei Familienbanden. Die Anwendbarkeit der Grundrechte im ersten Fall wurde dann bejaht, wenn sich das Rechtsgut eines Ausländers im Inland befindet oder wenn die deutsche Staatsgewalt in im Ausland belegene Rechtsgüter eingreift[104]. Im zweiten Fall wird verlangt, daß zwischen der Bundesrepublik und dem betroffenen Ausländer bereits eine sachlich-persönliche Beziehung entstanden sei, die es rechtfertige, den Ausländer in den Schutz der Grundrechte auch im Ausland einzubeziehen. Diese sachlich-persönliche Beziehung entstehe jedoch im Aus-

---

[100] Kronke, Anwendbarkeit der Grundrechte, S. 33 (42f.).

[101] Vgl. Zuleeg, DVBl. 1974, 341 (346).

[102] BVerfGE 31, 58ff., 75.

[103] Vgl. Lüderitz, RabelsZ 36 (1972), 35 (49).

[104] Quaritsch, HbStR V, § 120, Rn. 79f.; die Nähe zur Auffassung Isensees ist unübersehbar.

land nicht allein durch ein Tätigwerden staatlicher Instanzen, das sich in der Ablehnung eines Antrags erschöpfe[105].

Noch konkreter müsse die Inlandsbeziehung dann sein, wenn der Ausländer im Ausland nicht lediglich einen Abwehranspruch geltend mache, sondern Leistungs- oder Teilhabegrundrechte. Denn die Geltendmachung solcher Rechte könne an der fehlenden Zuständigkeit der Bundesrepublik im Ausland oder auch an der faktischen Unmöglichkeit scheitern, allen Menschen dieser Welt mit individuellen Rechtsansprüchen helfen zu wollen[106].

Mit dem Maßstab des Inlandbezugs ist vorsichtig umzugehen. Eine Überbetonung dieses Aspekts könnte ungewollt durch die herausgearbeiteten Bezugspunkte wieder ein starres Gerüst entstehen lassen, das für die Entscheidung über den räumlichen Anwendungsbereich der Grundrechte maßgeblich wäre. Als kollisionsrechtliche Regelungen im Sinne des IPR, anhand dessen die Kriterien auch überwiegend entwickelt worden sind[107], wollen sie sich hier jedoch gerade nicht verstanden wissen. Vielmehr sollen sie eine Hilfestellung geben, um - im Sinne von „Leitlinien“ - im Hinblick auf das jeweils betroffene Grundrecht im Einzelfall zu einem sachgerechten Ergebnis zu gelangen. Wenn dies im Blick behalten wird, kann ein „Inlandsbezug“ zur Geltung der (Abwehr-)Grundrechte auch für Ausländer im Ausland herangezogen werden.

6. In dubio pro libertate-Grundsatz

Im Schrifttum wurde ferner der Grundsatz „in dubio pro libertate“ für eine weite Auslegung des Anwendungsbereichs der Grundrechte herangezogen[108]. Bei mehreren Interpretationsmöglichkeiten soll diejenige Auslegung bevorzugt werden, die der Grundrechtsausübung den weitesten Raum läßt. Während dieser Grundsatz bei der Frage nach der Reichweite von Grundrechtsschranken sinnvoll erscheint, bestehen dagegen im Rahmen der Bestimmung des Schutzbereichs Bedenken. Denn bei der Bestimmung des Schutzbereichs erhielte „in dubio pro libertate“ eine Bedeutung, die ihm bei der Schrankendiskussion nicht zukommt.

In letzterem Fall steht die Geltung des Grundrechts grundsätzlich fest. Daran anschließend geht es um die weitere Frage, welche von mehreren durch Aus-

---

105 Quaritsch, ebenda, Rn. 81.
106 Quaritsch, ebenda, Rn. 81, 82, 77.
107 Schröder, FS Schlochauer, S. 137 (140) m.w.N.
108 Bleckmann, Staatsrecht II, § 7, Rn. 3.

legung als möglich erkannten Interpretationen vorzugswürdig ist. „In dubio pro libertate“ hat damit als „Grundsatz“ lediglich eine Hilfsfunktion. Diesen Charakter gilt es zu bedenken, wenn dieser Grundsatz von der Ebene der Schrankenbestimmung auf die Ebene der Bestimmung des Schutzbereichs übertragen werden soll. Denn als eigenständiges, normatives Kriterium eignet sich „in dubio pro libertate“ aufgrund seines „dubiosen“, unbestimmten, an keiner Norm der Verfassung ausgerichteten Inhalts nicht. Deshalb muß auch bei der territorialen Schutzbereichsbestimmung diese Hilfsfunktion des Grundsatzes gewahrt werden. Das bedeutet, daß er erst dann zur Anwendung kommt, wenn nach der Auslegung des einzelnen Grundrechts feststeht, daß zumindest eine von mehreren möglichen Auslegungen die Geltung des Grundrechts auch bei einem Sachverhalt mit Auslandsbezug nahelegt. Als eigene, der Auslegung vorgelagerte „Leitlinie“ läßt sich der „in dubio pro libertate“-Grundsatz dagegen systematisch nicht einordnen.

7. Grundsatz eines möglichst effektiven Grundrechtsschutzes

Auf ähnlicher Ebene liegt die Ansicht, die eine Anwendung der Grundrechte auch auf Ausländer im Ausland aus dem Gesichtspunkt eines möglichst effektiven Grundrechtsschutzes heraus verlangt[109]. Dieser Grundsatz ist einem im Völkerrecht üblichen Auslegungsgrundsatz („*effet utile*“) entlehnt. Anders als im Bereich z.B. der EMRK oder der Europäischen Union läßt er sich jedoch nicht allein zur Auslegung des territorialen *Schutzbereichs* der Grundrechte heranziehen. Anders als die völkerrechtlichen Verträge ist das Grundgesetz in seinem Anwendungsbereich zunächst auf die Gestaltung des deutschen Staates, nicht aber auf Universalität bzw. auf grenzüberschreitende Anwendung angelegt. Daher sollte auch dem Effektivitätsprinzip nur eine Hilfsfunktion zukommen, d.h. erst wenn aufgrund der Auslegung eine Ausdehnung des territorialen Schutzbereichs ohne Rücksicht auf Effektivitätserwägungen auch auf Sachverhalte mit Auslandsberührung möglich erscheint, läßt sich dieses zur Begründung mit heranziehen.

---

[109] Vgl. erneut Bleckmann, Staatsrecht II, § 14, Rn. 24, in der er das „Effektivitätsprinzip“ und „in dubio pro libertate“ gemeinsam im Rahmen der Schrankenbestimmung nennt.

8. Grundsatz der Völkerrechtsfreundlichkeit des Grundgesetzes

Der Grundsatz der Völkerrechtsfreundlichkeit des Grundgesetzes fordert vor allem Achtung vor fremden Rechtsordnungen und Rechtsanschauungen[110]. Dieser Grundsatz, der mit einem allgemeinen Gebot der völkerrechtsfreundlichen Auslegung des deutschen Rechts einschließlich des Verfassungsrechts einhergeht, wird aus der Systematik derjenigen Vorschriften abgeleitet, die sich mit den völkerrechtlichen Beziehungen der Bundesrepublik Deutschland befassen, insbesondere Art. 23 bis 26 GG[111]. Die Eigenständigkeit fremder Rechtsordnungen ist zu respektieren, was im „Todesstrafenbeschluß" dazu geführt hat, die Geltung des Art. 102 GG auf das Inland zu beschränken[112]. In dieser Deutlichkeit wurde dies vom BVerfG in der Folgezeit jedoch nicht mehr vertreten. In der „Spanierentscheidung" taucht die „Grundhaltung der Verfassung gegenüber anderen Staaten und der Völkerrechtsgemeinschaft", m.a.W. der Grundsatz der Völkerrechtsfreundlichkeit, nurmehr als Hilfserwägung auf, die neben anderen Erwägungen zur Auslegung der entsprechenden Verfassungsnorm heranzuziehen ist[113]. Diese Auffassung wird auch im Schrifttum gebilligt[114].

Auch der „Grundsatz der Völkerrechtsfreundlichkeit" kommt jedoch - jedenfalls an dieser Stelle - nicht zum Tragen[115]. Inhaltlich wird bei einer heimlichen Überwachungsmaßnahme die „Achtung vor einer fremden *Rechts*ordnung" nicht verweigert, da diese Rechtsordnung dadurch nicht in Frage gestellt wird und im Gegenteil von dem Eingriff möglichst nicht einmal etwas bemerken soll.

Darüberhinaus läßt sich der Grundsatz der Völkerrechtsfreundlichkeit, in einer Reihe mit den beiden zuvor erwähnten Gesichtspunkten, zutreffenderweise nicht im Bereich der Leitlinien ansiedeln, sondern ist, jedenfalls wenn man der Ansicht von *Tomuschat* folgt, erst dann heranzuziehen, wenn „bei einem Spiel-

---

[110] BVerfGE 18, 112 (121) - „Todesstrafenbeschluß".

[111] So - allerdings noch vor Inkrafttreten von Art. 23 GG n.F. - Tomuschat, HbStR VII, § 172, Rn. 27.

[112] BVerfGE 18, 112 (116 ff.).

[113] Vgl. BVerfGE 31, 58 (77).

[114] Schröder, FS Schlochauer, S. 137 (144); ähnlich Bleckmann, Staatsrecht II, § 7, Rn. 7, der aus dem Verfassungssatz der Völkerrechtsfreundlichkeit auf die Rücksichtnahme auf fremde Werte schließt.

[115] Bereits die Frage nach völkerrechtlichen Schranken einer Anwendung von Grundrechten auf Sachverhalte mit Auslandsbezug unter IV. läßt sich dem Grundsatz der Völkerrechtsfreundlichkeit des Grundgesetzes zuordnen, da vorhandene Schranken durch die Verfassungsorgane zu beachten wären.

raum möglicher Deutungen einer Rechtsregel diejenige bevorzugt wird, die gleichzeitig den Anforderungen des Völkerrechts gerecht wird“[116].

9. Strukturelle Gesichtspunkte nach Elbing

Elbing hat sich sehr ausführlich mit der strukturellen Anwendbarkeit von Grundrechten bei Sachverhalten mit Auslandsbezug befaßt und zahlreiche Kriterien für ein „Verfassungskollisionsrecht“ herausgearbeitet[117]. Teilweise decken sich diese mit den bereits angesprochenen, teilweise werden eigene entwickelt. Für das hier interessierende klassische Abwehrrecht „Fernmeldegeheimnis“ könnten folgende zusätzliche Kriterien von Interesse sein:

a) Kriterium der „gewichtigen Interessen des Gemeinwohls“

Ausgangspunkt *Elbings* ist ein Begründungselement in der Rechtsprechung des BVerfG, wonach Grundrechte aufgrund „gewichtiger Interessen des Allgemeinwohls“ eingeschränkt werden können[118]. Der Gemeinwohlbegriff ist auch auf Sachverhalte mit Auslandsbezug anwendbar[119]. Unter die Gemeinwohlinteressen fällt die Bekämpfung von Gefahren, die aus dem internationalen Bereich kommen und zwischen den Staaten auftreten. Zu diesen Gefahren lassen sich ohne weiteres diejenigen zählen, die zur Ausweitung der Aufklärungsfelder in § 3 Abs. 1 G 10 a.F. geführt haben, d.h. Proliferation, internationaler Terrorismus, internationaler Drogenhandel, Geldfälschungen großen Umfangs und damit verbundene Geldwäsche.

So wie das Kriterium von *Elbing* verstanden und begründet wird, ist es hier jedoch nicht einschlägig. Nach *Elbing* kommt es im Rahmen seiner strukturellen Betrachtung nicht darauf an, wo das Kriterium konstruktiv verortet wird, d.h. bei der Definition des Schutzbereichs oder bei der Festlegung der Schranken-Schranken[120]. Dieser Prämisse wird hier jedoch nicht gefolgt. Wenn der Schutzbereich nicht berührt ist, stellt sich mangels Eingriffs in den Schutzbereich die Frage nach Schranken und deren Grenzen („Schranken-Schranken“)

---

[116] Tomuschat, HbStR VII, § 172, Rn. 27.
[117] Elbing, Anwendbarkeit der Grundrechte, 1992.
[118] Elbing, Anwendbarkeit der Grundrechte, S. 247ff., unter Heranziehung von BVerfGE 63, 343 (367); BVerfG, NJW 1991, 349 (350f.).
[119] Nähere Begründung bei Elbing, Anwendbarkeit der Grundrechte, S. 247-249.
[120] Elbing, Anwendbarkeit der Grundrechte, S. 256.

nicht. Die Gemeinwohlinteressen werden zutreffenderweise im Bereich der *Grundrechtsschranken* angesiedelt[121]. Damit sind sie hier nicht heranzuziehen[122].

b) Kriterium der „faktischen Betroffenheit“

Nach Ansicht von *Elbing*[123] sind die Grundrechte sowohl im Inland als auch im Ausland bei „faktischem“ Hoheitshandeln anwendbar. Da dieses Kriterium aber zu weitreichend erscheint, leitet *Elbing* weitere Erfordernisse ab, um die Grundrechtsbindung einzugrenzen. So soll bei Beeinträchtigungen körperlicher Art das Kriterium der „räumlichen Betroffenheit“ aus der Natur der Sache einschlägig sein, während es bei nicht-körperlichen Auswirkungen entscheidend auf den Normzweck ankommen soll[124]. Die Überlegungen *Elbings* scheinen einschlägig, da man sich bei den hier diskutierten heimlichen Abhörmaßnahmen fragen könnte, ob hierin eine lediglich faktische Beeinträchtigung der Vertraulichkeit des Gesprächs im Ausland liegt.

Im Ergebnis kann auch dies offen bleiben. Denn obwohl *Elbing* sich diese Frage im Rahmen struktureller Überlegungen stellt, geht er auch hier über die vorrangige Frage nach dem Schutzbereich der Grundrechte hinaus. Das Kriterium der faktischen Betroffenheit erweitert den Kreis dessen, was als „Eingriff“ anzusehen ist. Leitet man daraus jedoch auch die Grundrechtsgeltung als solche ab, so bewegt sich die Argumentation bei näherem Augenschein auf der Ebene

---

[121] Elbing läßt dies zwar ausdrücklich offen, vgl. Fn. 99, doch wird auch in der Rechtsprechung des BVerfG, auf die er sich bezieht, diese Frage auf der Ebene der Schranken diskutiert.

[122] Darüber hinaus läßt sich die inhaltliche Begründung Elbings für die Einschränkbarkeit der Grundrechte aufgrund von Gemeinwohlinteressen nur schwer auf das Fernmeldegeheimnis übertragen. Beim Abhören von Gesprächen, die von Ausländern im Ausland geführt werden, läßt sich eine irgendwie geartete Treuepflicht des Ausländers zum Solidarverband Deutschland schlichtweg nicht konstruieren (hierzu Elbing, ebenda, S. 251). Doch führt dies nicht dazu, daß ein Ausländer mehr Rechte hat als ein Deutscher (so die Befürchtung Elbings, S. 253). Denn entweder fällt er bereits nicht in den Schutzbereich des Grundrechts und die Frage nach den Schranken entfällt. Oder er wird in den Schutzbereich des Grundrechts einbezogen. Dann muß er sich wie ein Deutscher an deren Schranken messen lassen. Abgesehen davon verfängt der Risikogedanke (S. 254) nicht, da sich der Ausländer nicht - weder freiwillig noch unfreiwillig - bewußt den gesteigerten Risiken der Unbeständigkeit internationaler Verhältnisse aussetzt (S. 255), wenn er heimlich abgehört wird.

[123] Elbing, Anwendbarkeit der Grundrechte, S. 257 ff., insb. S. 259 ff.

[124] Elbing, ebenda, S. 266 ff., insb. 270f.

von Art. 1 Abs. 3 GG: Weil der deutsche Staat - wenn auch nur faktisch - handelt, soll er an die Grundrechte gebunden sein. Dieses Argument wurde zur Begründung einer materiellen Grundrechtsgeltung im Ausland jedoch bereits abgelehnt[125]. So erleichtert die Überlegung *Elbings* unter Umständen die Identifikation eines „Eingriffs", als Leitlinie eines Verfassungskollisionsrechts im hier verstandenen Sinne läßt sie sich jedoch nicht heranziehen.

c) Kriterium der „eingreifenden Betroffenheit"

Bei diesem Kriterium sei auf die Zusammenfassung bei *Elbing* zurückgegriffen. Danach ist eine

> „Grundrechtsbindung immer dann zu bejahen, wenn entweder der von deutschem Hoheitshandeln Betroffene - von dem streitigen Hoheitsakt, dessen Grundrechtsbindung gerade in Frage steht, abgesehen, - bereits in die deutsche Rechtsordnung integriert ist oder wenn - bei rein inländischer Betrachtung - die Rechtspositionen des Betroffenen vermindert werden sollen, da andernfalls die Frage der Grundrechtsbindung überhaupt nicht entstünde. Der hier einschlägige Begriff des „Eingriffs" wird nicht im Sinne der klassischen Eingriffsdogmatik verstanden, sondern als rein tatsächlicher Vergleich der Möglichkeit vorher und nachher, Rechtsmacht auszuüben"[126].

Die Auffassung überzeugt - jedenfalls solange es um die Abwehrdimension eines Grundrechts geht - nicht. Sofern der Betroffene bereits in die deutsche Rechtsordnung integriert ist, klingt hier die Frage nach einem irgendwie gearteten Inlandsbezug an. Insoweit enthält dieses Kriterium nichts Neues. Neu ist dagegen die Frage nach einer Verminderung von Rechtspositionen des Betroffenen unter Ausblendung des Auslandsbezugs, woraus der notwendige Bezug zur deutschen Rechtsordnung abgeleitet wird. Auf der Ebene der strukturellen Anwendbarkeit der Grundrechte ist hierin jedoch ein Zirkelschluß angelegt. Elbing blendet genau das Kriterium aus, welches die Frage der Anwendbarkeit der Grundrechte überhaupt stellen läßt. Ein Problem entsteht jedoch nur dann, wenn ein Staatshandeln, das bei einem rein inländischen Sachverhalt einen Grundrechtseingriff bzw. eine Grundrechtsverletzung darstellen könnte, nun dergestalt auftritt, daß dieser Sachverhalt einen Auslandsbezug aufweist. Insoweit knüpft Elbing daher unausgesprochen weniger an die Verminderung einer Rechtsposition als vielmehr daran an, daß diese von der deutschen Hoheits-

---

[125] Vgl. oben V.1.

[126] Elbing, ebenda, S. 317; ausführlich hierzu S. 272 ff.

gewalt ausgeht. Auch diese Argumentation bewegt sich damit im Bereich des Art. 1 Abs. 3 GG. Wie bereits dargelegt, kann daraus jedoch gerade nicht auf den Umfang der Grundrechtsgeltung in concreto geschlossen werden.

Diese zusätzlichen Kriterien *Elbings* können daher im Ergebnis im Bereich der Abwehrdimension der Grundrechte nicht als „Leitlinien" eines Verfassungskollisionsrechts herangezogen werden.

10. Berücksichtigungsfähigkeit der „Leitlinien" im Hinblick auf das Fernmeldegeheimnis

In der Zusammenschau der diskutierten „Leitlinien" fällt auf, daß nur wenige Gesichtspunkte zur Bestimmung der räumlichen Reichweite des Fernmeldegeheimnisses beitragen können. Art. 1 Abs. 3 GG kann als Grundnorm zur formellen Grundrechtsbindung deutscher Staatsgewalt materiell nichts entnommen werden. Ein Schluß vom Territorialitätsprinzip auf den territorialen Schutzbereich ist ebenfalls nicht zulässig. Die Anknüpfung an die Staatsangehörigkeit im Sinne des Personalitätskriteriums ist zwar grundsätzlich möglich, führt jedoch auf das Fernmeldegeheimnis gewendet hinsichtlich der Anwendbarkeit von Art. 10 GG auf Ausländer im Ausland nicht weiter. *Isensee* und *Elbing* halten nach der hier vertretenen Auffassung keine praktikablen Lösungen bereit.

Die Grundsätze des „in dubio pro libertate", der Effektivität des Grundrechtsschutzes und der Völkerrechtsfreundlichkeit des Grundgesetzes fügen sich ebenfalls nicht in die Reihe der hier vorgeschlagenen „Leitlinien" ein. Sie kommen nur dann zum Tragen, wenn nach der Auslegung konkret feststünde, daß eine Interpretation sowohl für als auch gegen eine räumliche Geltung der Grundrechte bei Sachverhalten mit Auslandsbezug gleichermaßen möglich wäre.

Eine überzeugende Begründung für die Geltung der Grundrechte und insbesondere des Fernmeldegeheimnisses über reine Inlandssachverhalte hinaus findet sich über das Personalitätskriterium hinaus nur im Inlandsbezug, der hinreichend sein und dessen Vorliegen für jede Konstellation gesondert festgestellt werden muß.

Letztendlich bleibt damit für das Fernmeldegeheimnis nur wenig als „Leitlinien" übrig, was in keinem Verhältnis zur gedanklichen Vorarbeit zu stehen scheint. Man könnte sich daher die Frage stellen, ob die erörterten Kriterien überhaupt die Bezeichnung „Verfassungskollisionsrecht" verdienen oder ob anhand des Ergebnisses nicht doch besser auf diesen Begriff verzichtet werden sollte, da dieser mehr „Substanz“ vermuten läßt. Die Auslegung des Fernmeldegeheimnisses, ob mit oder ohne Verfassungskollisionsrecht, muß in jedem Fall erfolgen und zu einem etwaigen Inlandsbezug Stellung nehmen.

Gegen einen Verzicht auf ein - auch begriffliches - Festhalten am „Verfassungskollisionsrecht“ sprechen jedoch mehrere Gründe. Zum einen wurde hier nur zu Kriterien Stellung genommen, die die Abwehrdimension der Grundrechte berühren. Ein vollständiges Bild möglicher Leitlinien wurde nicht entworfen. Zum anderen ist das Argument der „Arbeitserleichterung“ („vor die Klammer gezogene Auslegung“) auch dann einschlägig, wenn die - zum Teil durchaus naheliegenden, vgl. Territorialitätskriterium - Kriterien als nicht weiterführend abgelehnt werden. Die gedankliche Vorarbeit muß auch hier in jedem Fall - und eben nicht bei jedem einzelnen Grundrecht in jedem Fall *neu* - geleistet werden.

VI. Auslegung des Fernmeldegeheimnisses in Bezug auf den territorialen Schutzbereich

Bei der Auslegung stellt sich nun konkret die Frage, ob sich bei der Telekommunikationsüberwachung von Ausländern im Ausland ein hinreichender Inlandsbezug als allein einschlägiges Anknüpfungskriterium innerhalb des Verfassungskollisionsrechts herstellen läßt.

1. Besondere Eigenschaft des Fernmeldegeheimnisses

Zunächst ist ein kurzer Blick auf die Besonderheit des Mediums Telekommunikation und daran anknüpfend auf das Fernmeldegeheimnis notwendig, um sich einem möglichen Inlandsbezug zu nähern. Gegenstand der Telekommunikation ist das auf Distanz gesprochene bzw. - z.B. bei Fax oder e-mail - geschriebene Wort. Diese Kommunikation auf Distanz ist indessen jederzeit an das Vorhandensein technischer Hilfsmittel in Form von Leitungen, Sendestationen oder Empfangsanlagen, je nachdem, ob es sich um leitungsgebundene oder nicht-leitungsgebundene Kommunikation handelt, geknüpft. Bei keinem anderen Grundrecht ist die Grundrechtsausübung untrennbar mit einem technischen Hilfsmittel verbunden. Daher schützt das Fernmeldegeheimnis nicht wirklich die Betätigung an sich (Sprechen, Schreiben) - hierfür stehen andere Grundrechte, wie die Meinungs- oder Pressefreiheit zur Verfügung - , sondern die Unversehrtheit des - unbedingt notwendigen - Kommunikationsmittels. Für den Inlandsbezug bleibt diese Beobachtung, wie noch zu zeigen sein wird, nicht ohne Bedeutung.

2. Personalitätskriterium

An dieser Stelle ist noch einmal auf die Bedeutung des Personalitätskriteriums hinzuweisen. Jedenfalls im Hinblick auf Abwehrgrundrechte und damit auch im Hinblick auf das Fernmeldegeheimnis genügt die deutsche Staatsangehörigkeit, um die Grundrechtsgeltung auch im Ausland zu bejahen. Ein grenzüberschreitender Telekommunikationsvorgang, bei dem der Teilnehmer im Ausland die deutsche Staatsangehörigkeit besitzt, ist daher vom Fernmeldegeheimnis umfaßt. Auch bei Gesprächen, die vollständig im Ausland stattfinden, genügt wegen der Einheitlichkeit des Gesprächs die deutsche Staatsangehörigkeit eines Teilnehmers, um dem gesamten Telekommunikationsvorgang den Schutz des Fernmeldegeheimnisses zu verleihen. Begründungsbedürftig bleiben damit nur grenzüberschreitende Gespräche, bei denen der Teilnehmer im Ausland die deutsche Staatsangehörigkeit nicht besitzt, sowie Gespräche zwischen Ausländern im Ausland.

3. Inlandsbezug

Fraglich ist, ob sich in Bezug auf die problematischen Fälle der grenzüberschreitenden Kommunikation mit einem ausländischen Teilnehmer im Ausland bzw. der Kommunikation von Ausländern im Ausland ein Inlandsbezug begründen läßt. Mehrere Anknüpfungspunkte sind denkbar:

a) Aufenthalt eines Anschlußteilnehmers im Inland

Ein Inlandsbezug ist immer dann zu bejahen, wenn sich ein Anschlußteilnehmer gleich welcher Nationalität („Jedermann-Grundrecht") im Inland aufhält, d.h. in allen Fällen grenzüberschreitender Kommunikation. Dieser Gebietskontakt reicht aus[127]. Das Fernmeldegeheimnis erstreckt sich damit gleichsam akzessorisch räumlich auf den im Ausland befindlichen Teilnehmer. Die Frage nach dessen Nationalität stellt sich dabei nicht[128]. Der gesamte grenzüberschreitende Telekommunikationsvorgang stellt eine untrennbare Einheit dar. Dafür spricht zudem die praktische Erwägung, daß sich ein mit Mitteln der

---

[127] Gröpl, ZRP 1995, 13 (17).

[128] Das Personalitätskriterium gibt nur eine zusätzliche Begründung, wenn der Kommunikationsteilnehmer im Ausland ein Deutscher ist.

Telekommunikation hergestellter Kontakt nur sehr schwer nach den einzelnen Teilnehmerbeiträgen aufschlüsseln lassen dürfte. Selbst wenn dies technisch möglich wäre, könnte dies nicht die Einheitlichkeit des Gesprächs in Frage stellen.

Damit bleibt die Grundrechtsgeltung nur für diejenige Kommunikation offen, die sich vollständig im Ausland abspielt.

b) Anknüpfung an einen konkreten Verdacht hinsichtlich eines ausländischen Kommunikationsteilnehmers

Möglicherweise ließe sich dadurch eine Inlandsbeziehung annehmen, daß bereits ein konkreter Verdacht einer Straftat auf den Kommunikationsteilnehmer im Ausland gefallen ist, da die Strafbarkeit im Inland ein zumindest auch im Inland geschütztes Rechtsgut voraussetzt. Die Folge dieses Ansatzes wäre, daß dann, wenn ein konkreter Verdacht bejaht würde, das Fernmeldegeheimnis gelten würde und ein Eingriff gem. Art. 10 Abs. 2 S. 1 GG nur auf gesetzlicher Grundlage ergehen dürfte. Ohne konkreten Verdacht, d.h. im Rahmen der hier diskutierten strategischen Überwachung, würde das Fernmeldegeheimnis dagegen mangels Inlandsbezug nicht einschlägig sein.

Diese Ansicht hätte jedoch zur Folge, daß sich in dem Moment, in dem im Rahmen einer strategischen Überwachung ein konkreter Verdacht entstünde, auch der rechtliche Rahmen ändern würde. Dieser Moment ist im voraus jedoch nicht abzusehen. Damit wäre die rechtliche Grundlage des Staatshandelns für den - möglicherweise - Grundrechtsberechtigten nicht vorhersehbar. In einem so sensiblen Bereich wie der Vertraulichkeit der Kommunikation kann aber die Grundrechtsgeltung nicht von einer Variablen im tatsächlichen Bereich abhängen, vielmehr muß von vornherein feststehen, ob das Fernmeldegeheimnis einschlägig ist oder nicht. Die Begründung des Inlandsbezugs in Abhängigkeit vom jeweiligen Verdacht ist daher nicht praktikabel.

c) Standort der Empfangsanlagen

Möglicherweise läßt sich ein Inlandsbezug daran knüpfen, daß die Empfangsanlagen des BND im Inland belegen sind und auch die Auswertung der erfaßten Kommunikation im Inland erfolgt. Das BVerfG scheint in der jüngsten Abhörentscheidung einer solchen Argumentation zuzuneigen[129]. Da die Ent-

---

[129] BVerfGE 100, 313 (363); ebenso Rupprecht, ZFIS 1999, 256 (260).

scheidung jedoch ausdrücklich nur für die Kommunikationen deutscher Staatsbürger im Ausland gilt[130], ist fraglich, ob sie sich auch auf Ausländer im Ausland übertragen läßt.

Auf den ersten Blick müßte die Übertragbarkeit bejaht werden. Die technisch-informationelle Beziehung als solche knüpft an den *Standort* der Empfangsanlagen an, der auch dann kein anderer ist, wenn die Kommunikation von Ausländern im Ausland aufgegriffen wird.

Im Ergebnis ist die Übertragbarkeit dennoch zu verneinen. Denn auf den zweiten Blick wird deutlich, daß das entscheidende Anknüpfungskriterium bei der Kommunikation von Deutschen im Ausland trotz der dahingehenden Formulierung des BVerfG nicht im Empfang und der Auswertung der Kommunikation im Inland begründet sein kann. Käme es wirklich nur auf die technisch-informationelle Beziehung an, so wäre der Hinweis des Gerichts, daß die Argumentation sich nicht auch auf Ausländer im Ausland beziehe, wegen des insoweit unveränderten Standorts der Empfangsanlagen überflüssig. Das eigentliche Unterscheidungsmerkmal kann damit nicht in dem Gebietskontakt durch eine technisch-informationelle Beziehung liegen als vielmehr in der Eigenschaft des Betroffenen, Deutscher zu sein. Das Personalitätskriterium ist daher, wenn auch nicht ausdrücklich ausgesprochen, in die Argumentation des BVerfG mit eingeflossen.

Daher läßt sich ohne Widerspruch auch dann, wenn man der Ansicht des BVerfG zustimmt, ein Inlandsbezug für Kommunikationen von Ausländern im Ausland nicht auf die im Bundesgebiet belegenen Empfangsanlagen stützen. Dies läßt sich mit einer weiteren Überlegung untermauern:

Es ist in Erinnerung zu rufen, daß die Vertraulichkeit des Fernmeldeverkehrs nur dadurch durchbrochen werden kann, daß dieser mittels Empfangsanlagen aufgefangen wird. Damit ist ohne technische Einrichtungen ein Eingriff in das Fernmeldegeheimnis nicht denkbar. Dies bedeutet zugleich, daß immer dann, wenn Kommunikation abgefangen wird, ein Staatshandeln - Errichtung und Einsatz der Empfangsanlagen - festzustellen sein wird. Wenn nun daraus als „Inlandsbezug“ auf die Grundrechtsgebundenheit des Staates geschlossen wird, so wird nicht an ein materielles, sondern an ein formelles Kriterium angeknüpft. Die Argumentation bewegt sich damit, genauer betrachtet, im Bereich des Art. 1 Abs. 3 GG - d.h. gerade nicht auf der hier betrachteten Ebene des materiellen Grundrechtsinhalts. Für einen möglichen Inlandsbezug kann damit nicht ent-

---

[130] BVerfGE 100, 313 (364).

scheidend sein, wo sich die Empfangsanlagen befinden, sondern wo bzw. zwischen welchen Gesprächsteilnehmern die Kommunikation stattfindet.

Ein aus dem Standort der Empfangsanlagen abgeleiteter Inlandsbezug auch für die Kommunikationen von Ausländern im Ausland ist daher abzulehnen.

4. Weitere Lösungsansätze in der Literatur

Müller-Terpitz leitet die Grundrechtsgeltung für - auf deutschem Boden - abgehörte Gespräche von Ausländern im Ausland daraus ab, daß der Ausländer, wenn er Überwachungsziel eines deutschen Nachrichtendienstes werde, von deutscher Staatsgewalt ebenso betroffen sei wie ein im Ausland lebender Deutscher. Dieses „Unterworfensein“, diese Subjektion unter deutsche Staatsgewalt verlange nach einem Kompensat in Form grundrechtlicher Freiheitsgewährleistung[131]. Diese Argumentation läuft im Ergebnis auf die hier abgelehnte Meinung hinaus, die aus Art. 1 Abs. 3 GG einen materiellen Gehalt ableiten will: Weil deutsche Staatsgewalt handelt, ist sie an die Grundrechte gebunden. Auch wird das staatsbürgerliche Band, das den Deutschen im Ausland weiterhin mit dem deutschen Staat verbindet, nicht weiter berücksichtigt.

Für *Badura* ist die Überwachung außerhalb des deutschen Staatsgebiets verlaufender internationaler Fernmeldeverkehre kein grundrechtlich erheblicher Eingriffstatbestand[132]. Wird der Fernmeldeverkehr einer Einzelperson dennoch dabei erfaßt, greift der Schutz des Rechts auf informationelle Selbstbestimmung ein[133].

Diese Auffassung geht, anders als das BVerfG, nicht davon aus, daß das Fernmeldegeheimnis als spezielles Datenschutzgrundrecht auch diese Aspekte mitumfaßt. Vor allem aber stellt sie ebenfalls entscheidend auf die Tätigkeit des BND auf deutschem Boden und die daran anknüpfende uneingeschränkte Grundrechtsbindung ab[134]. Weshalb dies nicht überzeugen kann, wurde soeben erläutert.

---

[131] Müller-Terpitz, Jura 2000, 296 (302).
[132] Badura, FS Leisner, S. 403 (412).
[133] Ebenda.
[134] Vgl. ebenda.

5. Ergebnis

Aufgrund dieser Überlegungen läßt sich eine Geltung des Fernmeldegeheimnisses für die Kommunikationen von Ausländern im Ausland aus der Verfassung heraus nicht begründen. Damit ist auch die Nachfolgeregelung im G 10 n.F., die bei der Ermächtigung des BND zur strategischen Überwachung die in § 3 Abs. 1 S. 2 G 10 a.F. getroffene Unterscheidung zwischen Deutschen und Ausländern im wesentlichen übernimmt[135], verfassungsgemäß.

VII. Einfluß des Geltungsbereichs von EMRK bzw. IPBPR auf die deutsche Rechtsprechung

Nimmt man an, daß der EGMR in einem einschlägigen Fall aus Gründen eines weitreichenden europäischen Grundrechtsschutzes die hier vorgeschlagene weite Auslegung des räumlichen Geltungsbereichs seiner Entscheidung zugrunde legen würde, so bliebe dies vermutlich in der Folgezeit nicht ohne Einfluß auch auf die deutsche Rechtsprechung. Zwar ist ein Auseinanderfallen zwischen dem Grundrechtsschutz des Grundgesetzes und dem Schutzbereich der EMRK nicht völlig unbekannt[136]. Obwohl das BVerfG der EMRK zwar keinen Verfassungsrang beimißt[137] und daher nicht dazu verpflichtet ist, sich seiner Auslegung anzupassen, wird die Auslegung der Konventionsrechte durch den EGMR auch bei der Auslegung der Grundrechte des Grundgesetzes in aller Regel einbezogen. So führt das Gericht in BVerfGE 74, 358 (370) ausdrücklich aus:

> „Wenn das Bundesverfassungsgericht sich zur Definition der Unschuldsvermutung auf den Wortlaut des Art. 6 Abs. 2 EMRK bezogen hat (BVerfGE 35, 311 [320]), der in der Bundesrepublik den Rang von Verfassungsrecht nicht genießt, so beruht dies auf der rechtlichen Wirkung, die das Inkrafttreten der Konvention auf das Verhältnis zwischen den Grundrechten des Grundgesetzes und ihnen verwandten Menschenrechten der Konvention hat. Bei der Auslegung des Grundgesetzes sind auch Inhalt und Entwicklungsstand der Europäischen

---

135 Vgl. § 5 Abs. 2 S. 2 und 3 G 10 n.F.

136 Allerdings betrifft das Auseinanderfallen von Grundrechtsschutz nach dem Grundgesetz und Schutz durch die EMRK eher die Frage der Normenhierarchie als das Problem, daß wesentliche, international gewährleistete Menschenrechte in Deutschland nicht geschützt wären; d.h. eine Reihe von Gewährleistungen insbesondere im Rahmen von Art. 6 EMRK sind in Deutschland nur einfach-gesetzlich geschützt. Vgl. zu diesem Problemkreis ausführlich Kirchhof, EuGRZ 1994, 16ff., insbesondere unter 2.3 m.w.N.

137 Vgl. oben Kap. 2, B.III.1.

Menschenrechtskonvention in Betracht zu ziehen, sofern dies nicht zu einer Einschränkung oder Minderung des Grundrechtsschutzes nach dem Grundgesetz führt, eine Wirkung, die die Konvention indes selbst ausgeschlossen wissen will (Art. 60 EMRK). Deshalb dient insoweit auch die Rechtsprechung des Europäischen Gerichtshofs für Menschenrechte als Auslegungshilfe für die Bestimmung von Inhalt und Reichweite von Grundrechten und rechtsstaatlichen Grundsätzen des Grundgesetzes".

Berücksichtigt man diese Linie in der Verfassungsrechtsprechung und die Tatsache, daß der EGMR ebensowenig wie das BVerfG ein abschließendes Urteil über die räumliche Reichweite des Telekommunikationsgeheimnisses gesprochen hat, so folgt daraus, daß die Auslegung des Fernmeldegeheimnisses noch nicht an ihr Ende gekommen ist.

VIII. Endergebnis

Eine Ausdehnung der räumlichen Reichweite des Fernmeldegeheimnisses auch auf die Telekommunikation zwischen Ausländern im Ausland läßt sich nicht zwingend feststellen. Das Grundgesetz selbst fordert einen so weitreichenden Grundrechtsschutz nicht. Die faktische Anlehnung der Grundrechtsauslegung an die EMRK durch das BVerfG könnte jedoch - auch vorgreifend - in der Zukunft zu einer Bejahung des Grundrechtsschutzes auch für Ausländer im Ausland führen.

D. Rechtslage im Vereinigten Königreich

Im Vereinigten Königreich läßt sich eine Debatte um die territoriale Reichweite von „Grundrechten" nicht feststellen.

KAPITEL 4:

DIE VORGABEN DER EMRK FÜR EINE MENSCHENRECHTSKONFORME TELEKOMMUNIKATIONSÜBERWACHUNG UND IHR VERHÄLTNIS ZUM NATIONALEN VERFASSUNGSRECHT - EIN ÜBERBLICK

Wendet man sich konkret der Rechtmäßigkeit von Eingriffen in das Telekommunikationsgeheimnis zu, so sind sowohl Deutschland als auch das Vereinigte Königreich völkerrechtlich an die Vorgaben der EMRK gebunden. Damit rücken die Anforderungen, die die EMRK an das nationale Recht stellt, in den Mittelpunkt des Interesses.

Der Inhalt der Bestimmungen der EMRK wird erst durch die Auslegung der Konventionsorgane in ihrem ganzen Ausmaß deutlich. Die Kenntnis der maßgeblichen Auslegungsgrundsätze, auf die die Konventionsorgane zurückgreifen, ist daher bei der Interpretation der Konventionsrechte unerläßlich, ehe auf die bisherige Auslegung des EGMR im einzelnen eingegangen wird. Dabei wird über die Auslegung der materiell-rechtlichen Bestimmungen der EMRK und damit über den Bereich hinausgegangen, der sich üblicherweise der Prüfung der Begründetheit einer Beschwerde zuordnen läßt. Wie jedes nationale Gericht stellt auch der EGMR seiner Prüfung der Begründetheit die Frage der Zulässigkeit einer Beschwerde voran. Aufgrund des gewollt heimlichen Vorgehens der Nachrichtendienste kann es für einen Betroffenen jedoch bereits problematisch sein, seiner diesbezüglichen Darlegungslast nachzukommen, sofern er nur vermutet, zum Opfer heimlicher Telekommunikationsüberwachung geworden zu sein. Aus diesem Grund hat der EGMR die Anforderungen an die Zulässigkeit bei heimlichen Überwachungsmaßnahmen herabgesetzt und damit den Weg zu einer materiell-rechtlichen Überprüfung eröffnet. Das Problem einer erschwerten Darlegungsmöglichkeit des rechtsschutzsuchenden Betroffenen stellt sich auch im nationalen Recht. Im Interesse eines umfassenden Rechtsvergleichs greift die Diskussion der Auslegung der EMRK daher auch die bei der Überwachung von Telekommunikation einschlägigen besonderen Anforderungen an die Zulässigkeit einer Beschwerde vor dem EGMR auf.

Allerdings kann an dieser Stelle zunächst nur ein Überblick über die in der EMRK angelegten Vorgaben erfolgen. Schlußfolgerungen für die nationalen Rechtssysteme lassen sich an dieser Stelle nur insoweit ziehen, als dies noch keine Kenntnis dieser Systeme in ihren Einzelheiten voraussetzt. Eine vertiefte

Auseinandersetzung mit den Anforderungen der EMRK bleibt deshalb den später herausgegriffenen Problembereichen vorbehalten.

A. Auslegungsgrundsätze des Europäischen Gerichtshofs für Menschenrechte

Obwohl sich der EGMR grundsätzlich von den allgemeinen Vertragsauslegungsregeln des Völkergewohnheitsrechts leiten läßt, die in den Art. 31ff. des Wiener Übereinkommens über das Recht der Verträge vom 23. Mai 1969[1] (WVRK) ihren Niederschlag gefunden haben[2], stellt er immer wieder Auslegungsregeln in den Vordergrund, die er speziell aus dem Charakter der EMRK als internationales Instrument zum Schutz der Menschenrechte ableitet. Dabei kann dahingestellt bleiben, ob man diese Gesichtspunkte als „eigenständige europäische Auslegungsweise“[3] ansehen will, oder, wie nach der hier vertretenen Ansicht, als logische Konsequenz einer Auslegung im Licht der Ziele und Zwecke der EMRK, was nach Art. 31 Abs. 1 a.E. WVRK zu den völkergewohnheitsrechtlich anerkannten Auslegungsgrundsätzen gehört. Als Grundsätze von besonderer Bedeutung lassen sich folgende herauskristallisieren:

I. Grundsatz des möglichst effektiven Menschenrechtsschutzes

Jede Auslegung der EMRK dient der Wahrung eines möglichst effektiven Grund- bzw. Menschenrechtsschutzes[4].

---

[1] BGBl II 1985, 926, Inkrafttreten am 27. Januar 1980 nach Beitritt oder Ratifikation von 35 Vertragsstaaten, Inkrafttreten für die Bundesrepublik am 20. August 1987, vgl. Bek. v. 26. November 1987, BGBl II, 757.

[2] Vgl. - schon im Vorgriff auf das Inkrafttreten des Wiener Vertragsrechtsübereinkommens - EGMR, Urt. v. 21. Februar 1975, *Golder ./. Vereinigtes Königreich,* Serie A, Nr. 18, Ziff. 29 = EuGRZ 1975, 91 (93).

[3] Gridl, Datenschutz in globalen Telekommunikationssystemen, S. 104.

[4] Vgl. EGMR, Urt. vom 23. Juli 1968, *Belgischer Sprachenfall*, Serie A, Nr. 6, Ziff. 5 = EuGRZ 1975, 298 (300): „Der Gerichtshof hält fest, daß das Ziel, das die Vertragsstaaten allgemein mit der Europäischen Menschenrechtskonvention haben erreichen wollen, ein wirksamer Schutz der Grundrechte des Menschen war (...)“; oder EGMR, Urt. vom 9. Oktober 1978, *Airey ./. Irland,* Serie A, Nr. 32, Ziff. 24 = EuGRZ 1979, 626 (627): „Die Konvention soll nicht Rechte garantieren, die theoretisch oder illusorisch sind, sondern Rechte, die praktisch ausübbar und wirksam sind“.

II. Grundsatz der evolutiv-dynamischen Auslegung

Als „evolutiv-dynamische Auslegung"[5] kann man die Tatsache ansehen, daß der EGMR die Konvention als „*instrument vivant*" bzw. „*living instrument*" ansieht, was bedeutet, daß die Vertragsbestimmungen nicht losgelöst von ihrem jeweiligen zeitlichen Kontext betrachtet werden dürfen[6]. Gleichartige Probleme können zu unterschiedlichen Zeiten verschiedene Lösungen erfordern[7], ebenso wie den Vertragsbestimmungen Lösungen für Probleme entnommen werden müssen, die zur Zeit ihrer Vereinbarung noch nicht bekannt waren[8].

III. Grundsatz der autonomen Interpretation

Nach diesem Grundsatz hat eine Interpretation „autonom" zu erfolgen, wobei Sinn und Zweck der EMRK sowie die vorherrschenden Auffassungen in den Rechtssystemen aller Vertragsstaaten zu berücksichtigen sind[9]. Dies bedeutet, daß in der EMRK verwendete Rechtsbegriffe grundsätzlich nicht anhand der Bedeutung des in Frage stehenden Begriffs in einem Mitgliedstaat zu interpretieren sind. Die nationale Bedeutung eines Begriffs hat lediglich als Indiz für die in den Rechtssystemen aller Vertragsstaaten vorherrschende Auffassung zu gelten. An dieser Stelle hat damit die rechtsvergleichende Ermittlung der nationalen Rechtsauffassungen ihren Platz.

---

5 Begriff im Gegensatz zu „statisch-historischer Auslegung", vgl. Wildhaber/Breitenmoser, IntKomm. EMRK, Art. 8, Rn. 17.

6 Vgl. EGMR, Urt. v. 25. April 1978, *Tyrer ./. Vereinigtes Königreich,* Serie A, Nr. 26, Ziff. 31 = EuGRZ 1979, 162 (164): „Der Gerichtshof muß auch darauf hinweisen, daß die Konvention ein lebendiges Instrument ist, das im Lichte der heutigen Verhältnisse zu interpretieren ist".

7 Vgl. z.B. die Rechtsprechung des EGMR in Fällen von Homosexualität (insb.: EGMR, Urt. v. 22. Oktober 1981, *Dudgeon ./. Vereinigtes Königreich,* Serie A, Nr. 45, Ziff. 60; Urt. v. 27. September 1999, *Smith und Grady ./. Vereinigtes Königreich,* Ziff. 104, veröffentlicht unter http://www.echr.coe.int) und Transsexualität (insb.: EGMR, Urt. v. 17. Oktober 1986, *Rees ./. Vereinigtes Königreich,* Serie A, Nr. 106, Ziff. 47; ders., Urt. v. 27. September 1990, *Cossey ./. Vereinigtes Königreich,* Serie A, Nr. 184, Ziff. 36ff.).

8 Die hier in Frage stehende Telekommunikation, deren atemberaubende Entwicklung auch jetzt noch nicht in ihrem vollen Ausmaß absehbar ist, gibt hierfür bestes Beispiel.

9 Vgl. insbesondere EGMR, Urt. v. 8. Juni 1976, *Engel u.a. ./. Niederlande,* Serie A, Nr. 22, Ziff. 81 u. 82; dem folgend EGMR, Urt. v. 28. Juni 1978, *König ./. Bundesrepublik Deutschland,* Serie A, Nr. 27, Ziff. 88 = EuGRZ 1978, 406; EGMR, Urt. v. 27. Februar 1980, *Deweer ./. Belgien,* Serie A, Nr. 35, Ziff. 42 = EuGRZ 1980, 667.

IV. Grundsatz der engen Interpretation von Ausnahmetatbeständen

Soweit die Konvention, wie in den Artikeln 8, 10 oder 11 (jeweils Abs. 2) EMRK, die Möglichkeit von Beschränkungen grundsätzlich gewährleisteter Menschenrechte vorsieht, sind diese Ausnahmetatbestände eng auszulegen[10] - auch dies eine Folge des möglichst effektiv zu gewährleistenden Menschenrechtsschutzes.

V. Keine Entscheidung über allgemeine Rechtsfragen

Bei dieser Einschränkung handelt es sich nicht wirklich um einen Auslegungsgrundsatz. Der Gerichtshof hat wiederholt festgestellt, daß er nicht abstrakt über allgemeine Rechtsfragen entscheidet, sondern das nationale Recht nur in Hinblick auf eine konkrete Streitfrage untersucht. Dies wirkt sich bei der untersuchten Thematik konkret bei den Anforderungen an die Zulässigkeit einer Beschwerde aus.

B. Auslegung der EMRK durch den EGMR im Hinblick auf heimliche Telekommunikationsüberwachung

Die Herausarbeitung der Vorgaben der EMRK orientiert sich an der Prüfung einer Beschwerde durch den EGMR.

I. Anforderungen an die Zulässigkeit einer Beschwerde nach Art. 25 EMRK

1. Allgemeine Anforderungen

Die Zulässigkeitsvoraussetzungen bestimmen sich nach Art. 25 ff. EMRK[11]. Als entscheidende Hürde bestimmt Art. 25 Abs. 1 EMRK, daß nur derjenige aktiv legitimiert ist, der sich „durch eine Verletzung der in dieser Konvention anerkannten Rechte durch einen der Hohen Vertragschließenden Teile beschwert fühlt (...)“. Die Individualbeschwerde ist keine Popularklage; daher

---

[10] EGMR, Urt. vom 6. September 1978, *Klass ./. Deutschland,* Serie A, Nr. 28, Ziff. 42 = EuGRZ 1979, 278 (284) oder EGMR, Urt. v. 4. Mai 2000, *Rotaru ./. Rumänien,* Ziff. 47 (http://www.echr.coe.int), jeweils i.V.m. Art. 8 Abs. 2 EMRK.

[11] Die Zulässigkeitsvoraussetzungen haben sich mit dem Inkrafttreten des Reformprotokolls Nr. 11 am 1. November 1998 nicht geändert.

muß der Individualbeschwerdeführer geltend machen, von der Verletzung, die er rügt, unmittelbar betroffen zu sein[12]. Dies führt dazu, daß der Beschwerdeführer im allgemeinen nicht gegen ein Gesetz einer Vertragspartei als solcher vorgehen kann, sondern vielmehr einen staatlichen Vollzugsakt angreifen muß.

2. Anforderungen bei heimlichen Überwachungsmaßnahmen

Für einen Beschwerdeführer, der sich als Opfer einer heimlichen Überwachungsmaßnahme ansieht, ist der Nachweis „tatsächlichen Betroffenseins" jedoch in der Regel unmöglich, wenn er diese nur vermutet, ohne von der ausführenden Behörde anschließend benachrichtigt worden zu sein. Im Normalfall bliebe ihm damit der Rechtsschutz vor dem EGMR verschlossen.

Diese Konsequenz wurde vom EGMR nicht gezogen. Der Grundsatz des *effet utile* verbietet es, den einzelnen, zu dessen Schutz die Bestimmungen der Konvention geschaffen wurden, anhand einer so engen Interpretation von Verfahrensvorschriften schutzlos zu stellen. Unter gewissen Voraussetzungen könne daher, so der Gerichtshof, eine Person geltend machen, durch die bloße Existenz geheimer Maßnahmen oder der solche Maßnahmen gestattenden Gesetze Opfer einer Verletzung (der Konvention) zu sein, ohne behaupten zu müssen, daß solche Maßnahmen tatsächlich gegen sie getroffen worden seien. Die erforderlichen Voraussetzungen müssten für jeden Fall einzeln bestimmt werden, und zwar entsprechend dem Recht oder den Rechten der Konvention, deren Verletzung gerügt wird, dem geheimen Charakter der angegriffenen Maßnahmen und dem Zusammenhang zwischen dem Betroffenen und diesen Maßnahmen[13].

Im Bereich der heimlichen Überwachung von Telekommunikation, wovon der Betroffene jedenfalls solange die Maßnahme durchgeführt wird, bei entsprechendem Sicherheitsrisiko aber auf unbestimmte Zeit oder sogar nie etwas erfährt, stellt der Gerichtshof in den Vordergrund, daß Art. 8 EMRK in weitem Maße unwirksam werden könnte. Daher hält er ein Beschwerderecht nach Art. 25 EMRK für denjenigen gegeben, der potentiell von einer geheimen Überwachung betroffen ist[14].

---

12 Vgl. Rogge, in: IntKomm EMRK, Art. 25, Rn. 214.

13 EGMR, Urt. v. 6. September 1978, *Klass ./. Deutschland,* Serie A Nr. 28, Ziff. 34 = EuGRZ 1979, 278 (283).

14 Ebenda, Ziff. 36.

Im Ergebnis führt diese Rechtsprechung zu einer weitgehenden Annäherung an eine abstrakte Normenkontrolle[15]. Auf diese Weise wird prozedurale Waffengleichheit hergestellt und so das Ziel eines möglichst effektiven Grundrechtsschutzes im Rahmen der Zulässigkeit konsequent erreicht.

Trotz der Betonung des Einzelfalls durch den EGMR muß dies für alle Arten heimlicher Überwachung von Telekommunikation, aber auch für sonstige heimliche Überwachungsmaßnahmen gelten. Die Überlegungen hinsichtlich des effektiven Grundrechtsschutzes greifen hier ebenfalls durch.

II. Materiell-rechtliche Anforderungen an das nationale Recht

Mit der Bejahung der Zulässigkeit öffnet sich der Weg zur materiellrechtlichen Überprüfung des nationalen Rechts anhand der Vorschriften der EMRK. Der EGMR hatte bereits mehrfach Gelegenheit, sich zu heimlichen Überwachungsmaßnahmen zu äußern. Die Entscheidungen betrafen überwiegend Abhörmaßnahmen im Rahmen strafrechtlicher oder disziplinarrechtlicher Untersuchungen[16]. In einem Fall betonte das Gericht ausdrücklich, daß nicht über die Kommunikationsüberwachung insgesamt entschieden werde und damit Maßnahmen anderer Behörden, wie z.B. der Zoll- und Steuerfahndung und der Geheimdienste ausgeklammert würden[17]. Auch soweit das Gericht zur Vereinbarkeit des deutschen G 10 mit den Bestimmungen der Konvention, und damit im Bereich der Geheimdienste, Stellung nehmen konnte, beschränkt sich die Entscheidung bei näherer Betrachtung auf die Vorschriften, die die Individualkontrolle nach § 2 G 10 regeln[18]. Zur strategischen Überwachung internationaler Telekommunikation hat sich der EGMR bislang nicht geäußert. Die in den Leitentscheidungen, insbesondere den Urteilen *Malone* und *Klass*, gemachten

---

[15] Wildhaber/Breitenmoser, in: IntKomm. EMRK, Art. 8, Rn. 583.

[16] EGMR, Urt. vom 2. August 1984, *Malone ./. Vereinigtes Königreich,* Serie A, Nr. 82 = EuGRZ 1985, 17ff.; EGMR, Urteile v. 24. April 1990, *Kruslin bzw. Huvig ./. Frankreich,* Serie A, Nr. 176 A bzw. B; EGMR, Urt. v. 25. März 1998, *Kopp ./. Schweiz,* Reports 1998 - II (alle Strafrecht); EGMR, Urt. v. 25. Juni 1997, *Halford ./. Vereinigtes Königreich,* Reports 1997-III (Disziplinarrecht).

[17] EGMR, Urt. v. 2. August 1984, *Malone ./. Vereinigtes Königreich,* Serie A, Nr. 82 = EuGRZ 1985, 17 (19f.).

[18] EGMR, Urt. v. 6. September 1978, *Klass ./. Deutschland,* Serie A, Nr. 28 = EuGRZ 1979, 278ff.

Aussagen sind jedoch im Grundsatz auch auf andere Konstellationen heimlicher Telekommunikationsüberwachung übertragbar[19].

1. Art. 8 EMRK

Grundsätzlich läßt die EMRK Eingriffe des Staates in die Rechte aus Art. 8 Abs. 1 EMRK unter den Voraussetzungen des hier nochmals zitierten Abs. 2 zu:

> „(2) Der Eingriff einer öffentlichen Behörde in die Ausübung dieses Rechts ist nur statthaft, insoweit dieser Eingriff gesetzlich vorgesehen ist und eine Maßnahme darstellt, die in einer demokratischen Gesellschaft für die nationale Sicherheit, die öffentliche Ruhe und Ordnung und zur Verhinderung von strafbaren Handlungen, zum Schutz der Gesundheit und der Moral oder zum Schutz der Rechte und Freiheiten anderer notwendig ist".

Die Vorschrift legt folgende vom EGMR herangezogene Prüfungsreihenfolge nahe:

- Vorliegen eines Eingriffs
- Der Eingriff muß gesetzlich vorgesehen sein.
- Der Eingriff muß dem Schutz der in Abs. 2 niedergelegten Rechtsgüter dienen.
- Der Eingriff muß in einer demokratischen Gesellschaft notwendig sein.

a) Vorliegen eines Eingriffs

Sobald eine heimliche Überwachungsmaßnahme gegen eine bestimmte Person angewandt worden ist, ist ein behördlicher Eingriff in die Ausübung ihres Rechts auf Schutz ihres Privat- und Familienlebens und ihres Briefverkehrs offensichtlich. Als Eingriff ist darüber hinaus bereits das bloße Vorhandensein von Rechtsvorschriften, die eine heimliche Überwachung gestatten, für all diejenigen Personen anzusehen, für die diese Vorschriften die Gefahr einer Überwachung mit sich bringen[20]. Ausnahmsweise können damit abstrakte Eingriffs-

---

[19] Ähnlich Cohen-Jonathan, FS Wiarda, S. 97 (103). Eine ausführliche Darstellung des Sachverhalts findet sich bei Breitenmoser, Schutz der Privatsphäre, S. 185ff. (*Klass*) sowie S. 93ff. (*Malone*) sowie bei Wenserski, Geheimnisschutz nach Art. 8 MRK und die Einwirkungen auf das deutsche und englische Recht, S. 4ff. (*Malone*) und S. 12ff. (*Klass*).

[20] EGMR, Urt. v. 6. September 1978, *Klass ./. Deutschland,* Serie A, Nr. 28, Ziff. 41 = EuGRZ 1979, 278 (284); bestätigt in EGMR, Urt. v. 2. August 1984, *Malone ./. Vereinig-*

normen genügen[21]. Der EGMR führt mit letzterer „Eingriffsbestimmung“ seine Rechtsprechung zugunsten des Beschwerdeführers im Rahmen heimlicher Überwachungsmaßnahmen fort. Für einen Eingriff in das Telekommunikationsgeheimnis kommt es darüber hinaus nicht auf die anschließende Verwendung der Aufzeichnungen an[22]. Die Datenverwendung kann jedoch gesondert als Eingriff in geschützte Daten nach Art. 8 Abs. 1 EMRK beurteilt werden.

b) „Vom Gesetz vorgesehen“

aa) Allgemeine Anforderungen

Der Gerichtshof hat immer wieder die Bedeutung dieses Merkmals für die „Vorherrschaft des Rechts“ (*rule of law*) hervorgehoben, die bereits in der Präambel der Konvention gefordert wird[23]. In Anwendung des Grundsatzes autonomer Interpretation hat er zur Frage, wann eine Maßnahme als „vom Gesetz vorgesehen“ gilt, in ständiger Rechtsprechung mehrere Grundsätze aufgestellt:

Zunächst muß der Eingriff irgendeine Grundlage im inländischen Recht haben. „Gesetz“, so der Gerichtshof, erfasse nicht nur Gesetzesrecht, sondern auch ungeschriebenes Recht[24].

---

tes Königreich, Serie A, Nr. 82, Ziff. 64 (Überwachung des Kommunikationsinhalts) bzw. Ziff. 86 (Registrierungsdaten (metering)) = EuGRZ 1985, 17ff.; vgl. auch EGMR, Urt. v. 25. Juni 1997, *Halford ./. Vereinigtes Königreich,* Reports 1997 - III, Ziff. 53-60, in der diese Rechtsprechung erneut bekräftigt wurde, ohne daß sie auf den Fall *Halford* übertragen wurde.

21 Vgl. Wildhaber/Breitenmoser, in: IntKomm. EMRK, Art. 8, Rn. 47.

22 Vgl. EGMR, Urt. v. 25. März 1998, *Kopp ./. Schweiz,* Reports 1997 - III, Ziff. 51-53. Dies gilt für jede staatliche Aufbewahrung von Daten, die das Privatleben betreffen, ungeachtet dessen, wie diese erlangt worden sind (jedenfalls solange die Datensammlung, wie in den angesprochenen Fällen, ohne Einverständnis des Betroffenen angelegt worden ist, die Verf'in), vgl. EGMR, Urt. v. 16. Februar 2000, *Amann ./. Schweiz,* Ziff. 69-70 (http://www.echr.coe.int).

23 EGMR, Urt. v. 2. August 1984, *Malone ./. Vereinigtes Königreich,* Serie A, Nr. 82, Ziff. 67 = EuGRZ 1985, 17 (20); vgl. auch EGMR, Urt. v. 25. März 1998, *Kopp ./. Schweiz,* Reports 1997 - III, Ziff. 64; erneut betont in EGMR, Urt. v. 16. Februar 2000, *Amann ./. Schweiz,* Ziff. 56 (http://www.echr.coe.int).

24 Die Anerkennung ungeschriebenen Rechts wurde zunächst in Bezug auf das Vereinigte Königreich wegen des dort gültigen common law festgeschrieben, vgl. die Leitentscheidung EGMR, Urt. vom 26. April 1979, *Sunday Times ./. Vereinigtes Königreich,* Serie A, Nr. 36, Ziff. 47 = EuGRZ 1979, 386 (387), dem folgend EGMR, Urt. vom 25. März 1983, *Silver u.a. ./. Vereinigtes Königreich,* Serie A, Nr. 61, Ziff. 86 = EuGRZ 1984, 147 (150)

Außerdem müsse das Recht ausreichend zugänglich sein: der Bürger müsse in einer nach den Umständen hinreichenden Weise erkennen können, welche rechtlichen Vorschriften auf einen gegebenen Fall anwendbar seien[25].

Mit dem Kriterium der Zugänglichkeit ist das weitere Erfordernis der Voraussehbarkeit eines Gesetzes eng verbunden. Eine Norm, so der Gerichtshof, könne nicht als „Gesetz" angesehen werden, wenn sie nicht so präzise formuliert sei, daß der Bürger sein Verhalten danach einrichten könne. Er müsse - gegebenenfalls aufgrund entsprechender Beratung - in der Lage sein, die Folgen eines bestimmten Verhaltens mit einem den Umständen entsprechenden Grad an Gewißheit zu erkennen[26].

Dem Kriterium der Voraussehbarkeit kann auch mit Hilfe von innerdienstlichen Weisungen oder Verwaltungsrichtlinien Rechnung getragen werden, sofern der Betroffene von ihrem Inhalt ausreichend in Kenntnis gesetzt wurde[27]. Dieses Kriterium wirkt sich insbesondere dann aus, wenn ein Gesetz Ermessen einräumt. Hier muß das Gesetz selbst die Reichweite des Ermessens anzeigen[28]. Eine absolute Bestimmtheit kann damit allerdings nicht erreicht werden, da dies mit dem Risiko zu exzessiver Starrheit verbunden wäre[29].

bb) Anforderungen bei heimlichen Überwachungsmaßnahmen

Bei heimlichen Überwachungsmaßnahmen hat der EGMR die Anforderungen an die Gesetzesqualität zum Teil verändert.

---

und EGMR, Urt. vom 26. März 1987, *Leander ./. Schweden,* Serie A, Nr. 116, Ziff. 50. In den Urteilen des EGMR v. 24. April 1990, *Kruslin ./. Frankreich,* Serie A, Nr. 176-A, Ziff. 29 und *Huvig ./. Frankreich*, Serie A, Nr. 176-B, Ziff. 28 wurde die Anerkennung ungeschriebenen Rechts auch auf kontinentaleuropäisches Richterrecht ausgeweitet, vgl. hierzu Wildhaber/Breitenmoser, IntKomm. EMRK, Art. 8, Rn. 544 - 550.

25 EGMR, Urt. v. 26. April 1979, *Sunday Times ./. Vereinigtes Königreich,* Serie A, Nr. 36, Ziff. 49 = EuGRZ 1979, 386 (387); EGMR, Urt. vom 25. März 1983, *Silver ./. Vereinigtes Königreich,* Serie A, Nr. 61, Ziff. 87 = EuGRZ 1984, 147 (150).

26 EGMR, Urt. v. 26. April 1979, *Sunday Times ./. Vereinigtes Königreich,* Serie A, Nr. 36, Ziff. 49 = EuGRZ 1979, 386 (387).

27 Vgl. EGMR, Urt. v. 25. März 1983, *Silver u.a. ./. Vereinigtes Königreich,* Serie A, Nr. 61, Ziff. 88f. = EuGRZ 1984, 147 (150).

28 Es genügt nicht, wenn die Reichweite des Ermessens in Verwaltungsrichtlinien („administrative practices") festgelegt ist, vgl. EGMR, Urt. v. 26. März 1987, *Leander ./. Schweden,* Serie A, Nr. 116, Ziff. 41.

29 EGMR, ebenda.

Im Hinblick auf das Kriterium der „Voraussehbarkeit“ hat der Gerichtshof im Zusammenhang mit Sicherheitsüberprüfungen von Personal zum Schutz der nationalen Sicherheit eingeräumt, daß die Anforderungen gelockert werden müßten. Der erforderliche „Grad an Gewißheit“ ist damit „den Umständen entsprechend“ herabgesetzt. Im Urteil *Leander ./. Schweden* führte er aus:

„Thus, it cannot mean that an individual should be enabled to foresee precisely what checks will be made in his regard by the Swedish special police service in its efforts to protect national security. Nevertheless, in a system applicable to citizens generally (...), the law has to be sufficiently clear in its terms to give them an adequate indication as to the circumstances in which and the conditions on which the public authorities are empowered to resort to this kind of secret and potentially dangerous interference with private life“[30]

Im Kontrast dazu sind die Anforderungen an das Gesetz hinsichtlich der Reichweite des Ermessens im Bereich heimlicher Überwachungsmaßnahmen besonders streng. Im Rechtsfall *Leander* führt der Gerichtshof weiter aus:

„In addition, where the implementation of the law consists of secret measures, not open to scrutiny by the individuals concerned or by the public at large, the law itself, as opposed to the accompanying administrative practice, must indicate the scope of any discretion conferred on the competent authority with sufficient clarity, having regard to the legitimate aim of the measure in question, to give the individual adequate protection against arbitrary interference“[31].

Ähnlich äußerte er sich im Fall *Rotaru ./. Rumänien,* bei dem er sich mit der Speicherung von Daten durch den staatlichen Geheimdienst zu befassen hatte. Hier kritisierte er im Rahmen der „Voraussehbarkeit“:

„Thus, for instance, domestic law does not define the kind of information that may be recorded, the categories of people against whom surveillance measures such as gathering and keeping information may be taken, the circumstances in which such measures can be taken or the procedure to be followed. Similarly, the law does not lay down limits on the age of information held or the length of time for which it may be kept. (...) this section contains no explicit, detailed provision concerning the persons authorised to consult the files, the nature of the files, the procedure to be followed or the use that may be made of the information thus obtained“[32].

---

[30] EGMR, Urt. v. 26. März 1987, *Leander ./. Schweden,* Serie A, Nr. 116, Ziff. 51.
[31] Ebenda.
[32] EGMR, Urt. v. 4. Mai 2000, *Rotaru ./. Rumänien,* Ziff. 57 (http://www.echr.coe.int).

Obwohl der Gerichtshof diese Aussagen nicht hinsichtlich der heimlichen Überwachung von Telekommunikation getroffen hat[33], lassen sie sich auf diesen Bereich übertragen. In allen Fällen besteht die besondere Gefahr der Maßnahmen darin, daß sie gegenüber dem Betroffenen - jedenfalls zunächst - geheimgehalten werden müssen. Das Schutzbedürfnis ist bei heimlicher Überwachung von Telekommunikation im Vergleich zu einer Sicherheitsüberprüfung sogar größer, da der Betroffene dem Sinn der Maßnahme entsprechend keinen Anhaltspunkt darüber haben sollte, daß er Ziel einer solchen Maßnahme ist, während derjenige, der sich um einen Posten in einem Bereich bewirbt, wo er Umgang mit sensiblen Daten oder Zugang zu sicherheitsrelevanten Örtlichkeiten hat, über die Durchführung einer Sicherheitsüberprüfung in der Regel informiert sein müßte. Erst recht liegt ein erhöhtes Schutzbedürfnis bei der „strategischen Kontrolle" vor, die ohne Anknüpfung an einen konkreten Verdacht angeordnet wird.

c) Schutz der in Abs. 2 niedergelegten Rechtsgüter

Die Rechtsgüter, zu deren Schutz ein Eingriff in das Recht auf Privatleben erfolgen kann, sind ausgesprochen zahlreich und denkbar weit formuliert. Wieder entscheidet sich im Einzelfall, ob durch den Eingriff eines der genannten Rechtsgüter geschützt werden soll. Die Überwachung internationaler Telekommunikation läßt sich sowohl in Deutschland als auch im Vereinigten Königreich mühelos von den Tatbeständen „nationale Sicherheit" oder „zur Verhinderung von strafbaren Handlungen" erfassen. Besonders augenfällig ist dies im Vereinigten Königreich, da die Ermächtigungsgrundlage in s. 5 (3) RIPA 2000 teilweise direkt auf die Begrifflichkeit des Art. 8 Abs. 2 EMRK zurückgreift. Dies gilt nicht nur für die genannten Tatbestände, sondern darüber hinaus für Eingriffe zur „Wahrung des wirtschaftlichen Wohls", das dort zur Rechtfertigung ebenfalls herangezogen werden kann[34]. Diese Begriffe wurden bislang vom Gerichtshof nicht definiert, so daß auch auf diese Weise keine Eingrenzung erfolgt ist. Lediglich in einem Sondervotum im Fall *Rotaru ./. Rumänien* wurde die „nationale Sicherheit" verneint, weil die vom Geheimdienst gehalte-

---

33 Vgl. aber bereits EGMR, Urt. v. 2. August 1984, *Malone ./. Vereinigtes Königreich,* Serie A, Nr. 82, Ziff. 68 = EuGRZ 1985, 17 (21).

34 Die Voraussetzung „zur Wahrung des wirtschaftlichen Wohls" ist denn auch auf britische Anregung in den Katalog des Art. 8 Abs. 2 EMRK aufgenommen worden, um die Kontrolle des Devisenverkehrs zu ermöglichen, vgl. Wildhaber/Breitenmoser, in: IntKomm. EMRK, Art. 8, Rn. 604.

nen Daten nachweislich falsch waren und zudem Umstände zum Gegenstand hatten, die über fünfzig und in einem Fall sogar dreiundsechzig Jahre zurücklagen[35]. Zur Verallgemeinerung eignet sich diese Aussage jedoch nicht.

Als Blankovollmacht zu Eingriffen in Art. 8 Abs. 1 EMRK ist Abs. 2 dennoch nicht zu sehen. Die unerläßliche Begrenzungsfunktion kommt dem nächsten Prüfungsgegenstand zu:

d) Notwendigkeit des Eingriffs in einer demokratischen Gesellschaft

aa) Verhältnismäßigkeitsprinzip

Die Überlegungen des EGMR zur „Notwendigkeit des Eingriffs in einer demokratischen Gesellschaft" laufen im Ergebnis auf eine Verankerung des im deutschen Verwaltungsrecht geläufigen Verhältnismäßigkeitsprinzips hinaus.

Bei der Auflistung allgemeiner Grundsätze zu diesem Erfordernis hat der EGMR zunächst festgestellt, daß das Adjektiv „notwendig" weder mit „unentbehrlich" gleichzusetzen sei, noch die Flexibilität von Ausdrücken wie „berechtigt", „normal", „nützlich", „angemessen" oder „angebracht" besitze. Der Eingriff muß, um in einer demokratischen Gesellschaft notwendig zu sein, einem „zwingenden sozialen Bedürfnis" entsprechen und „in angemessenem Verhältnis zum verfolgten berechtigten Ziel" stehen[36].

Bei der Abwägung zwischen dem verfolgten Ziel und dem eingesetzten Mittel ist im Rahmen der Verhältnismäßigkeitsprüfung ein weiterer Gesichtspunkt zu beachten. Der EGMR betont, daß die Vertragsstaaten bei der Auslegung der Einschränkungen einen gewissen, wenn auch nicht unbegrenzten Ermessensspielraum besäßen, wobei die endgültige Entscheidung, ob die Einschränkungen mit der Konvention vereinbar seien, beim Gerichtshof selbst liegen würde[37]. Im Bereich heimlicher Überwachungsmaßnahmen kommt diesem Kriterium beson-

---

[35] Vgl. das Sondervotum des Richters Wildhaber zum Urteil des EGMR v. 4. Mai 2000, *Rotaru ./. Rumänien,* dem sich die Richter Makarczyk, Türmen, Costa, Tulkens, Casadevall und Weber anschlossen (http://www.echr.coe.int).

[36] Vgl. EGMR, Urt. v. 7. Dezember 1976, *Handyside ./. Vereinigtes Königreich,* Series A, Nr. 24, Ziff. 48f. = EuGRZ 1977, 38 (41); EGMR, Urt. v. 26. April 1979, *Sunday Times ./. Vereinigtes Königreich,* Serie A, Nr. 36, Ziff. 59 = EuGRZ 1979, 386 (388) und EGMR, Urt. vom 26. März 1987, *Leander ./. Schweden*, Serie A, Nr. 116, Ziff. 58.

[37] EGMR, Urt. v. 7. Dezember 1976, *Handyside ./. Vereinigtes Königreich,* Serie A, Nr. 24, Ziff. 49 = EuGRZ 1977, 38 (42).

dere Bedeutung zu, weshalb im folgenden zwischen der Doktrin als solcher und ihrer Anwendung im Bereich nationaler Sicherheit getrennt wird. Bei letzterem kommt das Kriterium der „demokratischen Gesellschaft“ besonders zur Geltung.

bb) Die Lehre vom staatlichen Ermessensspielraum[38]

Grundsätzlich hat die „Lehre vom staatlichen Ermessensspielraum“ eine wichtige Grenzziehung zum Gegenstand. Mit ihrer Hilfe entscheidet der EGMR, inwieweit Eingriffe in Grundrechte einer unterschiedlichen staatlichen Ausgestaltung zugänglich sind bzw. wann ein Eingriff so fundamental Grundrechte berührt, daß er - egal in welcher Ausgestaltung - nicht mehr zulässig ist.

In der Literatur blieb diese Lehre jedoch nicht unwidersprochen. Die Kritik setzt zum einen an der Konturlosigkeit des Ermessensspielraums an. Teilweise wird angezweifelt, ob ein Ermessensspielraum überhaupt seinen Platz hat, wenn Konventionsrechte wie Art. 8 EMRK das besondere Erfordernis aufstellen, daß Eingriffe in einer demokratischen Gesellschaft notwendig sein müssen[39]. Für die Einräumung eines Ermessensspielraums wird ein objektiver Test gefordert, der insbesondere auf einer unabhängigen Untersuchung von Tatsachen und Gründen, die zu einem Eingriff führen, beruht[40]. Zudem bietet die Bestimmung des Schutzniveaus anhand rechtsvergleichender Betrachtungen, wie sie vom EGMR zuweilen bei der Beurteilung des Ermessensspielraums angestellt werden[41], keine sichere Gewähr für einen adäquaten Menschenrechtsschutz.

Doch selbst die Kritiker kommen nicht umhin, das Bestehen nationaler Unterschiede anzuerkennen und daraus Flexibilität für die Beurteilung durch den EGMR abzuleiten[42]. Die grundsätzliche Notwendigkeit eines Ermessensspielraums wird also nicht bestritten.

Tatsächlich läßt sich die Lehre vom staatlichen Ermessensspielraum überzeugend auf mehrere Überlegungen stützen, die sich auf die Natur und Aufgabe des EGMR als internationalem Spruchkörper zurückführen lassen. Der EGMR ist

---

38 Vgl. für eine ausführliche Herleitung der Lehre vom staatlichen Ermessensspielraum insbesondere den Aufsatz von Mahoney, (1998) HRLJ 1ff. m.w.N.

39 Burke, SLR 33 (1981) 1113, 1132.

40 Burke, SLR 33 (1981) 1113, 1133, siehe dort auch Fn. 16 m.w.N.

41 Vgl. z.B. erneut EGMR, Urt. v. 27. September 1999, *Smith und Grady ./. Vereinigtes Königreich,* insb. Ziff. 104 (http://www.echr.coe.int).

42 So explizit Burke, SLR 33 (1981) 1113, 1136 für die Rechtslage im Vereinigten Königreich.

auf die Wahrung der Menschenrechte in einer demokratischen Gesellschaft verpflichtet. Wertentscheidungen kommen in einer demokratischen Gesellschaft zuvorderst den demokratisch gewählten Körperschaften zu und fordern bereits aus diesem Grund richterliche Zurückhaltung[43]. Das Subsidiaritätsprinzip, nach dem vor allem den nationalen Behörden die Aufgabe des Menschenrechtsschutzes zukommt, hat an dieser Stelle ebenfalls seinen Platz[44]. Dafür spricht weiter, daß einige Konventionsrechte eher als Standards denn als detaillierte Regeln formuliert sind. Zudem dient die Anerkennung eines staatlichen Ermessensspielraums der Wahrung der kulturellen Vielfalt in Europa, die als solche erhalten bleiben und nicht von einer kulturellen Gleichmacherei verdrängt werden sollte.

Die Lehre vom staatlichen Ermessensspielraum kann damit zwar nicht im Wortlaut, aber doch in den der Konvention zugrundeliegenden Prinzipien rechtlich verankert werden. Der EGMR kann durch seine Interpretation des Ermessensspielraums Einfluß darauf nehmen, ob im konkreten Einzelfall ein mehr oder weniger effektiver Grundrechtsschutz durchgesetzt wird.

cc) Anwendung der Lehre vom staatlichen Ermessensspielraum auf Entscheidungen mit Bedeutung für die nationale Sicherheit

Wird eine staatliche Maßnahme, wie im Fall einer heimlichen Telekommunikationsüberwachung oder einer Sicherheitsüberprüfung von Personal, aus Gründen nationaler Sicherheit durchgeführt, so ist zunächst - wie in allen Fällen, die Überlegungen zum staatlichen Ermessensspielraum notwendig machen - neben dem berechtigterweise verfolgten Ziel insbesondere die Natur des Eingriffs sowie das Ausmaß des Eingriffs zu berücksichtigen[45]. Im Ergebnis gesteht der EGMR jedoch, soweit es um das „ob“ und „wie“ einer Überwachung

---

43 Vgl. Mahoney, (1998) HRLJ 1,2 und Supperstone/Coppel, (1999) EHRLJ 301, 316f.

44 Vgl. Mahoney, (1998) HRLJ 1,2 und Supperstone/Coppel, (1999) EHRLJ 301, 317.

45 Vgl. hierzu EGMR, Urt. v. 26. März 1987, *Leander ./. Schweden,* Serie A, Nr. 116, Ziff. 59: „However, the Court recognises that the national authorities enjoy a margin of appreciation, the scope of which will depend not only on the nature of the legitimate aim pursued but also on the particular nature of the interference involved. In the instant case, the interest of the respondent State in protecting its national security must be balanced against the seriousness of the interference with the applicant's right to respect for his private life. (Natur des Eingriffs, die Verf'in.) (...) On the other hand, the right of access to public service is not as such enshrined in the Convention, and, apart from those consequences, the interference did not constitute an obstacle to his leading a private life of his own choosing (Ausmaß des Eingriffs, die Verf.'in)“.

und der damit verbundenen Datensammlung geht, den Staaten einen weiten Ermessensspielraum zu. Dies läßt sich damit erklären, daß im Bereich nationaler Sicherheit der Schutz vieler Menschen auf dem Spiel steht und die Informationen, die als Entscheidungsgrundlage dienen, in der Regel äußerst geheimhaltungsbedürftig sein werden[46].

Bei dieser Prüfung ist der EGMR nicht stehengeblieben. Zwar räumt er im Fall *Klass* ein, daß die demokratische Gesellschaft von verfeinerten Formen der Spionage und von Terrorismus bedroht sei und daß dadurch das Bestehen von gesetzlichen Bestimmungen über die heimliche Überwachung von Briefen, Post und Telefon auch in einer demokratischen Gesellschaft bei einer außergewöhnlichen Situation zum Schutze der nationalen Sicherheit und/oder zur Sicherung der Ordnung sowie zur Verhütung von strafbaren Handlungen notwendig sei[47]. Als Grundlage einer demokratischen Gesellschaft hatte er zuvor im Urteil *Handyside ./. Vereinigtes Königreich* Pluralismus, Toleranz und Offenheit herausgestellt[48].

Zugleich sieht der EGMR jedoch die Gefahr, daß aufgrund eines Systems geheimer Überwachung die Demokratie mit der Begründung, sie zu verteidigen, untergraben oder sogar zerstört werden könnte. Daher hält er es, ungeachtet des gewählten Überwachungssystems, für unerläßlich, daß angemessene und wirksame Garantien gegen Mißbrauch vorhanden sind[49]. Dadurch werden dem staatlichen Ermessensspielraum - und zugleich dem Verhältnismäßigkeitsprinzip - dann, wenn der Staat aus Gründen nationaler Sicherheit heimliche

---

[46] Ovey (1998) HRLJ 10, 12.

[47] EGMR, Urt. v. 6. September 1978, *Klass ./. Deutschland,* Serie A, Nr. 28, Ziff. 48 = EuGRZ 1979, 278 (285).

[48] EGMR, Urt. v. 7. Dezember 1976, *Handyside ./. Vereinigtes Königreich,* Serie A, Nr. 24, Ziff. 49 = EuGRZ 1977, 38 (42); daran anschließend in jüngster Zeit EGMR, Urt. v. 27. September 1999, *Smith and Grady ./. Vereinigtes Königreich,* Ziff. 87 (http://www.echr.coe.int).

[49] Vgl. EGMR, Urt. v. 6. September 1978, *Klass ./. Deutschland,* Serie A, Nr. 28, Ziff. 50 = EuGRZ 1979, 278 (285); siehe auch EGMR, Urt. v. 25. Februar 1987, *Leander ./. Schweden,* Serie A, Nr. 116, Ziff. 60. In EGMR, Urt. v. 4. Mai 2000, *Rotaru ./. Rumänien,* Ziff. 59ff. (http://www.echr.coe.int) geht der Gerichtshof ebenfalls auf diese Garantien ein. Systematisch haben sie in dieser Entscheidung jedoch einen anderen Standort. Der EGMR prüft das Vorhandensein von diesbezüglichen Vorschriften bereits bei der Frage, ob die Voraussetzungen an das „Gesetz" vom rumänischen Recht erfüllt werden. Da das rumänische Recht keine Regelungen zu diesem Komplex trifft, fehlt es bereits an der erforderlichen Bestimmtheit des Gesetzes.

Überwachungsmaßnahmen zuläßt, durch die Berufung auf eine „demokratische Gesellschaft“ zusätzliche Grenzen gezogen[50].

Eine Beurteilung des jeweiligen Systems kann dabei nur für den Einzelfall erfolgen. Entscheidend sind Art, Umfang und Dauer der möglichen Maßnahmen, die für ihre Anordnung erforderlichen Gründe, die für ihre Zulassung, Ausführung und Kontrolle zuständigen Behörden sowie die Art des im nationalen Recht vorgesehenen Rechtsbehelfs[51]. Innerhalb der „angemessenen und wirksamen Garantien“ verbirgt sich damit eine umfassende Beurteilung des gesamten Überwachungssystems. Da für diese Beurteilung die Kenntnis des Rechtszustands in Deutschland bzw. dem Vereinigten Königreich erforderlich ist, kann sie erst im weiteren Verlauf der Arbeit erfolgen[52].

2. Verfahrensgarantien

Neben der materiell-rechtlichen Vorschrift des Art. 8 EMRK[53] kommt bei heimlicher Überwachung von Telekommunikation eine Verletzung von Art. 6 Abs. 1 EMRK, der - unter anderem - ein Recht auf gerichtlichen Rechtsschutz gewährt, oder Art. 13 EMRK, der das Recht auf eine wirksame Beschwerde festschreibt, in Betracht. Diese beiden verfahrensrechtlichen Garantien können im Individualbeschwerdeverfahren ebenfalls überprüft werden.

a) Das Verhältnis von Art. 6 Abs. 1 EMRK und Art. 13 EMRK

Die Rechtsweggarantie des Art. 6 Abs. 1 EMRK verlangt ein Gerichtsverfahren und damit bereits nach dem Wortlaut mehr als Art. 13 EMRK, der das Recht auf eine „wirksame Beschwerde vor einer nationalen Behörde“ postuliert. Art. 13 wird daher durch Art. 6 Abs. 1 EMRK als *lex specialis* überlagert, so-

---

50 Wildhaber/Breitenmoser weisen gar auf vier Aspekte des Tatbestandsmerkmals „demokratische Gesellschaft“ hin: Voraussetzung des Verhältnismäßigkeitsprinzips; materieller Wertmaßstab bei der Interessenabwägung; relative Substanzgarantie und Begründung des Ermessensspielraums; materielle Rechtfertigung von Einschränkungen. Vgl. näher in: IntKomm. EMRK, Art. 8, Rn. 720ff.

51 Vgl. EGMR, Urt. v. 6. September 1978, *Klass ./. Deutschland,* Serie A, Nr. 28, Ziff. 50 = EuGRZ 1979, 278 (285); siehe auch EGMR, Urt. v. 25. Februar 1987, *Leander ./. Schweden,* Serie A, Nr. 116, Ziff. 60.

52 Ebenso bietet sich eine Stellungnahme zu der Vorgehensweise des EGMR erst dann an, wenn die Auswirkungen dieser Grundsätze in der Praxis offengelegt sind.

53 Aus den in Kapitel 2, A.II.2.a)bb) genannten Gründen (nur eingeschränkte Relevanz) wird hier auf Art. 10 EMRK nicht näher eingegangen.

bald der Weg zu einem Gericht aufgrund dieser Bestimmung garantiert ist[54]. Entscheidend ist damit, ob heimliche Maßnahmen zur Überwachung von Telekommunikation unter die in Art. 6 EMRK normierten Streitgegenstände fallen und damit die Überprüfung durch ein unabhängiges und unparteiisches, auf Gesetz beruhendes Gericht verlangen.

b) Art. 6 Abs. 1 EMRK - Recht auf Achtung des Fernmeldegeheimnisses als „zivilrechtlicher Anspruch"?

Art. 6 Abs. 1 EMRK ist nur in einem Teilausschnitt für die hier interessierende Frage des Rechtsschutzes relevant:

> „Jedermann hat Anspruch darauf, daß seine Sache in billiger Weise öffentlich und innerhalb einer angemessenen Frist gehört wird, und zwar von einem unabhängigen und unparteiischen, auf Gesetz beruhenden Gericht, das über zivilrechtliche Ansprüche und Verpflichtungen oder über die Stichhaltigkeit der gegen ihn erhobenen strafrechtlichen Anklage zu entscheiden hat".

Art. 6 EMRK ist einschlägig, wenn das Recht auf Achtung des Fernmeldegeheimnisses als ein zivilrechtlicher Anspruch bzw. als eine zivilrechtliche Verpflichtung anzusehen ist[55].

Von den Konventionsorganen wurde die Rechtslage noch nicht abschließend geklärt. Von der Kommission wurden heimliche Überwachungsmaßnahmen als „typische Akte der Staatsgewalt" angesehen, die im „öffentlichen Interesse ergehen und hoheitlich ausgeübt werden". Mangels unmittelbarer Berührung zu privaten Rechten wurde daher das Vorliegen eines zivilrechtlichen Anspruchs bei mit Sicherheitserwägungen begründeten staatlichen Eingriffen verneint[56]. Der Gerichtshof hat sich dagegen nur vorsichtig dazu geäußert. So hat er im Fall *Klass* dahinstehen lassen, ob Art. 6 Abs. 1 EMRK Anwendung findet, da

---

54 Vgl. Frowein, in: Frowein/Peukert, EMRK-Kommentar, Art. 13, Rn. 7.

55 Zu beachten ist, daß für die Interpretation der Begriffe „zivilrechtliche Ansprüche und Verpflichtungen" bzw. „strafrechtliche Anklage" die englische bzw. französische Fassung des Konventionstextes - „civil rights and obligations" bzw. „droits de caractère civil" maßgeblich ist, vgl. Art. 59 EMRK a.E..

56 Bericht der Kommission vom 9. März 1977, *Klass u.a. ./. Bundesrepublik Deutschland*, abgedruckt in EuGRZ 1977, 419 (420).

den Anforderungen in jedem Fall genügt worden seien[57]. Im Abhörfall *Malone* wird Art. 6 Abs.1 EMRK nicht erwähnt.

Eine Entscheidung wird dadurch erschwert, daß der Gerichtshof den Begriff des „zivilrechtlichen Anspruchs“ anhand von Einzelfällen kontinuierlich über rein privatrechtliche Rechtsverhältnisse hinaus ausgedehnt hat.

Anhand der französischen Formulierung „contestations sur des droits et obligations de caractère civil“ würden alle Verfahren erfaßt, deren Ergebnis für „zivilrechtliche Ansprüche und Verpflichtungen“ direkt entscheidend seien, und zwar ungeachtet der Stellung der Parteien, des Charakters der für die Entscheidung ausschlaggebenden Rechtsvorschriften und des Charakters der zuständigen Entscheidungsinstanz[58]. Anhand dieser Interpretation verliert die gebräuchliche Unterscheidung zwischen Privatrecht und öffentlichem Recht an Bedeutung.

Das „zivilrechtliche“ Element bleibt jedoch weiter entscheidend. Es äußert sich darin, daß der Gerichtshof in jedem Fall danach fragt, inwieweit das geltend gemachte Recht „pekuniären“ Charakter hat. Dies richtet sich nach dem jeweiligen Kontext. Auch dann, wenn das Recht selbst nicht auf einen vermögenswerten Vorteil gerichtet ist, der Beschwerdeführer aber vor dem angegangenen Gericht Entschädigung zu erlangen sucht, reicht dies nach Ansicht des EGMR aus, einen „zivilrechtlichen“ Anspruch zu bejahen. Dagegen genügt allein die Tatsache, daß dem Beschwerdeführer ein Recht gesetzlich zusteht, nicht[59].

Auf die Anordnung und Durchführung heimlicher Überwachungsmaßnahmen übertragen ergibt sich folgendes:

---

57 EGMR, Urt. v. 6. September 1978, *Klass ./. Bundesrepublik Deutschland,* Serie A Nr. 28, Ziff. 75 = EuGRZ 1979, 278 (289).

58 Peukert, in: Frowein/Peukert, EMRK-Kommentar, Art. 6, Rn. 16.

59 Zwar könnte man den Leitsatz der Entscheidung *Tinnelly & Sons Ltd. & Others and McElduff & Others ./. United Kingdom* vom 10. Juli 1998, EGMR in Reports 1998 - IV, Ziff. 1 (a) zunächst mißverstehen, da es dort heißt: „The Court considers that a clearly defined statutory right can be classified as a civil right within the meaning of Article 6 (1)“. In para. 61 wird diese Aussage jedoch präzisiert: „In the opinion of the Court that clearly defined statutory right, *having regard to the context in which it applied and to its pecuniary nature*, can be classified as a „civil right“ within the meaning of Article 6 (1) of the Convention“(Hervorhebung durch die Verf'in.).

aa) Anwendbarkeit in Deutschland

In Deutschland sind die diesbezüglichen Vorschriften dem öffentlichen Recht zu entnehmen. Angesichts dessen können Beschwerden über die heimliche Überwachung von Telekommunikation, die lediglich darauf abzielen, die Rechtmäßigkeit der ergangenen Maßnahmen überprüfen zu lassen, nicht als „zivilrechtliche Ansprüche" i.S.v. Art. 6 Abs. 1 EMRK angesehen werden.

Obwohl diese Einschätzung die Mehrzahl der Fälle umfassen dürfte, ist nicht auszuschließen, daß die Überprüfung der Rechtmäßigkeit im Einzelfall direkte Auswirkungen auf „zivilrechtliche Ansprüche" hat.

Dann müßten durch den Eingriff in das Fernmeldegeheimnis zusätzlich Eigentums- oder Vermögensinteressen berührt werden. Beispielsweise könnte man an Amtshaftungsansprüche denken, sollte der BND mit erlangten personenbezogenen Daten in rechtswidriger Weise umgegangen sein (z.B. durch Aufdeckung eines Betriebsgeheimnisses). In diesem - weit hergeholten - Sonderfall ließe sich vielleicht ein „zivilrechtlicher Anspruch" begründen.

Für den „Normalfall" jedoch, bei dem die Rechtmäßigkeit des Eingriffs als solchem überprüft wird, ist das Vorliegen eines „zivilrechtlichen Anspruchs" und insoweit das Eingreifen von Art. 6 Abs. 1 EMRK zu verneinen.

bb) Anwendbarkeit im Vereinigten Königreich

Im Vereinigten Königreich haben die Maßnahmen heimlicher Telekommunikationsüberwachung ebenfalls hoheitlichen Charakter, was die Zuordnung zum öffentlichen Recht nahelegt. Die - im Ergebnis zutreffende - Schlußfolgerung, daß damit die Überprüfung durch das zuständige Tribunal im Normalfall ebenfalls nicht den Verfahrensgarantien des Art. 6 Abs. 1 EMRK unterliegt, kann dennoch nicht ohne weiteres gezogen werden. Zu bedenken ist, daß das Tribunal gem. s. 67 (7) RIPA 2000 i.V.m. § 12 der *Investigatory Powers Tribunal Rules 2000* (IPTR 2000)[60] berechtigt ist, dem Beschwerdeführer Schadensersatz zuzusprechen. Daher könnte man daran denken, den Entscheidungen des Tribunals den vom EGMR geforderten pekuniären Charakter beizumessen, da die Entschädigung direkt an einen Verstoß gegen die Bestimmungen des

[60] SI No. 2665 (2000), in Kraft seit 2. Oktober 2000 (zu finden unter: http://www.legislation.hmso.gov.uk/si/si2000/20002665.htm).

RIPA 2000 geknüpft ist, mit der Folge, daß nach dem Rechtsschutzsystem des Vereinigten Königreichs Art. 6 Abs. 1 EMRK einschlägig wäre[61].

Die Entschädigungsvorschrift muß jedoch in ihrer Gesamtheit gelesen werden. Entscheidend ist, daß die Gewährung von Schadensersatz im Ermessen des Tribunals steht und ein Anspruch des Beschwerdeführers nicht gegeben ist. Damit mangelt es zwar nicht am pekuniären Charakter des Schadensersatzes, aber angesichts der unsicheren, nicht einklagbaren Chance auf Erhalt einer Entschädigung am Charakter als *Anspruch* als eine der weiteren Voraussetzungen von Art. 6 Abs. 1 EMRK[62]. Hauptzweck der Überprüfung durch das Tribunal ist eine Rechtmäßigkeitskontrolle. Damit kommt Art. 6 Abs. 1 EMRK auch bei der heimlichen Überwachung von Telekommunikation nach englischem Recht nicht zur Anwendung.

c) Art. 6 Abs. 1 EMRK - Eingriff in das Fernmeldegeheimnis als „strafrechtliche Anklage"?

Der Gerichtsschutz des Art. 6 Abs. 1 EMRK ist darüber hinaus dann gefordert, wenn über die Stichhaltigkeit einer strafrechtlichen Anklage zu entscheiden ist. Im Fall *Klass* wurde von den Beschwerdeführern vorgetragen, daß dann, wenn die heimlichen Überwachungsmaßnahmen im Rahmen strafrechtlicher Ermittlungen angeordnet würden, dies zugleich als „strafrechtliche Anklage" gewertet werden könne[63]. Die Kommission folgte dieser Auffassung nicht, da zwischen Anordnung einer heimlichen Überwachungsmaßnahme und der - öffentlichen - Anklageerhebung zu trennen sei[64]. Der Gerichtshof ging ei-

---

[61] Selbst wenn man dieses Ergebnis bejahen wollte, stünde dem nicht entgegen, daß die Anwendbarkeit von Art. 6 (1) EMRK im Rahmen des deutschen Rechts verneint wurde. Der EGMR hat zwar nicht das Recht, als Folge der „autonomen Interpretation" Ansprüche aus Art. 6 EMRK selbst abzuleiten, wenn in der nationalen Rechtsordnung des belangten Staates keine materiell-rechtliche Grundlage besteht (vgl. Peukert in Frowein/Peukert, EMRK-Kommentar, Art. 6, Rn. 7 m.w.N.). Wenn jedoch das nationale Recht Ansprüche zuerkennt, die nach der Interpretation des EGMR als „zivilrechtliche" anzuerkennen sind, so kann er von dieser vorgefundenen Rechtslage ausgehen. Die Tatsache, daß das Recht eines anderen Vertragsstaates einen solchen Anspruch nicht vorsieht, ist dann nicht von Belang.

[62] Vgl. den Wortlaut von Art. 6 Abs. 1 EMRK.

[63] Bericht der Kommission vom 9. März 1977, *Klass u.a. ./. Bundesrepublik Deutschland*, abgedruckt in EuGRZ 1977, 419 (420), Ziff. 60.

[64] Ebenda.

nen Schritt weiter. In einer - hypothetischen[65] - Überprüfung des Art. 6 EMRK unterschied er zwischen dem Zeitpunkt vor und nach der Bekanntgabe der Beendigung der Überwachung und führte aus:

> „Solange sie zulässigerweise geheim bleibt, ist die Entscheidung, jemanden zu überwachen, schon aus diesem Grunde einer gerichtlichen Kontrolle auf Initiative des Betroffenen im Sinne von Art. 6 nicht zugänglich; notwendigerweise fällt sie daher nicht unter die Voraussetzungen dieses Artikels.
>
> In den Anwendungsbereich dieser Vorschriften kann die Entscheidung nur nach Beendigung der Überwachung fallen. Sobald aber der Betroffene von dieser Beendigung unterrichtet worden ist, verfügt er nach Auskunft der Regierung über verschiedene Rechtsbehelfe gegen mögliche Verletzungen seiner Rechte; diese Rechtsbehelfe genügen den Anforderungen von Art. 6“[66].

Die Ausführungen des EGMR beziehen sich nur auf die Rechtslage in Deutschland. Auf die Rechtslage im Vereinigten Königreich sind sie übertragbar, solange die Geheimhaltung einer heimlichen Überwachungsmaßnahme geboten und damit zulässig ist.

Für den Zeitpunkt nach der Beendigung der Maßnahme läßt sich dies nicht so ohne weiteres auf das Vereinigte Königreich übertragen, da die Rechtsbehelfe dort völlig anders ausgestaltet sind. Ob die Rechtsbehelfe den Anforderungen des EGMR an ein „Gericht“ im Sinne des Art. 6 Abs. 1 EMRK gerecht werden, kann hier jedoch offen bleiben. Im Anschluß an die Kommission wird der Auffassung gefolgt, daß es sich bei der Anordnung einer heimlichen Maßnahme zwar unter Umständen um eine Maßnahme in einem strafrechtlichen Ermittlungsverfahren handeln kann, diese aber nicht mit der Erhebung einer öffentlichen Anklage, die eine strafgerichtliche Untersuchung mit der Möglichkeit einer Verurteilung in Gang setzt, gleichzusetzen ist[67].

---

65 Da der Gerichtshof bereits entschieden hatte, daß Art. 8 Abs. 1 EMRK durch das deutsche Überwachungssystem nicht verletzt worden sei, hätte er zu dieser Frage nicht mehr Stellung nehmen müssen.

66 EGMR, Urt. v. 6. September 1978, *Klass ./. Bundesrepublik Deutschland*, Serie A, Nr. 28, Ziff. 75 = EuGRZ 1979, 278 (289).

67 Dieser Auffassung entspricht es, daß der EGMR bei Entscheidungen über heimliche Überwachungsmaßnahmen Art. 6 EMRK nie in den Mittelpunkt gestellt, ja in der Regel nicht einmal erwähnt hat. Für diese Arbeit steht zudem das auslandsbezogene, strategische Abhören, nicht das Abhören im Rahmen strafrechtlicher Ermittlungsverfahren, im Mittelpunkt.

d) Art. 13 EMRK

Greift Art. 6 Abs. 1 EMRK als *lex specialis* nicht ein, so kommt die Verfahrensgarantie des Art. 13 EMRK zum Tragen. Art. 13 EMRK gewährt dem Verletzten das Recht, eine wirksame Beschwerde bei einer nationalen Instanz einzulegen:

> „Sind die in der vorliegenden Konvention festgelegten Rechte und Freiheiten verletzt worden, so hat der Verletzte das Recht, eine wirksame Beschwerde bei einer nationalen Instanz einzulegen, selbst wenn die Verletzung von Personen begangen worden ist, die in amtlicher Eigenschaft gehandelt haben".

Art. 13 EMRK erschließt sich nicht ohne weiteres[68]. Als gesichert kann derzeit nur der Zeitpunkt gelten, zu dem die Beschwerdemöglichkeit eröffnet sein muß. Zwar scheint die Formulierung nahezulegen, daß eine Verletzung der Konvention bereits festgestellt worden sein muß, ehe dem einzelnen eine Beschwerde ermöglicht werden muß[69]. Diese Interpretation wurde vom Gerichtshof zu Recht verworfen. Dem Sinn der Vorschrift entsprechend, die Durchsetzung der Konventionsrechte zu ermöglichen, verlange Art. 13 EMRK, daß jedem, der behauptet, daß seine Rechte und Freiheiten unter der Konvention verletzt worden seien, eine wirksame Beschwerdemöglichkeit zustehe[70]. Als Folge daraus kann ein Konventionsstaat auch dann gegen Art. 13 EMRK verstoßen, wenn im Ergebnis daneben kein weiteres Konventionsrecht verletzt

---

[68] Vgl. auch die abweichende Meinung der Richter Matscher und Pinheiro Farinha zu EGMR, Urt. v. 2. August 1984, *Malone ./. Vereinigtes Königreich,* Serie A, Nr. 82 = EuGRZ 1985, 17 (24).

[69] „*Sind* die (...) festgelegten Rechte und Freiheiten *verletzt worden,* (...), selbst wenn *die Verletzung* von Personen *begangen worden ist* (...)". Dies wurde zunächst von der Kommission vertreten, vgl. Frowein, in: Frowein/Peukert, EMRK-Kommentar, Art. 13, Rn. 2 m.w.N.

[70] EGMR, Urt. v. 6. September 1978, *Klass ./. Bundesrepublik Deutschland,* Serie A, Nr. 28, Ziff. 64 = EuGRZ 1979, 278 (287). Vgl. bereits das Sondervotum von Herrn Trechsel, dem sich Herr Frowein anschloß, zum Bericht der Kommission vom 9. März 1977 im Fall *Klass ./. Bundesrepublik Deutschland,* abgedruckt in EuGRZ 1977, 419 (422f.). Die gegenteilige Interpretation von Art. 13 EMRK hätte zur Folge, daß Art. 13 ohne Wirksamkeit bliebe, da mit der Feststellung einer „Verletzung" durch die nationale Instanz zugleich feststehen würde, daß der Beschwerdeführer eine „wirksame Beschwerde" erheben konnte. Seither st. Rspr., vgl. z.B. EGMR, Urt. v. 27. April 1988, *Boyle and Rice ./. Vereinigtes Königreich,* Serie A, Nr. 131, Ziff. 52 m.w.N. Die Auslegung durch den EGMR traf auf einhellige Zustimmung, vgl. Frowein, in: Frowein/Peukert, EMRK-Kommentar, Art. 13, Rn. 2 m.w.N.; van Dijk/van Hoof, ECHR, S. 698.

worden ist. In diesem Sinne gehört Art. 13 EMRK zu den selbst als Grundrechte ausgestatteten Verfahrensgarantien[71].

Die Interpretation wurde - um einer mißbräuchlichen Inanspruchnahme des Beschwerderechtes vorzubeugen - vom EGMR dahingehend ergänzt, daß die Behauptung „vertretbar" sein müsse[72]. Mit diesem Erfordernis sowie mit der weiteren Frage, ab wann die Beschwerde bei einer nationalen Instanz als „wirksam" anzusehen ist, sind bislang die meisten Schwierigkeiten bei der Interpretation des Art. 13 EMRK verbunden.

aa) „Vertretbare Behauptung"

Wann eine Behauptung als „vertretbar" angesehen werden kann, wurde vom EGMR getreu dem Grundsatz, nicht über allgemeine Rechtsfragen zu entscheiden, nicht abstrakt definiert, sondern anhand des jeweiligen Einzelfalles entwickelt[73]. Dabei ist insbesondere das Verhältnis von Art. 13 EMRK zur Zulässigkeitsvoraussetzung des Art. 35 Abs. 3 EMRK[74] noch nicht abschließend geklärt. Gemäß Art. 35 Abs. 3 EMRK kann eine aus 3 Richtern bestehende Kammer eine Beschwerde als „offensichtlich unbegründet" abweisen. Der Gerichtshof hat noch zu Zeiten, als diese Entscheidung von der Europäischen Kommission für Menschenrechte getroffen wurde, angeregt, „vertretbare Behauptung" in Art. 13 EMRK gleichbedeutend mit „offensichtlich unbegründet" zu interpretieren[75], um einen Gleichklang von nationalem und internationalem Schutz zu erreichen. Problematisch ist dies dann, wenn die Kommission das Urteil „offensichtlich unbegründet" erst nach längeren Ausführungen zum materiellen Recht fällt. Verzichtet der Gerichtshof in solchen Fällen auf eine eigenständige Prüfung der „Vertretbarkeit" der

---

[71] Matscher, FS für Seidl-Hohenveldern, S. 315. Vgl. hierzu ausführlicher Hampson, 39 (1990) ICLQ 891, 892f.

[72] EGMR, Urt. v. 25. März 1983, *Silver u.a. ./. Vereinigtes Königreich,* Serie A, Nr. 61, Ziff. 113 = EuGRZ 1984, 147 (allerdings wird in dieser Übersetzung „arguable" noch mit „denkbar" übersetzt).

[73] Vgl. EGMR, Urt. v. 24. März 1988, *Boyle and Rice ./. Vereinigtes Königreich,* Serie A, Nr. 131, Ziff. 55.

[74] Art. 35 Abs. 3 EMRK entspricht Art. 27 Abs. 2 EMRK a.F., die Rechtsprechung hierzu kann insoweit für Art. 35 Abs. 3 EMRK übernommen werden.

[75] EGMR, Urt. v. 21. Februar 1990, *Powell und Rayner ./. Vereinigtes Königreich,* Serie A, Nr. 172, Ziff. 33 (eine Zusammenfassung dieses Urteils in deutscher Sprache findet sich in ÖJZ 1990, 418ff.).

Behauptung, so wird der nationale Schutzstandard, den Art. 13 EMRK garantieren will, im Ergebnis abgesenkt[76].

Ein solcher Schluß darf allerdings nicht vorschnell gezogen werden. Ob die Behauptung einer Absenkung des nationalen Schutzstandards zu Recht erhoben wird, erfordert einen Blick auf die Rechtsprechung des Gerichtshofs. Im Urteil *Powell und Rayner* führt er trotz der zunächst angesprochenen Anregung weiter aus:

> *„This does not mean, however, that in the present case the Court is bound to hold Article 13 (art. 13) inapplicable solely as a result of the Commission's decicions (...) declaring the applicants'substantive claims under Art. 6 § 1 and 8 (art. 6-1, art. 8) to be manifestly ill-founded. Whilst those decisions as such are unreviewable, the Court is competent to take cognisance of all questions of fact and law arising in the context of the Article 13 (art. 13) complaints duly referred to it, including the „arguability" or not of each of the substantive claims"*[77].

Für das Urteil des Gerichtshofs liefere, so die weitere Begründung, die Entscheidung der Kommission einen wichtigen Anhaltspunkt, ohne daß ausführliche Kommissionsentscheidungen (mit dem Ergebnis der offensichtlichen Unbegründetheit) bereits per se dazu führen müßten, eine „vertretbare Behauptung" zu bejahen[78].

Durch einen Blick auf die Entscheidungen, die der Gerichtshof im Bereich heimlicher Überwachungsmaßnahmen getroffen hat, wird die so skizzierte Vorgehensweise bestätigt[79].

Infolge der Verfahrensänderung entscheidet der Gerichtshof nun selbst über die Unzulässigkeit einer Beschwerde. Damit hätte er es in der Hand, eine Übereinstimmung zwischen einer offensichtlich unbegründeten Konventionsverletzung und einer nicht vertretbaren Behauptung im Rahmen von Art. 13

---

76 Kritisch hierzu Frowein, in: Frowein/Peukert, EMRK-Kommentar, Art. 13, Rn. 2.

77 EGMR, Urt. v. 21. Februar 1990, *Powell und Rayner ./. Vereinigtes Königreich,* Serie A, Nr. 172, Ziff. 33, mit Verweis auf EGMR, Urt. v. 27. April 1988, *Boyle and Rice ./. Vereinigtes Königreich,* Serie A, Nr. 131, Ziff. 54.

78 Vgl. ebenda. Der EGMR hatte damit offensichtlich das Problem gesehen, daß Kommissionsentscheidungen auch nach langen Ausführungen zum Urteil „offensichtlich unbegründet" gelangen konnten.

79 So insbesondere die Fälle EGMR, Urt. v. 25. Juni 1997, *Halford ./. Vereinigtes Königreich,* Reports 1997 - III; EGMR, Urt. v. 16. Februar 2000, *Amann ./. Schweiz*; EGMR, Urt. v. 29. März 2000, *Rotaru ./. Rumänien* (die letztgenannten Urteile sind unter http://www.echr.coe.int erhältlich.

EMRK herbeizuführen. Vermutlich wird der EGMR eine derartige Übereinstimmung seiner bisherigen Vorgehensweise entsprechend nicht pauschal, sondern anhand des jeweiligen Einzelfalls entwickeln[80].

In neuerer Zeit betont der Gerichtshof zudem zunehmend, daß die Beschwerde sowohl ihrem rechtlichen Gehalt nach als auch in der Praxis „wirksam" sein muß[81].

bb) „Wirksame Beschwerde bei einer nationalen Instanz"

Dieses Erfordernis ist bereits sprachlich so weit gefaßt, daß darunter nicht nur gerichtlicher Rechtsschutz zu verstehen sein kann. Dies wurde vom Gerichtshof ebenfalls so gesehen[82]. Gleichzeitig wurde festgestellt, daß die Befugnisse der Instanz und die Verfahrensgarantien, die sie bietet, für die Wirksamkeit der Beschwerde entscheidend sind[83]. Allgemeingültige Kriterien wurden hierzu nur bedingt herausgearbeitet. Die Überprüfung durch Organe, die ihrerseits bloße Empfehlungen geben können, dürfte jedoch nicht als „wirksame Beschwerdemöglichkeit bei einer nationalen Instanz" im Sinne von Art. 13 EMRK anzusehen sein[84]. Vielmehr wird gefordert, daß die Überprüfungsinstanz die Entscheidung der Behörde überprüfen und aufheben kann und ausreichende Unabhängigkeit gegenüber der Entscheidungsinstanz besitzt[85]. Dagegen wird die „Wirksamkeit" nicht davon abhängig gemacht, ob der Beschwerdeführer mit seiner Beschwerde Erfolg gehabt hat[86].

Wie sehr die Beurteilung von Art. 13 EMRK vom Einzelfall abhängt, zeigt sich an einer weiteren Aussage, die der Gerichtshof zu Art. 13 EMRK getroffen

---

80 Vgl. bereits den Vorschlag von Hampson, (1990) ICLQ 891, 898, wonach die Zulässigkeitsschwelle von Art. 13 EMRK je nach behauptetem verletzten Konventionsrecht variieren soll.

81 „The remedy must be „effective" in practice as well as in law". EGMR, Urt. v. 28. Oktober 1999, *Wille ./. Liechtenstein,* Ziff. 75 und EGMR, Urt. v. 4. Mai 2000, *Rotaru ./. Rumänien,* Ziff. 67 (beide http://www.echr.coe.int).

82 Vgl. EGMR, Urt. v. 21. Februar 1975, *Golder ./. Vereinigtes Königreich,* Serie A, Nr. 18, Ziff. 33 = EuGRZ 1975, 91 (95) sowie EGMR, Urt. v. 6. September 1978, *Klass ./. Bundesrepublik Deutschland,* Serie A, Nr. 28, Ziff. 67 = EuGRZ 1979, 278 (288).

83 Vgl. EGMR, *Klass ./. Bundesrepublik Deutschland,* ebenda.

84 Frowein, in: Frowein/Peukert, EMRK-Kommentar, Art. 13, Rn. 3.

85 Dies geht aus EGMR, Urt. v. 25. März 1983, *Silver ./. Vereinigtes Königreich,* Serie A, Nr. 61, Ziff. 113 b) i.V.m. Ziff. 115, 116 hervor.

86 Vgl. EGMR, Urt. v. 16. Februar 2000, *Amann ./. Schweiz,* Ziff. 88f. (http://www.echr.coe.int).

hat. Er stellte fest, daß auch dann, wenn ein einzelnes Beschwerderecht für sich genommen den Anforderungen des Art. 13 nicht zur Gänze entspräche, dies für die Gesamtheit der im nationalen Recht zur Verfügung stehenden Beschwerderechte gelten könne[87]. Diese Rechtsprechung blieb nicht unkritisiert[88]. In der Tat ist die Argumentation, mehrere unzulängliche Rechtsbehelfe zu einem wirksamen zu fingieren, nicht unmittelbar einleuchtend[89].

cc) Konventionsverletzung durch Gesetz

Zu den bereits aufgeführten Voraussetzungen des Art. 13 EMRK kommt eine „negative" Voraussetzung hinzu, die bei heimlichen Überwachungsmaßnahmen bedacht werden muß. Art. 13 EMRK, so entschied der EGMR in *James u.a. ./. Vereinigtes Königreich*, gewährleistet nicht das Recht, Gesetzgebungsakte eines Vertragsstaates innerstaatlich wegen der Verletzung eines Konventionsrechts anzugreifen. Da sich aus der Entstehungsgeschichte zu Art. 13 EMRK nicht ablesen läßt, daß die Vertragsstaaten ein Element richterlicher oder anderer Kontrolle von Gesetzen einführen wollten, muß Art. 13 EMRK insoweit restriktiv interpretiert werden[90].

Bei Maßnahmen heimlicher Telekommunikationsüberwachung läßt sich diese Beschränkung als Folge der Rechtsprechung des EGMR zur Zulässigkeit einer Beschwerde faktisch nicht durchhalten. Wie bereits festgestellt, ließ es der Gerichtshof im Fall *Klass* genügen, daß sich die Beschwerde gegen die gesetzliche Regelung als solche richtete, da der Beschwerdeführer die Durchführung konkreter Überwachungsmaßnahmen gerade nicht behaupten konnte[91]. An diesem Maßstab muß sich auch die nationale Beschwerdemöglichkeit messen lassen. Eine uneingeschränkte abstrakte Normenkontrolle löst dies nicht aus, da der Beschwerdeführer zumindest potentiell von der Überwachungsmaßnahme betroffen sein muß.

---

87 EGMR, Urt. v. 25. März 1983, *Silver ./. Vereinigtes Königreich,* Serie A, Nr. 61, Ziff. 113 c) = EuGRZ 1984, 147 (154).

88 Z.B. Frowein, in: Frowein/Peukert, EMRK-Kommentar, Art. 13, Rn. 6.

89 Auf weitere Details im Bereich heimlicher Überwachung von Telekommunikation wird bei den Ausführungen zum Rechtsschutz in Kap. 7 eingegangen.

90 Vgl. EGMR, Urt. v. 21. Februar 1986, *James u.a. ./. Vereinigtes Königreich,* Serie A, Nr. 98, Ziff. 85 und bereits die Mehrheitsmeinung der Kommission in *Young, James, Webster ./. Vereinigtes Königreich,* Serie B, Nr. 39, Ziff. 177 = EuGRZ 1980, 450 (454).

91 EGMR, Urt. v. 6. September 1978, *Klass ./. Deutschland,* Serie A Nr. 28, Ziff. 36 = EuGRZ 1979, 278 (283).

3. Verhältnis der Verfahrensgarantien zu Art. 8 EMRK bei heimlichen Überwachungsmaßnahmen

Im Gegensatz zu anderen Rechten der Konvention, darunter Art. 8 EMRK, sehen weder Art. 6 Abs. 1 EMRK noch Art. 13 EMRK, betrachtet man ihren Wortlaut, Ausnahmen vor. Dies könnte zu widersprüchlichen Entscheidungen führen, wenn der Gerichtshof zwar einerseits geheime Überwachungsmaßnahmen aufgrund von Art. 8 Abs. 2 EMRK für zulässig ansehen würde, andererseits aber die Verfahrensgarantien einfordern würde, die Ausnahmen aufgrund eines Geheimhaltungsinteresses nicht zuzulassen scheinen.

Der EGMR hat jedoch Wege gefunden, diesen Widerspruch zu vermeiden. Um das Verhältnis der Verfahrensgarantien zu Art. 8 EMRK herauszuarbeiten, läßt sich die gesamte Rechtsprechung zu heimlichen Überwachungsmaßnahmen heranziehen. Das Problem stellt sich bei heimlicher Überwachung von Telekommunikation, der Speicherung geheimer Daten in öffentlichen Datensammlungen und bei der Sicherheitsüberprüfung von Personal gleichermaßen.

Mit Blick auf Art. 6 EMRK - der bei einem Eingriff in das Telekommunikationsgeheimnis, wie oben gezeigt, nur in seltensten Fällen Anwendung finden wird - äußert sich der EGMR im Fall *Tinnelly* folgendermaßen:

> *„However, this right is not absolute, but may be subject to limitations; these are permitted by implication since the right of access by its very nature calls for regulation by the State. In this respect, the Contracting States enjoy a certain margin of appreciation, although the final decision as to the observance of the Convention's requirements rests with the Court. It must be satisfied that the limitations applied do not restrict or reduce the access left to the individual in such a way or to such an extent that the very essence of the right is impaired. Furthermore, a limitation will not be compatible with Article 6 § 1 if it does not pursue a legitimate aim and if there is not a reasonable relationship of proportionality between the means employed and the aim sought to be achieved"*[92].

Durch die Heranziehung des legitimen Ziels und des Verhältnismäßigkeitsprinzips läßt sich jedenfalls für den im Fall *Tinnelly* betroffenen Bereich der nationalen Sicherheit ein Unterschied zu den geschriebenen Eingriffsbefugnissen der EMRK nicht mehr feststellen. Auf diese Weise wird ein Gleichlauf von Art. 6 Abs. 1 EMRK und der Interpretation von Art. 8 Abs. 2 EMRK erreicht.

---

[92] EGMR, Urt. v. 10. Juli 1998, *Tinnelly & Sons Ltd. & Others and McElduff & Others ./. United Kingdom*, Reports 1998 - IV, Ziff. 72.

Der Grund für eine solche Interpretation kommt deutlicher zum Ausdruck, wenn man den Lösungsansatz des EGMR bei Art. 13 EMRK betrachtet. Die Konvention, so der Gerichtshof im Fall *Klass*, müsse in ihrer Gesamtheit gelesen werden, und jede Auslegung von Art. 13 EMRK müsse daher, wie es die Kommission in ihrem Bericht aufgezeigt habe, mit der inneren Logik der Konvention übereinstimmen[93]. Im Fall *Klass* führte daher eine bei der Prüfung von Art. 8 Abs. 2 EMRK unter Umständen zulässige fehlende Bekanntmachung nicht dazu, daß dem Rechtsschutzsystem, welches das G 10 vorsah, die Effektivität nach Art. 13 EMRK abgesprochen wurde. „Wirksame Beschwerde" im Sinne von Art. 13 EMRK bedeute einen Rechtsbehelf, der so wirksam sei, wie er es angesichts der beschränkten Tragweite sein könne, den ein jedes System geheimer Überwachung für einen Rechtsbehelf mit sich bringe[94]. Im Urteil *Leander ./. Schweden* wurde diese Rechtsprechung bestätigt[95].

Obwohl diese Interpretation von Art. 13 EMRK der Logik nicht entbehrt, birgt sie die Gefahr in sich, im Bereich heimlicher Überwachungsmaßnahmen das Recht auf eine effektive Beschwerde merklich auszuhöhlen[96].

Einen Ansatzpunkt dafür, wie sich diese Gefahr vermeiden ließe, könnte man den Kommissionsentscheidungen entnehmen, die in neuerer Zeit heimliche Überwachungsmaßnahmen im Vereinigten Königreich für zulässig gehalten, d.h. diesbezügliche Beschwerden als „offensichtlich unbegründet" abgewiesen hatten. Betrachtet man die einschlägigen Entscheidungen *Christie*[97], *Esbester*[98] bzw. *Hewitt and Harman*[99], so fällt auf, daß zwar die Kommission den Beschwerdeführern das Vorhandensein einer „vertretbaren Behauptung" im Rahmen von Art. 13 EMRK abgesprochen hatte, nicht ohne jedoch vor dem Urteil über die Verletzung von Art. 8 EMRK als „offensichtlich unbegründet" die vorhandenen Rechtsschutzmöglichkeiten in diese Prüfung einzubeziehen. Die Prüfung der Rechtsschutzmöglichkeiten folgte damit nicht der üblichen Systematik der Konvention.

---

[93] EGMR, Urt. v. 6. September 1978, *Klass ./. Deutschland,* Serie A, Nr. 28, Ziff. 68 = EuGRZ 1979, 278 (288).

[94] EGMR, a.a.O., Ziff. 69 = EuGRZ 1979, 278 (288).

[95] EGMR, Urt. vom 26. März 1987, *Leander ./. Schweden,* Serie A, Nr. 116, Ziff. 78.

[96] Vgl. Cohen-Jonathan, La Convention européenne, S. 469.

[97] EKMR, Entsch. v. 27. Juni 1994, *Christie ./. Vereinigtes Königreich* (http://www.echr.coe.int).

[98] EKMR, Entsch. v. 2. April 1993, *Esbester ./. Vereinigtes Königreich* (http://www.echr.coe.int).

[99] EKMR, Entsch. v. 1. September 1993, *Hewitt und Harman ./. Vereinigtes Königreich* (http://www.echr.coe.int).

Diese Kommissionsentscheidungen heben die Interdependenz von Art. 13 EMRK und Art. 8 EMRK besonders deutlich hervor. Sie ist in der Rechtssache *Klass* bereits angeklungen, ohne daß der Zusammenhang dort wirklich deutlich geworden wäre. Als Schlüssel zum Verhältnis der beiden Normen läßt sich erneut auf die Anforderungen der Konvention an das staatliche Ermessen im Rahmen der „Notwendigkeit in einer demokratischen Gesellschaft" zurückgreifen. Unter den „angemessenen und wirksamen Garantien gegen Mißbrauch" läßt sich die „Art des im nationalen Recht vorgesehenen Rechtsbehelfs"[100] herausgreifen.

In der Rechtssache *Klass* hat dies nicht dazu geführt, daß der Gerichtshof bereits im Rahmen von Art. 8 Abs. 2 EMRK zu einer ausführlichen Bewertung der vorhandenen Rechtsbehelfe übergegangen ist. Anders als die institutionelle Absicherung von Anordnung und Durchführung der heimlichen Überwachung wurde der Individualrechtsschutz erst im Rahmen von Art. 13 EMRK abgehandelt. Die Systematik der Konvention wurde dadurch eingehalten.

Wünschenswert wäre es dennoch, daß der Gerichtshof künftig den Zusammenhang zwischen Art. 8 Abs. 2 EMRK und Art. 13 EMRK deutlicher herausstellt. Bei heimlichen Überwachungsmaßnahmen läßt sich, anders als in anderen Fällen des Art. 8 EMRK, die Rechtmäßigkeit eines Eingriffs nicht vom Vorhandensein von „angemessenen und wirksamen Garantien gegen Mißbrauch" und damit zugleich vom Vorhandensein eines wirksamen Rechtsbehelfs im Sinne von Art. 13 EMRK trennen. Die materiell-rechtlichen Voraussetzungen des Art. 8 Abs. 2 EMRK ergänzen sich hier mit den verfahrensrechtlichen Erfordernissen des - vorrangig einschlägigen - Art. 13 EMRK. Eigenständige Bedeutung erlangt Art. 13 EMRK in diesen Fällen nur dann, wenn eine Verletzung von Art. 8 EMRK aus Gründen festgestellt worden ist, die nicht in der „Art" und damit der Wirksamkeit des vorgesehenen Rechtsbehelfs liegen. Insbesondere gilt dies für die Fälle, in denen das nationale Recht bereits die Voraussetzungen an ein „Gesetz" im Sinne der Konvention nicht erfüllt.

Um diesen Zusammenhang auch im Rahmen einer gerichtlichen Entscheidung deutlicher zu machen, würde es sich anbieten, wenn der Gerichtshof dann, wenn eine Entscheidung über eine Verletzung von Art. 8 EMRK nur noch von der „Art des nationalen Rechtsbehelfs" abhängt, diese Entscheidung zunächst bis zu einer Entscheidung über Art. 13 EMRK zurückstellen würde. Dies käme dem Vorgehen der Kommission in *Christie, Esbester* bzw. *Hewitt und Harman*

---

[100] EGMR, Urt. v. 6. September 1978, *Klass ./. Deutschland,* Serie A, Nr. 28, Ziff. 50 = EuGRZ 1979, 278 (285).

sehr nahe und wäre darüber hinaus nicht ohne Präzedenzfall. Im Fall *Rotaru ./. Rumänien* hat der Gerichtshof bereits seine Entscheidung über die Zulässigkeit der Beschwerde von dem materiellen Ergebnis der Prüfung abhängig gemacht, als es um die Frage der Erschöpfung des innerstaatlichen Rechtswegs ging:

> *„The Court notes that there is a close connection between the Government's argument on this point and the merits of the complaints made by the applicant under Art. 13 of the Convention. It accordingly joins this objection to the merits*"[101].

Die Entscheidung des Gerichts, eine Zulässigkeitsfrage aufgrund des engen Zusammenhangs mit materiellen Rechtsfragen zunächst offenzulassen, läßt sich auch in diesem Fall auf die besondere Problematik von geheimen staatlichen Maßnahmen zurückführen. Erst recht sollte es daher möglich sein, einen engen Zusammenhang innerhalb des materiellen Rechts auch durch die Art der Prüfung zu verdeutlichen.

C. Verhältnis der Vorgaben der EMRK zur Rechtmäßigkeitsbeurteilung nach nationalem Verfassungsrecht

Obwohl mit den Eingriffsvoraussetzungen der EMRK ein einheitlicher Vergleichsmaßstab für Deutschland und das Vereinigte Königreich zur Verfügung steht, läßt sich die Rechtmäßigkeit eines Eingriffs im nationalen Recht nicht allein anhand dieser Vorgaben beurteilen. Innerhalb der nationalen Rechtsordnung ist zunächst das jeweilige Verfassungsrecht maßgeblich.

I. Annahme höherer Eingriffsvoraussetzungen des nationalen Rechts

Der Fall, daß das nationale (Verfassungs-)Recht höhere Eingriffsvoraussetzungen als die EMRK vorschreibt, wurde im Hinblick auf einen bestmöglichen Schutz der Menschenrechte und Grundfreiheiten von den Urhebern der EMRK grundsätzlich in Betracht gezogen, vgl. Art. 53 EMRK:

> „Keine Bestimmung dieser Konvention darf als Beschränkung oder Minderung eines der Menschenrechte und Grundfreiheiten ausgelegt werden, die in den Gesetzen eines Hohen Vertragschließenden Teils oder einer anderen Vereinbarung, an der er beteiligt ist, festgelegt sind"[102].

---

[101] EGMR, Urt. v. 4. Mai 2000, *Rotaru ./. Rumänien*, Ziff. 40 (http://www.echr.coe.int).

[102] Art. 60 EMRK a.F.

Innerstaatlich ist daher durchaus der Fall denkbar, daß ein Eingriff rechtswidrig ist, obwohl er von den Konventionsorganen nicht beanstandet werden würde. Die Eingriffsvoraussetzungen des nationalen Verfassungsrechts müssen also bei der Betrachtung einzelner Problembereiche ebenfalls geklärt werden.

II. Annahme höherer Eingriffsvoraussetzungen der EMRK

Sind die Eingriffsvoraussetzungen der EMRK höher, so ist der Rang der EMRK im deutschen bzw. englischen Recht entscheidend. Auf das Rangverhältnis und die Folgen wurde bereits hingewiesen[103]. Weder nach deutschem Recht noch im Vereinigten Königreich bleibt die Rechtmäßigkeitsbeurteilung von der EMRK unbeeinflußt. An dieser Stelle sei noch einmal herausgestellt, daß im deutschen Recht die EMRK als einfaches Bundesrecht zu berücksichtigen ist bzw. vom Bundesverfassungsgericht im Rahmen einer völkerrechtskonformen Auslegung in die Überlegungen einbezogen wird. Ähnliches wird der *Human Rights Act 1998* durch seine Bezugnahme auf die Rechte der Konvention im Vereinigten Königreich bewirken.

---

[103] Vgl. Kap. 2 B.III.1. (Deutschland) und C.III. (Vereinigtes Königreich).

KAPITEL 5:

TELEKOMMUNIKATIONSÜBERWACHUNG UND DATENSCHUTZ

A. Vorbemerkung

Ein abschließendes Urteil darüber, ob dem Telekommunikationsgeheimnis und den damit verbundenen datenschutzrechtlichen Aspekten bei der heimlichen Überwachung von Telekommunikation ausreichend Rechnung getragen wurde, erfordert eine Gesamtschau aller damit verbundenen gesetzlichen Bestimmungen. Materiellrechtliche Kriterien und verfahrensrechtliche Sicherungen ergänzen sich gegenseitig und müssen insgesamt den verfassungsrechtlichen Anforderungen genügen, damit eine heimliche Überwachungsmaßnahme rechtmäßig ist. Insoweit kann man sämtliche Regelungen, ob sie nun materiellrechtliche Kriterien aufstellen oder sich mit Kontrollinstanzen, Rechtsschutz etc. befassen, im weiteren Sinne als Datenschutzrecht ansehen.

Dieses Kapitel greift jedoch aus der angedeuteten Menge von Vorschriften nur einen Teilbereich heraus. Untersucht werden die materiell-rechtlichen Anforderungen, die nationales Recht bzw. EMRK an den Inhalt der Ermächtigungsnormen in Bezug auf die Datenerhebung, Datenauswertung, Datenverwendung und Datenübermittlung stellen. Mit der Datenübermittlung ist zudem die Frage nach dem zulässigen Gebrauch der weitergegebenen Daten verknüpft. Dies wird insbesondere dann relevant, wenn Daten von Auslandsnachrichtendiensten an Strafverfolgungsbehörden übermittelt werden. Werden Informationen aus heimlicher Telekommunikationsüberwachung schließlich im Strafprozeß verwertet, findet aufgrund der möglichen strafrechtlichen Sanktionen der wohl schärfste Eingriff in die Privatsphäre des Betroffenen statt. Die Diskussion in Deutschland hat sich daher auch und vor allem daran entzündet, daß durch die Reform des G 10 durch das Gesetz zur Änderung des Strafgesetzbuchs, der Strafprozeßordnung und anderer Gesetze (Verbrechensbekämpfungsgesetz) vom 28. Oktober 1994 eine Weitergabe von „Zufallsfunden" aus der strategischen Kontrolle an die Strafverfolgungsbehörden ermöglicht wurde. In diesem Zusammenhang schließt sich die Frage an, ob die unzulässige Datenerhebung und -übermittlung durch ein strafprozessuales Beweisverwertungsverbot sanktioniert werden soll.

Dagegen bleibt die Diskussion um Kontrollinstanzen und die Ausgestaltung von Rechtsschutz den anschließenden Kapiteln vorbehalten.

B. Vorgaben der EMRK: Präzisierung

I. Anforderungen an datenschutzrechtliche Normen ohne Beweisverwertung

Bei dem Versuch, die Vorgaben der EMRK hinsichtlich der angesprochenen Datenschutzmaßnahmen zu präzisieren, ist klarzustellen, daß dieses Unterfangen aufgrund des Auslegungsgrundsatzes „keine Entscheidung über allgemeine Rechtsfragen" an seine Grenzen stößt. Aus den vom EGMR entschiedenen Einzelfällen lassen sich keine allgemeingültigen Regelungen im Detail ableiten, zudem würde dies damit im Widerspruch stehen, daß den Staaten ein Ermessensspielraum zugestanden wird.

Im Urteil *Klass* findet sich ein erster verallgemeinerungsfähiger Hinweis auf den möglichen Inhalt von Datenschutzregelungen. Zu den vom EGMR geforderten, bereits angesprochenen „angemessenen und wirksamen Garantien gegen Mißbrauch", die die staatliche Ermessensausübung begrenzen sollen, gehören auch die „Art, Umfang und Dauer der möglichen Maßnahmen" und die „für ihre Anordnung erforderlichen Gründe"[1].

Im Urteil *Amann* wird noch deutlicher, worauf es bei den Eingriffsnormen entscheidend ankommt. In *Amann* wurde das schweizerische „CardIndex-System", eine heimlich angelegte staatliche Sammlung personenbezogener Daten, die zum Teil aufgrund von Telefonüberwachungen gewonnen worden waren, auf seine Vereinbarkeit mit der EMRK überprüft. Der EGMR stellt maßgeblich auf einen Verstoß gegen den Bestimmtheitsgrundsatz ab. Zugleich liefert das Gericht wertvolle Hinweise auf den Inhalt der geforderten Regelungen. So soll ein Gesetz, das die heimliche Telekommunikationsüberwachung zuläßt, auf die Personen hinweisen, die von solchen Maßnahmen betroffen werden können, auf die Umstände, unter denen Maßnahmen angeordnet werden können und ebenso auf die anzuwendenden Mittel oder auf das anzuwendende Verfahren[2]. Zudem soll der Fall geregelt werden, daß Personen nur „zufällig" als „notwendige Teilnehmer" eines Gesprächs überwacht werden bzw. welche Vorsichtsmaßnahmen für diese Fälle getroffen werden sollen[3]. Auch bei Datensammlungen müssen die Bedingungen festgelegt werden, unter denen ein

---

[1] EGMR, Urt. v. 6. September 1978, *Klass ./. Deutschland,* Serie A, Nr. 28, Ziff. 50 = EuGRZ 1979, 278 (285).

[2] EGMR, Urt. v. 16. Mai 2000, *Amann ./. Schweiz*, Ziff. 58 (http://www.echr.coe.int).

[3] Vgl. a.a.O., Ziff. 61.

Datensatz angefertigt werden kann sowie Verfahren, die befolgt werden müssen, und außerdem, welche Informationen gesammelt werden dürfen oder nicht[4]. Im Hinblick auf Datensammlungen liefert das Urteil *Rotaru ./. Rumänien*, das die gesetzliche Berücksichtigung der Speicherungsdauer und der Zugriffsrechte forderte[5], zusätzliche Hinweise.

II. Beweisverwertung

Mit der Beweisverwertung beschäftigt sich der EGMR im Zusammenhang mit der Frage nach Beweisverwertungsverboten. Über Beweisverwertungsverbote nach rechtswidriger heimlicher Überwachung von Telekommunikation hatte der EGMR bereits mehrfach im Rahmen von Art. 6 EMRK als Ausprägung des Rechts auf ein faires Verfahren zu entscheiden, d.h. in Fällen, in denen die Überwachung zu Erkenntnissen geführt hatte, die im Strafprozeß verwertet werden sollten[6]. Eine grundsätzliche, in der Folge ständig wiederholte Aussage findet sich im Fall *Schenk ./. Schweiz:*

> *„While Article 6 (art. 6) of the Convention guarantees the right to a fair trial, it does not lay down any rules on the admissibility of evidence as such, which is therefore primarily a matter for regulation under national law.*
>
> *The Court therefore cannot exclude as a matter of principle and in the abstract that unlawfully obtained evidence of the present kind may be admissible. It has only to ascertain whether Mr. Schenk's trial as a whole was fair*"[7].

Ob die Beweisverwertung nachteilige Auswirkungen auf die Fairneß des Verfahrens hat, kann demzufolge nur im Einzelfall entschieden werden, ein zwingendes Beweisverwertungsverbot fordert die EMRK nicht.

---

4 Vgl. a..a.O., Ziff. 76.

5 EGMR, Urt. v. 4. Mai 2000, *Rotaru ./. Rumänien,* Ziff. 57 (http://www.echr.coe.int), im Zusammenhang mit der „Voraussehbarkeit" der Normen, vgl. auch oben Kap. 4, B.II.1.b).

6 In den entschiedenen Fällen handelte es sich allerdings nicht um strategische Überwachungen. Die grundsätzliche Aussage des EGMR ist jedoch ohne weiteres übertragbar.

7 EGMR, Urt. v. 12. Juli 1988, *Schenk ./. Schweiz,* Serie A, Nr. 140, Ziff. 46; EGMR, Urt. v. 15. Juni 1992, *Lüdi ./. Schweiz,* Serie A, Nr. 238, Ziff. 43 = EuGRZ 1992, 300 (301); vgl. auch, allerdings nicht so prägnant formuliert, EGMR, Urt. v. 22. April 1992, *Vidal ./. Belgium,* Serie A, 235-B, Ziff. 33 = EuGRZ 1992, 440 (441) und erneut in einer Kammerentscheidung des EGMR v. 4. Mai 1999, *Choudhary ./. Vereinigtes Königreich,* unter 1. (http://www.echr.coe.int - Beschwerde wurde als unzulässig verworfen).

Auch die vom EGMR inhaltlich für notwendig gehaltenen Datenschutzmaßnahmen liefern nur Mosaiksteine im Hinblick auf die Entscheidung über die Rechtmäßigkeit heimlicher Telekommunikationsüberwachung nach der EMRK. Ihre Vervollständigung finden sie erst durch die in den Folgekapiteln untersuchten Bereiche (Kontrollinstanzen und Rechtsschutzmöglichkeiten).

C. Rechtslage in Deutschland

I. Die verfassungsrechtliche Ausgangslage

Um die Rechtmäßigkeit der einfachgesetzlichen Datenschutzregelungen nach deutschem Recht beurteilen zu können, sind die verfassungsrechtlichen Anforderungen zu klären. Der Blick auf das einfache Recht muß daher zunächst zurückgestellt werden. Die Anforderungen nach dem Grundgesetz müssen in ihrer Gesamtheit gesehen werden, ehe eine isolierte Betrachtung einzelner Bereiche - sofern dies überhaupt möglich ist - vorgenommen werden kann.

1. Voraussetzung: Wahrung der Kompetenzordnung des Grundgesetzes

Zwar gründet sich der Status des BND als Bundesoberbehörde auf Art. 87 Abs. 3 S. 1 1. Alt. GG. Die Verwaltungskompetenz zur Errichtung von Bundesoberbehörden kann der Bund jedoch nur in Bereichen ausfüllen, für die ihm auch die Gesetzgebungskompetenz zusteht, da sonst mit Hilfe von Art. 87 Abs. 3 S. 1 1. Alt. GG die Zuständigkeitsordnung des Grundgesetzes, die auf der Verteilung der Kompetenzen auf Bund und Länder beruht, unterlaufen werden könnte. Die Befugnis des BND zur strategischen Überwachung des Fernmeldeverkehrs muß sich daher an den vorgegebenen Rahmen der Gesetzgebungskompetenzen des Bundes halten. Andernfalls wäre das Gesetz bereits aus formellen Gründen verfassungswidrig, ohne daß es auf materielle Kriterien - den eigentlichen Gegenstand dieses Kapitels - ankäme.

a) Primärzweck der strategischen Überwachung: Erfüllung „auswärtiger Angelegenheiten“ im Sinne von Art. 73 Nr. 1 GG

Im jüngsten Abhörurteil hat das BVerfG auch zu dieser Frage Stellung genommen. Das BVerfG ordnete die Aufklärungsfelder der strategischen Überwachung nach § 3 Abs. 1 S. 2 Nr. 1-6 G 10 a.F. im Ergebnis der ausschließlichen

Gesetzgebungszuständigkeit des Bundes über die „auswärtigen Angelegenheiten“ sowie über die Verteidigung nach Art. 73 Nr. 1 GG zu. „Auswärtige Angelegenheiten“ i.S.v. Art. 73 Nr. 1 GG seien diejenigen Fragen, die für das Verhältnis der Bundesrepublik Deutschland zu anderen Staaten oder zwischenstaatlichen Einrichtungen, insbesondere für die Gestaltung der Außenpolitik, Bedeutung hätten[8]. Das BVerfG betonte in diesem Zusammenhang die Anknüpfung an den deutschen Staat und seine Außenbeziehungen, für die auch Vorgänge im Ausland, deren Urheber nicht ausländische Staaten seien, Bedeutung haben könnten[9]. In dieser Umschreibung der „auswärtigen Angelegenheiten“ kann man in der Tat eine Ausweitung der ursprünglichen Ansicht des BVerfG sehen, wonach als auswärtige Angelegenheiten solche Beziehungen angesehen wurden, „die sich aus der Stellung der Bundesrepublik als Völkerrechtssubjekt zu anderen Staaten ergeben“[10]. Der Unterschied zu dieser früheren Rechtsauffassung wurde nun zum einen durch den Hinweis des Gerichts auf den entschiedenen Einzelfall erklärt[11], zum anderen würde eine Beschränkung der „auswärtigen Angelegenheiten“ auf den zwischenstaatlichen völkerrechtlichen Verkehr nur einen Aspekt der Realität im einundzwanzigsten Jahrhundert erfassen und Phänomene wie die wirtschaftliche Globalisierung und die damit einhergehende wachsende Bedeutung nicht-staatlicher Akteure (NGO´s) ebensowenig berücksichtigen wie das Bedrohungspotential internationaler Großkriminalität.

Das BVerfG hat jedoch zugleich eine Grenze für die Kompetenzübertragung an den Bundesnachrichtendienst aufgezeigt, indem es betonte, daß Art. 73 Nr. 1 GG den Bundesgesetzgeber nicht dazu berechtige, dem BND Befugnisse einzuräumen, die auf die Verhütung, Verhinderung oder Verfolgung von Straftaten als solcher gerichtet seien[12]. Der Bezug zu den „auswärtigen Angelegenheiten“ ginge verloren, wenn die Informationsgewinnung für die Aufgaben des BND als erforderlicher Primärzweck[13] nicht mehr im Vordergrund stehen würde. In diesem Fall ließe sich Art. 73 Abs. 1 GG nicht mehr als Kompetenznorm für die Aufgaben des BND heranziehen.

Die Zuordnung der Aufklärungsfelder zu den „auswärtigen Angelegenheiten“ im konkreten Fall wurde vom Gericht somit danach entschieden, ob sie auf die

---

8 BVerfGE 100, 313 (368f.).

9 Vgl. a.a.O., 369.

10 So BVerfGE 33, 52 (60). Hierzu kritisch Staff, KJ 1999, 586 (588).

11 Vgl. BVerfGE 100, 313 (369).

12 BVerfGE 100, 313 (370).

13 Begriff bei BVerfGE 100, 313 (372).

Auslandsaufklärung des BND bezogen sind. Das BVerfG wies zum einen auf § 1 Abs. 1 Nr. 2 G 10 a.F. hin, der die Fernmeldeüberwachung zu den Zwecken Nr. 2 bis 6 ausdrücklich in den Aufgabenkreis des BND nach § 1 Abs. 2 BNDG (Sammlung von Nachrichten von außen- und sicherheitspolitischer Bedeutung) einordnete, zum anderen auf die Pflicht des BND, die gewonnenen Erkenntnisse in Lageberichte, Analysen oder Berichte über Einzelvorkommnisse an die Bundesregierung zur rechtzeitigen Erkennung und (politischen) Begegnung von Gefahrenlagen umzusetzen[14]. Für Nr. 1 (Gefahr eines bewaffneten Angriffs) lag der Bezug zu außen- und sicherheitspolitischen Belangen auf der Hand, doch auch in den Gefahrenlagen Nr. 2 bis 6 war nach zutreffender Ansicht des Gerichts ein solcher Bezug erkennbar. Er liege, so das BVerfG, für die Gefahrenlagen Proliferation, Rüstungshandel, internationaler Terrorismus, Drogenexport und der damit zusammenhängenden Geldwäsche letztlich darin, daß sie Dimensionen annehmen könnten, die internationale Gegenmaßnahmen erforderten. Im Falle der Geldwäsche (Nr. 6) gelte dies allerdings nur, wenn sie ein Ausmaß annehmen würde, das die Geldwertstabilität der Bundesrepublik Deutschland bedrohte[15].

Diese Aussagen des BVerfG zu G 10 a.F. behalten auch nach Inkrafttreten von G 10 n.F. nahezu unverändert ihre Gültigkeit. Auch § 1 Abs. 1 Nr. 2 G 10 n.F. verpflichtet den BND bei der strategischen Überwachung von Telekommunikation auf die unveränderten Berichtspflichten des BND. Die nunmehr in § 5 Abs. 1 G 10 n.F. geregelten Aufklärungsfelder entsprechen weitgehend der Vorgängernorm. Der Geldwäsche-Tatbestand der Nr. 6 - jetzt § 5 Abs. 1 S. 3 Nr. 6 G 10 n.F. - wurde der Forderung des BVerfG angepaßt und auf Fälle von erheblicher Bedeutung reduziert.

Allenfalls im Hinblick auf die neu geschaffene Befugnis zur strategischen Überwachung zum Schutz vor einer Gefahr für Leib oder Leben einer Person im Ausland könnte der notwendige Bezug zur Auslandsaufklärung des BND bezweifelt werden. § 8 Abs. 1 S. 1 a.E. G 10 n.F. stellt jedoch klar, daß die Befugnis nur dann eingreift, wenn dadurch Belange der Bundesrepublik Deutschland unmittelbar in besonderer Weise berührt sind. Der erforderliche außenpolitische Bezug wird auf diese Weise ebenfalls hergestellt.

---

[14] Vgl. § 3 Abs. 4 G 10 a.F., §§ 2, 4, 12 BNDG und BVerfGE 100, 313 (371).

[15] Vgl. BVerfGE 100, 313 (371f.).

b) Kompetenzüberschreitung durch Übermittlungsverpflichtung?

Bliebe es bei dem „Primärzweck“ der Auslandsaufklärung, so ließen sich dieser Einschätzung des BVerfG - auch in Bezug auf G 10 n.F. - keine ernsthaften Bedenken entgegensetzen. Das G 10 a.F. sah jedoch darüber hinaus in § 3 Abs. 5 S. 1 G 10 a.F. eine Pflicht des BND vor, die im Rahmen der Aufklärungsfelder Nr. 2 bis 6 erlangten Daten vollständig an die Polizei und die Staatsanwaltschaften[16] zu übermitteln[17]. Ähnliche Übermittlungspflichten sieht auch G 10 n.F. vor[18]. Im Schrifttum hat die Bestimmung des G 10 a.F. unter anderem eine Kontroverse darüber ausgelöst, ob damit die Kompetenzordnung des Grundgesetzes noch gewahrt wird.

aa) Kompetenz aus Art. 73 Nr. 10 GG

Nach Ansicht des BVerfG wird die Kompetenzordnung des Bundes eingehalten. Zur Weitergabe von Erkenntnissen über das Ausland, die er unter Inanspruchnahme seiner Kompetenz aus Art. 73 Nr. 1 GG gewonnen habe, sei der Bund schon deshalb befugt, weil er in Art. 73 Nr. 10 GG für die Zusammenarbeit zwischen Bund und Ländern im Bereich der Kriminalpolizei, für die Einrichtung eines Bundeskriminalpolizeiamts sowie für die internationale Verbrechensbekämpfung im Sinne einer internationalen Bekämpfung von Verbrechen ebenfalls eine eigene Gesetzgebungskompetenz besitze[19]. Diese Einschätzung setzt allerdings, wie vom BVerfG im vorliegenden Fall angenommen[20], voraus, daß der angesprochene Primärzweck nicht durch die Übermittlungsbefugnisse überlagert wird. Nach Ansicht des BVerfG kommt es im vorliegenden Zusammenhang auf die Frage, ob sich aus den Gesetzgebungskompe-

---

16 Die vollständige Liste der Behörden, an die übermittelt werden sollte, umfaßt die Verfassungsschutzbehörden des Bundes und der Länder, das Amt für den Militärischen Abschirmdienst, das Zollkriminalamt, das Bundesausfuhramt, die Staatsanwaltschaften und die Polizeien, vgl. § 3 Abs. 5 S. 1 G 10.

17 § 3 Abs. 5 S. 1 G 10 a.F. wurde vom BVerfG für mit dem Grundgesetz unvereinbar erklärt und ist in dieser Fassung nicht mehr anwendbar. Vgl. hierzu III.3.d)bb). Für die Frage, woraus sich die Kompetenz des BND für die Aufklärungsfelder des § 3 Abs. 1 S. 2 Nr. 1 bis 6 G 10 a.F. herleiten läßt, kommt es jedoch nur auf die Übermittlungspflicht als solche an, die auch nach dem Spruch des BVerfG grundsätzlich erhalten bleiben kann.

18 Zu Einzelheiten s. u. III.3.d).

19 BVerfGE 100, 313 (369).

20 BVerfGE 100, 313 (372).

tenzen ein Trennungsgebot zwischen Polizei und Nachrichtendiensten entnehmen läßt, daher nicht an[21].

Gegen diese Aussage des BVerfG zur kompetenzrechtlichen Dimension der Datenübermittlung durch den BND wurde mehrfach Kritik geäußert.

bb) Kompetenz aus „ungeschriebenen" Gesetzgebungskompetenzen des Bundes

Zunächst setzt die Kritik bereits an der Verortung des § 3 Abs. 1 S. 2 G 10 a.F. bei den „auswärtigen Angelegenheiten" i.S.v. Art. 73 Nr. 1 GG an. Nach *Baldus* dienen die (neu hinzugekommenen) Befugnisse des BND der Verhütung und Verfolgung von Straftaten mit internationaler Dimension und wären daher bereits von vornherein dem Kompetenztitel Art. 73 Nr. 10 GG, „internationale Verbrechensbekämpfung", zuzuordnen gewesen[22]. Aus dem Grundgesetz leitet *Baldus* anschließend ab, daß diese Aufgabe vom in Art. 73 Nr. 10 GG ebenfalls erwähnten Bundeskriminalamt zu erfüllen wäre - und damit nicht vom BND[23].

Selbst wenn man annimmt, daß der Begriff „internationale Verbrechensbekämpfung" nicht nur, wie vom BVerfG angenommen, die internationale Bekämpfung von Verbrechen, also etwa die Zusammenarbeit deutscher mit ausländischen Stellen in kriminalpolizeilichen Fragen, umschließt[24], sondern auch die Bekämpfung internationaler Verbrechen[25], so kann bereits der Prämisse von *Baldus*, der die Verfolgung und Verhütung von Straftaten als Primärzweck ansieht, nicht gefolgt werden[26].

---

[21] BVerfGE 100, 313 (369f.). Die Frage der verfassungsrechtlichen Fundierung des Trennungsgebots wurde daher offengelassen, wie bereits in BVerfGE 97, 198 (217).

[22] Baldus, RTkom 3/4/1999, 133 (134).

[23] Baldus, a.a.O., 134f.

[24] BVerfGE 100, 313 (369).

[25] Gegen diese Auslegung spricht folgendes: Gesteht man dem Bund eine ausdrückliche - ausschließliche! - Zuständigkeit zur Bekämpfung internationaler Verbrechen zu, so müßte geklärt werden, was unter „internationalem Verbrechen" zu verstehen ist. Genügt hier bereits ein irgendwie gearteter Auslandsbezug? Dagegen liegt es nahe, die Zuständigkeit zur internationalen Bekämpfung von Verbrechen dem Bund zuzuweisen, da dieser automatisch der erste Ansprechpartner ausländischer Behörden sein wird.

[26] Auch Staff, KJ 1999, 586 (589) geht offensichtlich davon aus, daß Verhütung und Verfolgung von Straftaten zum Primärzweck des § 3 Abs. 1 S. 2 G 10 a.F. geworden sind bzw. sich nicht vom Primärzweck Auslandsaufklärung trennen lassen.

Zwar kann nicht außer acht gelassen werden, daß die Zuordnung der Kompetenz dadurch erschwert wird, daß „der BND in einem Überschneidungsbereich („Organisierte Kriminalität“) zu anderen nationalen Behörden (Polizei, Staatsanwaltschaft) agiert“[27]. Damit wird man nicht umhin können, danach zu fragen, mit welchem Schwerpunkt der BND seine Aufgaben ausfüllt[28]. Zum gegenwärtigen Zeitpunkt erscheint die Einschätzung des BVerfG, diesen Schwerpunkt in der Auslandsaufklärung zu sehen, angesichts der bislang bekannten Zahlen nicht offensichtlich unzutreffend[29]. Dies stützt jedoch nur die Einordnung der Datenerhebung unter die Kompetenz aus Art. 73 Nr. 1 GG, ohne zugleich die Datenweitergabe an Polizei und Staatsanwaltschaften zu legitimieren.

Die Frage, auf welche Kompetenznorm sich die Datenweitergabe stützen läßt, ist nicht ohne weiteres zu beantworten. In der Literatur wird ein direkter Rückgriff auf Art. 73 Nr. 10 GG, der offensichtlich vom BVerfG bevorzugt wird, abgelehnt. Stattdessen werden ungeschriebene Gesetzgebungskompetenzen des Bundes herangezogen. Die Vorschläge reichen von einer Kompetenz „aus der Natur der Sache“[30] über eine „Kompetenz kraft Sachzusammenhangs“[31] hin zur „Annexkompetenz“[32]. Ersteres wird darauf zurückgeführt, daß es sich um eine auf das Verwaltungsverfahren des Bundes bezogene datenschutzrechtliche Kompetenz handele[33]. Daran ist richtig, daß Datenübermittlungen einer Bundesoberbehörde begriffsnotwendig nur durch den Bund selbst geregelt werden können. Dies läßt jedoch außer acht, daß es sich um Daten handelt, für die der Bund grundsätzlich nicht zuständig ist, da ihre Erhebung eigentlich in den Zuständigkeitsbereich der Länder fällt. Will man hier nicht eine Datenweitergabe ganz verneinen, muß man nach einer anderen Begründung suchen, weshalb die Daten dennoch übermittelt werden dürfen. Dabei ist, was letzlich auch der Begründung des BVerfG zu entnehmen ist, zu berücksichtigen daß der Bund bereits eine Kompetenz für die Regelung der Zusammenarbeit zwischen Bund und Ländern im Bereich innerer Sicherheit und Kriminalitätsbekämpfung in Art. 73 Nr. 10 GG besitzt. Eine sinnvolle Wahrnehmung dieser Zuständigkeit kann jedoch nicht angenommen werden, sofern der Bund Kenntnis von der Bedrohung

---

27 Müller-Terpitz, Jura 2000, 296 (299), in Fn. 37.

28 Vgl. ebenda.

29 Möstl, DVBl. 1999, 1394 (1396) erwähnt 33 Übermittlungen. Vgl. auch die Einschätzung von Badura, FS Leisner, S. 403 (406): „Nach wie vor betreibt der BND entsprechend seiner Aufgabenstellung keine Inlandsaufklärung“.

30 Paeffgen, StV 1999, 668 (670).

31 Ebenfalls Paeffgen, StV 1999, 668 (670), in Fn. 32.

32 Müller-Terpitz, Jura 2000, 296 (299) in Fn. 37.

33 Vgl. Paeffgen, a.a.O.

wichtiger Gemeinschaftsgüter hat, diese Daten aber zurückhalten muß[34]. Der in Art. 73 Nr. 10 GG vorausgesetzte Datenpool wird auf diese Weise erweitert. Damit sind zwar nicht die Voraussetzungen einer Annexkompetenz, wohl aber einer Kompetenz kraft Sachzusammenhangs erfüllt[35].

cc) Einfluß des Trennungsgebotes auf die Kompetenzordnung des Grundgesetzes

Obwohl das BVerfG dies als unerheblich ansieht, wird gegen die Übermittlungsbefugnisse des BND vielfach das „Trennungsgebot“ vorgebracht[37].

Das Trennungsgebot besagt zum einen, daß Nachrichtendienste keine polizeilichen Befugnisse oder Kontrollbefugnisse erhalten sollen, zum anderen, daß Polizeibehörden und Nachrichtendienste organisatorisch getrennt arbeiten sollen[38]. Durch die Neuregelung bezüglich der Übermittlungsbefugnisse werde nun, so die Kritiker, die Trennung zwischen Polizeibehörden und Bundesnachrichtendienst faktisch ausgehöhlt[39]. Der BND werde so zum verlängerten Arm der datenempfangenden Behörden[40].

Das Trennungsgebot beruht auf einem historischen Hintergrund, da - mit der Erfahrung des Gestapo-Terrors zur Zeit der nationalsozialistischen Gewalt-

---

34 Es ist eine Frage der Verhältnismäßigkeit, welche Kenntnisse im Bezug auf welche Straftaten oder Rechtsgutsgefährdungen übermittelt werden dürfen. Dies greift aber über die Frage nach der richtigen Kompetenznorm hinaus und soll hier nicht vertieft werden.

35 Die Grenzen von „Annexkompetenz“ und „Kompetenz kraft Sachzusammenhangs“ sind unscharf. Es wird hier davon ausgegangen, daß die Annexkompetenz „in die Tiefe“ und nicht in die „Breite“ wirkt und daher nicht einschlägig ist. Näheres hierzu bei Rozek, in: v. Mangoldt/Klein/Starck, GG, 4. Aufl., Art. 70, Rn. 42.

36 Paeffgen, StV 1999, 668 (670) mit dem zutreffenden Hinweis, daß die prinzipielle Zuständigkeit von Datenübermittlungsregelungen schon aus der Aufteilung von Funktionszuständigkeiten auf verschiedene Träger des Bundes und der Länder durch die Verfassung als Ausfluß der Gewaltenteilung und der Kompetenzordnung folgt. Die Tätigkeit des BND als Bundesbehörde könne schon per se nicht von den Ländern geregelt werden. Bei gleichem Ergebnis (kein Kompetenzverstoß) spricht sich Müller-Terpitz, Jura 2000, 296 (299), in Fn. 37 m.w.N. für eine Annexkompetenz aus.

37 Dabei wird nicht immer offensichtlich, ob das Trennungsgebot bereits auf der kompetenzrechtlichen oder nicht vielmehr auf der materiell-rechtlichen Ebene Konsequenzen nach sich zieht. Die Kompetenzebene ist logisch vorrangig zu klären.

38 Riegel, Datenverarbeitung bei den Sicherheitsbehörden, S. 143.

39 So der Bundesbeauftragte für den Datenschutz im Verfahren vor dem BVerfG, wiedergegeben in BVerfGE 100, 313 (351).

40 Riegel, ZRP 1995, 176 (177); ders. G 10-Kommentar, Vorbem., Rn. 23.

herrschaft vor Augen und demzufolge zur Verhinderung der erneuten Bildung einer politischen Polizei[41] - aus dem sog. Polizeibrief der Alliierten Militärgouverneure vom 14. April 1949 die Forderung nach einer Trennung von Verfassungsschutz und Polizei bereits hervorging[42] und darauf im Genehmigungsschreiben der Militärgouverneure zum Grundgesetz vom 12. Mai 1949[43] noch einmal ausdrücklich Bezug genommen worden war. In das Grundgesetz selbst wurde das Trennungsgebot dagegen nicht hineingeschrieben. Demzufolge ist der verfassungsrechtliche Stellenwert des Trennungsgebotes in einer fortwährenden Debatte umstritten[44].

Das Trennungsgebot wäre bei der Frage nach der Gesetzgebungskompetenz des Bundes allenfalls von Bedeutung, wenn es sich aus der Verfassung selbst ergeben sollte. Denn dann müßte eine verfassungskonforme Auslegung der Kompetenznormen entgegen der Ansicht des BVerfG auch das Trennungsgebot berücksichtigen. Sollte sich das Trennungsgebot dagegen lediglich aus einfachem Recht ableiten lassen, kann es sich auf die Kompetenzordnung des Grundgesetzes nicht auswirken.

---

41 Vgl. zu dieser Einschätzung Brenner, Bundesnachrichtendienst im Rechtsstaat, S. 45f., m.w.N. in Fn. 185; Hirsch, Kontrolle der Nachrichtendienste, S. 90 sieht die Forderung der Alliierten nach einer organisatorischen Trennung von Polizei und (späterem) Verfassungsschutz eher in dem Bestreben der Besatzungsmächte, ihren Einfluß auf die Exekutivgewalt zu sichern.

42 Der Polizeibrief ist z.B. abgedruckt bei Brenner, Bundesnachrichtendienst im Rechtsstaat, S. 45 m.w.N.; die entscheidende Stelle lautet:
„2. Der Bundesregierung wird es ebenfalls gestattet, eine Stelle zur Sammlung und Verbreitung von Auskünften über umstürzlerische, gegen die Bundesregierung gerichtete Tätigkeiten einzurichten. Diese Stelle soll keine Polizeibefugnisse haben".

43 Vgl. Nr. 3 des Genehmigungsschreibens, VOBlBZ 1949, 416.

44 Die bereits in den achtziger Jahren geführte Debatte ist im Rahmen der Diskussion um die Einbeziehung der Nachrichtendienste in die Bekämpfung Organisierter Kriminalität erneut aufgeflammt, vgl. zuletzt Hetzer, ZFIS 1999, 3 (15ff.); ders. ZRP 1999, 19ff.; mit einer eigenen Meinung hält sich Hetzer jedoch zurück. In der Literatur wird ein *verfassungsrechtliches* Trennungsgebot zunehmend abgelehnt, vgl.: Roewer, DVBl. 1988, 666ff.; ders. bereits in: Nachrichtendienstrecht der Bundesrepublik Deutschland, 1987, Rn. 187-192; Brenner, Bundesnachrichtendienst im Rechtsstaat, 1990, S. 45ff.; Werthebach/Droste-Lehnen, ZRP 1994, 57ff. (Fn. 60); Albert, ZRP 1995, 105ff.; Hirsch, Kontrolle der Nachrichtendienste, 1996, S. 89ff.; Borgs-Maciejewski/Ebert, A § 3, Rn. 125f.; Riegel, ZRP 1999, 216; eher verneinend auch Scholz/Pitschas, S. 186; a.A. wohl Denninger, ZRP 1981, 231ff.; Wolff, Datenerhebung und -verarbeitung bei den Sicherheitsbehörden, S. 8; eindeutig bejahend Riegel, Datenschutz bei den Sicherheitsbehörden, S. 143; Gusy, Jura 1986, S. 296 (300), Fn. 40; Albrecht, KritV 2000, 273 (279f.); Gössner, Datenschutz Nachrichten 3/1999, 19 (20).

Der Streit um den verfassungsrechtlichen Stellenwert des Trennungsgebotes muß jedoch im Verhältnis des BND zu den Staatsanwaltschaften und Polizeibehörden in der Tat aus folgenden Gründen nicht entschieden werden:

(1) Irrelevanz des Trennungsgebotes für den BND

Das Trennungsgebot kommt im Verhältnis der Polizeibehörden zum BND bereits nicht zur Anwendung. *Brenner* hat überzeugend nachgewiesen, daß sich der Inhalt des Polizeibriefs bereits nach dem Wortlaut auf eine Stelle bezieht, die den Schutz der Bundesregierung gegen umstürzlerische Betätigungen nach innen zum Ziel hat, eine Aufgabe, die später vorrangig die Inlandsnachrichtendienste des Bundes und der Länder (Verfassungsschutzbehörden und MAD) übernommen haben. Zudem existierte der spätere Bundesnachrichtendienst damals in der Form der Organisation Gehlen als anerkannter Verband innerhalb der CIA, so daß für die Alliierten kein Regelungsbedarf bezüglich eines Auslandsnachrichtendienstes bestand[45]. Auch anhand der historischen Auslegung von *Roewer*[46], der die Entstehungsgeschichte der bundesgesetzlichen Vorschriften anhand der Materialien nachvollzieht, wird deutlich, daß Polizeibrief und Genehmigungsschreiben lediglich die (organisatorische) Trennung von Inlandsnachrichtendiensten und Polizeibehörden zum Gegenstand hatten[47]. Interessanterweise regelt auch das britische Vorbild, dem das Trennungsgebot angeblich folgt, die Abgrenzung zwischen dem *Security Service,* d.h. dem Inlandsgeheimdienst, zur Polizei[48].

Der Verneinung eines verfassungsrechtlichen Trennungsgebotes für den BND steht nicht entgegen, daß in § 1 Abs. 1 S. 2 i.V.m. § 2 Abs. 3 BNDG ein einfachgesetzliches Trennungsgebot geschaffen wurde.

(2) Fehlen eines „informationellen“ Trennungsgebotes

Soweit ein eventuell verfassungsrechtlich fundiertes Trennungsgebot vor allem organisatorisch-institutionell verstanden wird, wird die geltende Gesetzeslage dem weiterhin gerecht. Darüber hinaus müßte ein verfassungsrechtliches

---

[45] Im Einzelnen Brenner, Bundesnachrichtendienst im Rechtsstaat, S. 51f. m.w.N.

[46] Überzeugend Roewer, DVBl. 1988, 666 ff.

[47] Der Ansicht von Gusy, Die Verwaltung 1984, 273 (284), der den BND „aufgrund seiner Aufgabenstellung zu den in diesem Schreiben genannten Stellen“ zählt, kann daher nicht gefolgt werden.

[48] Vgl. Borgs-Maciejewski/Ebert, A § 3, Rn. 134.

Trennungsgebot einen „informationellen" Charakter annehmen, um die Kompetenzordnung zu beeinflußen. In diesem strengen Sinne bedeutete dies, daß weder die Polizeibehörden rein nachrichtendienstlich relevante Daten, noch die Dienste unter Einsatz polizeilicher Befugnisse erlangte Daten gegenseitig zur Kenntnis nehmen dürften[49]. Dies ist jedoch abzulehnen und wird auch von Befürwortern eines verfassungsrechtlichen Trennungsgebotes so nicht vertreten[50]. Dagegen spricht bereits ein historischer Grund. Bereits von den Alliierten - auf deren Intervention ein verfassungsrechtliches Trennungsgebot gerade gestützt wird - wurde eine enge Zusammenarbeit zwischen dem Bundesamt für Verfassungsschutz und den Polizeibehörden als Selbstverständlichkeit angesehen[51]. Dagegen spricht desweiteren das geltende Recht, welches bereits Übermittlungspflichten zwischen Staatsanwaltschaften, Polizeibehörden und Verfassungsschutz normiert[52].

Durch die Erweiterung der Übermittlungsbefugnisse des BND ist damit das Trennungsgebot in der Tat nicht berührt[53] und im Ergebnis ein Verstoß gegen die Kompetenzordnung des Grundgesetzes nicht festzustellen.

2. Allgemeine Voraussetzungen eines Eingriffs in Art. 10 GG

Art. 10 GG ist kein schrankenlos gewährleistetes Grundrecht. Nach dem einfachen Gesetzesvorbehalt in Art. 10 Abs. 2 S. 1 GG dürfen Beschränkungen nur auf Grund eines Gesetzes angeordnet werden. Art. 10 Abs. 2 S. 2 GG ordnet als qualifizierter Gesetzesvorbehalt weitere Regelungsmöglichkeiten für den Gesetzgeber an, wenn die Beschränkung dem Schutz der freiheitlichen demokratischen Grundordnung oder des Bestandes oder der Sicherung des Bundes

---

49 Hirsch, Kontrolle der Nachrichtendienste, S. 96.

50 Wolff, Datenerhebung und -verarbeitung bei den Sicherheitsbehörden, S. 10; Riegel, Datenschutz bei den Sicherheitsbehörden, S. 143; Gusy, Jura 1986, 296 (300); Simitis, NJW 1986, 2795 (2801): „Auf eine Zusammenarbeit läßt sich nicht verzichten"; Ganßer, BayVBl. 1983, 711 (712) läßt zwar dahinstehen, ob dem Trennungsgebot Verfassungsrang zukommt, stellt aber fest, daß daraus jedenfalls kein Verbot des Informationsaustauschs erfolge.

51 Eingehend Roewer, DVBl. 1988, 666 (669); im Anschluß Brenner, Bundesnachrichtendienst im Rechtsstaat, S. 47.

52 Hirsch, Kontrolle der Nachrichtendienste, S. 97. Vgl. z.B. den dritten Abschnitt des BVerfSchG - „Übermittlungsvorschriften".

53 A.A. Staff, KJ 1999, 586 (589ff.).

oder eines Landes dient[54]. Das G 10 läßt sich diesem Handlungsspielraum des Gesetzgebers zuordnen.

Durch das G 10 darf der Gesetzgeber jedoch nicht unbegrenzt in das Fernmeldegeheimnis eingreifen, da jede zulässige Grundrechtsbeschränkung ihrerseits Beschränkungen unterliegt, den „Schranken-Schranken“. Diese kommen in Gestalt des Verbots eines einschränkenden Einzelfallgesetzes (Art. 19 Abs. 1 S. 1 GG), des Zitiergebots (Art. 19 Abs. 1 S. 2 GG), der Wesensgehaltsgarantie (Art. 19 Abs. 2 GG), des Bestimmtheitsgebots und - von herausragender Bedeutung - des Verhältnismäßigkeitsgrundsatzes bei jedem Grundrecht zum Tragen[55].

3. Präzisierung und Ergänzung durch BVerfGE 100, 313ff.

Die Beachtung dieser allgemeinen Eingriffsvoraussetzungen reicht nicht aus, wenn bei einem Eingriff in das Fernmeldegeheimnis personenbezogene Daten anfallen. Die von der Verfassung geforderten Ergänzungen und Präzisierungen wurden vom BVerfG in der jüngsten Abhörentscheidung[56] unter Bezugnahme auf das Volkszählungsurteil vom 15. Dezember 1983[57] herausgearbeitet. Laut BVerfG lassen sich die Maßgaben, die es im Volkszählungsurteil aus Art. 2 Abs. 1 i.V.m. Art. 1 Abs. 1 GG entwickelt hat, weitgehend auf die speziellere Garantie in Art. 10 GG übertragen[58]. Um diese Weiterentwicklung der Rechtsprechung im Bereich des Fernmeldegeheimnisses einordnen zu können, ist ein Blick auf die im Volkszählungsurteil gesetzten Maßstäbe unerläßlich.

a) Bezugspunkt: Anforderungen an die Erhebung und Weitergabe personenbezogener Daten nach dem Volkszählungsurteil

Im Volkszählungsurteil hat das BVerfG nicht nur das Recht auf informationelle Selbstbestimmung herausgearbeitet, sondern auch zu den verfassungs-

---

[54] Art. 10 Abs. 2 S. 2 GG sei hier nochmals im Wortlaut wiedergegeben: „Dient die Beschränkung dem Schutze der freiheitlichen demokratischen Grundordnung oder des Bestandes oder der Sicherung des Bundes oder eines Landes, so kann das Gesetz bestimmen, daß sie dem Betroffenen nicht mitgeteilt wird und daß an die Stelle des Rechtsweges die Nachprüfung durch von der Volksvertretung bestellte Organe und Hilfsorgane tritt“.

[55] Vgl. Pieroth/Schlink, Staatsrecht II - Grundrechte, Rn. 278; ebenso Dreier, GG, Vorb. vor Art. 1 GG, Rn. 86.

[56] BVerfGE 100, 313ff.

[57] BVerfGE 65, 1ff.

[58] BVerfGE 100, 313 (359).

rechtlichen Anforderungen an einen Eingriff Stellung bezogen. Die Ausführungen beziehen sich sowohl auf die staatliche Erhebung als auch auf den Umgang mit personenbezogenen Daten. Die Anforderungen lassen sich aufgrund ihres grundsätzlichen Charakters heranziehen, auch wenn das Gericht betont hatte, das Recht auf informationelle Selbstbestimmung nicht abschließend regeln zu wollen[59].

Grundsätzlich geht das BVerfG im Hinblick auf die Gemeinschaftsbezogenheit und Gemeinschaftsgebundenheit der Person davon aus, daß ein Eingriff in das Recht auf informationelle Selbstbestimmung im überwiegenden Allgemeininteresse zulässig ist[60]. Im einzelnen unterliegt ein Eingriff folgenden Voraussetzungen:

aa) Gebot der Normenklarheit

Ein Eingriff bedarf einer gesetzlichen Grundlage, aus der sich die Voraussetzungen und der Umfang der Beschränkungen für den Bürger klar erkennen lassen[61]. Da es unter den Bedingungen der automatischen Datenverarbeitung kein „belangloses" Datum mehr gibt, muß über den Verwendungszweck und über die mit der Datenerhebung verbundenen Verknüpfungs- und Verwendungsmöglichkeiten Klarheit bestehen[62]. Das Gebot der Normenklarheit setzt daher auch voraus, daß der Gesetzgeber den Verwendungszweck bereichsspezifisch und präzise bestimmt[63]. Dadurch verbietet sich eine Sammlung nicht anonymisierter, also personenbezogener Daten auf Vorrat zu unbestimmten oder noch nicht bestimmbaren Zwecken[64].

bb) Grundsatz der Zweckbindung

Der Grundsatz der Zweckbindung besagt, daß die Verwendung von Daten auf den gesetzlich bestimmten Zweck begrenzt ist[65]. Dieser Grundsatz erlangt nach der Rechtsprechung des BVerfG bei der Erhebung personenbezogener Daten einen eigenen Stellenwert, es handelt sich um ein „zentrales Postulat im Daten-

---

59 Vgl. BVerfGE 65, 1 (44f.).
60 BVerfGE 65, 1 (44).
61 Ebenda.
62 Vgl. BVerfGE 65, 1 (45).
63 BVerfGE 65, 1 (46).
64 Vgl. ebenda.
65 BVerfGE 65, 1 (46).

schutzkonzept des BVerfG"[66]. Der Grundsatz der Zweckbindung ist so bedeutsam, daß die Kombination von Datenerhebungen zu verschiedenen Zwecken nur bei einer denkbaren Vereinbarkeit der Zwecke zulässig sein soll[67]. Ein Verstoß gegen den Grundsatz der Zweckbindung führe nicht nur zu einer Unklarheit und Unverständlichkeit der Norm (Verstoß gegen das Gebot der Normenklarheit), sondern zugleich zu einem Verstoß gegen das Verhältnismäßigkeitsprinzip[68]. Aus der zuletzt zitierten Äußerung des BVerfG wird zugleich deutlich, daß der Grundsatz der Zweckbindung systematisch nicht wirklich eine eigenständige Kategorie der Grundrechtsprüfung, sondern im Bereich des Schutzes personenbezogener Daten eine Verstärkung des Grundsatzes der Normenklarheit darstellt.

cc) Exkurs: Keine Durchbrechung der Zweckbindung durch Amtshilfe nach Art. 35 GG

Der Grundsatz der Zweckbindung kann im Verhältnis von BND und Strafverfolgungs- bzw. Polizeibehörden auch nicht durch die Übermittlung personenbezogener Daten in Ausübung von Amtshilfe, zu der nach Art. 35 GG alle Behörden des Bundes und der Länder verpflichtet sind, unterlaufen werden. Amtshilfe bedeutet eine ausnahmsweise, wenngleich hin und wieder vorkommende Notwendigkeit einer ergänzenden Hilfeleistung zwischen Behörden als außerordentliche Lückenschließung im grundsätzlich lückenlos zu denkenden Zuständigkeitssystem staatlicher Verwaltungen[69]. Das Volkszählungsurteil ist hier ebenfalls wegweisend. Laut BVerfG ist angesichts der Gefahren der automatischen Datenverarbeitung ein - amtshilfefester - Schutz gegen Zweckentfremdung durch Weitergabe- und Verwertungsverbote erforderlich[70]. Damit

---

66 Kutscha, ZRP 1999, 156 (157).

67 So ist eine Datenerhebung zu statistischen Zwecken nicht ohne weiteres mit einer Datenerhebung zu Zwecken des Verwaltungsvollzugs zu verbinden, da eine enge und konkrete Zweckbindung der Daten einerseits für statistische Zwecke nicht verlangt werden kann (BVerfGE 65, 1 (47)), andererseits aber bei personenbezogenen Daten für unerläßlich angesehen wird (BVerfGE 65, 1 (62)).

68 BVerfGE 65, 1 (62).

69 Vgl. Denninger, ZRP 1981, 233 (234).

70 BVerfGE 65, 1 (46). Systematisch gehören die Weitergabe- und Verwertungsverbote zu den verfassungsrechtlich gebotenen organisatorischen und verfahrensrechtlichen Vorkehrungen, vgl. hierzu unten ee) und b)dd). Unter Berücksichtigung der zuvor angesprochenen Aussagen des BVerfG zur Kombination von verschiedenen Zwecken (Statistik, Verwaltungsvollzug mittels personenbezogener Daten) läßt sich aus diesem Satz im Ergebnis

steckt der Datenschutz das Feld ab, innerhalb dessen es überhaupt zu einer Amtshilfe kommen kann[71]. Solange der Grundsatz der Zweckbindung gilt, kommt eine Übermittlung von personenbezogenen Daten im Wege der Amtshilfe daher nicht in Betracht[72]. Aber auch losgelöst von einer etwaigen Zweckbindung ist für den Fall einer generellen Übermittlungsverpflichtung durch den BND, wie es der vom BVerfG beanstandete § 3 Abs. 5 S. 1 G 10 a.F. vorsah, bereits das Vorliegen von Amtshilfe zu verneinen. Amtshilfe setzt konstitutiv ein Ersuchen der datenempfangenden Behörde voraus. Damit ist Amtshilfe von Amts wegen ohne Ersuchen begrifflich ausgeschlossen[73]. Auf eine solche „Amtshilfe von Amts wegen" lief die Gesetzesänderung im G 10 a.F. jedoch gerade hinaus[74]. Eine Durchbrechung der Zweckbindung durch Amtshilfe kommt damit nicht in Betracht[75].

dd) Grundsatz der Verhältnismäßigkeit

Das Verhältnismäßigkeitsprinzip verlangt zunächst einmal, daß die erhobenen Daten für den Verwendungszweck geeignet und erforderlich sind. Letzteres bedeutet, die Datensammlung auf das zum Erreichen des Zwecks erforderliche Minimum zu beschränken. Darüber hinaus muß die Datensammlung „angemessen" (verhältnismäßig im engeren Sinne) sein, d.h. aufgrund einer Abwägung dürfen das Ziel der Telekommunikationsüberwachung und der Eingriff in das Fernmeldegeheimnis nicht außer Verhältnis stehen.

ee) Grundrechtsverwirklichung durch Organisation und Verfahren

„Mehr als früher" verlangt die Nutzung der automatischen Datenverarbeitung organisatorische und verfahrensrechtliche Vorkehrungen, um der Gefahr einer Verletzung von Persönlichkeitsrechten entgegenzutreten[76]. Durch die geforder-

---

nicht, wie von Kutscha, ZRP 1999, 156 (158) angedeutet, ein Verbot jeglicher Zweckentfremdung personenbezogener Daten entnehmen.

71 Simitis, NJW 1986, 2795 (2797).

72 Vgl. aber die Ausführungen zu Zweckänderungen im Rahmen des G 10 unter b) bb).

73 Meyer-Teschendorf, JuS 1981, 187 (189).

74 Dies gilt auch für die wesentlich differenziertere Übermittlungsregelung in § 7 G 10 n.F. Näheres zu dieser Vorschrift unten III.3.d)dd).

75 Damit erübrigt sich ein Eingehen auf die weiteren Merkmale der Amtshilfe, hierzu ausführlich Meyer-Teschendorf, JuS 1981, 187 (188ff.) sowie Lehner, Vorbehalt des Gesetzes, S. 114ff.

76 BVerfGE 65, 1 (44).

ten Vorkehrungen wird die Abwehrkomponente des Rechts auf informationelle Selbstbestimmung verstärkt. Nur in diesem Zusammenhang erlangen diese Vorkehrungen Bedeutung[77]. Ohne Einzelheiten vorgeschrieben zu bekommen, muß der Gesetzgeber folgendes regeln[78]:

- Weitergabe- und Verwertungsverbote zum Schutz vor Zweckentfremdung
- Aufklärungs-, Auskunfts- und Löschungspflichten
- Beteiligung unabhängiger Datenschutzbeauftragter, um dem Interesse eines vorgezogenen Rechtsschutzes durch rechtzeitige Vorkehrungen Rechnung zu tragen.

b) Anforderungen an die Erhebung und Weitergabe personenbezogener Daten nach Art. 10 GG

Auf das Volkszählungsurteil aufbauend ergeben sich bei einem Eingriff in das Fernmeldegeheimnis folgende Gemeinsamkeiten und Unterschiede:

aa) Gebot der Normenklarheit

Das Gebot der Normenklarheit wurde vom Bundesverfassungsgericht auf das Fernmeldegeheimnis übertragen[79].

bb) Grundsatz der Zweckbindung und Anforderungen an Zweckänderungen

Am Grundsatz der Zweckbindung hat das BVerfG im Rahmen des Fernmeldegeheimnisses ebenfalls festgehalten, zugleich aber die Bedeutung von Verknüpfungs- und Verwendungsmöglichkeiten personenbezogener Daten, die bereits im Volkszählungsurteil angeklungen waren, durch eine grundlegende Aussage zur Möglichkeit von Zweckänderungen in den Mittelpunkt gestellt und vom Zusammenhang mit statistischen Daten gelöst. Ausgangspunkt ist die Überlegung, daß der Geheimnisschutz für die durch einen Eingriff in Art. 10 GG erlangten Daten auch nach der ersten staatlichen Kenntnisnahme weiter bestehen bleibt und eine Weitergabe für die Betroffenen mit zusätzlichen, unter

---

77 Vgl. Dreier, in: Dreier, GG, Art. 2 Abs. 1, Rn. 64.
78 Vgl. zu allen drei Kriterien BVerfGE 65, 1 (46).
79 BVerfGE 100, 313 (359f.).

Umständen schwereren Folgen verbunden ist als im ursprünglichen Verwendungszusammenhang[80].

Der Grundsatz der Zweckbindung schließe, so das BVerfG, Zweckänderungen nicht rundweg aus. Auch die Zweckänderung sei - für sich genommen - am Fernmeldegeheimnis zu messen, d.h. sie bedürfe einer gesetzlichen Grundlage, die formell und materiell mit dem Grundgesetz vereinbar sei. Eine Zweckänderung müsse im überwiegenden Allgemeininteresse gerechtfertigt sein. Auch das Gebot der Normenklarheit wurde im Hinblick darauf, daß sich der neue Verwendungszweck auf die Aufgaben und Befugnisse der Behörde beziehen müsse, der die Daten übermittelt werden, erneut betont. Darüber hinaus und im Anschluß an das Volkszählungsurteil dürften der Verwendungszweck, zu dem die Erhebung erfolgt sei, und der veränderte Verwendungszweck nicht miteinander unvereinbar sein[81].

Genau genommen handelt es sich bei den Aussagen zur Zweckänderung nicht um eine Ausweitung eines „Grundsatzes der Zweckbindung“, sondern um eine eigenständige, zusätzliche Grundrechtsprüfung, was im Hinblick auf die Erkenntnis, daß die Weitergabe der Daten an eine andere Behörde einen erneuten Eingriff in das Fernmeldegeheimnis darstellt, folgerichtig ist.

cc) Grundsatz der Verhältnismäßigkeit

In Bezug auf das Fernmeldegeheimnis stellt das BVerfG den Grundsatz der Verhältnismäßigkeit nur in Verbindung mit einer Zweckänderung besonders heraus, doch gilt er als Voraussetzung einer jeden Grundrechtsbeschränkung ohne weiteres.

dd) Grundrechtsverwirklichung durch Organisation und Verfahren

Die Anforderungen an Organisation und Verfahren zur Sicherung des Grundrechtsschutzes wurden im Hinblick auf die Besonderheiten eines Eingriffs in das Fernmeldegheimnis präzisiert und erweitert:

- Eine wesentliche Neuerung für die Verwertung und Weitergabe der erlangten personenbezogenen Daten besteht darin, daß von Verfassungs wegen die

---

80 BVerfGE 100, 313 (360).
81 Vgl. ebenda (zu bb) insgesamt), unter Verweis auf BVerfGE 65, 1 (51, 62).

weitere Kennzeichnung der einmal erlangten Daten geboten ist. Nur so läßt sich die Zweckbindung nach der Erfassung gewährleisten[82].

- Aufklärungs-, Auskunfts- und Löschungspflichten sind im Bereich des Fernmeldegeheimnisses in abgewandelter Form relevant[83]:
  - Der überwachte Bürger hat Anspruch auf Kenntnis einer heimlichen Überwachungsmaßnahme. Nur dann kann er seine Rechte wirksam geltend machen. Auf welche Weise allerdings Kenntnis gewährt wird, liegt im Ermessen des Gesetzgebers. Dabei können Begrenzungen der Kenntnisgabe aus Art. 10 Abs. 2 GG erfolgen. Es handelt sich hier nicht um ein Erfordernis effektiven Rechtsschutzes aus Art. 19 Abs. 4 GG[84], sondern um spezifisches Datenschutzrecht.
  - Werden Daten nach einem Eingriff in das Fernmeldegeheimnis nicht mehr benötigt, so sind sie zu vernichten.
  - Die Rechtmäßigkeit der heimlichen Überwachung von Telekommunikation setzt eine Kontrolle durch unabhängige und an keine Weisung gebundene staatliche Organe und Hilfsorgane voraus. Das Gericht weist allerdings darauf hin, daß der Gesetzgeber in der Ausgestaltung dieser Kontrolle frei ist, sofern sie sich auf alle Schritte der Fernmeldeüberwachung erstreckt und hinreichend wirksam ist.

II. Anforderungen an datenschutzrechtliche Normen nach dem Grundgesetz im Verhältnis zur EMRK

Die Anforderungen an die hier diskutierten datenschutzrechtlichen Normen sind in der EMRK und im Grundgesetz ähnlich ausgeprägt. Gemeinsamkeiten lassen sich z.B. im Gebot der Normenklarheit oder, anders ausgedrückt, im Bestimmtheitsgrundsatz finden. Unbestimmte Normen, die weite Spielräume für Eingriffe in die Telekommunikation und darauf aufbauende Datensammlungen lassen, verbieten sich. Übereinstimmung herrscht auch bei der allgemeinen, aber wesentlichen Forderung nach der Verhältnismäßigkeit der Maßnahme. Das BVerfG vermag hier engere Grenzen zu ziehen, da es anders als der EGMR nicht zur Beachtung eines „staatlichen Ermessensspielraums“ gezwungen ist[85].

---

82 Ebenda.

83 Vgl. zu den folgenden Kriterien BVerfGE 100, 313 (360-362).

84 S.u. Kap. 7, B.II.2.

85 Ein Handlungsspielraum der Regierung muß allerdings im Rahmen der Abwägung zumindest auch Berücksichtigung finden.

Das BVerfG kann aus diesem Grunde auch eher Detailregelungen fordern. So hebt es die Voraussetzungen an Datenübermittlungen und eventuell damit verbundene Zweckänderungen deutlicher hervor als die EMRK und geht mit der Kennzeichnungspflicht über das vom EGMR geforderte hinaus.

Daher sind die Vorgaben der EMRK ebenfalls gewahrt, sofern sich die datenschutzrechtlichen Bestimmungen, die die strategische Überwachung konkret absichern, mit den Bestimmungen des Grundgesetzes in Einklang befinden.

III. Datenschutzrechtliche Ausgestaltung der strategischen Überwachung

Da das G 10 die Zulässigkeit heimlicher Telekommunikationsüberwachung umfassend regelt, finden sich hier auch die einschlägigen datenschutzrechtlichen Vorschriften. Das BVerfG hat im Urteil vom 14. Juli 1999 insbesondere in diesem Bereich einige Nachbesserungen gefordert, die vom Gesetzgeber in der Neuregelung des G 10 vom 26. Juni 2001 aufgegriffen wurden. Da das G 10 n.F. darüber hinaus nur wenig von der Konzeption des G 10 a.F. abweicht, kann für die verfassungsrechtliche Beurteilung des geltenden Rechts weiterhin auf die Maßstäbe dieses Urteils zurückgegriffen werden.

1. Aufklärungsfelder

In der Entscheidung vom 14. Juli 1999 hat das BVerfG dem Gesetzgeber bescheinigt, bei der Festlegung der Aufklärungsfelder dem datenschutzrechtlichen Bestimmtheitsgrundsatz Rechnung getragen zu haben[86]. Dem ist auch im Hinblick auf G 10 n.F. grundsätzlich zuzustimmen, denn dort werden, wie bereits deutlich wurde, die Aufklärungsfelder des G 10 a.F. nur unwesentlich abgewandelt übernommen[87]. Der überwiegende Teil der Eingriffsermächtigungen wurde sehr detailliert ausgestaltet. Allenfalls könnte man die Einschätzung des BVerfG bezüglich § 3 Abs. 1 S. 2 Nr. 4 G 10 a.F., der § 5 Abs. 1 S. 3 Nr. 4 G 10 n.F. entspricht, in Zweifel ziehen, wonach eine Überwachung hinsichtlich der „unbefugten Verbringung von Betäubungsmitteln in nicht geringer Menge aus dem Ausland“ zulässig ist. Das Merkmal der „nicht geringen Menge“ ist ein zentraler Begriff des Betäubungsmittelstrafrechts[88] und hat sich vom Strafzu-

---

86 BVerfGE 100, 313 (372).
87 Insbesondere s.o. Kap. 1, B.I.b).
88 Weber, BtMG, § 29a, Rn. 52.

messungsgrund zum Verbrechensmerkmal entwickelt[89]. Mit dieser Aufwertung wurde im Hinblick auf den Bestimmtheitsgrundsatz eine Präzisierung notwendig; die Bestimmung des Grenzwerts konnte nun nicht mehr als Ermessensfrage angesehen werden, die der tatrichterlichen Würdigung im Einzelfall unterliegt[90]. Die notwendige Konkretisierung in der Rechtsprechung wurde mittlerweile mit Rücksicht auf die unterschiedliche Beschaffenheit, Wirkungsweise und Gefährlichkeit der Betäubungsmittel geleistet[91]. Da auf diese Rechtsprechung auch im Rahmen des G 10 zurückgegriffen werden kann, ist auch dieses Aufklärungsfeld, wie vom BVerfG angenommen, mit dem Bestimmtheitsgrundsatz grundsätzlich vereinbar.

Da der Bestimmtheitsgrundsatz durchaus Raum für Interpretationen läßt, dürfte auch das in § 8 Abs. 1 G 10 n.F. neu eingefügte Aufklärungsfeld, das die Aufklärung zur Abwendung einer Gefahr für Leib oder Leben einer Person im Ausland zuläßt, darüber hinaus aber fordert, daß Belange der Bundesrepublik Deutschland unmittelbar in besonderer Weise berührt sind, mit diesem Grundsatz vereinbar sein.

Darüber hinaus findet der Verhältnismäßigkeitsgrundsatz durch die Beschränkung auf das notwendige bzw. erforderliche Maß strategischer Überwachungsmaßnahmen ausdrücklich Berücksichtigung[92]. Es kommt daher nicht mehr darauf an, daß er aufgrund des Eingriffscharakters der Vorschriften zur strategischen Überwachung auch ohne weiteres bei der Anordnungsentscheidung einzubeziehen wäre.

2. Dauer einer heimlichen Überwachungsmaßnahme

Nach § 10 Abs. 5 G 10 n.F. wird eine strategische Überwachungsmaßnahme in den schon in G 10 a.F. festgelegten Aufklärungsfeldern für höchstens drei Monate angeordnet. Bei Vorliegen der Voraussetzungen kann die Anordnung beliebig oft um jeweils nicht mehr als drei weitere Monate verlängert werden[93]. Im Fall einer strategischen Überwachung nach § 8 Abs. 1 G 10 n.F. (Gefahr für

---

[89] Zuerst in § 30 Abs. 1 Nr. 4 BtMG 1982, vgl. Weber, BtMG, § 29a, Rn. 59. Im geltenden Betäubungsmittelstrafrecht sind §§ 29a Abs. 1 Nr. 2, 30 Abs. 1 Nr. 4, 30a Abs. 1, Abs. 2 Nr. 2 BtMG einschlägig.

[90] Vgl. BGHSt 32, 162 (163) = NJW 1984, 675 (676).

[91] Vgl. hierzu Weber, BtMG, § 29a, Rn. 52-118; Franke/Wienroeder, BtMG, 2. Aufl., § 29a, Rn. 13-22.

[92] Vgl. § 5 Abs. 1 S. 3 bzw. § 8 Abs. 1 G 10 n.F.

[93] Dies entspricht dem G 10 a.F., vgl. § 5 Abs. 3 G 10 a.F.

Leib oder Leben einer Person im Ausland) ist die Anordnungsdauer auf höchstens zwei Monate verkürzt und kann ebenfalls jeweils nur um diesen Zeitraum verlängert werden. Fallen die Voraussetzungen der Anordnung vor Ablauf des einschlägigen Zeitraums weg, so ist die Überwachung unverzüglich zu beenden[94].

3. Der Umgang mit personenbezogenen Daten

Der Umgang mit personenbezogenen Daten schließt vor allem die Auswertung, Übermittlung und Löschung von Daten durch den BND ein. In der gesetzlichen Neuregelung von Auswertung und Übermittlung von Daten aus heimlicher Telekommunikationsüberwachung spiegelt sich das Urteil des BVerfG in besonderer Weise wider. Die Neuregelung läßt sich daher erst im Zusammenhang mit den Vorschriften des G 10 a.F. und deren Beurteilung durch das BVerfG richtig würdigen. In diesen Punkten wird daher sowohl die alte als auch die neue Rechtslage berücksichtigt.

a) Kenntnisnahme personenbezogener Daten als „Zufallsfunde"

Die strategische Überwachung ist prinzipiell nicht personen-, sondern sachbezogen angelegt. Nach dieser Konzeption dürfte sich die Frage nach dem Umgang mit personenbezogenen Daten überhaupt nicht stellen. Im Rahmen der strategischen Überwachung ist jedoch nicht auszuschließen, daß aus dem Inhalt der abgehörten Kommunikation personenbezogene Daten als „Zufallsfunde" bekannt werden. Die Wahrscheinlichkeit von „Zufallsfunden" hat sich durch die Erweiterung der Aufklärungsfelder im G 10 erhöht. Dies ist zum einen durch die technische Entwicklung bedingt, nach der heutzutage Verbindungsdaten miterfaßt und vorgehalten werden und damit potentiell verfügbar sind, zum anderen durch die stärkere Subjektbezogenheit der neu in das Gesetz aufgenommenen Gefahren, die oft erst durch die Individualisierung der Kommunikationspartner die gewünschte Erkenntnis liefern[95].

b) Verwertbarkeit von Zufallsfunden

Die Frage der Verwertbarkeit von „Zufallsfunden" ist ein Problem, das auch aus dem Strafprozeßrecht bekannt ist. Anders als in der StPO, in der - in

[94] Vgl. § 11 Abs. 2 G 10 n.F..
[95] Vgl. BVerfGE 100, 313 (379).

Anlehnung an die Rechtsprechung des BGH - mit § 100b Abs. 5 StPO erst 1992 eine ausdrückliche Beweisverwertungsregelung eingefügt wurde[96], wurde sie bereits in der ersten Fassung des G 10 berücksichtigt. In bestimmten Grenzen wurde eine Verwertung von Zufallsfunden aus „strategischer Überwachung" für zulässig erachtet. Zwar bestimmte § 3 Abs. 2 S. 1 G 10 a.F.[97], daß Kenntnisse und Unterlagen aus strategischer Überwachung nicht zum Nachteil von Personen verwendet werden dürften. Dieser „Grundsatz" wurde jedoch sogleich dadurch durchbrochen, daß nach S. 2 eine Verwertung zulässig war, wenn gegen die Person eine Beschränkung nach § 2 angeordnet worden war oder tatsächliche Anhaltspunkte für den Verdacht bestanden, daß jemand eine der in § 2 G 10 a.F. oder in § 138 StGB genannte Handlung plante, beging oder begangen hatte[98]. Die erhöhte Sensibilität des Gesetzgebers läßt sich damit erklären, daß die Daten im Gegensatz zur Individualkontrolle ohne Anknüpfung an einen konkreten Verdacht und damit unter Umgehung der Anforderungen an eine individualbezogene Telekommunikationsüberwachung erlangt wurden. Ein grundsätzliches Beweisverwertungsverbot leitete der Gesetzgeber daraus jedoch offensichtlich nicht ab. Da das Fernmeldegeheimnis nicht beziehungslos im Raum steht, sondern mit staatlichen Schutzpflichten und dem öffentlichen Interesse an der Verhinderung von Straftaten und einer wirksamen Strafverfolgung abzuwägen ist[99], ist dies folgerichtig. Verfassungsrechtlich muß sich jedoch auch die Verwertung von Zufallsfunden an den Maßstäben des Fernmeldegeheimnisses messen lassen.

c) Kritik des BVerfG an den Regelungen zur Auswertung und Übermittlung von Daten nach G 10 a.F.

aa) Auswertungsbefugnisse des BND

Die Auswertung erlangter Daten wurde in § 3 Abs. 3 und 4 G 10 a.F. geregelt.

---

96 Durch Art. 3 des Gesetzes zur Bekämpfung des illegalen Rauschgifthandels und anderer Erscheinungsformen der Organisierten Kriminalität vom 15. Juli 1992, BGBl I 1992, 1302 (1306).

97 Vom 13. August 1968, BGBl I, 949.

98 Ähnlich § 7 Abs. 3 G 10 a.F. für die Individualkontrolle; vgl. hierzu BVerfG, Beschl. vom 18. August 1987, NJW 1088, 1075 und hierzu kritisch Schlink, NJW 1989, 11ff. sowie BHGSt 29, 244ff. zur Frage der „Fernwirkung" dieses Beweisverwertungsverbots.

§ 3 Abs. 3 S. 1 G 10 a.F. legte fest, unter welchen Voraussetzungen personenbezogene Daten verwendet werden durften. Einerseits wurde die Verwendung durch einen Straftatenkatalog bestimmt. Der Katalog deckte sich zum Teil mit den Delikten, die auch eine Individualkontrolle nach § 2 G 10 a.F. rechtfertigten, im übrigen wurden die zusätzlichen Straftaten mit den neu eingeführten Aufklärungsfeldern des § 3 Abs. 1 Nr. 2 bis 6 G 10 a.F. abgestimmt. Darüber hinaus durften die Daten ausgewertet werden, soweit „tatsächliche Anhaltspunkte" für den Verdacht bestanden, daß jemand eine der vorgenannten Straftaten plante, beging oder begangen hatte. Rechtsgrundlage für die Auswertung selbst war § 3 Abs. 4 G 10 a.F.

Die Verfolgung von Straftaten ist jedoch nur „Nebenprodukt", nicht eigentlicher Zweck der Tätigkeit des BND. Im Rahmen der eigentlichen Auslandsaufklärung (§ 1 Abs. 2 BNDG), die auch nach der damaligen und neuesten Gesetzesänderung im Vordergrund steht[100], hat der BND gem. § 12 BNDG die Bundesregierung zu unterrichten. In Bezug auf diese Unterrichtung sah das G 10 a.F. keine Beschränkungen bei der Weitergabe personenbezogener Daten vor.

An dieser Rechtslage hat das BVerfG in mehrfacher Hinsicht Anstoß genommen. Einen ersten Ausdruck fand die Rechtsmeinung des Gerichts in der einstweiligen Anordnung vom 5. Juli 1995. Die Regelung des § 3 Abs. 3 S. 1 G 10 a.F. wurde insoweit außer Kraft gesetzt, als die *Verwendung*[101] der Daten an „tatsächliche Anhaltspunkte für einen Verdacht" geknüpft wurde. Einstweilen wurden die Anforderungen an einen Verdacht an den im Strafprozeßrecht üblichen Standard angeglichen. Demnach durften die Daten nur weiterverwendet werden, wenn „bestimmte Tatsachen" den Verdacht begründeten, daß jemand eine der in § 3 Abs. 3 G 10 genannten Straftaten plante, beging oder begangen hatte[102].

---

[99] Zum Zusammenhang mit der staatlichen Sicherheitsaufgabe näher Möstl, DVBl. 1999, 1394 (1399) m.w.N.

[100] Vgl. § 1 Abs. 1 Nr. 2 G 10 a.F: „Es sind (...) 2. der Bundesnachrichtendienst im Rahmen seiner Aufgaben nach § 1 Abs. 2 des BND-Gesetzes auch zu den in § 3 Abs. 1 Satz 2 Nr. 2 bis 6 bestimmten Zwecken berechtigt, die Telekommunikation zu überwachen und aufzuzeichnen (...)". Nahezu gleichlautend § 1 Abs. 1 Nr. 2 G 10 n.F., der die bestimmten Zwecke um § 8 Abs. 1 Satz 1 erweitert.

[101] Die Verwendung schließt sowohl die Auswertung als auch die Übermittlung von Daten ein.

[102] Vgl. BVerfG, Beschluß v. 5. Juli 1995, BVerfGE 93, 181.

In der endgültigen Entscheidung wurde bezüglich der *Auswertungsbefugnisse* des BND diese Argumentationslinie nicht mehr verfolgt. Vielmehr stellte das Gericht nun fest, daß sich § 3 Abs. 3 G 10 a.F. nicht auf den BND beziehe (sondern auf die Behörden, denen Daten durch den BND übermittelt werden) und eine Begrenzung der Auswertung auf Daten, die eine hinreichende nachrichtendienstliche Relevanz für die in §§ 1, 3 Abs. 1 G 10 a.F. bezeichneten Gefahrenfelder hätten, gänzlich fehle[103]. Im Ergebnis wurde durch die Vorschrift der datenschutzrechtliche Grundsatz der Zweckbindung nicht beachtet. Hinsichtlich der eigenen Auswertungsbefugnisse des BND hatte dies jedoch keinen Einfluß auf die Verfassungsmäßigkeit des § 3 Abs. 3 G 10 a.F.

Eine andere Bewertung ergab sich aber für § 3 Abs. 4 G 10 a.F. Diese Norm werde, so das BVerfG, grundsätzlich dem Zweckbindungsprinzip gerecht, bleibe aber ergänzungsbedürftig: Zwar sehe § 3 Abs. 6 G 10 a.F. die Löschung der Daten vor, sofern diese nicht für die Zwecke nach § 3 Abs. 1 erforderlich seien. Es fehle aber in § 3 Abs. 4 G 10 a.F. eine Zweckbindung für den Fall, daß die Daten nicht gelöscht würden. Im übrigen würden die Bestimmungen der aus Art. 10 GG folgenden Kennzeichnungspflicht nicht gerecht[104].

Das BVerfG ordnete daher an, daß § 3 Abs. 4 G 10 a.F. bis zum Tätigwerden des Gesetzgebers mit der Maßgabe anzuwenden sei, daß die Daten gekennzeichnet und nicht zu anderen als den in § 3 Abs. 1 G 10 a.F. genannten Zwekken verwendet würden.

bb) Übermittlungsbefugnisse des BND

Ein ähnliches Bild verfassungsrechtlicher Unvereinbarkeit zeigte sich bei der gesetzlichen Ausgestaltung der Übermittlungsbefugnisse durch den BND, die mit Blick auf § 3 Abs. 3 S. 1 G 10 a.F. bereits kurz aufgegriffen wurden. Vom G 10 a.F. wurde danach unterschieden, ob die Bundesregierung über Vorgänge unterrichtet werden sollte oder ob Daten an andere Sicherheitsbehörden übermittelt werden sollten.

(1) Übermittlung an die Bundesregierung

Gem. § 3 Abs. 3 S. 2 G 10 a.F. richtete sich die Übermittlung von Daten an die Bundesregierung nach § 12 BNDG. Danach wurde dem BND im Rahmen

103 BVerfGE 100, 313 (386).
104 Vgl. BVerfGE 100, 313 (385f.).

dieser Berichtspflichten auch die Übermittlung personenbezogener Daten gestattet. Im Rahmen der einstweiligen Anordnung vom 5. Juli 1995 erörterte das BVerfG diese Berichtspflicht noch im Rahmen der Auswertungsbefugnisse des BND, ohne daß diesbezüglich eine Anordnung getroffen wurde. Im Urteil vom 14. Juli 1999 ordnete das BVerfG dagegen richtigerweise die Berichtspflicht dem Bereich der Datenübermittlung zu. Der Kreis derjenigen, die die Kommunikation kennen und von dieser Kenntnis Gebrauch machen könnten, wird, so der zutreffende Hinweis des BVerfG, erweitert[105]. Die Berichtspflicht als ursprünglicher und eigentlicher Zweck der Fernmeldeüberwachung unterliegt somit auch für sich allein dem Fernmeldegeheimnis.

Allerdings fehlten nach Ansicht des BVerfG ebenfalls die erforderlichen verfahrensmäßigen Sicherungen[106]. Das Gericht forderte daher in mehrerer Hinsicht eine gesetzliche Nachbesserung von § 3 Abs. 3 S. 2 G 10 a.F.:

Zunächst fehle eine Bindung der Berichtspflicht an die eine Fernmeldekontrolle legitimierenden Zwecke des § 1 Abs. 1 G 10 und des § 3 Abs. 1 G 10. Zudem fehle die Pflicht zur Kennzeichnung der personenbezogenen Daten. Darüber hinaus müsse die Bundesregierung ebenfalls an die Zwecke des § 3 Abs. 1 S. 2 Nr. 1 bis 6 G 10 bei der (Weiter-)Verwendung der Daten gebunden werden[107].

Bis zur gesetzlichen Neuregelung sei § 3 Abs. 3 S. 2 G 10 daher mit der Maßgabe anzuwenden, daß die in dem Bericht an die Bundesregierung enthaltenen personenbezogenen Daten zu kennzeichnen seien und an die Zwecke gebunden blieben, die ihre Erhebung gerechtfertigt hätten[108].

(2) Übermittlung an andere Sicherheitsbehörden

§ 3 Abs. 5 G 10 a.F. verpflichtete den BND zum ersten Mal, die nach § 3 Abs. 1 erlangten Daten vollständig zu den in Abs. 3 bezeichneten Zwecken an weitere Sicherheitsbehörden zu übermitteln, soweit dies zur Erfüllung der Aufgaben des Empfängers erforderlich sei. Weitere Erfordernisse stellte Abs. 5

---

105 BVerfGE 100, 313 (367).

106 Da das Fehlen der verfahrensmäßigen Sicherungen Auswirkungen auf das derzeit geltende Recht hat, muß dies hier Erwähnung finden, obwohl dieses Kapitel vorrangig gerade nicht das Verfahren zum Gegenstand hat.

107 Vgl. BVerfGE 100, 313 (388).

108 Vgl. BVerfGE 100, 313 (402).

nicht auf. Der Kreis der Sicherheitsbehörden wurde dabei sehr weit gezogen, vgl. § 3 Abs. 5 S. 1 G 10 a.F.:

> „Die nach Absatz 1 erlangten Daten sind vollständig zu den in Abs. 3 bezeichneten Zwecken den Verfassungsschutzbehörden des Bundes und der Länder, dem Amt für den Militärischen Abschirmdienst, dem Zollkriminalamt, dem Bundesausfuhramt, den Staatsanwaltschaften und, vorbehaltlich der staatsanwaltschaftlichen Sachleitungsbefugnis, den Polizeien zu übermitteln, soweit dies zur Erfüllung der Aufgaben des Empfängers erforderlich ist".

Die Empfangsbehörden waren nach der Gesetzeskonzeption dann an die Verwendungsbefugnisse des § 3 Abs. 3 G 10 gebunden.

Diese Befugnis des BND wurde vom BVerfG bereits in der einstweiligen Anordnung vom 5. Juli 1995 wieder eingeschränkt. Danach war § 3 Abs. 5 G 10 a.F. - wie schon zuvor § 3 Abs. 3 S. 1 G 10 im Rahmen der Auswertung - einstweilen mit der Maßgabe anzuwenden, daß die nach Abs. 1 erlangten Daten den in der Vorschrift genannten Behörden nur dann zu übermitteln waren, wenn bestimmte Tatsachen den Verdacht begründeten, daß jemand eine der in § 3 Abs. 3 G 10 genannten Straftaten plante, beging oder begangen hatte[109].

In der endgültigen Entscheidung wurde die grundsätzliche Befugnis des BND, Daten an die Sicherheitsbehörden weiterzugeben, nicht angetastet[110]. In der zitierten Fassung jedoch liege, so das BVerfG, ein Verstoß gegen das Verhältnismäßigkeitsprinzip. Durch die Übermittlung werde das Fernmeldegeheimnis erneut durchbrochen. Dies habe möglicherweise größere Beeinträchtigungen als der Ersteingriff zur Folge, da sich nunmehr personenbezogene Maßnahmen gegen die von der Überwachung Betroffenen anschließen könnten. Angesichts der Verdachtslosigkeit und Streubreite des Eingriffs müssten die Belange, denen die Übermittlung diene, das Fernmeldegeheimnis überragen und die Erforderlichkeit der Daten für diese Belange auf einer sicheren (Tatsachen-)Basis stehen. Damit seien ein hohes Gewicht des jeweils in Rede stehenden Rechtsguts und eine hinreichende Tatsachenbasis für den Verdacht, daß Straftaten geplant oder begangen würden, zwingend erforderlich. Die Anforderungen an den Verdacht würden dabei nach der Bedeutung des gefährdeten oder angegriffenen Rechtsguts variieren. Bei einem überragend wichtigen

---

[109] BVerfG, Beschl. v. 5. Juli 1995, BVerfGE 93, 181 (181f.).
[110] Vgl. BVerfGE 100, 313 (390, zum Ganzen ab 388ff.).

Rechtsgut könnten Planungshandlungen im Verbund mit der Voraussetzung tatsächlicher Anhaltspunkte als Schwelle für die Datenübermittlung genügen[111].

Diese Anforderungen erfordern eine differenzierte Übermittlungsregelung, die, so das BVerfG, in § 3 Abs. 5 i.V.m. § 3 Abs. 3 G 10 a.F. nicht in allen Fällen erreicht wurde. Zwar gelte dies nicht, soweit § 3 Abs. 3 G 10 a.F. eine Übermittlung in Bezug auf Personen zulasse, für die bereits eine Beschränkung nach § 2 G 10 a.F. (Individualkontrolle) angeordnet wurde. In der *Verdachtsalternative* sei § 3 Abs. 3 G 10 a.F. jedoch zu unausgewogen. Der Straftatenkatalog erfasse sowohl Verbrechen und Vergehen, d.h. Straftaten, deren Begehung höchstrangige Gemeinschaftsgüter schädigten ebenso wie Straftaten, die sich eher im mittleren Kriminalitätsfeld bewegten. Dagegen seien die Anforderungen an einen Tatverdacht im Vergleich zu § 100a StPO relativ niedrig angesetzt. Anstelle von „bestimmten Tatsachen", die einen Verdacht begründen müssten (§ 100a StPO), genügten hier „tatsächliche Anhaltspunkte". Zudem sei das Planungsstadium einbezogen, das sich noch im Vorfeld des strafbaren Versuchs bewege[112].

Das BVerfG forderte unterschiedliche Konsequenzen ein, je nachdem, ob die Verhütung von Straftaten oder die Aufklärung und Verfolgung von Straftaten bezweckt werde. Im Rahmen der Strafverfolgung müsse der Grad des Verdachts mit demjenigen identisch sein, der auch sonst gem. § 100a StPO in diesem Bereich gelte[113]. Auf eine detaillierte vorläufige Regelung bis zur gesetzlichen Neuregelung hat das BVerfG allerdings verzichtet. Stattdessen wurde die einstweilige Anordnung bis zur endgültigen Regelung aufrechterhalten.

d) Auswertung und Übermittlung von Daten nach G 10 n.F.

aa) Zweckbindung als unabdingbare Voraussetzung von Auswertung und Übermittlung

Während das Zweckbindungsprinzip in G 10 a.F. nicht in letzter Konsequenz beim Datenverarbeitungsprozeß, der sich an die heimliche Telekommunikationsüberwachung anschließt, verankert wurde, wurde es in G 10 n.F. sowohl

---

[111] Vgl. BVerfGE 100, 313 (392).
[112] Vgl. BVerfGE 100, 313 (393f.).
[113] Eingehend BVerfGE 100, 313 (394f.); hierzu sehr kritisch („nur vordergründig grundrechtsfreundlich") Albrecht, KritV 2000, 273 (282).

auf der Auswertungs- als auch auf der Übermittlungsebene ausdrücklich hineingeschrieben, indem § 6 Abs. 2 S. 2 G 10 n.F. bestimmt:

> „Die Daten dürfen nur zu den in § 5 Abs. 1 Satz 3 genannten Zwecken und für Übermittlungen nach § 7 Abs. 1 bis 4 verwendet werden".

Das Zweckbindungsprinzip gilt darüber hinaus für den jeweiligen Empfänger, vgl. § 7 Abs. 6 S. 1 G 10:

> „Der Empfänger darf die Daten nur für die Zwecke verwenden, zu deren Erfüllung sie ihm übermittelt worden sind".

bb) Kennzeichnungspflichten bei Auswertung und Übermittlung

Der Gesetzgeber hat zudem die aus Art. 10 GG abgeleiteten Forderungen nach Kennzeichnung umgesetzt. Nach § 6 Abs. 2 G 10 n.F. sind Daten aus strategischen Überwachungsmaßnahmen zu kennzeichnen. Diese Kennzeichung ist auch bei jeder weiteren Verwendung der Daten, d.h. insbesondere bei jeder weiteren Übermittlung an Empfänger außerhalb des BND, aufrechtzuerhalten[114]. Auf diese Weise wird sichergestellt, daß das Wissen um die besondere Schutzbedürftigkeit, vor allem um die Zweckbindung dieser Daten, nicht verlorengeht.

cc) Auswertungsbefugnisse

Durch die Zweckbindung in § 6 Abs. 2 S. 2 G 10 n.F. wird der BND zugleich erstmals auch im Rahmen der eigenen Auswertung ausdrücklich an die Aufklärungsfelder gebunden.

---

[114] Im Bereich der strategischen Kontrolle gilt dies uneingeschränkt, d.h. sowohl in den Fällen strategischer Überwachung nach § 5 Abs. 1 G 10 n.F. als auch nach § 8 Abs. 1 G 10 n.F., vgl. § 6 Abs. 2 G 10 n.F. und § 8 Abs. 4 S. 4 i.V.m. § 6 Abs. 2 S. 1 und 2 G 10 n.F. Im Bereich der Individualkontrolle besteht nach § 4 Abs. 3 G 10 n.F. die befremdliche Besonderheit, daß hier mit Zustimmung der G 10-Kommission in besonders brisanten Fällen auf die Kennzeichnung verzichtet werden kann, um die Geheimhaltung einer Beschränkungsmaßnahme nicht zu gefährden. Nach der Entscheidung des BVerfG vom 14. Juli 1999 ist jedoch die lückenlose Kennzeichnung der Daten verfassungsrechtlich zwingend geboten. Eine neuerliche Anrufung des BVerfG scheint daher durch diese Vorschrift vorgezeichnet. Kritisch hierzu auch Wollweber, ZRP 2001, 213 (215).

dd) Übermittlungsbefugnisse

Die Übermittlung von Daten ist neu in § 7 G 10 n.F. geregelt. Anders als § 3 Abs. 5 G 10 a.F. begründet die Norm keine pauschale Übermittlungspflicht an eine Vielzahl von Behörden, vielmehr wird - mit unterschiedlichen Anforderungen - nach einzelnen Empfängern bzw. Empfängergruppen differenziert. Aus der Formulierung des Gesetzes folgt zudem, daß eine Datenübermittlung in das Ermessen des BND gestellt ist. Daten „dürfen" übermittelt werden, während § 3 Abs. 5 S. 1 G 10 a.F. festlegte, daß Daten zu übermitteln „sind". Insgesamt wurden die Delikte, bei denen Datenübermittlungen zulässig sind, ausgeweitet[115].

(1) Übermittlung an die Bundesregierung

Auch bei der Datenübermittlung an die Bundesregierung im Rahmen von § 12 BNDG bleibt der BND, wie im Rahmen der eigenen Auswertung, an die Aufklärungsfelder des § 5 Abs. 1 S. 3 G 10 n.F. gebunden[116]. Da zudem die Kennzeichnungspflicht und die Zweckbindung - auch für die Bundesregierung - gelten, wurden die Vorgaben des BVerfG vollständig umgesetzt.

(2) Übermittlung an Inlandsnachrichtendienste

Erstmals ist auch die Datenübermittlung des BND an die Nachrichtendienste im übrigen, d.h. an die Verfassungsschutzbehörden des Bundes und der Länder sowie den MAD, nicht im Verbund mit den übrigen Sicherheitsbehörden geregelt. § 7 Abs. 2 G 10 n.F. trifft eine differenzierte Regelung. Beim Hinweis auf terroristische Bestrebungen genügen „tatsächliche Anhaltspunkte" (im Hinblick auf § 3 Abs. 1 Nr. 1 und 3 BVerfSchG) für eine zulässige Datenübermittlung, da, so die Gesetzesbegründung, der Erhebungszweck des § 5 Abs. 1 S. 3 Nr. 2 G 10 n.F. gerade auf die Gewinnung solcher Erkenntnisse gerichtet ist[117]. Dagegen ist die Übermittlung von Tatsachen, die auf sicherheitsgefährdende oder geheimdienstliche Tätigkeiten für eine fremde Macht hindeuten, nur zulässig, wenn der Verdacht auf „bestimmten Tatsachen" beruht, da die strategische

---

[115] Zu Einzelheiten vgl. jeweils die zitierten Vorschriften des G 10 n.F., auf die hier in den Einzelheiten nicht näher eingegangen werden soll.

[116] § 7 Abs. 1 G 10 n.F.

[117] BR-Drs. 54/01 vom 26. Januar 2001, S. 39, zu § 7 Abs. 2 des G 10-Gesetzentwurfs.

Überwachung durch den BND grundsätzlich nicht auf dieses Aufklärungsfeld gerichtet ist.

(3) Übermittlung an Polizei- und Strafverfolgungsbehörden

§ 7 Abs. 4 G 10 n.F. setzt für die Übermittlung an „mit polizeilichen Aufgaben betraute Behörden", d.h. Polizei- und Strafverfolgungsbehörden, unterschiedliche Maßstäbe, die zum einen vom Ausführungsstadium einer Straftat (Planung, Vorbereitung, Durchführung, Beendigung), zum anderen von der Schwere der Straftat abhängen und sich ausschließlich auf Daten beziehen, die im Rahmen der strategischen Kontrolle nach § 5 G 10 n.F. erhoben wurden. Ohne auf die Einzelheiten einzugehen, soll hier nur die grundsätzliche Struktur der gesetzlichen Regelung aufgezeigt werden. Danach ist die Datenübermittlung an Polizeibehörden mit dem Ziel der Verhinderung von Straftaten möglich (Formulierung: jemand „plant oder begeht" gewisse Straftaten). Während es bei einer Reihe besonders schwerwiegender Straftaten bereits genügt, daß „tatsächliche Anhaltspunkte" für einen Verdacht vorliegen, müssen bei einer Reihe weiterer Straftaten „bestimmte Tatsachen" gegeben sein, um die Übermittlung zu rechtfertigen. Ähnlich ist die Übermittlung an die Strafverfolgungsbehörden mit dem Ziel der Strafverfolgung geregelt (Formulierung: sofern jemand Straftaten „begeht oder begangen hat"). Dies ist grundsätzlich nur beim Vorliegen „bestimmter Tatsachen" für einen Verdacht, d.h. unter engeren Voraussetzungen, möglich. Alle Daten müssen darüber hinaus zur Erfüllung der Aufgaben des Empfängers erforderlich sein, zudem ist eine weitere Absicherung durch Kennzeichnungs-, Zweckbindungs-, Prüfungs- und Löschungspflichten auch beim Empfänger erforderlich[118].

(4) Sonstige Übermittlungsbefugnisse des BND

§ 7 Abs. 3 G 10 n.F. eröffnet darüber hinaus die Möglichkeit zur Übermittlung von Daten im Bereich des Aufklärungsfeldes aus § 5 Abs. 1 S. 3 Nr. 3 G 10 n.F. an das Bundesamt für Wirtschaft und Ausfuhrkontrolle. Auf die Darstellung von Einzelheiten kann hier jedoch verzichtet werden.

---

[118] Vgl. § 7 Abs. 5 und 6 G 10 n.F., die auch für die anderen Übermittlungsbefugnisse gelten.

Übermittlungsbefugnisse sind zudem im Zusammenhang mit der strategischen Überwachung zur Abwendung einer Gefahr für Leib oder Leben einer Person im Ausland nach § 8 G 10 n.F. festgelegt[119].

(5) Exkurs: Übermittlung von Daten anderer Behörden an den BND

Im Zuge der Neuordnung des G 10 wurde auch § 8 BND-Gesetz geändert[120]. Bislang konnte der BND nach § 8 BNDG a.F. zwar andere Behörden im Rahmen seiner Tätigkeit um erforderliche Informationen ersuchen. Dagegen durften diese Behörden nur zur Eigensicherung des BND von sich aus sachdienliche Informationen an den BND weitergeben. § 8 BNDG n.F. legt neu fest, daß inländische Behörden dann, wenn tatsächliche Anhaltspunkte vorhanden sind, von sich aus Informationen über die in § 5 Abs. 1 Satz 3 G 10 n.F. genannten Gefahrenbereiche an den BND weitergeben können, damit dieser seine Aufgaben nach § 1 Abs. 2 BNDG (Auslandsaufklärung) besser wahrnehmen kann. Im Hinblick auf eine effiziente Aufgabenerfüllung ist dies folgerichtig und, anders als in umgekehrter Richtung, weniger grundsätzlichen Bedenken ausgesetzt, da die Datenweitergabe an den BND auf seine Befugnisse zu Informationseingriffen mit dem Ziel der Unterrichtung der Bundesregierung ausgerichtet ist.

ee) Bewertung

Im G 10 n.F. wurden sowohl die Aufklärungsfelder (vor allem im Verfahren der Individualkontrolle) als auch die Regelungen zulässiger Datenübermittlung erweitert. Die verfassungsrechtlichen Vorgaben, die das BVerfG im jüngsten „Abhörurteil" präzisiert hat, wurden dabei eingehalten. Bedenklich ist allerdings, mit welcher Selbstverständlichkeit im Gesetzgebungsverfahren von der Möglichkeit Gebrauch gemacht wurde, die Überwachungs- und Übermittlungstatbestände auszuweiten[121]. Es besteht durchaus die Gefahr, daß man nach einer Reihe gradueller Ausweitungen feststellen muß, daß beispielsweise die Datenübermittlung zwischen den Sicherheitsbehörden von der zulässigen Ausnahme zur nicht mehr zulässigen Regel geworden ist. Diesbezüglich ist die künftige Entwicklung kritisch zu beobachten.

---

[119] Einzelheiten sind in § 8 Abs. 5 und 6 G 10 n.F. geregelt.

[120] Vgl. Art. 2 des „Gesetzes zur Neuregelung von Beschränkungen des Brief-, Post- und Fernmeldegeheimnisses" vom 26. Juni 2001, BGBl I, 1254.

[121] Vgl. die einschlägigen Begründungen des Gesetzesentwurfs, BT-Drs. 54/01 vom 26. Januar 2001.

e) Prüfungs- und Löschungspflichten

Das Zweckbindungsprinzip wurde und wird weiterhin durch Prüfungs- und Löschungspflichten abgesichert. Nach § 6 Abs. 1 G 10 n.F. müssen die bei der Überwachung erlangten personenbezogenen Daten unverzüglich daraufhin überprüft werden, ob sie für die Aufklärungsfelder des § 5 Abs. 1 G 10 n.F. erforderlich sind. Ist dies nicht der Fall, so sind die Daten unverzüglich zu löschen; die Löschung ist zu protokollieren. Werden die Daten nicht unverzüglich gelöscht, so ist die Erforderlichkeitsprüfung in Abständen von höchstens sechs Monaten zu wiederholen[122]. Nach § 7 Abs. 6 S. 2 G 10 n.F. gilt für die empfangende Behörde nach einer Datenübermittlung durch den BND eine entsprechende Regelung. Auch im Rahmen der strategischen Überwachung zur Abwendung einer Gefahr für Leib oder Leben einer Person im Ausland sind nach § 8 Abs. 4 G 10 n.F. entsprechende Prüf- und Löschungspflichten vorgesehen.

IV. Beweisverwertung

Die Frage der (strafprozessualen) Beweisverwertung in Deutschland ist im Zusammenhang mit „Zufallsfunden" bereits angeklungen. Hier ergeben sich interessante Unterschiede zwischen deutschem und englischem Recht. Für das deutsche Recht genügt es, darauf hinzuweisen, daß hierzulande zulässig erlangte Beweismittel grundsätzlich auch im Strafprozeß verwertbar sind. Jede zulässige Übermittlung ist daher - im Rahmen der im G 10 festgelegten Zweckbindung - für den Betroffenen zugleich mit dem Risiko einer zulässigen strafprozessualen Verwertung behaftet. Im Bereich des G 10 ist zudem im Fall rechtswidriger Datenübermittlung von einer „Fernwirkung" der Beweisverwertung auszugehen, d.h. diese Daten sind weder unmittelbar noch mittelbar für weitere Ermittlungen verwertbar. Auch wenn dies höchstrichterlich nur in Bezug auf die Individualkontrolle des G 10 entschieden wurde[123], so muß dies erst recht für die strategische Kontrolle gelten, die ohne Anknüpfung an einen Verdacht zu personenbezogenen Erkenntnissen geführt hat. Dabei ist es unerheblich, ob sich die Rechtswidrigkeit der Datenübermittlung bereits aus der

---

[122] Werden die Daten nicht unverzüglich, sondern erst nach erneuter Prüfung nicht mehr für erforderlich gehalten, dann müssen nach § 6 Abs. 1 S. 4 und 5 G 10 n.F. die Daten anstelle einer Löschung gesperrt werden, wenn zu erwarten ist, daß sie im Rahmen einer Mitteilung an den Betroffenen bzw. einer zu erwartenden gerichtlichen Überprüfung benötigt werden.

[123] So BGHSt 29, 244ff.

Rechtswidrigkeit der Erhebung als solcher oder aber aus der Tatsache der Übermittlung ergibt.

D. Rechtslage im Vereinigten Königreich

I. Beurteilungsmaßstab: EMRK

Wie bereits deutlich geworden ist, stellt das Verfassungsrecht im Vereinigten Königreich keine über die Vorgaben der EMRK hinausgehenden Anforderungen an die heimliche Überwachung von Telekommunikation. Der Bestimmtheitsgrundsatz ist damit für die datenschutzrechtlichen Anforderungen ausschlaggebend. Schließt sich an die Datenerhebung im weiteren Verlauf möglicherweise eine strafgerichtliche Verwertung an, so müssen sich die Beweisverwertungsregelungen zudem an der Rechtsprechung des EGMR zu Beweisverwertungsverboten messen lassen. Es kommt dann entscheidend darauf an, ob die einschlägigen Vorschriften einen fairen Ausgleich zwischen dem staatlichen Interesse an einer effektiven Strafverfolgung und dem Interesse des Angeklagten an einem rechtsstaatlichen Verfahren wahren.

II. Datenschutzrechtliche Ausgestaltung nach RIPA 2000

Die maßgeblichen Datenschutzbestimmungen im einzelnen lassen sich RIPA 2000 entnehmen. Auch dieses Gesetz regelt die heimliche Überwachung von Telekommunikation umfassend und ist insoweit dem deutschen G 10 vergleichbar.

1. Aufklärungsfelder

Im Gegensatz zur deutschen Regelung zeichnet sich die Festlegung der Aufklärungsfelder im englischen Recht durch unbestimmte Rechtsbegriffe aus. Diese bewegen sich zwar weitgehend im Bereich der in Art. 8 Abs. 2 EMRK festgelegten Ausnahmetatbestände, so daß die Konformität mit der EMRK angenommen werden muß, solange der EGMR die unbestimmten Rechtsbegriffe nicht seinerseits konkretisiert. Angesichts der Zurückhaltung des EGMR im Hinblick auf einen staatlichen Ermessensspielraum ist jedoch eine entsprechende Präzisierung in absehbarer Zukunft nicht zu erwarten.

Bezüglich der Aufklärungsfelder dürfte daher der Widerstand im eigenen Land bedeutsamer sein, der sich bereits frühzeitig gegen die festgelegten Aufklärungsfelder geregt hat. An jeder der drei zulässigen Überwachungsfelder wurde Kritik geübt. Im übrigen unterscheidet RIPA 2000 bei den verfahrensrechtlichen Sicherungen nicht danach, ob die Überwachung der Telekommunikation aus Gründen der allgemeinen Kriminalitätsbekämpfung oder des Staatsschutzes stattfindet.

a) Nationale Sicherheit

Nach s. 5 (3) (a) RIPA 2000 kann Telekommunikation „im Interesse der nationalen Sicherheit" überwacht werden. Der Begriff „nationale Sicherheit" ist im Gesetz nicht näher definiert. In dieser Formulierung findet sich der Überwachungsgegenstand auch nicht in den bereits vor IOCA 1985[124] existierenden Verwaltungsrichtlinien, doch war die Überwachung aus Gründen der staatlichen Sicherheit auch vorher zulässig und wurde verwaltungsintern zunächst so verstanden, daß Bedrohungen durch Terrorismus, Spionage und Subversion unter die „nationale Sicherheit" fallen sollten[125].

Obwohl während der parlamentarischen Beratungen von der Opposition gefordert wurde, den Begriff „nationale Sicherheit" näher einzugrenzen[126], wurden die vorgeschlagenen Änderungen nicht Gesetz. Auch vom ersten IOCA *Commissioner* wurde früh klargestellt, daß nach seiner Ansicht *„national security"* einer Definition nicht zugänglich sei, vielmehr jeder Fall einzeln beurteilt werden müsse[127].

Die allgemeine Kontroverse entzündete sich vor allem an einer Definition des Begriffs „subversiv", der in den Richtlinien benutzt worden war, worunter, so die Kritik, auch rechtmäßiges Verhalten subsumiert werden könnte[128].

Während allerdings unter „Subversion" vor allem Bedrohungen von innen zu verstehen sind, können sich Überwachungsmaßnahmen, die „im Interesse nationaler Sicherheit" durchgeführt werden, durchaus auch auf Bedrohungen von außen richten. Bei der Überwachung internationaler Telekommunikation dürfte hier das größere Betätigungsfeld liegen.

---

[124] Auch nach IOCA 1985 konnte „im Interesse der nationalen Sicherheit" überwacht werden.
[125] Vgl. auch Cmnd 7873 (1980), para 2-14 und bereits früher die sog. „Maxwell-Fyfe-Doktrin" im Report on the Profumo Affair von Lord Denning, Cmnd 2152 (1963), para 238.
[126] Vgl. insbesondere die Ausführungen des Abgeordneten Mr. Hogg, 76 HC Deb, col. 1114 (7. April 1985).
[127] Lord Justice Lloyd in Report of the Commissioner for 1988, Cm 652 (1989), para 10.
[128] Vgl. Cameron (1986) NILQ 126, 136f.

b) Zum Zweck der Verhütung oder Entdeckung schwerer Verbrechen

Dieses Aufklärungsfeld nach s. 5 (3) (b) RIPA 2000 bricht mit einem von *Dicey* festgestellten Prinzip des englischen Rechts, wonach die Verhütung von Straftaten kein Grund irgendwelcher eingreifender staatlicher Maßnahmen sei[129]. Als einziges Aufklärungsfeld ist „schweres Verbrechen" gesetzlich näher definiert. „Schweres Verbrechen" (*„serious crime"*) wird in s. 81 (3) RIPA 2000 definiert als Straftat, für die ein 21-jähriger, nicht vorbestrafter Erwachsener eine Strafe von mindestens 3 Jahren erwarten kann bzw. eine Straftat, deren Begehung den Einsatz von Gewalt einschließt, die einen finanziellen Gewinn von wesentlicher Bedeutung (*substantial financial gain*) nach sich ziehen kann oder die von einer großen Anzahl von Personen in Verfolgung eines gemeinsamen Ziels verübt wird.

An dieser Definition ist insbesondere das Kriterium einer „großen Anzahl von Personen in Verfolgung eines gemeinsamen Ziels" problematisch. Darunter könnte auch der Tatbestand *„obstruction of the highway"* fallen, was jede geplante Demonstration zum Angriffsziel einer heimlichen Überwachungsmaßnahme machen könnte[130].

c) Wahrung des wirtschaftlichen Wohls

Keine Definition, aber der Versuch einer Umschreibung, was unter der Wahrung des wirtschaftlichen Wohls als weiteres Aufklärungsfeld nach s. 5 (3) (c) RIPA 2000 zu verstehen ist, läßt sich dem Gesetzgebungsverfahrens des insoweit wortgleichen IOCA 1985 entnehmen. Das wirtschaftliche Wohl ist demnach unter Umständen bei einem Gut berührt, von dem die britische Wirtschaft besonders abhängig ist[131]. Dabei könnte etwa an Erdöl zu denken sein. Bedenken gegen die Weite und Unbestimmtheit dieser Überwachungsbefugnis lassen sich dadurch nicht zerstreuen. Ein entsprechendes Überwachungsfeld ist dem deutschen Recht nicht zu entnehmen.

---

[129] „(...) preventative measures are inconsistent with the pervading principle of English law, that men are to be interfered with or punished, not because they may or will break the law, but only when they have committed some definite assignable legal offence". Dicey, Law of the Consitution, 1959, S. 249.

[130] Vgl. Ewing/Gearty, Freedom under Thatcher, S. 69.

[131] Vgl. 464 HL Deb, col. 879 (14. Mai 1985): „(...) commodity on which the British economy is particularly dependent".

2. Gültigkeitsdauer eines warrant oder certificate

Die Gültigkeitsdauer eines *warrant* oder *certificate* läßt sich s. 9 RIPA 2000 entnehmen, der s. 4 IOCA 1985 ersetzt. Über die Gültigkeitsdauer entscheidet die *relevant period* eines *warrant*, vgl. s. 9 (1) (a) RIPA 2000. Nach s. 9 (6) (c) RIPA 2000 beträgt sie grundsätzlich drei Monate. Nach s. 4 (6) (a) (i) IOCA 1985 hatte diese *relevant period* noch zwei Monate betragen, doch hatte sie sich, so die Regierung, in der Praxis als zu kurz erwiesen[132]. Die *relevant period* läßt sich vor ihrem Ablauf verlängern[133]. Im Falle einer Verlängerung endet die Einheitlichkeit der Gültigkeitsdauer. Wurde die Überwachungsanordnung im Interesse der nationalen Sicherheit bzw. zur Wahrung des wirtschaftlichen Wohls des Vereinigten Königreichs erlassen, beträgt die Verlängerung sechs Monate, in allen anderen Fällen verbleibt es bei drei Monaten, vgl. s. 9 (6) (b) u. (c) RIPA 2000.

Diese Regelungen gelten allerdings nur im Falle der Erstausstellung durch den zuständigen Minister. Wird die Überwachung dagegen im Eilfall nach s. 7 (2) (a) RIPA 2000 von einem *senior official* angeordnet, endet die *relevant period* bereits am fünften Arbeitstag nach der Erstausstellung, vgl. s. 9 (6) (a) RIPA 2000.

Ist die Überwachung nicht für die gesamte im Gesetz festgelegte *relevant period* notwendig, so soll der zuständige Minister die Überwachungsanordung vor Ablauf ihrer Gültigkeit aufheben[134]. Gleiches gilt in den Fällen, in denen aufgrund eines internationalen Rechtshilfeersuchens eine Überwachung angeordnet worden war und sich (erst) anschließend herausgestellt hat, daß sich die zu überwachende Person innerhalb des Vereinigten Königreichs aufhält[135].

Auch die Regelung der Überwachungsdauer dürfte dem Bestimmtheitsgrundsatz der EMRK genügen, da sie jede zulässige Überwachung im Vereinigten Königreich zeitlich befristet. Es begegnet allerdings Bedenken, daß auch dann, wenn von vornherein feststeht, daß der Anordnungsgrund keine Überwachung in der Länge der gesetzlich festgelegten Frist notwendig macht, diese Frist zunächst die Gültigkeit des *warrant* bestimmt[136]. Für solche Fälle ist das deutsche

---

[132] Vgl. 7.12 und 7.13 (Duration of Warrants) von „Interception of Communications in the United Kingdom - A Consultation Paper", Cm 4368 (1999).

[133] S. 9 (1) (b) RIPA 2000.

[134] S. 9 (3) RIPA 2000.

[135] S. 9 (4) RIPA 2000.

[136] Zu Anfangszeiten von IOCA 1985 wurde dies in Einzelfällen abweichend gehandhabt, d.h. der warrant wurde sogleich auf eine kürzere Zeit befristet. Von Lord Justice Lloyd wurde

Recht, wonach zwar ebenfalls eine Höchstdauer vorgesehen ist, die Dauer einer heimlichen Überwachungsmaßnahme aber in jedem Einzelfall bestimmt wird, flexibler ausgestaltet. Zwar ist nach englischem Recht der zuständige Minister verpflichtet, für die Beendigung der Überwachung zu sorgen, sobald der Anordnungsgrund wegfällt[137], doch läßt sich das mit der Regelung verbundene Potential für willkürliche Überwachungsmaßnahmen nicht von der Hand weisen[138]. Allerdings führt dieses Potential für sich gesehen noch nicht zur Unverhältnismäßigkeit der Maßnahme. Dies ließe sich nur für den Einzelfall bejahen, sofern die Überwachung tatsächlich über die notwendige Zeitdauer hinaus fortgeführt würde.

3. Umgang mit personenbezogenen Daten

Ohne explizit zwischen personenbezogenen und sonstigen Daten zu unterscheiden, regelt RIPA 2000 auch die Frage nach dem zulässigen Umgang mit den durch heimliche Überwachungsmaßnahmen erlangten Daten.

a) Datenschutzrechtliche „minimization procedures"

Mit Detailregelungen, die den Umgang mit Daten betreffen, hat sich der Gesetzgeber, ebenfalls in Fortsetzung von IOCA 1985, zurückgehalten. Statt dessen wird in einem eigenen Abschnitt (*„restrictions on use of intercepted material etc."*) dem zuständigen Minister die Verantwortung für Datenschutzmaßnahmen auferlegt. Die geforderten Datenschutzmaßnahmen unterscheiden sich danach, ob sie einen *warrant* oder zusätzlich ein *certificate* begleiten. In beiden Fällen treffen s. 15 (2) und (3) RIPA 2000 die gesetzlichen Mindestanforderungen.

---

dies noch lobend hervorgehoben, da dies dem „Geist des Gesetzes" entspreche, vgl. Report of the Commissioner for 1988, Cm 652 (1989), para 18. Ganz anders dagegen in jüngster Zeit Lord Nolan, Report of the Commissioner for 1998, Cm 4364 (1999), der auf den insoweit eindeutigen Gesetzestext und die Möglichkeit zur Aufhebung der Überwachungsanordnung verweist. Ob diese Auslegung jedoch dem „Geist des Gesetzes" näher kommt, darf bezweifelt werden.

[137] S. 9 (3) RIPA 2000.

[138] Kritisch hierzu Ewing/Gearty, Freedom under Thatcher, S. 70f.

Der zuständige Minister hat nach s. 15 (2) RIPA 2000 in jedem Fall sowohl hinsichtlich des abgehörten Gesprächsinhalts als auch hinsichtlich der das Gespräch begleitenden Umstände[139] Datenschutzvorkehrungen bezüglich

- der Anzahl der Personen, an die angefallene Daten übermittelt oder auf andere Art zugänglich gemacht werden dürfen,
- des Ausmaßes, in dem Unterlagen oder Daten übermittelt oder auf andere Art zugänglich gemacht werden dürfen,
- des Ausmaßes, in dem Unterlagen oder Daten kopiert werden dürfen,
- der Anzahl der Kopien

zu treffen und diese auf das notwendige Minimum zu begrenzen. Dies kommt auch in dem im Vereinigten Königreich gebräuchlichen Ausdruck der *„minimization procedures"* zum Ausdruck.

Sind die Gründe entfallen, die eine Aufbewahrung notwendig gemacht haben, so verlangt s. 15 (3) RIPA 2000 die Löschung jeder angefertigten Kopie. Zusätzlich hat der zuständige Minister nach s. 15 (5) RIPA 2000 für eine sichere Aufbewahrung jeder Kopie Sorge zu tragen.

Da es nach dieser Voraussetzung auf jede einzelne Kopie ankommt, besteht eine gewisse Nähe dieses datenschutzrechtlichen Erfordernisses zu der vom BVerfG aus Art. 10 GG abgeleiteten Kennzeichnungspflicht für erlangte personenbezogene Daten. Die Pflicht zur Kennzeichnung in Deutschland haftet allerdings den Daten weiterhin an, ungeachtet dessen, in welcher Form sie in weitere Ermittlungen oder Verwendungen bei den Behörden eingehen. Die Pflicht zur Dokumentation und Vernichtung jeder angefertigten Kopie im Vereinigten Königreich richtet sich dagegen nach dem Gesetzeswortlaut wohl nur auf die Niederschrift der abgehörten Kommunikation und damit nur auf einen Teilbereich. Über den weiteren Umgang mit dem Gesprächsinhalt sagt die Vernichtung von Kopien dagegen nichts aus.

Das „notwendige Minimum" und damit die Zulässigkeit der Aufbewahrung von Unterlagen und Daten richtet sich außerdem danach, ob ein „autorisierter Zweck" (*authorised purpose*) vorliegt. Darunter fallen nach der Definition von s. 15 (4) RIPA 2000 alle Überwachungsfelder nach s. 5 (3) RIPA 2000. Weiter lassen sich *minimization procedures* auch in Hinblick auf die Aufgabenerfüllung des zuständigen Ministers, des *Interception of Communications Commis-*

---

139 Anders als bei der Zulässigkeit von Abhörmaßnahmen wird hier nicht zwischen Gesprächsinhalt und Gesprächsumständen unterschieden.

sioner oder des Tribunals treffen. Schließlich können sie auch im Interesse eines fairen Verfahrens oder im Rahmen von Dokumentationspflichten nach dem *Public Records Act 1958* und dem *Public Records Act (Northern Ireland) 1923* notwendig sein[140].

S. 15 (6) und (7) RIPA 2000 enthalten zudem Regelungen für den Fall, daß Unterlagen und Daten an die Behörden eines anderen Landes oder Territoriums weitergegeben werden. Hier gelten die nationalen Erfordernisse nicht, jedoch soll eine gleichwertige Behandlung der weitergegebenen Informationen gewährleistet sein.

Welche zusätzlichen Voraussetzungen s. 16 RIPA 2000 stellt, sofern die Überwachungsanordnung in Verbindung mit einem *certificate* ergangen ist, wurde bereits angesprochen[141]. Insbesondere sollen Datenschutzvorkehrungen hier verhindern, daß die angefallenen Daten über das im *certificate* zugelassene Maß hinaus gelesen, durchgesehen oder abgehört werden, bzw. daß die zusätzlichen Voraussetzungen außer acht gelassen werden.

b) Regelungslücken

Durch die Bestimmungen von s. 15 und s. 16 RIPA 2000 werden wichtige datenschutzrechtliche Aspekte erfaßt. In wichtigen Bereichen verbleibt dem zuständigen Minister jedoch zu viel Freiraum[142]:

aa) Datenübermittlungen

Während in Deutschland eine Zweckbindung der durch heimliche Überwachungsmaßnahmen gesammelten Daten als rechtsstaatliches Erfordernis angesehen wird, geht man im Vereinigten Königreich wesentlich unbefangener mit einmal angefallenen Daten um. In s. 15 RIPA 2000 ist durch die Festlegung

---

[140] Vgl. s. 15 (4) (d) und (e) RIPA 2000.

[141] Vgl. - im Zusammenhang mit der strategischen Kontrolle als „Maßnahmerichtung" - oben Kap. 1, B.II.1.b).

[142] Dieser Freiraum besteht auch dann, wenn man in Rechnung stellt, daß der Interception of Communications Commissioner (vgl. unten Kap. 6, C.II.1.) die Aufgabe hat, über die Zweckdienlichkeit („adequacy") der „minimization procedures" nach s. 15 RIPA 2000 (und damit implizit auch s. 16 RIPA 2000) zu wachen, vgl. s. 57 (2) (d) (i) RIPA 2000. Hinsichtlich der „minimization procedures" oder auch „safeguards" wurde hier bislang kein Konfliktpotential ausgemacht, vgl. nur Lord Nolan im Report of the Commissioner for 1998, Cm 4364 (1999), para 28: „I am satisfied that the agencies continue to operate within existing approved safeguards".

von *authorised purposes* eine Zweckbindung zwar ebenfalls angelegt. Nach den einzelnen Überwachungsfeldern wird jedoch nicht unterschieden. S. 15 (4) (a) RIPA 2000 besagt lediglich, daß die angefallenen Daten in einem der Überwachungsfelder verwertet werden müssen, und zwar ungeachtet dessen, mit welcher Begründung ursprünglich abgehört worden ist. Damit ist ein Datenaustausch zwischen Polizei, *Customs & Excise* und den Sicherheitsbehörden jedenfalls nicht verboten[143]. Darüber hinaus legt RIPA 2000 keinerlei formale Beschränkungen fest, an welche Behörden überhaupt übermittelt werden darf.

Im übrigen umfassen die weiteren „*authorised purposes*" von s. 15 (4) RIPA 2000 im wesentlichen die Ermöglichung der Aufgabenerfüllung des zuständigen Ministers, des *Commissioner* und des Tribunals im Rahmen der Überwachungsbefugnisse von RIPA 2000. Ein Rechtsgewinn für betroffene Personen ist damit jedoch nicht verbunden, da eine Überwachung bzw. Überprüfung ohne die Mitwirkung der genannten Personen nicht möglich wäre und damit die Information dieser Personen RIPA 2000 bereits ohne gesetzliche Klarstellung immanent ist.

bb) Löschung von Daten

Auch die Löschung erhobener Daten ist nach s. 15 (3) RIPA 2000 keinesfalls zwingend, sondern nur ein möglicher Weg, um den datenschutzrechtlichen Anforderungen gerecht zu werden[144]. In der Praxis haben sich folgende Verhaltensmuster herausgebildet: Während die Abhörprotokolle der Polizei und von *Customs & Excise* in der Regel nach einem Jahr vernichtet werden, wird im Bereich des *Security Service* aufgrund der langfristig angelegten Ziele von einer Vernichtung vollständig abgesehen[145]. Im Bereich von *Secret Intelligence Service* und GCHQ liegen keine öffentlichen Erkenntnisse vor, doch ist zu vermuten, daß auch hier wie beim Inlandsnachrichtendienst in der Regel keine Datenvernichtung stattfindet.

4. Vereinbarkeit mit den Vorgaben der EMRK

Betrachtet man diese datenschutzrechtlichen Anforderungen - allerdings noch ohne die gesetzliche Regelung der Beweisverwertung in den Blick zu

---

[143] Vgl. Leigh, (1986) PL 8, 13.

[144] Selbst das Tribunal kann nach s. 67 (7) (b) RIPA 2000 zwar die Vernichtung von angefallenem Material anordnen, muß dies aber nicht.

[145] Report of the Commissioner for 1986, Cm 108 (1987), para 42-8.

nehmen - [146], so dürfte der vom EGMR so nachdrücklich geforderte Bestimmtheitsgrundsatz gewahrt sein. Ebenfalls zu diesem Ergebnis gelangte offenbar die Europäische Kommission für Menschenrechte, die etliche Beschwerden über heimliche Überwachungsmaßnahmen im Vereinigten Königreich nach Inkrafttreten von IOCA 1985 und dem parallel ausgestalteten *Security Service Act 1989* für unzulässig erklärte[147]. Auch soweit bedenklich weite Freiräume des zuständigen Ministers im Bereich von Datenübermittlungen und Löschung von Daten ausgemacht wurden, dürfte dies nicht zum Erfolg einer Individualbeschwerde führen. Zum einen sind diesbezügliche Regelungen jeweils im Ansatz vorhanden, zum anderen würde sie der EGMR in eine Gesamtbewertung des Überwachungssystems einbeziehen. In diesem Zusammenhang sei daran erinnert, daß der EGMR im Rahmen des Art. 13 EGMR einzelne Beschwerderechte auch dann ausreichen läßt, wenn sie zwar nicht für sich genommen, aber in ihrer Gesamtheit den Anforderungen entsprechen würden. Da diese Aussage im Bereich einer zentralen Rechtsschutznorm getroffen wurde, dürfte nichts anderes gelten, wenn nur einzelne datenschutzrechtliche Details Bedenken hinsichtlich des Bestimmtheitsgebotes aufkommen lassen.

Von den allgemeinen Vorgaben der EMRK gehört abschließend das Verhältnismäßigkeitsprinzip hervorgehoben, das in s. 5 (2) (a), (b) RIPA 2000 erstmals gesetzlich verankert ist, so daß sich insoweit ein grundsätzlich denkbarer Rückgriff auf HRA 1998 erübrigen könnte.

III. Beweisverwertung

Mangels stringenter Vorgaben im Bereich der Datenübermittlung besteht nicht bereits ein „Vorfeld-Korrektiv", aufgrund dessen eine - vor allem - strafprozessuale Verwertung von personenbezogenen Daten, die mit Hilfe von heimlicher Telekommunikationsüberwachung gewonnen wurden, von vornherein ausgeschlossen wäre. Als entscheidendes Korrektiv rücken damit die Beweisverwertungsregeln in den Vordergrund. Die einschlägigen rechtlichen Vorgaben der Beweisverwertung hinsichtlich dieser Daten folgen einer vom deutschen Recht erheblich abweichenden Logik. Dabei lassen sich Unterschiede zwischen der Behandlung von rechtmäßig bzw. rechtswidrig erlangten Daten

---

[146] Hierzu sogleich unter III.

[147] Vgl. insbesondere EKMR, Entsch. v. 27. Juni 1994, *Christie ./. Vereinigtes Königreich* (http://www.echr.coe.int) und EKMR, Entsch. v. 2. April 1993, *Esbester ./. Vereinigtes Königreich* (http://www.echr.coe.int).

nur ansatzweise, Unterschiede zwischen Daten, die aus personenbezogener bzw. strategischer Überwachung herrühren, dagegen überhaupt nicht erkennen.

1. S. 78 Police and Criminal Evidence Act 1984

Grundsätzlich regelt s. 78 *Police and Criminal Evidence Act 1984* (PACE) die Rechtslage in England und Wales[148]. Danach kann ein Richter von der Anklage vorgebrachtes Beweismaterial nach seinem Ermessen ausschließen, wenn er nach Abwägung aller Umstände zu dem Ergebnis gelangt, daß die Zulassung des Beweismaterials eine „gegenteilige Auswirkung auf die Fairneß der Verhandlung" hätte.

2. S. 17 RIPA 2000

Im Hinblick auf strafgerichtliche Untersuchungen, bei denen es auf Daten aus heimlichen Überwachungsmaßnahmen ankommen könnte, ist s. 78 PACE jedoch nicht einschlägig, da s. 17 RIPA 2000 eine Spezialregelung für alle Verhandlungen trifft, die außerhalb des RIPA - Tribunals stattfinden[149]. Der Kern der Vorschrift ist in s. 17 (1) RIPA 2000 geregelt:

> *„Subject to section 18, no evidence shall be adduced, question asked, assertion or disclosure made or other thing done in, for the purposes of or in connection with any legal proceedings which (in any manner) -*
>
> *(a) discloses, in circumstances from which its origin in anything falling within subsection (2) may be inferred, any of the contents of an intercepted communication or any related communications data; or*
>
> *(b) tends (apart from any such disclosure) to suggest that anything falling within subsection (2) has or may have occurred or be going to occur".*

---

[148] S. 78 PACE gilt nicht in Schottland. Dort besteht ein Ermessen der Gerichte nach common law. Vgl. Nash, (1996) The Juridical Review 321, 325 m.w.N. und s. 120 (1) PACE („extent"): „Subject to the following provisions of this section, this Act extends to England and Wales only".

[149] S. 18 (1) RIPA 2000 nimmt darüber hinaus eine Reihe von Verfahren aus, darunter konsequenterweise Verfahren, die eine nicht autorisierte Überwachung (relevant offence) zum Gegenstand haben, Verfahren zur - zivilrechtlichen - Durchsetzung der Ausführung einer Überwachungsanordnung oder Verfahren vor einem eventuell vom zuständigen Minister zugelassenen Berufungsgericht nach s. 67 (8) RIPA 2000. Zum Tribunal vgl. unten Kap. 7, C.III.1 und 2.

Subsection 2 benennt das Verhalten, das nicht zur Sprache kommen darf, und läßt sich dahingehend zusammenfassen, daß jeder Hinweis auf heimliche Telekommunikationsüberwachung, ungeachtet dessen, ob sie mit oder ohne Überwachungsanordnung durchgeführt wurde, vor den ordentlichen Gerichten unterbunden werden soll. *Subsection 3* legt darüber hinaus den Kreis der Personen fest, deren Verhalten auf diese Weise der Untersuchung vor den ordentlichen Gerichten entzogen ist. Es handelt sich dabei um alle Personen, an die sich ein *warrant* oder ein *certificate* richten kann, sowie *„any person holding office under the Crown"*. Darin sind neben den jeweiligen Amtschefs auch alle weiteren Mitglieder der Nachrichtendienste sowie die Angehörigen der Polizei, NCIS, NSC[150] und die Mitarbeiter von Post und öffentlichen Telekommunikationsdiensten eingeschlossen.

Die Auswirkungen von s. 17 RIPA 2000 werden bei einem Blick auf die Vorgeschichte dieser Vorschrift deutlich.

a) Vorgeschichte

aa) Beweisverwertung vor IOCA 1985

Schon vor Inkrafttreten von IOCA 1985 als erster Rechtsgrundlage für heimliche Überwachungsmaßnahmen wurden Informationen, die unmittelbar aus Telekommunikationsüberwachung gewonnen worden waren, nicht als Beweismaterial in einen Prozeß eingeführt[151]. Vielmehr stützte man sich auf die Informationen, die man über diese Daten mittelbar im weiteren Verlauf der Ermittlungen gewonnen hatte. Die Befürchtung bestand, daß dann, wenn der Einsatz heimlicher Überwachungsmaßnahmen bekannt würde, eine wichtige Waffe im Bemühen um die Verbrechensbekämpfung verloren gehen könnte, da Kriminelle, wären sie sich des möglichen Vorgehens der Polizei bewußt, auf andere Möglichkeiten der Verständigung ausweichen würden[152]. Mangels jeglicher

---

[150] NCIS = National Criminal Intelligence Service, NCS = National Crime Squad; es handelt sich hier um mit besonderen Befugnissen und Koordinierungsfunktionen ausgestattete Sonderpolizeibehörden.

[151] *R v Preston and others,* [1993] 4 All ER 638, 645e (Lord Jauncey of Tullichettle), m.w.N.

[152] Diese Grundeinstellung innerhalb der Exekutive wurde bereits im Birkett Report 1957 schriftlich festgehalten und in der Folgezeit beibehalten. Vgl. para 152: „(...) in practice the Home Office insists that the power should be used for the purpose of detection only, primarily on the ground that the use of the information so obtained, if used in Court, would make the practice widely known and thus destroy its efficacy in some degree". (Report of

gesetzlicher Regelung wurde auf diese Weise ein Höchstmaß an Geheimhaltung erreicht: der Bürger hatte weder Gelegenheit, sich abstrakt über die Umstände zu informieren, unter denen er ins Visier einer heimlichen Überwachungsmaßnahme gelangen konnte, noch konnte er im Lauf eines Prozesses auf diese Vorgehensweise schließen[153].

bb) S. 9 IOCA 1985

In dieser Tradition eines unbedingten Geheimhaltungswillens steht auch s. 9 IOCA 1985 als direkter Vorläufer von s. 17 RIPA 2000[154]. Die höchstrichterliche Rechtsprechung zu s. 9 IOCA 1985 hat darüber hinaus dazu beigetragen, die Geheimhaltung möglichst weitgehend durchzusetzen.

Auch nach dem Wortlaut von s. 9 IOCA 1985 ist jede Beweisführung ausgeschlossen, die sich unmittelbar auf den Inhalt eines heimlich abgehörten Gesprächs oder einer sonstigen Telekommunikationsüberwachung stützt. Gleiches gilt für alle Fragen, die darauf abzielen, die Quelle einer Information zu ermitteln, sofern diese Quelle eine heimliche Telekommunikationsüberwachung ist. Auf das Vorliegen eines *warrant* kommt es nicht an, die Vorschrift erfaßt daher auch illegale Abhörmaßnahmen[155].

Soweit sich Informationen aus einer Telekommunikationsüberwachung bei der Anklagebehörde befinden, die den Angeklagten überführen könnten, wirkt sich dies zugunsten des Angeklagten aus. Die Fragen nach der prozessualen Fairneß stellt sich in dieser Konstellation nicht.

---

the Committee of Privy Counsellors Appointed to Inquire into the Interception of Communications, Cmnd 283 (1957)). Erneut bestätigt in: The Interception of Communications in Great Britain, Cmnd 7873 (1980), para 16.

153 Diesbezügliche Fragen wurden im Prozeß nicht zugelassen, vgl. *R v Hennessy* (1979) 68 CrApp R 419, 424f, 426. In *R v Guildhall JJ and another, ex parte DPP* (1984) 78 CrApp R 269 wurde zwar die Möglichkeit einer Ausnahme in Erwägung gezogen, doch drang die Verteidigung mit ihren Argumenten nicht durch. Das Gericht ließ sich vielmehr davon überzeugen, daß das Interesse des Angeklagten an einer Erörterung, ob eine Überwachung stattgefunden hatte oder nicht, nicht ausreichend dargelegt worden war.

154 Der maßgebliche Wortlaut von s. 9 (1) IOCA 1985 lautet: „(1) In any proceedings before any court or tribunal no evidence shall be adduced and no question in cross-examination shall be asked which (in either case) tends to suggest -
(a) that an offence under section 1 above has been or is to be committed by any of the persons mentioned in subsection (2) below;
(b) that a warrant has been or is to be issued to any of those persons".

155 Vgl. *R v Preston and others,* [1993] 4 All ER 638, 640g, 641a (Leitsätze), 646g-j (Lord Jauncey of Tullichettle) und den o.g. Wortlaut von s. 9 (1) IOCA 1985.

Die Situation wandelt sich jedoch, wenn die Verteidigung Informationen in der Hand der Anklage vermutet, die für den Angeklagten günstig sind. In diesem Fall verändert s. 9 IOCA 1985 die im englischen Straßprozeß den Prozeßparteien zugewiesene Aufgabenverteilung zuungunsten des Angeklagten:

Nach traditioneller Aufgabenverteilung soll die Anklage Beweisstücke, die sie nicht in den Prozeß einführt, der Verteidigung zugänglich machen. Diese Pflicht dient der prozessualen Fairneß, falls sich aus dem Material nach Ansicht der Verteidigung für den Angeklagten günstige Tatsachen ergeben. Sie soll eine „richtige" Entscheidung sichern. Allerdings konfligiert sie mit der Hauptpflicht der Anklage, ein Urteil zu erreichen[156].

Weigert sich die Anklage, Material zugänglich zu machen, kann die Verteidigung durch das prozeßrechtliche Verlangen nach *discovery* unter Umständen die Herausgabe erzwingen.

Aufgrund von s. 9 IOCA 1985 bleibt *discovery* bei einer vermuteten heimlichen Überwachungsmaßnahme jedoch immer erfolglos. Zu diesem Schluß gelangte das *House of Lords* im Fall *Preston* und wies damit eine Interpretation von s. 9 IOCA 1985 zurück, die noch vom Berufungsgericht im Fall *Effik*[157] zugrundegelegt worden war. Dort hatte man die Einführung von Informationen, die aufgrund heimlicher Telekommunikationsüberwachung erlangt worden waren, nicht als unzulässig betrachtet. Unzulässig seien nur Fragen, die auf die Informationsquelle als solche schließen lassen würden.

Die Zurückweisung durch das *House of Lords* in *Preston* resultiert zum einen aus praktischen Erwägungen. Es ist in der Tat schwer vorstellbar, wie zwar einerseits Informationen aus überwachten Gesprächen direkt in den Prozeß eingeführt werden können, gleichzeitig aber die Herkunft dieser Informationen verschleiert werden kann.

Das Hauptargument für ihre Interpretation gewannen die Lordrichter aber aus einer Zusammenschau von s. 9, s. 2 (2) (b) und s. 6 IOCA 1985[158].

S. 6 IOCA 1985 legt - ähnlich s. 15 (3) RIPA 2000 - die grundsätzliche Pflicht zur Vernichtung der angefallenen Daten fest, sofern sie für die Zwecke

---

[156] In dieser Rolle ist die *prosecution* im englischen Strafprozeß nicht mit der deutschen Staatsanwaltschaft zu vergleichen, die verpflichtet ist, für den Angeklagten günstige und belastende Umstände gleichermaßen zu berücksichtigen und offenzulegen und die damit, was ihre Pflicht zur Bewertung des Beweismaterials angeht, dem Richter nahe steht.

[157] *R v Effik and Mitchell* (1992) 95 CrApp R 427.

[158] Vgl. Leitsätze *R v Preston and others* [1993] 4 All ER 638, 640g-641a.

in s. 2 (2) IOCA 1985 nicht mehr notwendig sind. Da s. 2 (2) IOCA 1985 die Überwachungsfelder festlege, sei, so die Richter, deren Reichweite entscheidend.

Im Strafprozeß komme es nun entscheidend auf s. 2 (2) (b) IOCA 1985 an, wonach ein *warrant* zum Zweck der Verhütung oder Entdeckung schwerwiegender Verbrechen ausgestellt werden kann.

Nach ausführlichen Erörterungen kam *Lord Mustill* - dessen Urteil sich die anderen Lordrichter anschlossen - in *Preston* zu dem Schluß, daß die Straf*verfolgung* in diese Überwachungsfelder nicht einbezogen sei. Im Ergebnis konnte so die Datenvernichtung zulässigerweise vor Prozeßbeginn erfolgen und stellte nach Ansicht der Lordrichter keine Verletzung der Verpflichtung zu einem fairen Verfahren dar[159].

Würden sich, so die Begründung *Lord Mustills,* aus der Überwachung für den Angeklagten günstige Tatsachen ergeben, würde in der Praxis die Anklage nicht verfolgt werden. Daher forderte er zwar, daß die Anklage sich mit allen relevanten Tatsachen vertraut machen müsse, auch wenn diese nach IOCA 1985 nicht in den Prozeß eingeführt werden könnten[160]. Daraus ergaben sich für die Entscheidung des *House of Lords* jedoch keine Folgen; sonstige Bedenken wurden nicht geäußert.

Per curiam[161] äußerten die Lordrichter im Fall *Preston* allerdings eine Rechtsauffassung, die Sinn und Zweck von s. 9 IOCA 1985 offensichtlich zuwiderläuft. Zwar habe die Verteidigung unter IOCA 1985 keine Möglichkeit, die Herausgabe von Überwachungsmaterial zu erzwingen. Auf der anderen

---

[159] Vgl. ausführlich: *R v Preston and others* [1993] 4 All ER 638, 645b-447d (Lord Jauncey of Tullichettle), 665g-669f (Lord Mustill).

[160] Dies war einer der wenigen Punkte, in dem das House of Lords das Vorgehen der Anklage vor dem *Court of Appeal* kritisierte, da der Anklagevertreter dort vom Generalstaatsanwalt davon abgehalten worden war, sich umfassend mit dem Inhalt der Telefongespräche bekannt zu machen, mit der Begründung, daß dieses Material ohnehin nicht in den Prozeß eingeführt werden konnte. Ein solches Vorgehen, so Lord Mustill, verletze die Rolle des Anklagevertreters „as arbiter between the adversarial interests of the prosecution and the broader dictates of justice“. *R v Preston and others* [1993] 4 All ER 638, 665b, siehe auch 664j-665f. und 672c.

[161] Eine Entscheidung per curiam ist eine Entscheidung (oder ein Teil einer Entscheidung), die nur mit einer Kurzbegründung versehen ist und daher nur geringen Präjudizwert hat, vgl. Blumenwitz, Einführung in das anglo-amerikanische Recht, 6. Aufl., S. 39.

Seite verhindere das Gesetz es nicht, daß die Anklage ihrerseits Informationen preisgebe. Hieraus folge kein Verwertungsverbot[162].

Ein solches ließe sich für diesen in IOCA 1985 nicht vorgesehenen Fall jedoch aus s. 78 PACE entwickeln. Die diesbezügliche Bereitschaft ist in der Rechtsprechung allerdings erkennbar gering. Im Falle *Preston* wurde s. 78 PACE zwar herangezogen, aber nicht angewandt. In der Entscheidung des *House of Lords* in *Effik*[163] hätte eine Auseinandersetzung mit s. 78 PACE noch näher gelegen, da die Überwachungsmaßnahme - es ging um ein schnurloses Telefon - aufgrund der engen Interpretation des „öffentlichen Telekommunikationsnetzes“ eindeutig nicht von IOCA 1985 erfaßt wurde. Das Problem wurde jedoch nicht einmal angesprochen. Offensichtlich sahen die Richter die Frage der prozessualen Fairness nicht in ausreichendem Maße berührt[164].

Zusammenfassend läßt sich feststellen, daß der Angeklagte durch s. 9 IOCA 1985 und die Nicht-Anwendung von s. 78 PACE durch die Rechtsprechung, sollte die Anklage doch Einzelheiten aus einer heimlichen Telekommunikationsüberwachung in den Prozeß einführen, so benachteiligt wird, daß man an der Wahrung der prozessualen Fairneß auf der Basis dieser Rechtsprechung erhebliche Zweifel haben muß.

b) Fortführung durch RIPA 2000?

aa) Ausdrückliche Einbeziehung des Gesprächsinhalts

Vergleicht man die Neuregelung in s. 17 RIPA 2000 mit s. 9 IOCA 1985, so fällt auf, daß der Gesetzgeber zumindest die in *Preston per curiam* aufgezeigte Schwachstelle vermeidet. S. 17 (1) (a) RIPA 2000 bezieht die *disclosure* des Gesprächsinhalts ausdrücklich in das Beweisverwertungsverbot ein. Damit darf die Anklagebehörde generell keine Informationen aus einer heimlichen Telekommunikationsüberwachung in den Prozeß einführen. Darüber hinaus kann das Beweisverwertungsverbot nach s. 18 RIPA 2000 im Ausnahmefall durchbrochen werden. Im Verfahren vor dem Tribunal ist es nicht einschlägig. Von den zahlreichen sonstigen Ausnahmen sind zudem die folgenden erwähnenswert:

---

162 *R v Preston and others* [1993] 4 All ER 638, 641f (per curiam), 672d-e.

163 *R v Effik* [1994] 3 All ER 458.

164 *R v Effik*, a.a.O. konzentriert sich vollständig auf die Frage, ob ein schnurloses Telefon Teil des öffentlichen Telekommunikationsnetzes ist und verweist im übrigen auf *Preston.*

bb) S. 18 (4) RIPA 2000

Nach s. 18 (4) RIPA 2000 werden Überwachungen, die mit Einverständnis eines Gesprächsteilnehmers durchgeführt wurden, vom Beweisverwertungsverbot ausgenommen. Gleiches gilt für Überwachungen, die nach s. 5 *Wireless Telegraphy Act 1949* angeordnet wurden[165].

cc) S. 18 (7 bis 10) RIPA 2000

Obwohl das Beweisverwertungsverbot im Rahmen eines (Straf-)Prozesses nach s. 18 (10) RIPA 2000 ausdrücklich nicht angetastet wird, ermöglicht s. 18 (7 bis 9) RIPA 2000, daß einerseits der Anklagebehörde zur Sicherung eines fairen Verfahrens und andererseits ausschließlich dem Richter auf Beschluß Informationen zugänglich gemacht werden können. Der Richter darf einen solchen Beschluß nur erlassen, wenn außergewöhnliche Umstände des Falls ein solches Handeln im Interesse der Gerechtigkeit verlangen[166].

dd) Einbeziehung von Kommunikationsdaten

S. 17 (1) RIPA 2000 bezieht auch die Kommunikationsdaten in das Beweisverwertungsverbot ein. Dadurch wird die Rechtsprechung des *House of Lords,* die sich zum *metering*, d.h. dem Abhören von Kommunikationsdaten, herausgebildet hatte, überholt. Noch in *Preston* wurde von der Verteidigung gefordert, diese Daten nach s. 78 (1) PACE nicht zu verwerten. Zur Begründung wurde angeführt, daß das bereits vernichtete Überwachungsmaterial nicht mehr zu Beweiszwecken (zugunsten der Verteidigung) herangezogen werden könne und die Fairneß des Verfahrens berührt sei, wenn die Anklage die durch *metering* gewonnenen Daten zu Beweiszwecken in den Prozeß einführen könne[167].

Dieses Argument wurde von *Lord Mustill* verworfen. Der Gesetzgeber habe sich für die grundsätzliche Verwertbarkeit von durch *metering* erlangten Daten entschieden, wohlwissend, daß ein inhärentes Risiko bestünde, daß die zusätzliche Kenntnis des Gesprächsinhalts zu anderen Schlußfolgerungen führen könnte. Dies gelte auch dann, wenn unzulässigerweise Teile des Gesprächsinhalts in das Verfahren eingeführt worden seien. Die Interpretation von *Lord Mustill* ist allerdings nur dann verständlich, wenn man darauf vertraut, daß die

---

165 Vgl. s. 18 (4) i.V.m. s. 3 (4) RIPA 2000 i.V.m. s. 5 WTA 1949.
166 Vgl. s. 18 (8) RIPA 2000.
167 *R v Preston and others* [1993] 4 All ER 638, 669g.

Anklage den Fall tatsächlich nicht weiterverfolgt hätte, wenn sich aus der Gesprächsüberwachung entlastende Umstände ergeben hätten. *Lord Mustill* stellt dies nicht in Frage:

> „*This is a risk regularly accepted in cases of this kind. The additional factor that someone does know what was said, but is not allowed to tell, except for the purpose of preventing an unjust prosecution, cannot alter the logic of the position. Parliament has (...) put the interests of secrecy first. The notion that by doing so it has inferentially rendered inadmissible evidence of metering which would otherwise be unobjectionable (...) cannot in my opinion be sustained*“[168].

Die Änderung in s. 17 (1) RIPA 2000 spiegelt wider, daß der Gesetzgeber im Vereinigten Königreich nunmehr einräumt, daß die Unterscheidung zwischen Gesprächsdaten und *metering* widersprüchlich ist. Solange die Vertraulichkeit der Telekommunikationsbeziehung geschütztes Rechtsgut ist, ist jetzt grundsätzlich jede personenbezogene Information gleichermaßen schützenswert. Die Begründung, daß die durch Telekommunikationsüberwachung erlangte Information meist nur subsidiär verwendet werden würde oder daß die grundsätzliche Beweisunterdrückung dazu führe, daß der Standard für Datenschutzmaßnahmen weniger hoch angesetzt werden könnte, vermag nicht zu überzeugen[169]. Ersteres Argument stellt nur eine faktische Situation dar, die sich ohne weitere Hindernisse ändern läßt, letzteres trägt der grundrechtlichen Bedeutung von Datenschutzmaßnahmen nicht ausreichend Rechnung.

3. Verwertung ausländischer Abhörprotokolle

Die englischen Gerichte mußten sich unter der Geltung von IOCA 1985 im Rahmen von Auslieferungsersuchen auch mit der Frage nach einer Verwertung ausländischer Abhörprotokolle befassen. Allerdings war nach s. 1 IOCA 1985 der Anwendungsbereich des Gesetzes nicht berührt, wenn ein Gespräch außerhalb des Vereinigten Königreichs von einem Ausländer abgehört wurde[170]. Die mangelnde Bereitschaft, in solchen Fällen s. 78 (1) PACE anzuwenden, wird an den entschiedenen Fällen besonders deutlich. Selbst dann, wenn die Abhörmaßnahme eindeutig gegen die Bestimmungen des Staates, in welchem abgehört worden war, und gegen Art. 8 EMRK verstoßen hatte, d.h. in mehrerer Hinsicht

---

[168] *R v Preston and others* [1993] 4 All ER 638, 670f-g; vgl. zur Argumentation 669g-670g.
[169] Beide Argumente vorgetragen von Cameron (1986) 37 NILQ 126, 149.
[170] *R v Governor of Belmarsh Prison and another, ex parte Martin* [1995] 2 All ER 548.

rechtswidrig war, wurde das Beweismaterial verwertet[171]. RIPA 2000 schützt nach s. 1 RIPA 2000 ebenfalls nur vor Abhörmaßnahmen innerhalb des Vereinigten Königreichs. Eine Änderung der Rechtsprechung wäre daher allein aufgrund des neuen Gesetzes nicht zu erwarten. Eine solche Änderung erscheint jedoch unter dem folgenden Gesichtspunkt möglich, der sich auch darüber hinaus umfassend auf die Verwertung von Beweisen in der Rechtsprechung des Vereinigten Königreiches auswirken könnte.

4. Der Einfluß des Human Rights Act 1998 und Vereinbarkeit mit der EMRK

Mit Inkrafttreten des HRA 1998 wurde auch das Recht auf ein faires Verfahren in Art. 6 EMRK als Konventionsrecht in die Rechtsordnung des Vereinigten Königreichs hineingenommen. Zwar schreibt die EMRK ein generelles Beweisverwertungsverbot gerade nicht ausdrücklich vor, so daß es auf den Einzelfall ankommt. Im Fall der Verwertung rechtswidrig hergestellter ausländischer Abhörprotokolle könnte sich jedoch das Ermessen des Vereinigten Königreichs in eklatanten Fällen auf Null reduzieren, damit noch von einem fairen Verfahren gesprochen werden kann. Zumindest Erwägungen in dieser Richtung werden durch den HRA 1998 in der Zukunft eingefordert.

Dagegen scheint das umfassend ausgestaltete Beweisverwertungsverbot in s. 17 RIPA 2000 zumindest auf den ersten Blick weniger Konfliktpotential mit den Konventionsrechten aufzuweisen, solange die Anklagebehörde nicht zu Lasten des Angeklagten einseitig von ihrer Kenntnis von heimlichen Überwachungsmaßnahmen Gebrauch macht. Interessanter dürfte in Zukunft eher die Frage sein, ob die zahlreichen Ausnahmen sich im Rahmen der prozessualen

---

[171] *R v Governor of Pentonville Prison, ex parte Chinoy* [1992] 1 All ER 317, 318f-319a (Held), 333a (Nolan J). Vgl. insb. 318g-319: „Since English law acknowledged the fact that the detection and proof of drug trafficking offences might necessitate the employment of covert and unlawful means, the means employed by the United States agents to obtain evidence against the applicant were appropriate to the drug trafficking offences which they were investigating and, as such, were legitimate by reference to English law irrespective of whether they gave rise to breaches of French law and European human rights legislation. The magistrate had therefore been entitled to take the view that, in all circumstances of the case, the means by which the evidence against the applicant had been obtained did not constitute a sufficient reason for excluding the evidence under s. 78 (1) of the 1984 Act". Ein solches Statement ist nach Inkrafttreten des HRA 1998 nicht mehr vorstellbar, da dann auch nach englischem Recht die Verpflichtung besteht, Art. 8 EMRK und Art. 6 EMRK Geltung zu verschaffen.

Fairneß halten, eine Frage, die hier pauschal nicht beantwortet werden kann, aber insbesondere an dem *Convention right* Art. 6 EMRK gemessen werden muß.

KAPITEL 6:
KONTROLLINSTANZEN

Das besondere Bedrohungspotential bei der heimlichen Überwachung von Telekommunikation muß sich auf den Umfang der rechtsstaatlich gebotenen Kontrolle auswirken[1]. „Kontrolle“ kann unter den verschiedensten Gesichtspunkten ausgeübt werden. Die Kontrollmaßnahmen lassen sich z. B. nach dem Zeitpunkt (vor Anordnung der Überwachung, nachträglich), der Zielrichtung (Rechtmäßigkeitskontrolle, Zweckmäßigkeitskontrolle, politische Kontrolle, Wirtschaftlichkeitskontrolle) oder danach unterscheiden, von welcher Seite die Kontrolle durchgeführt wird (z.B. Öffentlichkeit, Bürger, Gericht, Exekutive, Parlament und andere Gremien). Es würde den Rahmen dieser Arbeit sprengen, alle Formen der Kontrolle aufzuführen[2]. Dies ist auch nicht notwendig, da viele Kontrollen, die sich unspezifisch auf staatliches Handeln als solches richten, bei der Untersuchung geheimdienstlicher Aktivitäten nicht erfolgversprechend sind, weil bei ihnen mit Verweis auf die Geheimhaltungsbedürftigkeit der Zugang zu allen relevanten Daten verwehrt ist. Zum Zweck des Rechtsvergleichs werden hier daher nur diejenigen Kontrollinstanzen herausgegriffen, die speziell für die Durchführung heimlicher Telekommunikationsüberwachung durch die (Auslands-)Nachrichtendienste geschaffen wurden[3]. Als weitere Einschränkung werden die Kontrollinstanzen hier nur insoweit betrachtet, als die Kontrolle ohne Wissen und Mitwirkung des Betroffenen stattfindet. Damit beschränkt sich dieses Kapitel auf die Phasen der Anordnung und Durchführung von heimlichen Überwachungsmaßnahmen, denn hier wäre die Kenntnis durch den Betroffenen kontraproduktiv. Die Frage nach der Gewährung individuellen Rechtsschutzes und die diesbezüglichen Voraussetzungen bleiben einem eigenen Kapitel vorbehalten[4]. Sofern daher im folgenden eine Kontrolle durch Gerichte erwogen wird, betrifft dies die Frage, welche Instanz am besten dazu ge-

---

1 Vgl. Lustgarten/Leigh, In from the cold, S. 44: „The extent or degree of intrusion - which is a matter both of form and length of time - is also relevant to the structure of control, in that the more serious intrusion demands the more rigorous scrutiny“.

2 Zu einem ausführlichen Überblick über alle denkbaren Formen von Kontrolle vgl. Hirsch, Kontrolle der Nachrichtendienste, S. 101ff.

3 Der Bundesbeauftragte für Datenschutz, obwohl nicht speziell für die Kontrolle der Dienste eingesetzt, wird in die Diskussion einbezogen, da er sich mit der englischen Institution des Commissioner vergleichen läßt.

4 Daher bleibt die Errichtung der verschiedenen Tribunale im Vereinigten Königreich hier noch unberücksichtigt.

eignet ist, die Durchführung einer heimlichen Überwachungsmaßnahme anzuordnen und gegebenenfalls zu überwachen, d.h. im voraus die notwendige Abwägung zwischen einem Eingriff in das Fernmeldegeheimnis auf der einen Seite und dem öffentlichen Interesse als Rechtfertigung für diesen Eingriff auf der anderen Seite zu treffen.

A. Vorgaben der EMRK: Präzisierung

In der Rechtsprechung des EGMR kommt dem Vorhandensein und Funktionieren von Kontrollinstanzen besondere Bedeutung zu, da „zur Kontrolle zuständige Behörden" ebenso wie die soeben erörterten Datenschutzmaßnahmen im Rahmen der „angemessenen und wirksamen Garantien gegen Mißbrauch" gefordert werden[5].

Erneut fällt es aufgrund der Einzelfallbezogenheit der Rechtsprechung der Konventionsorgane schwer, verallgemeinerungsfähige Aussagen zu diesem Komplex zu gewinnen. Immerhin hat der EGMR im Fall *Klass* deutlich gemacht, daß er grundsätzlich eine gerichtliche Kontrolle für wünschenswert hält[6]. Dies bleibt jedoch ohne praktische Konsequenz, da er es dann doch in das Ermessen der Staaten stellt, ob die Anordnung und Durchführung der Telekommunikationsüberwachung einer gerichtlichen oder anders gestalteten Kontrolle unterliegen, sofern auch letztere die Gewähr für eine Unabhängigkeit im Verhältnis zur ausführenden Behörde bietet. In diesem Zusammenhang betont der EGMR den notwendigen demokratischen Charakter des Gremiums, der sich in einer ausgewogenen Zusammensetzung unter Mitwirkung der Opposition zeige[7]. Auch im Fall *Leander* wird die Rolle der Opposition erneut betont. Sie ist im *National Police Board* Schwedens vertreten und wirkt so bei Entscheidungen über die Weitergabe von Daten aus einem geheimen Sicherheitsregister mit[8]. Die Mitwirkung der Opposition ist damit offensichtlich ein bedeutsames und wohl auch verallgemeinerungsfähiges Kriterium.

Eine Bewertung des nationalen Rechts im Verhältnis zur EMRK wird in diesem Teil noch zurückgestellt. Der EGMR bewertet im Bereich geheimdienst-

---

[5] EGMR, Urt. v. 6. September 1978, *Klass ./. Deutschland,* Serie A, Nr. 28, Ziff. 50 = EuGRZ 1979, 278 (285).

[6] EGMR, Urt. v. 6. September 1978, *Klass ./. Deutschland,* Serie A, Nr. 28, Ziff. 56 = EuGRZ 1979, 278 (286).

[7] Vgl. ebenda. Gemeint ist das G 10-Gremium (jetzt Parlamentarisches Kontrollgremium), vgl. hierzu im Anschluß unter B. I.

[8] EGMR, Urt. v. 26. März 1987, *Leander ./. Schweden,* Serie A, Nr. 116, Ziff. 65.

licher Maßnahmen die Kontrollinstanzen nie isoliert, sondern immer in der Zusammenschau mit den vorhandenen Rechtsschutzmöglichkeiten.

B. Rechtslage in Deutschland

Das G 10 - Gesetz sieht zwei besondere Gremien zur Kontrolle der Rechtmäßigkeit von heimlicher Telekommunikationsüberwachung im Stadium der Anordnung und Durchführung der Maßnahme vor.

I. Parlamentarisches Kontrollgremium (vormals G 10-Gremium)

Die parlamentarische Kontrolle nachrichtendienstlicher Tätigkeit wurde bereits im Juni 1999 neu geordnet und auch durch G 10 n.F. nicht wesentlich verändert. Nach dem zuvor geltenden Recht waren zwei unterschiedliche parlamentarische Gremien zur Kontrolle der Nachrichtendienste berufen, zum einen das G 10-Gremium nach § 9 Abs. 1 G 10 a.F.[9], zum anderen die erst 1978 im „Gesetz über die parlamentarische Kontrolle nachrichtendienstlicher Tätigkeit des Bundes“ (PKGrG)[10] eingesetzte „Parlamentarische Kontrollkommission“ (PKK). Das G 10-Gremium war ausschließlich für die Kontrolle heimlicher Telekommunikationsüberwachung zuständig[11], die PKK zur Kontrolle der Dienste allgemein. Durch das „Gesetz zur Änderung von Vorschriften über parlamentarische Gremien“ vom 17. Juni 1999[12] wurde die Aufteilung der parlamentarischen Kontrolle auf zwei Gremien abgeschafft. Die jeweiligen Aufgaben wurden einheitlich dem „Parlamentarischen Kontrollgremium“ (PKG) zugewiesen.

---

9 G 10 vom 13. August 1968, zuletzt geändert durch Artikel 2 Abs. 1 des Gesetzes vom 17. Dezember 1997, BGBl I, 3108.

10 BGBl I, 453.

11 Vgl. § 2 Abs. 3 des Gesetzes über die parlamentarische Kontrolle nachrichtendienstlicher Tätigkeit des Bundes vom 11. April 1978: „Die Kontrolle der Durchführung des Gesetzes zu Artikel 10 des Grundgesetzes bleibt den auf Grund von Artikel 10 Abs. 2 Satz 2 des Grundgesetzes von der Volksvertretung bestellten Organen und Hilfsorganen vorbehalten“.

12 BGBl I, 1334.

1. Zusammensetzung

Während die Mitgliederzahl des G 10-Gremiums gesetzlich genau festgelegt war[13], ist - in Anlehnung an die PKK - die Zahl der Mitglieder des PKG durch das G 10 nicht mehr vorgegeben, sondern schlicht „das Parlamentarische Kontrollgremium“ zuständig[14]. Nach § 4 Abs. 1 bis 3 PKGrG n.F. bestimmt der Deutsche Bundestag die Zahl der Mitglieder, die Zusammensetzung und die Arbeitsweise des Parlamentarischen Kontrollgremiums. Die Wahl hat zu Beginn einer Wahlperiode zu erfolgen, wobei gewählt ist, wer die Mehrheit der Mitglieder des Deutschen Bundestages auf sich vereint. Diese Regelung zieht Folgeprobleme nach sich:

Das Parlament muß sich auf eine Mindestzahl von Abgeordneten einigen. Hier drängt sich der Schluß auf, daß die Regierungspartei es in der Hand hat, die Opposition von der Teilnahme an der parlamentarischen Kontrolle dieses so sensiblen Bereiches auszuschließen, da ein spezieller Minderheitenschutz nicht getroffen wurde[15].

Faktisch wurde diese Gefahr jedoch dadurch entschärft, daß das BVerfG im „Abhörurteil“ vom 15. Dezember 1970 eindeutig zum Ausdruck gebracht hat, daß es ein solches Verhalten für rechtswidrig halten würde:

> „Gegenüber den Bedenken, das Gremium gemäß § 9 Abs. 1 G 10 und die Kommission könnten unter Umständen von einer Mehrheit im Bundestag einseitig besetzt werden, genügt der Hinweis, daß auch eine Mehrheit ihre Rechte mißbrauchen kann. Eine Fraktion oder Koalition, die das genannte Gremium einseitig besetzen und auf die einseitige Besetzung der Kommission hinwirken würde, würde im Zweifel mißbräuchlich verfahren“[16].

In der Praxis wird die Opposition regelmäßig bei der Besetzung des Parlamentarischen Kontrollgremiums (wie auch bei der G 10-Kommission) berück-

---

[13] Die Zahl der Mitglieder des G 10-Gremiums wurde ursprünglich auf fünf festgesetzt und vor dem Hintergrund der Ausweitung der Überwachungsbefugnisse durch das „Verbrechensbekämpfungsgesetz“ schließlich durch Gesetz vom 28. April 1995 (BGBl I, 582) auf neun Abgeordnete erweitert.

[14] Vgl. § 9 Abs. 1 G 10 n.F.

[15] Kappeler, Kontrolle des BND, in: Auswärtige Sicherheit als nachrichtendienstliche Aufgabe, S. 315.

[16] BVerfGE 30, 1 (31).

sichtigt[17], soweit dies bei einer so kleinen Zahl von Abgeordneten möglich ist. Die Einbeziehung der Opposition verlangt dabei nicht, daß jede oppositionelle Fraktion oder Gruppe berücksichtigt wird[18].

2. Befugnisse

Im Bereich des G 10 n.F. wirkt das PKG vor allem im Bereich der strategischen Kontrolle und bei der Ernennung der Mitglieder der G 10-Kommission (s.u.) mit. Zum einen darf der zuständige Bundesminister ohne die Zustimmung des Gremiums keine strategische Überwachung anordnen[19]. Im Sonderfall der strategischen Überwachung aufgrund einer Gefahr für Leib oder Leben einer Person im Ausland bedarf es sogar einer qualifizierten Zustimmung von zwei Dritteln der Mitglieder des PKG[20]. Zum anderen werden die Mitglieder der G 10-Kommission gemäß § 15 Abs. 1 G 10 n.F. vom PKG nach Anhörung der Bundesregierung bestellt. Im übrigen unterliegt die Bundesregierung hinsichtlich der Tätigkeit des BND der allgemeinen Kontrolle nach § 2 PKGrG, die auf die allgemeine Tätigkeit des Dienstes - wie auch der übrigen Nachrichtendienste - sowie auf Vorgänge von besonderer Bedeutung gerichtet ist. Das PKG kann dabei nach § 2 a PKGrG auf weitreichende Befugnisse zurückgreifen; die Bundesregierung ist verpflichtet, dem PKG auf Verlangen Einsicht in Akten und Dateien zu geben, die Anhörung von Mitarbeitern der Dienste zu gestatten und Besuche bei den Diensten zu ermöglichen[21]. Im Gegenzug ist das PKG verpflichtet, dem Deutschen Bundestag jährlich einen Bericht über Durchführung sowie Art und Umfang aller Überwachungsmaßnahmen zu erstatten, wobei die notwendige Geheimhaltung zu wahren ist[22].

---

17 In der 14. Wahlperiode bilden vier Vertreter der SPD, drei der CDU/CSU-Fraktion sowie jeweils ein Vertreter von Bündnis 90/Die Grünen und FDP das Parlamentarische Kontrollgremium.

18 Daher ist es nicht unzulässig, daß die PDS während der Wahlperiode des 14. Deutschen Bundestages in diesem Gremium nicht vertreten ist.

19 § 5 Abs. 1 S. 2 G 10 n.F.

20 § 8 Abs. 1 und 2 G 10 n.F.

21 Nach § 2 b PKGrG können diesen Rechten das Fehlen der Verfügungsberechtigung des Bundes, zwingende Gründe des Nachrichtenzugangs, Persönlichkeitsrechte Dritter sowie der Kernbereich der exekutiven Eigenverantwortlichkeit entgegengehalten werden. Zu einem kritischen Blick auf die Neuregelungen im PKGrG unter Einbeziehung verfassungsrechtlicher Überlegungen vgl. Peitsch/Polzin, NVwZ 2000, 387ff.

22 Vgl. hierzu und zu weiteren Einzelheiten der Aufgaben und Befugnisse des PKG § 14 Abs. 1 und 2 G 10 n.F.

3. Rechtsnatur

Die Rechtsnatur des PKG ist nicht eindeutig. Da es Kompetenzen aus allen drei Gewalten eingeräumt bekommen hat, kann man es als unabhängiges Staatsorgan eigener Art ansehen[23].

II. G 10-Kommission

Die G 10-Kommission hat in Zusammenhang mit der Fernmeldekontrolle die weitreichendsten Befugnisse erhalten.

1. Zusammensetzung und Ausstattung

Im „Abhörurteil" vom 14. Juli 1999 hatte das BVerfG zum Ausdruck gebracht, daß angesichts der erheblich ausgeweiteten strategischen Überwachungstätigkeit des BND auch die personelle Ausstattung der Kommission dieser neuen Lage angepaßt werden müsse. Es müsse gewährleistet sein, daß die Kommission ihrer Aufgabe in effektiver Weise nachkommen könne[24]. Die Neufassung des G 10 trägt dem wie folgt Rechnung:

Wie bisher besteht die G 10-Kommission gem. § 15 Abs. 1 G 10 n.F. aus dem Vorsitzenden, der die Befähigung zum Richteramt besitzen muß, und drei Beisitzern. Neu ist jedoch, daß ihr zudem vier stellvertretende Mitglieder angehören, die an allen Sitzungen mit Rede- und Fragerecht teilnehmen können. Die Mitglieder der G 10-Kommission sind in ihrer Amtsführung unabhängig und keinen Weisungen unterworfen. Sie werden vom PKG nach Anhörung der Bundesregierung für die Dauer einer Wahlperiode des Bundestages bestellt. Ihre Amtszeit endet erst mit der Neubestimmung der Mitglieder der Kommission, spätestens jedoch drei Monate nach Ablauf der Wahlperiode[25].

Nicht nur personell, sondern auch sachlich ist die G 10-Kommission in Zukunft besser ausgestattet. Erstmals wird in § 15 Abs. 3 G n.F. gesetzlich festgelegt, daß der G 10-Kommission die notwendige Personal- und Sachausstattung zur Verfügung gestellt werden muß. Besonders wichtig ist der Zusatz in § 15 Abs. 2 S. 2 G 10 n.F., wonach die Kommission dabei auch von Mitarbeitern mit technischem Sachverstand unterstützt werden muß.

---

23 So für die G 10-Kommission, die insoweit das Vorbild für das PKG abgibt, Hirsch, Kontrolle der Nachrichtendienste, S. 168, m.w.N. in FN 299; ausführlich auch S. 166ff.

24 BVerGE 100, 313 (401).

2. Befugnisse

Auch hinsichtlich der Befugnisse der G 10-Kommission bestand nach Ansicht des BVerfG Änderungsbedarf. § 9 Abs. 2 S. 3 G 10 a.F. wurde vom Gericht für mit Art. 10 GG unvereinbar erklärt, da die dort gewählte Formulierung die Deutung zugelassen hatte, die Kontrollbefugnis beziehe sich nur auf die ministerielle Anordnung als solche[26]. Es sei damit nicht hinreichend gewährleistet, daß die Kontrolle den gesamten Prozeß der Erfassung und Verwertung der Daten umfasse. Im Hinblick auf die strengen Bestimmtheitsanforderungen forderte das BVerfG daher eine Klarstellung der Reichweite dieser Vorschrift[27].

Konsequenterweise erstreckt sich die Kontrollbefugnis der Kommission gem. § 15 Abs. 5 S. 2 G 10 n.F. nunmehr eindeutig auf die „gesamte Erhebung, Verarbeitung und Nutzung der nach diesem Gesetz erlangten personenbezogenen Daten durch Nachrichtendienste des Bundes einschließlich der Entscheidung über die Mitteilung an Betroffene".

Das Gesetz legt darüber hinaus erstmals ausdrücklich, aber nicht abschließend („insbesondere") einige besondere Rechte der Kommission und ihrer Mitarbeiter fest, die die Erledigung ihrer Aufgaben ermöglichen und erleichtern sollen.

Vgl. hierzu § 15 Abs. 5 S. 3 G 10 n.F.:

> „Der Kommission und ihren Mitarbeitern ist dabei insbesondere
> 1. Auskunft zu ihren Fragen zu erteilen,
> 2. Einsicht in alle Unterlagen, insbesondere in die gespeicherten Daten und in die Datenverarbeitungsprogramme, zu gewähren, die im Zusammenhang mit der Beschränkungsmaßnahme stehen, und
> 3. jederzeit Zutritt in alle Diensträume zu gewähren".

Die hohe Bedeutung, die der Gesetzgeber der Kontrolltätigkeit der G 10-Kommission beimißt, kommt darin deutlich zum Ausdruck.

---

25 Vgl. insgesamt § 15 Abs. 1 G 10 n.F.

26 Vgl. die Formulierung von § 9 Abs. 2 S. 3 und 4 G 10 a.F.: „Die Kommission entscheidet von Amts wegen oder auf Grund von Beschwerden über die Zulässigkeit und Notwendigkeit von Beschränkungsmaßnahmen. Anordnungen, die die Kommission für unzulässig oder nicht notwendig erklärt, hat der zuständige Bundesminister sofort aufzuheben"; s. auch BVerfGE 100, 313 (401).

27 BVerfGE 100, a.a.O. Zudem forderte das BVerfG, daß eine ähnliche Kontrolle im Bereich der Landesverwaltung existiert, soweit Daten gem. § 3 Abs. 5 G 10 a.F. an Landesbehörden übermittelt worden sind. Auch dies wurde bei der Neuregelung in § 16 G 10 n.F. umgesetzt, soll hier jedoch nicht weiter vertieft werden.

III. Bundesbeauftragter für den Datenschutz

Der Bundesbeauftragte für den Datenschutz gehört zwar nicht in die Reihe der speziell für die Dienste geschaffenen Kontrollinstanzen. In der Diskussion spielt er jedoch eine wiederkehrende Rolle und wird daher an dieser Stelle mitberücksichtigt.

1. Rechtslage

Unter der Geltung des ersten Bundesdatenschutzgesetzes der Bundesrepublik Deutschland vom 27. Januar 1977[28] war umstritten, ob dem Bundesbeauftragten für den Datenschutz im Bereich des G 10 Kontrollbefugnisse zustanden[29]. Ursprünglich standen dem Bundesbeauftragten für den Datenschutz zwar im G 10-Bereich Kontrollbefugnisse zu, die ihm aber durch das BDSG vom 20. Dezember 1990[30] durch § 24 Abs. 2 S. 4 Nr. 1 BDSG im Bereich der Kontrollbefugnisse der G 10-Kommission ausdrücklich entzogen wurden. Daran wurde auch bei der umfangreichen Novellierung des BDSG vom 18. Mai 2001[31] festgehalten. Die Ausnahme ist nun in § 24 Abs. 2 S. 3 BDSG n.F. geregelt[32]. Die Kontrolle des BND gehört daher im Tätigkeitsbereich der G 10-Kommission grundsätzlich nicht mehr zu seiner weiterhin in § 24 Abs. 1 S. 1 BDSG geregelten Pflicht, die Einhaltung der Vorschriften des BDSG und anderer Datenschutzgesetze bei den öffentlichen Stellen des Bundes zu kontrollieren. Nur im Einzelfall kann der Datenschutzbeauftrage im Bereich von heimlicher Telekommunikationsüberwachung tätig werden, soweit er von der Kommission gem. § 24 Abs. 2 S. 3 2. Halbsatz BDSG „bei bestimmten Vorgängen" oder „in bestimmten Bereichen" darum ersucht wurde. Entsprechend dieser Abgrenzung ermächtigt § 15 Abs. 5 S. 4 G 10 n.F. die Kommission, dem Bundesbeauftragten für den Datenschutz im Zusammenhang mit der Zulässigkeit und Notwendigkeit von Beschränkungsmaßnahmen Gelegenheit zur Stellungnahme in Fragen des Datenschutzes zu geben. Der Bundesbeauftragte für den Datenschutz darf

---

28 BGBl I, 201.

29 Faktisch wurde dem Bundesbeauftragten für den Datenschutz eine Kontrolle im Bereich der strategischen Telefonkontrolle aber verweigert. Zu Hintergrund und Kritik siehe Riegel, DÖV 1985, 314 (315ff.) m.w.N. Der Wortlaut von § 19 Abs. 1 und 3 BNDG i.d.F. vom 27. Januar 1977 legt eine Kontrollzuständigkeit des Bundesbeauftragten für den Datenschutz in der Tat nahe.

30 BGBl I, 2954.

31 BGBl I, 904.

32 Im folgenden werden nur noch §§ des geänderten BDSG zitiert und daher auf den Zusatz „n.F." verzichtet.

ausschließlich die Kommission vom Ergebnis der Überprüfung unterrichten[33]. Auf diese Weise erübrigt sich das sonst bestehende Recht auf Beanstandung von Mängeln bei der „obersten Bundesbehörde" nach § 25 Abs. 1 Nr. 1 BDSG[34]. Anordnungsrechte stehen dem Bundesbeauftragen für den Datenschutz nicht zu.

2. Verfassungsrechtliche Stellung und gegenwärtige Bedeutung des Bundesbeauftragten für den Datenschutz

Die Zurücknahme der Kontrolltätigkeit des Bundesbeauftragten für den Datenschutz wurde auf Grund der Ansicht heftig kritisiert, daß die Kontrolle durch einen unabhängigen Beauftragten verfassungsrechtlich geboten sei[35]. Diesbezüglich hatte sich bereits im Anschluß an das Volkszählungsurteil eine heftige Debatte entzündet, da einzelne Passagen des Urteils für eine derartige Sicht der Dinge zu sprechen scheinen. Das Gericht äußert sich zur Stellung des Datenschutzbeauftragten im Rahmen der organisatorischen und verfahrensrechtlichen Vorkehrungen, die es im Rahmen der Verhältnismäßigkeitsprüfung einfordert. Sie seien aufgrund der Entwicklung der modernen Datenverarbeitung „mehr als früher" notwendig, um der Gefahr einer Verletzung des Persönlichkeitsrechts entgegenzuwirken[36]. Das Gericht führt dazu aus:

> „Wegen der für den Bürger bestehenden Undurchsichtigkeit der Speicherung und Verwendung von Daten unter den Bedingungen der automatischen Datenverarbeitung und auch im Interesse eines vorgezogenen Rechtsschutzes durch rechtzeitige Vorkehrungen ist die Beteiligung unabhängiger Datenschutzbeauftragter von erheblicher Bedeutung für einen effektiven Schutz des Rechts auf informationelle Selbstbestimmung"[37].

Weiter stellt es bezüglich der vorläufigen Erhebung von personenbezogenen Daten, die zunächst auch bei der Datenerhebung nur zu statistischen Zwecken notwendig sind, fest:

> „Die Handhabung der Vorschrift des § 11 Abs. 7 BStatG, der insoweit grundrechtssichernde Funktion zukommt, darf nicht allein dem Ermessen der Verwal-

---

33 Dies ist ebenfalls § 24 Abs. 2 S. 3 2. Halbsatz BDSG zu entnehmen.
34 Da der BND im Geschäftsbereich des Chefs des Bundeskanzleramtes angesiedelt ist, wäre dieser zu unterrichten.
35 Riegel, G 10-Kommentar, § 3, Rn. 72.
36 BVerfGE 65, 1 (44).
37 BVerfGE 65, 1 (46).

tung überlassen bleiben. Zugleich ist eine effektive Kontrolle durch die Datenschutzbeauftragten notwendig"[38].

Die Datenschutzbeauftragten von Bund und Ländern nahmen dies zum Anlaß, in einer Entschließung vom 27./28. März 1984 festzustellen, daß die unabhängige Datenschutzkontrolle ein kraft Verfassung notwendiges Element eines effektiven Grundrechtsschutzes sei[39].

Eine weitere Entscheidung des BVerfG, diesmal im Bereich des einschlägigen Grundrechts, schien dies zunächst zu bestätigen: In einem Beschluß vom 20. Juni 1984 zu § 3 G 10 a.F. äußerte das Gericht in Bezug auf den Ausschluß der Benachrichtigung von Personen, die strategisch überwacht worden waren, daß dies bei der hohen Bedeutung der Grundrechte sowohl als Abwehrrechte des einzelnen als auch als objektive Prinzipien der gesamten Rechtsordnung nur deshalb hingenommen werden könne, weil die Kontrolle der Maßnahmen der strategischen Überwachung durch unabhängige und an keine Weisung gebundene staatliche Organe und Hilfsorgane (Kontrollkommission [§ 9 Abs. 4 G 10 a.F.] und Datenschutzbeauftragte) sichergestellt sei[40].

Die Konzeption einer institutionellen Gewährleistung der Datenschutzbeauftragten durch die Verfassung ist dennoch nicht haltbar und wird auch vom BVerfG selbst nicht so vertreten. Indem das Gericht die Datenschutzbeauftragten in seine Erörterungen einbezieht, geht es schlicht von der bestehenden Rechtslage aus[41]. Durch die Kontrolle des Bundesdatenschutzbeauftragten erfüllt der Gesetzgeber verfassungsrechtliche Schutzpflichten, die ihm durch Art. 2 Abs. 1 i.V.m. Art. 1 Abs. 1 GG zur Wahrung des Rechts auf informationelle Selbstbestimmung auferlegt sind. Wie er diese Schutzpflicht erfüllt, muß jedoch seiner Einschätzungs-, Wertungs- und Gestaltungsprärogative vorbehalten bleiben[42]. Ein ganz bestimmtes Schutzkonzept ist ihm dabei nicht vorgeschrieben[43]. Eine verfassungsrechtliche Sonderstellung des Datenschutzbeauftragten widerspräche zudem dem

---

38 BVerfGE 65, 1 (60).

39 Entschließung der Konferenz der Datenschutzbeauftragten des Bundes und der Länder und der Datenschutzkommission Rheinland-Pfalz vom 27./28. März 1984, abgedruckt in: DÖV 1984, 504 (506).

40 BVerfGE 67, 157 (185).

41 Scholz/Pitschas, Informationelle Selbstbestimmung, S. 46.

42 Vgl. auch eine Entscheidung zum bayerischen Landesverfassungsrecht, die insoweit voll übertragbar ist, BayVerfGH, Urt. v. 11. November 1997, abgedruckt in BayVBl. 1998, 142ff. u. 177ff., insbesondere 147f., B 8 bis 9 der Entscheidungsgründe.

43 Bull, CR 1998, 385 (388, 390).

Gewaltenteilungsprinzip: Bei den von den Parlamenten gewählten Datenschutzbeauftragten handelt es sich um Einrichtungen der exekutivischen Selbstkontrolle, die zwar verwaltungsintern-unabhängig, nicht aber von der Verfassung vorgegeben sind. Sie gehören damit zum Bereich der vollziehenden Gewalt[44]. Die Behörden als - insoweit gleichgestellter - Teil der Exekutive unterliegen von Verfassungs wegen allein der Kontrolle durch das Parlament und die Rechtsprechung, und damit nicht einer darüber hinaus funktionsintern vorgegebenen Kontrolle durch andere (exekutivische) Kontrollorgane[45].

Die letztgenannte Einschätzung bezog sich zwar auf das Recht auf informationelle Selbstbestimmung gem. Art. 2 Abs. 1 i.V.m. Art. 1 Abs. 1 GG, doch läßt sie sich grundsätzlich auch hinsichtlich Art. 10 GG in seiner Eigenschaft als spezielle datenschutzrechtliche Garantie fruchtbar machen.

Zöllner[46] bezieht in seine Überlegungen zur verfassungsrechtlichen Stellung des Datenschutzbeauftragten die Entscheidung des BVerfG zur strategischen Fernmeldekontrolle ausdrücklich ein. Er weist richtigerweise darauf hin, daß sich eine besondere Stellung des Datenschutzbeauftragten nicht aus verfassungsgerichtlichen Urteilen, sondern vielmehr aus der Verfassung selbst ableiten lassen müsse[47]. Ansatzpunkt ist die Rechtsschutzgarantie aus Art. 19 Abs. 4 GG, die gem. Art. 19 Abs. 4 S. 3 GG i.V.m. Art. 10 Abs. 2 S. 2 GG dahingehend modifiziert ist, daß an die Stelle des gesetzlich ausgeschlossenen Rechtswegs eine Form der Nachprüfung treten muß, die materiell und verfahrensmäßig der gerichtlichen Kontrolle gleichwertig, insbesondere ebenso wirkungsvoll ist, auch wenn der Betroffene keine Gelegenheit hat, an diesem „Ersatzverfahren" mitzuwirken[48]. Diesen Anforderungen wird aber allenfalls die G 10-Kommission, nicht aber die Einrichtung des Datenschutzbeauftragten gerecht, der darüber hinaus im gem. Art. 10 Abs. 2 S. 2 GG geforderten „Gesetz" in der zum Zeitpunkt der Entscheidung zur strategischen Fernmeldekontrolle geltenden Fassung nicht einmal Erwähnung fand[49]. Auch *Zöllner* vertritt daher im Ergebnis die Ansicht, daß weder im Bereich der strategischen Fernmelde-

44 Vgl. Scholz/ Pitschas, Informationelle Selbstbestimmung, S. 46.
45 Ebenda, S. 47.
46 Vgl. Zöllner, Der Datenschutzbeauftragte im Verfassungssystem, S. 174ff.
47 Zöllner, Der Datenschutzbeauftragte im Verfassungssystem, S. 190.
48 Vgl. BVerfGE 30, 1(23) und insbesondere Leitsatz 4.
49 Vgl. Zöllner, Der Datenschutzbeauftragte im Verfassungssystem, S. 195-197.

kontrolle noch in anderen Bereichen das Tätigwerden eines Datenschutzbeauftragten verfassungsrechtlich geboten sei[50].

In seiner jüngsten Entscheidung zum G 10 vom 14. Juli 1999 hat nun auch das BVerfG klargestellt, daß die Institution des Datenschutzbeauftragten nicht verfassungsrechtlich verankert ist. Zur Übermittlungspflicht gem. § 3 Abs. 5 S. 2 G 10 a.F., der einen Richtervorbehalt bei der Entscheidung über die Datenweitergabe vorsieht, führt es aus, daß ein darüber hinausgehender Entscheidungsvorbehalt zugunsten einer unabhängigen Instanz zur Wahrung des Grundrechts nicht erforderlich sei[51].

Bei der gegenwärtigen Rechtslage kommt dem Bundesbeauftragten für den Datenschutz damit nur eine untergeordnete Rolle zu. Da eine Kontrolle nur dann effektiv sein kann, wenn der Kontrolleur deren Notwendigkeit und Umfang selbst bestimmen kann und diese Voraussetzungen hier nicht gegeben sind, kann von einer echten Kontrolle durch den Datenschutzbeauftragten im Bereich der strategischen Überwachung nicht gesprochen werden[52].

3. Einsetzung eines Bundesdatenschutzbeauftragten für die Dienste?

Auch wenn die Verfassung keine Kontrolle der Dienste durch einen Bundesbeauftragten für den Datenschutz vorschreibt, bestünde die Möglichkeit, daß das Parlament entweder die Kontrollbefugnis des Bundesdatenschutzbeauftragten per Gesetz wieder erweitert oder sogar einen Bundesdatenschutzbeauftragten speziell für die Nachrichtendienste einsetzt. Letzteres hätte den Vorteil, daß sich dieser Bundesdatenschutzbeauftragte eine Sachkompetenz für die Kontrolle dieses so sensiblen Bereichs der Nachrichtendienste aufbauen könnte, was wiederum positiv auf die Zusammenarbeit von Nachrichtendiensten und Bundesdatenschutzbeauftragten zurückwirken könnte. Hierzu wäre die Ausstattung mit dem erforderlichen Personal zur Unterstützung des Bundesdatenschutzbeauftragten für die Dienste notwendig[53]. Ein weiterer Vorteil wäre, daß eine zusätzliche Datenschutzkontrolle *ex post* erfolgen würde, und zwar losgelöst von einer Anordnung der Telekommunikationsüberwachung. Anders

---

50 Zur ausführlichen Begründung siehe Zöllner, Der Datenschutzbeauftragte im Verfassungssystem, S. 174f., insb. S. 192ff.

51 BVerfGE 100, 313 (395).

52 In diesem Sinn zutreffend Riegel, Datenschutz bei den Sicherheitsbehörden, S. 174.

53 Zwar kann auch dann eine Datenschutzkontrolle nur stichprobenhaft erfolgen. Es käme jedoch darauf an, durch das erforderliche Personal zu verhindern, daß eine solche zusätzliche Kontrolle zur Farce würde.

als PKG und G 10-Kommission wäre dieser Datenschutzbeauftragte auch nicht in die Anordnung der Maßnahme selbst involviert, so daß Interessenkonflikte bei der Beurteilung der Rechtmäßigkeit ausgeschlossen wären. Berücksichtigt man zudem, daß jede Kontrolle der Dienste stichprobenhaft erfolgt, würde auch nicht eine unnötige Verdoppelung des Kontrollaufwandes eintreten, sondern die Chance erhöht, Mißstände aufzudecken und zu beseitigen.

Nachdem der Gesetzgeber allerdings den Tätigkeitsbereich des Bundesbeauftragten für den Datenschutz im Bereich des G 10 weder bei der Neuregelung des G 10 noch bei der Novellierung des BDSG neu geordnet hat, zugleich aber die G 10-Kommission hinsichtlich ihrer Personal- und Sachausstattung deutlich gestärkt hat, dürften Vorschläge zur Einsetzung eines speziellen Datenschutzbeauftragten für die Dienste auf absehbare Zeit keine Berücksichtigung finden.

C. Rechtslage im Vereinigten Königreich

Auch die Rechtslage im Vereinigten Königreich ist von einem Nebeneinander verschiedener Kontrollinstanzen geprägt. Vor der Gesetzesänderung durch RIPA 2000 ließ sich ein verwirrendes Nebeneinander gleichartiger Kontrollinstanzen feststellen, deren Verhältnis zueinander nicht immer klar zutage trat[54]. Auf diese Situation wurde durch RIPA 2000 mit einer Zusammenführung und klareren Abgrenzung von Kompetenzen reagiert.

I. Parlamentarische Kontrolle

1. Regulation of Investigatory Powers Act 2000

Die vielfach erhobene Forderung nach einer verbesserten parlamentarischen Kontrolle[55] wurde vom Gesetzgeber ignoriert. RIPA 2000 sieht keine eigenständige parlamentarische Kontrolle vor und steht damit vollständig in der Tradition von IOCA 1985. Das Parlament tritt nur in Zusammenhang mit den Aufgaben der verschiedenen *Commissioner*[56] in Erscheinung, indem der jährliche Bericht über das Ergebnis der Arbeit der *Commissioner*, der dem

---

54 Sowohl IOCA 1985, ISA 1994 und SSA 1989/1996 sahen die Einrichtung eines Commissioners als auch die Errichtung eines Tribunals vor, ISA 1994 darüber hinaus ein Element parlamentarischer Kontrolle, vgl. zu letzterem auch unten I.2.

55 Statt aller Williams, 84 (1987) 13 LSG 971, 973.

56 Vgl. unter II.

Premierminister vorgelegt werden muß, anschließend vom Premier dem Parlament vorzulegen ist[57]. Dabei kann der Premierminister diejenigen Punkte herausstreichen, die er im Interesse der nationalen Sicherheit, zur Verhütung und Entdeckung von Verbrechen oder zur Wahrung des wirtschaftlichen Wohls des Vereinigten Königreichs für geheimhaltungsbedürftig hält. Diese Kriterien sind sowohl mit den Aufgabenbereichen der Nachrichtendienste[58] als auch mit den Aufklärungsfeldern im Rahmen der Befugnis zur Telekommunikationsüberwachung[59] nahezu identisch. In Erweiterung von IOCA 1985 ermöglicht RIPA 2000 zudem, daß Vorfälle, deren Bekanntgabe die reibungslose Aufgabenerfüllung von betroffenen Behörden und damit auch der Nachrichtendienste gefährden könnte, herausgestrichen werden können[60]. Von diesem Recht wurde in der Vergangenheit regelmäßig Gebrauch gemacht.

Zwar überrascht es nicht, daß das Plenum keinen umfassenden Einblick in Art und Umfang heimlicher Telekommunikationsüberwachung erhält. Angesichts der Zahl der Parlamentarier ließe sich die Geheimhaltung von sicherheitsrelevanten Informationen auch mit einer Strafandrohung nicht mehr gewährleisten. Im System der Bundesrepublik Deutschland erhält daher mit dem PKG ebenfalls nur ein kleiner Kreis von Abgeordneten einen solchen Einblick. RIPA 2000 enthält jedoch keine vergleichbare Regelung. Die Kontrolle durch das Plenum wird nicht durch die Kontrolle durch ein kleineres parlamentarisches Gremium ersetzt. Ein Kompromiß zwischen berechtigten Geheimhaltungsinteressen und erwünschter Transparenz könnte darin liegen, daß der unveränderte Bericht einem *Select Committee*[61] des Parlaments vorgelegt würde und dieses über den Umfang der Weiterleitung an das Plenum entscheidet[62]. Entsprechende Vorschläge wurden in RIPA 2000 nicht aufgegriffen. Eine par-

---

57 Vgl. s. 58 (4) RIPA 2000 für den Interception of Communications Commissioner und s. 60 (2) RIPA 2000 für den Intelligence Services Commissioner.

58 Vgl. s. 1 (1) u. (2) ISA 1994 und oben Kap. 1, A.III.1. und 2.

59 Vgl. s. 5 (1) (a) i.V.m. s. 5 (3) (a) (b) (c) RIPA 2000 und oben Kap. 1, B.II.1.a).

60 Vgl. s. 58 (5) u. (6) RIPA 2000, s. 60 (3) (4) RIPA 2000 und s. 8 (8) IOCA 1985. Die angeführten Vorschriften sehen sämtlich vor, daß der Bericht, der schließlich dem Parlament vorgelegt wird, einen Hinweis darüber zu enthalten hat, ob Kürzungen vorgenommen wurden.

61 Ein Select Committee ist ein ständig tagender Ausschuß. Als weiteres Kontrollorgan für die Dienste müßte die Mitgliederzahl möglichst gering gehalten werden. Vgl. zu der Einrichtung eines Select Committee *Bradley/Ewing,* Constitutional and Administrative Law, S. 228ff. und anschließend unter 2.

62 Vgl. Ewing/Gearty, Freedom under Thatcher, S. 77, mit Hinweis auf den weitergehenden Vorschlag von Mr. Clive Soley MP, wonach die gesamte Aufgabe des Commissioner von einem Select Committee übernommen werden sollte (genauer S. 75).

lamentarische Kontrolle von heimlicher Telekommunikationsüberwachung findet damit im Ergebnis nicht statt.

2. Intelligence Services Act 1994

ISA 1994 führt zum ersten Mal in der britischen Geschichte ein Element parlamentarischer Kontrolle über die Tätigkeit der Nachrichtendienste ein.

Vgl. s. 10 (1) ISA 1994:

> *„(1) There shall be a Committee, to be known as the Intelligence and Security Committee (...) to examine the expenditure, administration and policy of -*
> *(a) the Security Service*
> *(b) the Intelligence Service; and*
> *(c) GCHQ.*
> *(2) The Committee shall consist of nine members-*
> *(a) who shall be drawn both from the members of the House of Commons and from the members of the House of Lords; and*
> *(b) none of whom shall be a Minister of the Crown".*

Nach s. 10 (3) (4) ISA 1994 i.V.m. Sch. 3 para 1 (1) werden die Mitglieder des *Committee* grundsätzlich für die Dauer einer Legislaturperiode vom Premierminister ernannt. Allerdings kann der Premier Mitglieder des *Committee* auswechseln. Vor der Ernennung ist er verpflichtet, den Führer der Oppositionspartei zu Rate zu ziehen („*after consultation*"). Es besteht jedoch keine Pflicht, wonach sich die Parteiverhältnisse im Parlament auch in der Zusammensetzung des *Committee* widerspiegeln müßten.

Der Bericht, den das *Committee* jährlich anzufertigen hat, wird dem Premierminister vorgelegt. Wie bereits bei den Berichten der *Commissioner* kann dieser entscheiden, ob er ihn um Passagen kürzt, die er für geheimhaltungsbedürftig hält, ehe er ihn beiden Häusern des Parlaments vorlegt.

Bei näherer Betrachtung wird deutlich, daß man die Einrichtung des *Committee* eher als einen vorsichtigen Schritt in Richtung einer Verantwortlichkeit der Dienste gegenüber dem Parlament, denn als effektive parlamentarische Kontrolle betrachten muß. Mit der Kritik läßt sich sowohl an der Aufgabenzuweisung als auch an den Befugnissen des *Committee* ansetzen.

Das Committee kann die *„expenditure, administration and policy"*, also Ausgaben, Verwaltung und allgemeine Politik von SIS und GCHQ untersuchen. Der Wortlaut schließt die Diskussion von Einzelfällen nicht ein. Doch können beispielsweise Ausgaben ohne Bezug auf konkrete Aufträge auf Zweck- oder

Rechtmäßigkeit überprüft werden? Läßt sich die allgemeine Politik der Dienste losgelöst von einzelnen Maßnahmen betrachten? Inwieweit das *Committee* ins Detail gehen kann, hängt sowohl von der gemeinsamen Abstimmung zwischen *Committee*, Premierminister und den Diensten ab[63] als auch davon, inwieweit sich das *Committee* aus eigenem Recht Zugang zu bei den Diensten vorhandenen Informationen verschaffen kann.

Damit stehen bereits die Befugnisse des *Committee* zur Diskussion. Sollte der Erhalt von Informationen maßgeblich von der Bereitschaft des zu Kontrollierenden abhängen, diese zugänglich zu machen, ist eine effektive Kontrolle insbesondere von Mißständen schwer vorstellbar.

Der Informationszugang ist in Sch. 3 para 3 ISA 1994 geregelt. Die Regelung sieht kein allgemeines Informationsrecht der Mitglieder vor. Vielmehr hat das *Committee* das „Recht", bei den jeweiligen Chefs der Dienste um Information nachzufragen. Für das weitere Verfahren sieht Sch. 3 para 3 und 4 ISA 1994 eine detaillierte Regelung vor:

Die Entscheidung über die Weitergabe von Informationen an das *Committee* richtet sich vor allem danach, ob diese als geheimhaltungsbedürftig angesehen werden. In diesem Fall steht es im Ermessen des jeweiligen Chefs, die Information zurückzuhalten oder dennoch weiterzugeben, wenn er dies für „sicher" hält. In Ergänzung dazu kann der zuständige Minister entweder die Weitergabe von Informationen im Gegensatz zur Entscheidung der Dienste anordnen oder selbst die Weitergabe verweigern. Letzteres erfordert jedoch nicht nur eine Einschätzung als geheimhaltungsbedürftig, vielmehr muß der Minister davon überzeugt sein, daß auch die Weitergabe der Informationen an ein *Departmental Select Committee* nicht wünschenswert wäre.

Offensichtlich hat in diesem System die Einordnung von Information als geheimhaltungsbedürftig besondere Bedeutung. In Sch. 3 para 4 ist dies großzügig geregelt. „*Sensitive*" (geheimhaltungsbedürftig) ist demnach

„*(a) information which might lead to the identification of, or provide details of, sources of information, other assistance or operational methods available to the Security Service, the Intelligence Service or GCHQ;*

(b) information about particular operations which have been, are being or are proposed to be undertaken in pursuance of any of the functions of those bodies; and

---

[63] Wadham, 57 (1994) MLR 916, 925.

(c) information provided by, or by an agency of, the Government of a territory outside the United Kingdom where that Government does not consent to the disclosure of the information".

Im Gesetzgebungsverfahren wurden Vorschläge, diese Bestimmung enger zu formulieren, nicht aufgegriffen. Die Möglichkeiten, relevante Informationen vom *Committee* fernzuhalten, sind demzufolge sehr weitreichend. Sch. 3 para 3 ISA 1994 spiegelt eine Haltung der Regierung gegenüber dem *Committee* wider, die grundsätzlich von Mißtrauen geprägt ist[64].

Diese Haltung der Regierung wird zusätzlich durch die Rechtsnatur des *Committee* bestätigt. Denn es wurde, obwohl auch dies Gegenstand der parlamentarischen Debatte war, nicht die Form eines *Departmental Select Committee* (DSC) gewählt, sondern ein *Committee sui generis.* In der Form eines DSC würden die Mitglieder des *Committe* von einem weiteren Gremium des *House of Commons,* dem *Committee of Selection,* ernannt. Mitglieder des *House of Lords* wären nicht vertreten. Als DSC hätte das *Committee* insbesondere im Rahmen der Informationsbeschaffung weitergehende Rechte. Hier wäre insbesondere das Recht, Personen vor den Ausschuß zu laden, Schriftstücke und Gerichtsakten einzusehen und technische Sachverständige beizuziehen, von Bedeutung[65].

In der Praxis fordert das *Intelligence and Security Committee* trotz seiner auf diese Weise eingeschränkten Befugnisse das Recht ein, von den Diensten zutreffend und prompt über Vorgänge informiert zu werden, die in seinen Auftrag fallen[66]. Die konzeptionellen Schwächen des *Committee* lassen sich durch eine gute Zusammenarbeit mit den Diensten aber allenfalls abschwächen, nicht jedoch beseitigen.

II. Kontrolle durch unabhängige Beauftragte

Im Vereinigten Königreich besteht eine Tradition, Skandale, die die Öffentlichkeit erschüttert haben, durch Persönlichkeiten, die in der gleichen Öffentlichkeit hohes Ansehen genießen, untersuchen zu lassen und sie mit allen Vollmachten auszustatten, um ihre Unabhängigkeit - und damit auch die Akzeptanz

---

64 Wadham, 57 (1994) MLR 916, 926.

65 Vgl. zu den Unterschieden zwischen dem Intelligence and Security Committee und einem Departmental Select Committee Dickinson (1994) JLSS 298, 299f.

66 Vgl. den ersten veröffentlichten Bericht des Committee über das Jahr 1995, Cm 3198 (1996), unter M. (S. 23).

ihrer Ergebnisberichte - sicherzustellen[67]. Im Bereich heimlicher Überwachungsmaßnahmen und der Tätigkeit der Dienste allgemein wurde diese Tradition bereits vor RIPA 2000 in verschiedenen Gesetzen durch die Einrichtung des Amts eines *Commissioner* institutionalisiert. RIPA 2000 führt diese Tradition nicht nur fort, sondern ordnet die bestehenden Kompetenzen neu zu.

1. Interception of Communications Commissioner

Gem. s. 57 (1) und (5) RIPA 2000 wird der *Interception of Communications Commissioner* vom Premierminister ernannt[68] und muß ein hohes juristisches Amt bekleiden bzw. bekleidet haben[69]. Als Hauptaufgabe muß der *Commissioner* das Vorgehen des Ministers bei der Anordnung und Durchführung der Telekommunikationsüberwachung untersuchen und ein Urteil über die Eignung der von diesem verfügten Datenschutzmaßnahmen („*minimization procedures*") abgeben[70]. Individuelle Beschwerden kann der *Commissioner* nicht untersuchen, doch er ist verpflichtet, das Tribunal auf Ersuchen bei der Durchführung der Individualkontrolle zu unterstützen[71].

Soweit die Dienste, die Behörden oder private Unternehmen zur Überwachung befugt bzw. zur Durchführung der Maßnahmen verpflichtet sind, haben sie dem *Interception of Communications Commissioner* gem. s. 58 (1) RIPA 2000 uneingeschränkt Zugang zu den Materialien zu verschaffen, die er in Ausübung seiner Funktion zu untersuchen wünscht[72].

---

67 Hier lassen sich z.B. auch die Berichte des Birkett Committee (Cmnd 283 (1957)) und von Lord Diplock (Cmnd 8191 (1981)) über heimliche Telekommunikationsüberwachung einordnen, ebenso - ebenfalls im einschlägigen Themenbereich - der unveröffentlichte Bericht von Lord Bridge in der Angelegenheit Massiter. Ein Überblick über wichtige Untersuchungen, die ebenfalls die Arbeit von Nachrichtendiensten in allen möglichen Erscheinungsformen in den Blick nahmen, findet sich bei Gill, Policing Politics, S. 329.

68 RIPA 2000 regelt das Verfahren bis zur Ernennung nicht. Damit existiert auch keine Pflicht des Premierministers, sich mit der Opposition abzustimmen.

69 Erster Interception of Communications Commissioner war Lord Justice Lloyd, für die Jahre 1992 und 1993 Sir Thomas Bingham, von 1994 bis 2000 wurde das Amt von Lord Nolan of Brasted ausgeübt, der derzeitige Commissioner, Lord Justice Swinton Thomas, wurde am 10. April 2000 für drei Jahre ernannt.

70 S. 57 (2) RIPA 2000, insbesondere (a) (b) und (d) (i), hinzu kommen Befugnisse im Rahmen der Bestimmungen zu Verschlüsselungs- bzw. Entschlüsselungstechniken (Part III RIPA 2000).

71 S. 57 (3) RIPA 2000. Für Einzelheiten zum Tribunal vgl. Kap. 7, C.III.1 und 2.

72 S. 58 (1) RIPA 2000 listet im einzelnen auf, wer gegenüber dem Interception of Communications Commissioner zur Auskunft verpflichtet ist.

Wie bereits erwähnt muß der *Interception of Communications Commissioner* dem Premierminister einmal jährlich einen Tätigkeitsbericht vorlegen und ihn darüber hinaus von jeder Unregelmäßigkeit oder von Unzulänglichkeiten der Datenschutzmaßnahmen unterrichten[73].

Mit dem Amt des *Interception of Communications Commissioner* wurde bereits durch IOCA 1985 und nun durch RIPA 2000 eine Einrichtung institutionalisiert, die durch das hohe Ansehen ihres jeweiligen Amtsinhabers in der Vergangenheit in vergleichbaren Fällen zu einer kritischen Untersuchung der Regierungstätigkeit in der Lage war. Insbesondere ist die uneingeschränkte Rechtsmacht des *Interception of Communications Commissioner*, alle relevanten Dokumente und Informationen von den Diensten zu erhalten, hervorzuheben. Zu den wichtigsten Neuerungen gehört auch, daß er von Amts wegen tätig werden kann.

Durch RIPA 2000 wurde zudem eine Schwachstelle beseitigt, die mit der Arbeitsbelastung des *Commissioner* zusammenhing. Das Amt des *Commissioner* wird nicht im Hauptberuf, sondern als Nebentätigkeit ausgeübt[74]. Angesichts der Fülle der jährlich ausgestellten *warrants* konnte er seine Kontrolltätigkeit deshalb nur stichprobenhaft ausführen. IOCA 1985 sah für den *Commissioner* dennoch keine Mitarbeiter vor, die beispielsweise technischen Sachverstand einbringen und den *Commissioner* entlasten konnten. Bereits aus diesem Grund waren Zweifel an der Effektivität seiner Amtsführung angebracht[75]. S. 57 (7) RIPA 2000 sieht nun erstmals vor, daß dem *Interception of Communications Commissioner* eigene Mitarbeiter zugeordnet werden können.

An anderen Regelungen hat der Gesetzgeber jedoch entgegen aller Kritik im wesentlichen festgehalten:

So regelt auch RIPA 2000 die Ernennung des *Interception of Communications Commissioners* nicht näher. Weder ist der Premierminister zu einer Abstimmung mit der Opposition verpflichtet, noch ist die Amtszeit des *Commissioner* gesetzlich festgelegt[76].

Die Kontrolle durch den *Commissioner* konzentriert sich zudem auch in Zukunft auf die Tätigkeit des Ministers. Bei Individualbeschwerden kann er nur

---

[73] S. 58 (2) (3) (4) RIPA 2000.

[74] Vgl. s. 57 (6) RIPA 2000: „The Interception of Communications Commissioner shall hold office in accordance with the terms of his appointment (...)“.

[75] Cameron, 37 (1986) 2 NILQ 126, 148.

[76] Dies galt bereits unter IOCA 1985, vgl. Ewing/Gearty, Freedom under Thatcher, S. 74.

tätig werden, wenn das Tribunal[77] um seine Mitwirkung ersucht, vgl. s. 57 (3) RIPA 2000, nicht aber auf eigene Initiative. Unter der Geltung von IOCA 1985 war diese Einschränkung allerdings bedenklicher, da die Zuständigkeit des IOCA Tribunal begrenzter ausgestaltet war, d.h. sich nur auf die Fälle erstreckte, in denen ein *warrant* feststellbar war[78]. Dies bedeutete eine erhebliche Regelungslücke, wenn ein *warrant* nicht festgestellt werden konnte. Da auch der IOCA *Commissioner* keine Untersuchung anstrengen konnte, waren die Betroffenen auf den ordentlichen Rechtsweg verwiesen, und zwar auch dann, wenn die zuständigen Strafverfolgungsbehörden selbst von dem Vorwurf betroffen waren.

Der nächste Kritikpunkt betrifft den Zeitpunkt der Kontrolle. Es handelt sich ausschließlich um eine Kontrolle *ex post*. Eine Kontrolle *ex ante* ist damit im Vereinigten Königreich überhaupt nicht vorgesehen, es sei denn, man wollte bereits die Tatsache, daß heimliche Überwachungsmaßnahmen in der Regel durch den Minister persönlich angeordnet werden müssen, als eine Kontrolle *ex ante* ansehen.

Die Effektivität der Amtsführung des *Commissioner* hängt weiter davon ab, welchen Beurteilungsmaßstab er an seine Prüftätigkeit anlegt. Dem jeweiligen Amtsinhaber wurden diesbezüglich keine Vorgaben gemacht. Lord Justice Lloyd hatte sich bereits früh entschieden, an die Entscheidungen des Ministers den Maßstab des *judicial review*[79] anzulegen, von seinen Nachfolgern wurde dies beibehalten. Aufgrund der Besonderheiten des *judicial review*, die im nachfolgenden Kapitel ausführlich aufgezeigt werden[80], wurde damit in der Vergangenheit ein Maßstab angelegt, der die Interessen eines von einer Telekommunikationsüberwachung Betroffenen jedenfalls nicht bestmöglich berücksichtigte. Dies könnte das hohe Ziel in Frage stellen, das sich der *Commissioner* selbst gegeben hat:

> „*My second function is, as I see it, to reassure members of the public that interception of communication is serving an important public objective, and that it is not being abused by the Government, the police or anybody else. This function is not spelt out in the Act. But I regard it as implicit in my appointment*“[81].

---

77 S.u. Kap. 7, C.III.1.
78 Unter der Geltung von RIPA 2000 ist dies offensichtlich anders, vgl. Kap. 7, C.III.1.a) aa).
79 Vgl. Cm 652 (1989), Report of the Commissioner for 1988, para 8.
80 Vgl. Kap. 7, C.III.2.
81 Cm 1942 (1992), Report of the Commissioner for 1991, para 9 (Lord Justice Lloyd).

Trotz der deutlich gewordenen Kritikpunkte nimmt der *Interception of Communications Commissioner* aufgrund seiner Persönlichkeit und seiner im Vergleich zum *Committee* wesentlich weitreichenderen Befugnisse einen wichtigen Platz im Rahmen des Kontrollsystems des Vereinigten Königreichs ein. In dieser britischen Besonderheit könnte man durchaus ein Vorbild für einen zusätzlichen Bundesdatenschutzbeauftragten für die Dienste in Deutschland erblicken.

2. Intelligence Services Commissioner

Nach s. 59 RIPA 2000 kann der *Intelligence Services Commissioner* seine bisherige Arbeit fortführen[82].

Ernennung, Aufgaben und Befugnisse sind der Regelung des *Interception of Communications Commissioner* nachgebildet. Als Hauptaufgabe kontrolliert der *Intelligence Services Commissioner* den zuständigen Minister, soweit dieser auf der Basis von s. 5 bis 7 ISA 1994 besondere Vollmachten wahrnimmt, wozu auch die Anordnungen der Überwachung von drahtloser Telegrafie gehören. Ernennung und Berichtspflicht folgen ebenfalls dem Muster des *Interception of Communications Commissioner*[83]. Gleiches gilt für den uneingeschränkten Informationszugang[84], die personnelle Ausstattung[85], die Unterstützungspflicht gegenüber dem Tribunal[86] und den Ausschluß von Individualbeschwerdeverfahren[87].

Zudem fließen, da RIPA 2000 eine umfassende Lösung der Überwachungsproblematik anstrebt, auch die Aufgaben des ehemaligen *Commissioner* für den Inlandsnachrichtendienst, des *Security Service Commissioner*, in den Aufgabenbereich des *Intelligence Services Commissioner* ein.

Nach s. 59 (2) RIPA 2000 wird die Zuständigkeit des *Intelligence Services Commissioners* nur dann begründet, wenn der *Interception of Communications Commissioner* nicht zuständig ist. Unklarheiten über das Verhältnis der *Commissioner* zueinander werden dadurch in Zukunft vermieden. Bezüglich Zustimmung und Kritik darf auf die vorstehenden Ausführungen zum *Interception of Communications Commissioner* verwiesen werden.

---

82 Vgl. s. 59 (9) RIPA 2000 i.V.m. s. 8 ISA 1994.
83 Vgl. s. 59 (1), (5) RIPA 2000 und s. 60 (2), (3), (4) RIPA 2000.
84 S. 60 (4) RIPA 2000.
85 S. 59 (7) RIPA 2000.
86 S. 59 (3) RIPA 2000.
87 Dies ergibt sich allgemein aus der Aufgabenbeschreibung nach s. 59 (2) RIPA 2000.

KAPITEL 7:

RECHTSSCHUTZ

A. Vorbemerkung

Es wurde bereits festgestellt, daß Individualrechtsschutz auf Antrag des Betroffenen während der Anordnung und Durchführung einer heimlichen Überwachungsmaßnahme aufgrund der notwendigen Geheimhaltung nicht in Betracht kommen kann. Rechtsschutz im Zusammenhang mit Telekommunikationsüberwachung bedeutet hier daher die nachträgliche Überprüfung der Maßnahme nach ihrer Beendigung. Notwendige Voraussetzung ist jedoch, daß der Betroffene, um ein Verfahren in die Wege leiten zu können, von der Überwachung auf irgendeine Art Kenntnis erhält. Dies kann auf folgende Weise geschehen:

- Der Betroffene erlangt durch Zufall Kenntnis von der Maßnahme.
- Der Betroffene macht von einem Auskunftsanspruch Gebrauch.
- Der Betroffene wird von der Maßnahme benachrichtigt.

Die erste Möglichkeit scheidet als Regelfall allerdings bereits an dieser Stelle für die weitere Diskussion aus. Ein rechtsstaatlicher Zustand läßt sich durch einen nur zufällig ermöglichten Rechtsschutz sicher nicht erreichen.

Ein Auskunftsanspruch führt ebenfalls zu keinem lückenlosen Rechtsschutz. Selbst wenn ein solcher Anspruch besteht, werden nicht alle Betroffenen diese Möglichkeit tatsächlich in Anspruch nehmen. Für sich genommen reicht daher ein Auskunftsanspruch nicht aus.

Das Ziel, dem Betroffenen in jedem Einzelfall Gelegenheit zu geben, gegen ihn gerichtete heimliche Überwachungsmaßnahmen auf ihre Rechtmäßigkeit überprüfen zu lassen, würde dagegen durch eine Benachrichtigungspflicht, die der abhörenden Behörde nach dem Abschluß der Maßnahme obliegen müßte, vollständig erreicht.

Eine Auseinandersetzung mit den Rechtsschutzmöglichkeiten, die bei heimlicher Überwachung von Telekommunikation gegeben sind, bliebe ohne ein Eingehen auf die verschiedenen Möglichkeiten zur Kenntniserlangung unvollständig. Als „Voraussetzungen" werden sie daher der „Durchsetzung" des Rechtsschutzes vorangestellt. Daß beide Aspekte nicht unverbunden nebeneinanderstehen, wird insbesondere im Zusammenhang mit der Rechtsprechung des EGMR deutlich werden.

B. Voraussetzungen

I. Vorgaben der EMRK: Präzisierung

1. Auskunftsanspruch

In Bezug auf eine Verankerung eines allgemeinen Auskunftsanspruchs in der EMRK könnte man an Art. 10 Abs. 1 EMRK denken, da dieses Recht „die Freiheit zum Empfang (...) von Nachrichten oder Ideen ohne Eingriffe öffentlicher Behörden" und damit ein Informationszugangsrecht einschließt. Überzeugender ist allerdings die vorherrschende Ansicht, die in dem Wortlaut von Art. 10 Abs. 1 EMRK einen allgemeinen Auskunfts- bzw. Aktenzugangsanspruch gerade nicht sehen will, vielmehr darauf verweist, daß Art. 10 Abs. 1 EMRK die negative oder einseitige Beeinflussung des nicht-staatlichen Informationsflusses verhindern soll[1]. In diesem Sinne hat sich der EGMR in den Entscheidungen *Leander*[2] und *Gaskin*[3] gegen eine weitergehende Prüfung von Art. 10 Abs. 1 EMRK entschieden. Ein allgemeines Recht auf Auskunft bzw. auf Akteneinsicht in der öffentlichen Verwaltung ist daher in der EMRK bislang nicht anerkannt.

Die Diskussion um einen in der EMRK verankerten Auskunftsanspruch ist damit nicht am Ende. Ein Auskunftsanspruch gegen den Staat kann durchaus bestehen, sofern er sich einem anderen Konventionsrecht zuordnen läßt. Betrifft die Auskunft personenbezogene Daten, so kommt eine Einordnung in den Schutzbereich von Art. 8 EMRK in Betracht. Der EGMR hat es allerdings ausdrücklich abgelehnt, aus Art. 8 EMRK allgemein ein Recht auf Auskunftserteilung bezüglich persönlicher Daten, die sich in staatlichen Datensammlungen befinden, abzuleiten, da damit gegen den Grundsatz verstoßen werden würde, allgemeine Rechtsfragen nicht abstrakt zu beantworten[4]. Doch lassen sich die entschiedenen Fälle auf ihre Vergleichbarkeit mit dem Fall untersuchen, daß Auskunft bezüglich personenbezogener Daten begehrt wird, die sich in der Hand von Sicherheitsbehörden befinden und aus einer heimlichen Überwachung von Telekommunikation stammen. Zuvor ist jedoch die systematische Einordnung zu klären, wenn ein Auskunftsanspruch staatlicherseits bestritten

---

1 In diesem Sinne Gridl, Datenschutz in globalen Telekommunikationssystemen, S. 148.

2 EGMR, Urt. v. 25. Februar 1987, *Leander ./. Schweden,* Serie A, Nr. 116, Ziff. 74.

3 EGMR, Urt. v. 7. Juli 1989, *Gaskin ./. Vereinigtes Königreich,* Serie A, Nr. 160, Ziff. 52.

4 EGMR, Urt. v. 7. Juli 1989, *Gaskin ./. Vereinigtes Königreich,* Serie A, Nr. 160, Ziff. 37.

und dies vom Auskunftssuchenden als Konventionsverletzung geltend gemacht wird.

a) Systematische Einordnung des bestrittenen Auskunftsanspruchs als staatlicher Eingriff oder als positive staatliche Verpflichtung

Eine erste Grundentscheidung fällt mit der Einordnung eines bestrittenen Auskunftsanspruchs in die Kategorie eines staatlichen Eingriffs wegen Auskunftsverweigerung oder einer positiven staatlichen Verpflichtung zur Auskunftserteilung, die in dem Recht auf „Achtung" des Privatlebens nach Art. 8 Abs. 1 EMRK enthalten sein kann. Bei einer positiven staatlichen Verpflichtung ist der staatliche Ermessensspielraum möglicherweise weiter, da eine Güterabwägung entsprechend Abs. 2 nur bei einem „Eingriff" vorgenommen werden müßte. Die Güterabwägung im Rahmen des Rechts auf „Achtung" des Privatlebens ist dagegen nicht klar strukturiert[5].

Im Fall *Gaskin* nahm der EGMR eine positive staatliche Verpflichtung zur Auskunftserteilung an[6]. Dagegen wurde im Fall *Leander* die Tatsache, daß Herr Leander keine Möglichkeit hatte, Daten, die über ihn gespeichert waren und weitergegeben wurden, zu widerlegen, als Eingriff in Art. 8 Abs. 1 EMRK angesehen[7]. Obwohl das Urteil dies nicht ausdrücklich feststellt, kann man darin eine Aussage über einen Auskunftsanspruch impliziert sehen, da sich Vorwürfe nur dann widerlegen lassen, wenn man ihren Inhalt kennt. Zwischen beiden Fällen bestehen jedoch einige Unterschiede.

Im Fall *Gaskin* griff der Beschwerdeführer zwar die fehlende Auskunftserteilung, nicht aber die Datensammlung als solche an.

In *Leander* wurde die fehlende Auskunftserteilung ausschließlich im Kontext der Sammlung und Weitergabe seiner persönlichen Daten betrachtet. Ein mögliches Auskunftsrecht wurde nicht als eigenständige positive staatliche Verpflichtung, sondern gleichsam als Annex zum gesamten Vorgang der Datensammlung angesehen, der es dem Beschwerdeführer ermöglichen könnte, die inhaltliche Richtigkeit der im geheimen gesammelten und weitergegebenen Daten anzugreifen. Das Auskunftsrecht gehört damit systematisch zu den organisatorischen Vorkehrungen, deren Vorhandensein oder Fehlen über die Ver-

---

[5] Näheres zu den Unterschieden von negativen Eingriffsmaßnahmen und positiven Handlungspflichten bei Wildhaber/Breitenmoser, in: IntKomm. EMRK, Art. 8, Rn. 51-54.

[6] EGMR, Urt. v. 7. Juli 1989, *Gaskin ./. Vereinigtes Königreich,* Serie A, Nr. 160, Ziff. 41.

[7] Vgl. EGMR, Urt. v. 25. Februar 1987, *Leander ./. Schweden,* Serie A, Nr. 116, Ziff. 48.

hältnismäßigkeit („Notwendigkeit in einer demokratischen Gesellschaft") der geheimen Datensammlung und -verwendung entscheiden. Genauer läßt es sich zu den im Fall *Klass* geforderten „angemessenen und wirksamen Garantien gegen Mißbrauch" zählen. Daher kann bei *Leander* das Auskunftsrecht nicht isoliert betrachtet werden, sondern teilt als flankierende Maßnahme den Charakter des zugrundeliegenden Eingriffs.

Der Grund für die unterschiedliche Behandlung eines Auskunftsrechts in *Gaskin* und *Leander* läßt sich im Zweck der ursprünglichen Datensammlung finden. Im Fall *Gaskin* wurden die Daten ausschließlich im Hinblick auf das Wohl des Beschwerdeführers erlangt, während dieser als Kind und Jugendlicher staatlicher Fürsorge unterstand. Die Datensammlung sollte einen bestmöglichen Umgang mit dem Beschwerdeführer während dieser Zeit gewährleisten.

In *Leander* dagegen erfolgte die Sammlung persönlicher Daten ausschließlich zu dem Zweck, die öffentliche Sicherheit zu gewährleisten, d.h. im öffentlichen Interesse. Aus diesem Grund erfolgte die Datensammlung zudem im geheimen als notwendige Voraussetzung, um akkurate Daten zu erlangen. Darin liegt ein weiterer, bedeutender Unterschied zu *Gaskin*: Dort war die Geheimhaltung der Daten keine notwendige Voraussetzung der Datensammlung, auch wenn die Zusicherung der Vertraulichkeit im Einzelfall die Bereitschaft zur Informationsweitergabe erhöhen konnte.

Sowohl der Zweck der Datensammlung als auch die Vorgehensweise rechtfertigen es daher, dem Auskunftsanspruch unterschiedliche Bedeutung beizumessen.

Die Einordnung eines Auskunftsanspruchs hinsichtlich personenbezogener Daten, die - ob als Zufallsfunde oder durch gezieltes Vorgehen - infolge einer heimlichen Überwachung von Telekommunikation angefallen sind, fällt im Vergleich zu *Leander* und *Gaskin* nicht schwer. Da auch hier die Datensammlung ausschließlich mit Blick auf das öffentliche Wohl erfolgt und die Überwachung notwendigerweise im geheimen geschieht, läßt sich mit Blick auf *Leander* sowohl aus dem Erhebungszweck als auch aus der Vorgehensweise bei heimlicher Telekommunikationsüberwachung ableiten, daß ein Auskunftsanspruch ebenfalls nicht isoliert als positive staatliche Verpflichtung betrachtet werden kann.

Die EMRK fordert daher bei heimlichen Überwachungsmaßnahmen einen Auskunftsanspruch allenfalls im Zusammenhang mit der Rechtfertigung eines Eingriffs nach Art. 8 Abs. 2 EMRK.

b) Erforderlichkeit eines Auskunftsanspruchs bei heimlicher Telekommunikationsüberwachung

Obwohl der systematische Standort eines Auskunftsanspruchs damit im Ergebnis geklärt ist, kann aus der EMRK dennoch nicht zwingend ein Auskunftsanspruch abgeleitet werden. Diese Schlußfolgerung läßt sich ebenfalls anhand des Urteils *Leander* ziehen und auf heimliche Telekommunikationsüberwachung übertragen. Sie ergibt sich aus der Gesamtbetrachtung aller Regelungen, die die Verhältnismäßigkeit einer heimlichen Datensammlung bzw. Überwachungsmaßnahme sichern sollen. Zum einen wäre ein Auskunftsanspruch bereits aufgrund seiner Einzelfallbezogenheit im Vergleich zu anderen möglichen Regelungen (Datenschutzmaßnahmen, Kontrollinstanzen, Rechtsschutz) generell am wenigsten zur Wahrung der Verhältnismäßigkeit geeignet. Zum anderen würde ein zwingend vorgeschriebener Auskunftsanspruch dem Zweck von heimlichen Überwachungsmaßnahmen unter Umständen diametral entgegenstehen. Dieses Problem wurde auch vom EGMR gesehen. Das Fehlen einer Auskunft, so der Gerichtshof in *Leander*, schütze die Effektivität der Sicherheitsüberprüfungen von Personal und könne als solches nicht zur Unverhältnismäßigkeit der Maßnahme führen[8].

2. Benachrichtigungspflicht

In der Rechtsprechung des EGMR lassen sich die Aussagen zum Auskunftsanspruch und zu einer eventuellen Benachrichtigungspflicht der Sicherheitsbehörden nicht deutlich voneinander trennen. Dies verwundert dann nicht, wenn man sich den Unterschied von Auskunftsanspruch und Benachrichtigungspflicht vor Augen hält. Begreift man den Auskunftsanspruch als einen Anspruch auf Herausgabe von - personenbezogenen - Daten auf Nachfrage im Einzelfall, die Benachrichtigungspflicht dagegen als Pflicht zur freiwilligen Herausgabe von Daten nach Abschluß einer jeden Überwachungsmaßnahme, so wird deutlich, daß aus einer Pflicht zur Benachrichtigung erst recht ein Anspruch auf Auskunft folgen müßte.

---

[8] EGMR, Urt. v. 25. Februar 1987, *Leander ./. Schweden,* Serie A, Nr. 116, Ziff. 66: „The fact that the information released to the military authorities was not communicated to Mr. Leander cannot in itself warrant the conclusion that the interference was not „necessary in a democratic society in the interests of national security“, as it is the very absence of such communication which, at least partly, ensures the efficacy of the personnel control procedure“.

Eine mögliche Benachrichtigungspflicht nimmt bei heimlichen Überwachungsmaßnahmen als „angemessene und wirksame Garantie gegen Mißbrauch“ im Rahmen von Art. 8 Abs. 2 EMRK den gleichen systematischen Standort wie der Auskunftsanspruch ein. Hierzu hat der EGMR im Fall *Klass* deutlich Stellung bezogen und auf den Zusammenhang zwischen einer Benachrichtigung des Betroffenen und dem dadurch ermöglichten Rechtsschutz hingewiesen[9]. Eindeutig wurde der Benachrichtigungsregelung auf diese Weise eine besondere Bedeutung beigemessen, doch warf das deutsche G 10 im Fall *Klass* die Frage auf, ob eine Benachrichtigung in bestimmten Fällen mangels praktischer Durchführbarkeit zulässigerweise unterbleiben durfte. Der EGMR bejahte dies mit folgender Begründung:

> „Die Betätigung oder Gefahr, denen eine bestimmte Reihe von Überwachungsmaßnahmen zu begegnen sucht, kann Jahre, sogar Jahrzehnte nach Aufhebung dieser Maßnahmen fortbestehen. Eine nachträgliche Bekanntgabe gegenüber jeder Person, die einmal von einer inzwischen aufgehobenen Maßnahme betroffen worden ist, könnte sehr wohl den langfristigen Zweck gefährden, der seinerseits die Anordnung ausgelöst hat. Wie das Bundesverfassungsgericht richtig festgestellt hat, könnte eine solche Bekanntgabe außerdem zur Aufdeckung von Arbeitsweise und Beobachtungsfeldern der Geheimdienste führen und möglicherweise sogar zur Identifizierung ihrer Agenten beitragen. Insoweit der sich aus den angefochtenen Vorschriften ergebende „Eingriff“ nach Art. 8 Abs. 2 gerechtfertigt ist, kann es nach Ansicht des Gerichtshofes mit dieser Bestimmung nicht unvereinbar sein, daß der Betroffene nach Beendigung der Überwachungsmaßnahme nicht unterrichtet wird, da es gerade dieser Umstand ist, welcher die Wirksamkeit des „Eingriffs“ sicherstellt. Zudem muß daran erinnert werden, daß nach dem Urteil des Bundesverfassungsgerichtes vom 15. Dezember 1970 der Betroffene nach Beendigung der Überwachungsmaßnahmen über diese unterrichtet werden muß, sobald dies ohne Gefährdung des Zweckes der Beschränkung erfolgen kann“[10].

Durch die Bezugnahme auf die Unterrichtungspflicht bei Wegfall der Gefährdung des Überwachungszwecks am Ende der Passage läßt sich der Schluß ziehen, daß der EGMR zwar in der Regel nach Abschluß einer Telekommuni-

[9] EGMR, Urt. v. 6. September 1978, *Klass ./. Deutschland,* Serie A, Nr. 28, Ziff. 57 = EuGRZ 1979, 278 (286).

[10] EGMR, a.a.O., Ziff. 58.

kationsüberwachung die Benachrichtigung des Betroffenen fordert, Ausnahmen aber aus Geheimschutzgründen zulässig sind[11].

II. Rechtslage in Deutschland

1. Auskunftsanspruch

a) Rechtsgrundlage und verfassungsrechtliche Herleitung

Ein Auskunftsanspruch ist im Bereich des G 10 nicht geregelt, weshalb auf die allgemein für den BND einschlägigen Vorschriften zurückgegriffen werden muß. Gemäß § 7 BNDG i.V.m. § 15 BVerfSchG kann jeder Bürger unentgeltlich Auskunft darüber verlangen, ob der BND Daten über ihn gespeichert hat. Damit wurde ein Auskunftsanspruch im Bereich der Dienste erstmals 1990 durch die Schaffung gesetzlicher Grundlagen für BND und Bundesverfassungsschutz positiv gesetzlich geregelt[12]. Unter der alleinigen Geltung des BDSG vom 27. Januar 1977 waren Polizei und Geheimdienste zur Auskunftserteilung ausdrücklich nicht verpflichtet[13].

Der auch nach der jüngsten Gesetzesänderung in § 19 Abs. 1 BDSG n.F.[14] geregelte Auskunftsanspruch ist demgegenüber im Bereich des BND sowie der übrigen Dienste nicht einschlägig, da gem. § 1 Abs. 3 BDSG n.F. die datenschutzrechtlichen Vorschriften des BNDG spezieller sind.

Der Auskunftsanspruch ruht verfassungsrechtlich auf zwei Fundamenten. Nicht nur Gründe des effektiven Rechtsschutzes nach Art. 19 Abs. 4 GG[15], sondern auch das Recht auf informationelle Selbstbestimmung machen ihn erforderlich. Im Volkszählungsurteil hat das BVerfG mit Blick auf Art. 2 Abs. 1 i.V.m. Art. 1 Abs. 1 GG ausgeführt: „Mit dem Recht auf informationelle Selbstbestimmung wären eine Gesellschaftsordnung und eine diese ermöglichende

---

[11] In diesem Sinne ausdrücklich Schwan, NJW 1980, 1992 (1994f.). Allerdings muß dieses Urteil im Hinblick auf die Rechtsprechung der Konventionsorgane zum englischen Recht revidiert werden. Hierauf wird im Zusammenhang mit der englischen Rechtslage eingegangen, vgl. unten III.

[12] Vgl. Art. 2 und Art. 4 des Gesetzes zur Fortentwicklung der Datenverarbeitung und des Datenschutzes vom 20. Dezember 1990, BGBl I, 2954.

[13] Vgl. § 13 Abs. 1 u. 2 i.V.m. § 12 Abs. 2 BDSG a.F. (BGBl I 1977, 201); hierzu (im Hinblick auf die Verfassungsschutzbehörden) ausführlich Roewer, NVwZ 1989, 11ff.

[14] Vom 18. Mai 2001, BGBl I, S. 904.

[15] Hirsch, Kontrolle der Nachrichtendienste, S. 109; Geiger, DVBl. 90, 748 (756) m.w.N.

Rechtsordnung nicht vereinbar, in der Bürger nicht mehr wissen können, wer was wann und bei welcher Gelegenheit über sie weiß"[16]. Diese grundsätzliche Aussage, die man gleichermaßen auf einen Auskunftsanspruch wie auch auf eine eventuelle Benachrichtigungspflicht beziehen kann, muß für das Fernmeldegeheimnis als datenschutzrechtliches Spezialgrundrecht ebenso gelten.

b) Grenzen des Auskunftsanspruchs

Soweit sich der Auskunftsanspruch aus Art. 2 Abs. 1 i.V.m. Art. 1 Abs. 1 GG ableiten läßt, ist er auch unter den dort geltenden Voraussetzungen einschränkbar, d.h. im überwiegenden Allgemeininteresse muß der einzelne Einschränkungen seines Rechts auf informationelle Selbstbestimmung hinnehmen[17].

Als Gemeinwohlbelange, die zu einer Begrenzung des Auskunftsanspruchs führen, kann man die Ausnahmefälle ansehen, die in § 7 BNDG i.V.m. § 15 Abs. 2 BVerfSchG normiert sind. Die Versagungsmöglichkeiten sind zahlreich; sie umfassen die Versagung bei Gefährdung der Aufgabenerfüllung (Nr. 1), aus Gründen des Quellenschutzes (Nr. 2), zur Wahrung der öffentlichen Sicherheit und des Wohls des Bundes oder eines Landes (Nr. 3) sowie zum Schutz von Dritten (Nr. 4).

Der Auskunftsanspruch setzt nach § 7 BNDG i.V.m. § 15 Abs. 1 BVerfSchG als weitere Hürde voraus, daß der Betroffene auf einen konkreten Sachverhalt hinweist und ein besonderes Interesse an einer Auskunft darlegt. Sofern der Betroffene keinerlei konkrete Anhaltspunkte hat, wird ihm der Auskunftsanspruch daher nicht weiterhelfen. Hierin liegt neben den einzelnen Versagungsgründen die größte Hürde für eine Auskunftserteilung. Ihren tieferen Sinn erfährt die restriktive Regelung zur Auskunftserteilung dadurch, daß sie frühzeitig der „Ausforschungsgefahr"[18] begegnen möchte, d.h. daß sie verhindern möchte, daß Arbeitsweise und Erkenntnisstand des BND durch Auskunftsbegehren gezielt ermittelt werden. Ob die Darlegung eines konkreten Sachverhalts jedoch unbedingt notwendig ist, ist nicht unumstritten[19].

---

16 BVerfGE 65, 1 (43).
17 Vgl. BVerfGE 65, 1 (44).
18 Hirsch, Kontrolle der Nachrichtendienste, S. 110.
19 Hierzu Bäumler, DuD 1996, 537 (539) unter Hinweis auf anderslautende Landesgesetze.

c) Inhalt und Form

Dem gleichen Ziel der Verhinderung einer Ausforschung dient eine formelle bzw. inhaltliche Gepflogenheit, sofern dem Auskunftsbegehren stattgegeben wird. Eine Auskunftserteilung durch den BND kann auf mehrere Arten erfolgen.

Sind Daten des Betroffenen gespeichert, so kann der BND entweder Auskunft erteilen oder unter Nennung der Rechtsgrundlage ohne weitere Begründung die Auskunft verweigern, § 7 BNDG i.V.m. § 15 Abs. 4 BVerfSchG.

Sind keine Daten gespeichert, so kommt die Erteilung eines „Negativattests" in Betracht, d.h. es wird mitgeteilt, daß keine Daten gespeichert sind. Würde das Negativattest in diesem Fall immer in dieser Form erteilt, so ließe dies den Umkehrschluß zu, daß bei Verweigerung eines Negativattests Daten gespeichert sind. Aus diesem Grund gilt § 7 BNDG i.V.m. § 15 Abs. 4 BVerfSchG auch für diese Variante. Kann somit die Auskunft auch verweigert werden, wenn keine gespeicherten Daten vorhanden sind, verbietet sich der Umkehrschluß[20].

Wird die Auskunftserteilung abgelehnt, kann sich der Betroffene an den Bundesbeauftragten für den Datenschutz wenden. Im Bescheid ist darauf ebenfalls hinzuweisen, § 7 BNDG i.V.m. § 15 Abs. 4 BVerfSchG.

Die Pflicht des BND, die Gründe für eine Verweigerung der Auskunft aktenkundig zu machen, ist nicht ausdrücklich geregelt. Dies folgt jedoch aus dem Rechtsstaatsprinzip, da andernfalls - nach Wegfall der Zweckgefährdung - nicht festgestellt werden könnte, ob der Dienst sich rechtmäßig verhalten hat oder nicht[21].

d) Bewertung

Zwar ist zu begrüßen, daß ein Auskunftsanspruch nunmehr gesetzlich verankert ist. Dem BND bleiben jedoch zahlreiche Möglichkeiten, um das Auskunftsbegehren eines Bürgers ins Leere laufen zu lassen. Selbst wenn eine Auskunftserteilung tatsächlich erfolgt, bleibt sie unvollständig. Gem. § 7 BNDG i.V.m. § 15 Abs. 3 BNDG erstreckt sich die Auskunftsverpflichtung nicht auf die Herkunft der Daten und die Empfänger von Übermittlungen. Dabei sind

---

20 Vgl. Hirsch, Kontrolle der Nachrichtendienste, S. 111.

21 Bonk in Stelkens/Bonk/Sachs, VwVfG, 5. Aufl., § 29, Rn. 25 mit Hinweis auf BVerfG, NJW 1983, 2135 und BVerwG NVwZ 88, 621 (zur Dokumentationsfunktion bei Aktenaufbewahrung).

gerade im Bereich der strategischen Überwachung durch G 10 n.F. die Übermittlungsmöglichkeiten wesentlich erweitert worden.

Aufgrund der Zahl der möglichen Gründe, die einer Auskunftserteilung entgegen stehen können, verbietet sich in der Praxis eine pauschale Handhabung der Auskunftsbegehren. Es hat immer eine Einzelfallabwägung stattzufinden. Ein bürgerfreundliches Vorgehen könnte darin liegen, die Auskunft in zweifelhaften Fällen nicht schlicht zu verweigern, sondern eine Teilauskunft zu geben, soweit dies inhaltlich möglich ist, ohne die Erfordernisse des Geheimnisschutzes zu vernachlässigen[22].

Selbst dann wird man den Auskunftsanspruch im Bereich des G 10 sicherlich nicht als „magna charta“[23] des Datenschutzes bezeichnen können.

2. Benachrichtigungspflicht

Vor einem Blick auf das geltende Recht stellt sich auch hier die grundsätzliche Frage, inwieweit das Grundgesetz eine Benachrichtigungspflicht voraussetzt. Als einschlägige Verfassungsnorm kommt Art. 19 Abs. 4 GG in Betracht. Danach steht jedem der Rechtsweg offen, der durch die öffentliche Gewalt in seinen Rechten verletzt wird. Um diese verfassungsrechtliche Zusage einzulösen, müßte eine umfassende Benachrichtigungspflicht bestehen. Im Rahmen des Fernmeldegeheimnisses könnte jedoch etwas anderes gelten. Gem. Art. 19 Abs. 4 S. 3 GG ist Art. 10 Abs. 2 S. 2 GG einschlägig. Art. 10 Abs. 2 S. 2 GG bestimmt:

> „Dient die Beschränkung dem Schutze der freiheitlichen demokratischen Grundordnung oder des Bestandes oder der Sicherung des Bundes oder eines Landes, so kann das Gesetz bestimmen, daß sie dem Betroffenen nicht mitgeteilt wird und daß an die Stelle des Rechtsweges die Nachprüfung durch von der Volksvertretung bestellte Organe und Hilfsorgane tritt“.

Die Bestimmung war zeitgleich mit der Verabschiedung des G 10 im Rahmen der „Notstandsgesetze“ 1968 in das GG eingefügt worden[24] und hatte wegen des Ausschlusses der Benachrichtigung und des Gerichtsschutzes heftige Kon-

---

22 Vgl. unter Hinweis auf den Grundsatz der Verhältnismäßigkeit Bäumler, DuD 1996, 537 (540).

23 So Bäumler allgemein für den Auskunftsanspruch, NVwZ 1988, 199.

24 Vgl. § 1 des Siebzehnten Gesetzes zur Ergänzung des Grundgesetzes vom 24. Juni 1968 (BGBl I, 709).

troversen ausgelöst. Zu diesem Komplex mußte das Gericht im Lauf der Zeit mehrfach Stellung nehmen.

a) Erstes „Abhörurteil" des BVerfG vom 15. Dezember 1970[25]

aa) Entscheidung

Das Gericht hatte in einem ersten „Abhörurteil" darüber zu entscheiden, ob durch die Neuregelung in Art. 10 Abs. 2 S. 2 GG die Verfassung unter Verstoß gegen Art. 79 Abs. 3 GG (Unantastbarkeitsgarantie) geändert worden war. Insbesondere stellte sich die Frage, ob durch den Ausschluß des Rechtswegs gegen die in den Art. 1 und 20 GG niedergelegten Grundsätze verstoßen worden war. Im Ergebnis wurde dies verneint. Im Hinblick auf den Grundsatz der Verhältnismäßigkeit könne Art. 10 Abs. 2 S. 2 GG nur so verstanden werden, daß er die nachträgliche Benachrichtigung des Überwachten fordere, sofern eine Gefährdung des Zwecks der Überwachungsmaßnahme und eine Gefährdung des Schutzes der freiheitlichen demokratischen Grundordnung oder des Bestandes oder der Sicherung des Bundes oder eines Landes ausgeschlossen werden könne[26]. In dieser Auslegung wurde die Verfassungsänderung für mit dem Grundgesetz vereinbar und lediglich § 5 G 10 der damaligen Fassung, der eine Benachrichtigung generell ausschloß, für verfassungswidrig erklärt.

In Reaktion auf dieses Urteil wurde das G 10 um § 5 Abs. 5 G 10 ergänzt[27], der in der Folgezeit die Unterrichtung des Betroffenen nach der Einstellung der Beschränkung dann vorsah, wenn keine Gefährdung des Zwecks der Überwachung zu befürchten war. Diese Pflicht entfiel mit dem Ablauf von fünf Jahren nach der Einstellung. Nach der Unterrichtung stand dem Betroffenen dann der Rechtsweg offen.

bb) Bewertung

Die Entscheidung des BVerfG war bereits in den eigenen Reihen umstritten. Das Urteil wurde nur von einer Mehrheit von fünf der acht Richter getragen, die drei ablehnenden Richter begründeten ihre Meinung in einem ausführlichen

---

25 BVerfGE 30, 1 ff.
26 So der zweite Leitsatz des ersten „Abhörurteils", BVerfGE 30, 1.
27 Änderungsgesetz vom 13. September 1978, BGBl I, 1546.

Sondervotum[28]. Von der Lehre wurde die Verfassungsänderung und das „Abhörurteil“ nahezu einhellig abgelehnt[29]. Von den zahlreichen Kritikpunkten seien an dieser Stelle einige herausgegriffen. Die Kritik entzündete sich bereits an der Methodik des Gerichts, das zunächst Art. 10 Abs. 2 S. 2 GG verfassungskonform auslegte, ehe es die Norm dann mit diesem Inhalt, der im Wortlaut des Art. 10 Abs. 2 S. 2 GG nicht zum Ausdruck kommt, an Art. 79 Abs. 3 GG maß. Dieses Vorgehen wurde zu Recht in Frage gestellt; vielmehr hätte am - unveränderten - verfassungsändernden Gesetz der Maßstab der Verfassung angelegt werden müssen[30].

Weiter wurde Art. 79 Abs. 3 GG durch das BVerfG dahingehend interpretiert, daß der verfassungsändernde Gesetzgeber nicht daran gehindert werden dürfe, elementare Verfassungsgrundsätze systemimmanent zu modifizieren[31]. Dieser Auslegung wurde vorgeworfen, leerformelhaft möglicherweise einem „tagespolitisch ideologisierten Verfassungsverständnis Tür und Tor zu öffnen“[32]. Zudem sollen die in Art. 1 und Art. 20 GG niedergelegten Grundsätze nach Art. 79 Abs. 3 GG „unberührt“ bleiben, was enger als in Art. 19 Abs. 2 GG („In keinem Falle darf ein Grundrecht in seinem Wesensgehalt angetastet werden“) zu verstehen ist[33] - und daher für systemimmanente Modifizierungen keinen Raum läßt.

Auch die Auslegung der in Art. 1 und 20 GG niedergelegten Grundsätze als solche blieb nicht unwidersprochen. Während das BVerfG die Garantie gerichtlichen Rechtsschutzes allein aus Art. 19 Abs. 4 GG ableitete, der durch Art. 20 GG einer Änderung nicht entzogen sei[34], sahen die Kritiker zu Recht diese Gewährleistung im Gesetzmäßigkeitsgrundsatz sowie im Gewaltenteilungsgrundsatz aus Art. 20 GG niedergelegt[35].

---

28 Sondervotum der Richter Geller, Dr. v. Schlabrendorff, Dr. Rupp, BVerfGE 30, 1 (42).

29 Aus den zahlreichen Stimmen in der Literatur: Bettermann, AöR 1971, 528ff.; Dürig/Evers: Zur verfassungsändernden Beschränkung des Post-, Telefon- und Fernmeldegeheimnisses, 1969; Erichsen, VerwA 62 (1971), 291ff.; Häberle, JZ 1971, 145ff.; Hall, JZ 1968, 159 (163 ff.); Rieger, Bundesnachrichtendienst, S. 73ff.; Rupp, NJW 1971, 275ff.; Schlink, Der Staat 1973, 85ff.; jeweils m.w.N.

30 Vgl. Schuppert, AK-GG, Art. 10, Rn. 28.

31 BVerfGE 30, 1 (25).

32 Pappermann, in: v. Münch, GG, 3. Aufl., Art. 10, Rn. 36.

33 Hierzu Sondervotum der Richter Geller, Dr. v. Schlabrendorff, Dr. Rupp, BVerfGE 30, 1 (42).

34 Vgl. BVerfGE 30, 1 (24f.).

35 Sondervotum, BVerfGE 30, 1 (40); Pappermann, in: v. Münch, GG, 3. Aufl., Art. 10, Rn. 34.

Auch blieb zunächst unklar, ob sich die Mitteilungspflicht nur auf Individualkontrollen - nur diese waren Entscheidungsgegenstand - oder ebenso auf die strategische Kontrolle bezog[36]. Die gesetzliche Neuregelung trug nicht zu einer eindeutigen Antwort bei. Die Frage, wer nach der Formulierung des § 5 Abs. 5 G 10 als „Betroffener" anzusehen sei, blieb ebenfalls ungeklärt.

Angesichts der zahlreichen Kritikpunkte verwundert es nicht, daß sich das BVerfG in der Folgezeit erneut mit den Regelungen des G 10 auseinandersetzen mußte.

b) Beschluß des BVerfG vom 20. Juni 1984[37]

aa) Entscheidung

Im Beschluß vom 20. Juni 1984 hatte das BVerfG die Gelegenheit zur notwendigen Klarstellung. Für die zuständigen Anordnungsbehörden bestünde, so das Gericht, keine verfassungsrechtlich gebotene Verpflichtung, Maßnahmen im Sinne von § 3 Abs. 1 G 10 den betroffenen Personen mitzuteilen[38]. Begründet wurde dies zum einen mit den (damaligen) technischen Gegebenheiten, da die Identität der einzelnen von strategischen Kontrollmaßnahmen nach § 3 G 10 betroffenen Bürger nicht festgestellt wurde. Zudem könne durch Bekanntwerden der Arbeitsweise und des konkreten Beobachtungsbereichs die Effektivität der Arbeit des BND beeinträchtigt werden[39]. Zum damaligen Zeitpunkt sah das Gericht die Zulässigkeit des Benachrichtigungsausschlusses dadurch gewahrt, daß die Kontrolle durch unabhängige und an keine Weisung gebundene staatliche Organe und Hilfsorgane (Kontrollkommission und Datenschutzbeauftragte) sichergestellt sei[40].

bb) Bewertung

Auch dieser Beschluß traf auf ein unterschiedliches Echo. *Arndt* hebt zustimmend hervor, daß es - angenommen, die Teilnehmer könnten technisch ermittelt werden - widersinnig sei, „unter Hintanstellung des eigentlichen

36 Rieger, Bundesnachrichtendienst, S. 73.
37 BVerfGE 67, 157ff.
38 So der vierte Leitsatz des Beschlusses, BVerfGE 67, 157.
39 BVerfGE 67, 157 (185).
40 Ebenda, vgl. hierzu bereits oben Kap. 6, B.III.2.

Zwecks der Maßnahme Überwachungskapazitäten dazu zu verwenden, die Identität von Betroffenen nur zu dem Zweck zu ermitteln, um sie später benachrichtigen zu können"[41]. Zudem könne die anschließende Benachrichtigung die Maßnahme ineffektiv werden lassen[42]. Dagegen läßt sich vorbringen, daß die Besonderheit der strategischen Überwachung gerade darin besteht, daß personenbezogene Daten nicht gezielt, sondern als Zufallsfunde anfallen. Das Argument der Ineffektivität trägt ebenfalls nicht, da auch im Fall von § 2 G 10 eine Benachrichtigung erst zu erfolgen hat, sobald eine Gefährdung des Zwecks der Beschränkung und der Verwendung ausgeschlossen werden kann. Zu Recht kommen daher bei *Frankenberg* Fragen nach dem unverletzlichen Postgeheimnis, nach dem Rechtsschutz im Rechtsstaat und nach dem Recht auf informationelle Selbstbestimmung auf[43]. Für die Auslegung des BVerfG könnte allerdings sprechen, daß im Entscheidungszeitpunkt § 3 Abs. 2 G 10 a.F. bestimmte, daß die bei der strategischen Überwachung erlangten Kenntnisse und Unterlagen nicht zum Nachteil von Personen verwendet werden durften[44] und somit die Gefahr der Weiterverwertung begrenzt wurde.

Bei dieser großzügigen Auslegung von § 3 G 10 ist das Gericht in der Folgezeit nicht stehengeblieben.

c) „Abhörurteil" des BVerfG vom 14. Juli 1999[45]

Im jüngsten „Abhörurteil" vom 14. Juli 1999 hat das BVerfG grundlegende Ausführungen zur verfassungsrechtlich gebotenen Ausgestaltung der Mitteilungspflicht gemacht. Das Urteil bezieht sich auf das G 10 in der Fassung, die es durch Art. 13 des Gesetzes zur Änderung des Strafgesetzbuchs, der Strafprozeßordnung und anderer Gesetze (Verbrechensbekämpfungsgesetz) vom 28. Oktober 1994[46] gefunden hat.

---

41 Arndt, NJW 1985, 107 (110).

42 Arndt, ebenda.

43 Frankenberg, KJ 1984, 437 (446). Auf Ablehnung („nicht einleuchtend") stößt die Entscheidung auch bei Rieger, DVBl. 1983, 1050 (1051).

44 Vgl. aber die Ausnahme in § 3 Abs. 2 S. 2 G 10 a.F.: Dies gilt nicht, wenn gegen die Person eine Beschränkung nach § 2 angeordnet ist oder wenn tatsächliche Anhaltspunkte für den Verdacht bestehen, daß jemand eine der in § 2 dieses Gesetzes oder eine andere in § 138 des Strafgesetzbuches genannte Handlung plant, begeht oder begangen hat.

45 BVerfGE 100, 313ff.

46 BGBl I, 3186.

aa) Entscheidungsgrundlage: G 10 in der Fassung von Art. 13 des „Verbrechensbekämpfungsgesetzes“ vom 28. Oktober 1994

Im Zuge der Erweiterung der Überwachungsbefugnisse hatte der Gesetzgeber erstmals in § 3 Abs. 8 G 10 eine Mitteilungspflicht auch im Bereich der strategischen Überwachung eingeführt. Die Vorschrift bestimmte folgendes:

> „[1]Betroffenen, deren Daten durch eine Maßnahme nach Abs. 1 erlangt worden sind, ist die Beschränkung des Fernmeldegeheimnisses mitzuteilen, sobald eine Gefährdung des Zwecks der Beschränkung und der Verwendung ausgeschlossen werden kann.
> [2] Eine Mitteilung unterbleibt, wenn die Daten
> 1. vom Bundesnachrichtendienst innerhalb von drei Monaten nach Erlangung oder
> 2. von der Behörde, der sie nach Absatz 5 übermittelt worden sind, innerhalb von drei Monaten nach Empfang
>
> vernichtet worden sind“.

Damit wurde die Mitteilungspflicht im Bereich von § 3 G 10 inhaltlich teilweise an die gesetzliche Regelung zur Individualkontrolle in § 5 Abs. 5 G 10 angeglichen[47]. Eine zeitliche Höchstgrenze, nach der nicht mehr übermittelt zu werden brauchte, wurde nicht vorgesehen und auch aus § 5 Abs. 5 G 10 gestrichen.

Während § 3 Abs. 8 S. 1 G 10 einhellig begrüßt wurde, wurden gegen S. 2 schon bald Bedenken angemeldet. Vor allem wurde vorgebracht, daß (1) das Argument einer Vermeidung von Arbeitsbelastung kein Aspekt der Rechtsstaatlichkeit sei, (2) der Eingriff schon mit der Speicherung von Informationen beginne und (3) die gewählte Ausschlußfrist - bei später Übermittlung an andere Sicherheitsbehörden bis zu 6 Monaten - zu großzügig sei[48]. Im Ergebnis setzte sich diese Auffassung vor dem BVerfG durch.

---

[47] Als „erfreuliche Änderung“ des G 10 bezeichnet dies Riegel, G 10-Kommentar, § 5, Rn. 29.

[48] Riegel, ZRP 1995, 176 (179) sowie ders. G 10-Kommentar, § 3, Rn. 70.

bb) Entscheidung

Während das BVerfG die Regelung des S. 1 unbeanstandet ließ[49], erklärte es § 3 Abs. 8 S. 2 G 10 mit Art. 10 GG und Art. 19 Abs. 4 GG unvereinbar.

Denn es spiele, so das Gericht, nach dem Gesetz keine Rolle, was während der Dreimonatsfrist mit den Daten geschehen sei. So habe auch die mündliche Verhandlung ergeben, daß der BND in der Vorschrift eine Vernichtungspflicht begründet sehe und Benachrichtigungen wegen rechtzeitiger Vernichtung regelmäßig unterbleiben würden[50].

Dieser Regelung stünden keine überwiegenden Gemeinwohlinteressen gegenüber. Das Gericht deutet zwar an, daß aus Gründen der Verwaltungspraktikabilität ein Ausschluß der Mitteilung in Betracht kommen könne, jedoch allenfalls dann, wenn die erfaßten Daten ohne weitere Schritte sogleich als irrelevant vernichtet worden seien. Der bloße Zeitablauf als Ausschlußkriterium werde dagegen dem Verhältnismäßigkeitsprinzip nicht gerecht[51].

Das BVerfG ordnete an, daß § 3 Abs. 8 Satz 2 G 10 bis zur gesetzlich geforderten Neuregelung mit der Maßgabe anwendbar sei, daß vor der Vernichtung keinerlei Verwendung der Daten stattgefunden habe[52].

cc) Bewertung

Der Entscheidung des BVerfG zur Mitteilungspflicht ist zuzustimmen, soweit sich das Gericht geäußert hat. Die Einführung der Mitteilungspflicht auch im Bereich der strategischen Kontrolle war geboten, da angesichts der technischen Entwicklung die Anonymität der Kommunikation nicht mehr in derselben Weise gewährleistet wird wie früher[53]. Hinzu kommt, wie vom Gericht ebenfalls betont, daß die neu aufgenommenen Gefahren in stärkerem Maß subjektbezogen sind und daher in der Praxis nur dann zu den gewünschten Erkenntnissen führen, wenn die Kommunikationspartner individualisiert werden können[54]. Anders als noch 1984 konnte daher das Gewicht der Grundrechtsbeeinträchti-

---

[49] Wenn auch mit einer Differenzierung zwischen den Aufklärungsfeldern nach § 3 Abs. 1 S. 2 Nr. 1 (Art. 10 Abs. 2 S. 2 GG einschlägig) und Nr. 2 bis 6 G 10 (Art. 10 Abs. 2 S. 1 GG einschlägig), vgl. hierzu BVerfGE 100, 313 (397f.).

[50] Vgl. BVerfGE 100, 313 (398).

[51] Vgl. ebenda.

[52] BVerfGE 100, 313 (403).

[53] Vgl. BVerfGE 100, 313 (379).

[54] Vgl. ebenda.

gung vom Gericht nicht mehr als „relativ gering“ eingestuft werden[55]. Auch hat das Gericht Schwächen des Gesetzestextes offenbart, die vom Gesetzgeber so nicht intendiert worden waren. In der amtlichen Begründung wird zu § 3 Abs. 8 S. 2 G 10[56] als Zweck der Ausschlußfrist ausgeführt, daß durch die genannten Fristen vermieden werden solle, daß Erkenntnisse, die nur kurze Zeit gespeichert und nicht verwendet würden und die zu keinerlei Konsequenzen für den Betroffenen geführt hätten, bereits eine Mitteilungspflicht begründeten[57]. Im Gesetzestext kommt dies jedoch nicht zum Ausdruck. Die Regelung stellt eindeutig allein auf den Vernichtungszeitpunkt ab. Es ist daher nur folgerichtig, daß sich das Gericht die Forderung nach Nachbesserung, die im Schrifttum schon bald nach Einführung der Neuregelung erhoben worden war[58], zu eigen gemacht hat.

Die Entscheidung des BVerfG zur Mitteilungspflicht ging allerdings nicht allen Autoren weit genug. Nach der insoweit vertretenen Ansicht wurde vor allem - zutreffend - darauf verwiesen, daß der Grundrechtseingriff bereits in der Erhebung der Daten, d.h. im Vorgang der strategischen Überwachung selbst liege[59]. Ein Verzicht auf die Mitteilung und die damit verbundene Möglichkeit der Rechtswegbeschreitung könne nur in Anlehnung an verwaltungsprozessuale Grundsätze gerechtfertigt sein. Als Parallele wurde der Ausschluß des Rechtswegs mangels eines Rechtsschutzbedürfnisses herangezogen. Die Möglichkeit, das Rechtsschutzbedürfnis zu verneinen, sei jedoch vor allem wegen der Wiederholungsgefahr verwehrt, außerdem bestünde die Gefahr, solche Eingriffe in das Fernmeldegeheimnis als Bagatelle herabzuwürdigen, was bei staatlichem Handeln im geheimen nicht zulässig sei[60].

Obwohl diese Ansicht in sich schlüssig ist[61], müssen nicht alle *zufällig* erlangten personenbezogenen Daten zwingend die Benachrichtigung des Betroffenen nach sich ziehen. Art. 19 Abs. 4 GG verlangt nach einer gesetzlichen

---

55 Vgl. BVerfGE 100, 313 (378) mit Verweis auf BVerfGE 67, 157 (178f.).

56 § 3 Abs. 8 S. 2 G 10 wurde zu dem Zeitpunkt noch als Abs. 7 in § 3 G 10 vorgesehen.

57 BT-Drs. 12/6853, S. 44.

58 Riegel, G 10-Kommentar, § 3, Rn. 70.

59 Daran läßt auch die Entscheidung des BVerfG keinen Zweifel, vgl. z. B. BVerfGE 100, 313 (358).

60 Ausführlich zu diesen Gesichtspunkten Paeffgen, StV 1999, 668 (671f.), der Vergleich bezieht sich vor allem auf die Zulässigkeit der Fortsetzungsfeststellungsklage bei erledigtem Staatshandeln.

61 Ähnlich Huber: „überzogene, allerdings (...) folgerichtige Konsequenz“, NVwZ 2000, 393 (395).

Ausgestaltung[62]. Ob der Gesetzgeber hierbei eine Erheblichkeitsschwelle einführen will, ist zunächst eine Wertungsfrage, die bis zu einer gewissen Schwelle seiner Einschätzungsprärogative unterliegt. Diese Schwelle hatte der Gesetzgeber zwar durch die 3-Monats-Frist überschritten, doch muß dies dann nicht gelten, wenn Daten bei der Erhebung ohne weitere Folgen sogleich vernichtet werden. Die besondere Belastung wird in aller Regel tatsächlich erst in einer weiteren Verwendung der Daten liegen, die dann unzweifelhaft die Benachrichtigungspflicht auslösen muß. Unterhalb dieser Belastung lassen sich dagegen Gründe der Verwaltungspraktikabilität heranziehen. Da anhand der technischen Möglichkeiten vermutlich ein Großteil der Daten, die im Rahmen strategischer Überwachung gewonnen werden, individualisierbar wären, würde eine uneingeschränkte Benachrichtigungspflicht nicht nur zu einem erheblichen Verwaltungsaufwand führen, sondern auch dazu, daß die Mißbrauchsgefahr weiter ansteigt, da die Daten zunächst gespeichert werden müßten. Es ist daher verfassungsrechtlich zulässig, wenn der Gesetzgeber bei unverzüglicher und folgenloser Datenvernichtung ein Rechtsschutzbedürfnis verneint.

Diese Einschätzung ist allerdings nur solange haltbar, als die strategische Kontrolle weiterhin nicht primär auf die Gewinnung personenbezogener Daten abzielt, d.h. solange noch von der *zufälligen*, nicht systematischen Gewinnung personenbezogener Daten gesprochen werden kann. Darauf macht der Einwand aufmerksam, daß ohne eine in jedem Fall greifende Mitteilungspflicht niemand gegen die Bundesrepublik klagen könne, selbst wenn der BND permanent rechtswidrige Suchbegriffe verwenden und dauernd Gespräche einer Person mitschneiden würde[63]. Dies festzustellen ist jedoch grundsätzlich die Aufgabe der Gremien, die zur Kontrolle der Überwachungsmaßnahmen berufen sind. Hier könnte auch ein Betätigungsfeld für einen „Bundesdatenschutzbeauftragten für die Dienste“ liegen, auch wenn dessen Einsetzung derzeit wenig wahrscheinlich ist.

d) Neuregelung der Benachrichtigungspflicht im G 10 vom 26. Juni 2001[64]

Bei der Novellierung des G 10 vom 26. Juni 2001 hat der Gesetzgeber auch die Benachrichtigungspflichten der Nachrichtendienste neu geordnet. Dabei wurden die Vorgaben des BVerfG mitberücksichtigt.

---

62 BVerfGE 100, 319 (364).
63 Paeffgen, StV 1999, 668 (672).
64 BGBl I, 1254.

aa) Regelfall: Mitteilung bei Wegfall der Zweckgefährdung

Nach § 12 S. 1 und S. 2 G 10 n.F., der gemäß Abs. 2 auch auf die hier im Vordergrund stehenden strategischen Beschränkungsmaßnahmen nach den §§ 5 und 8 G 10 n.F. anzuwenden ist, sind die Beschränkungsmaßnahmen dem Betroffenen nach ihrer Einstellung[65] grundsätzlich mitzuteilen, wenn eine Gefährdung des Zwecks der Beschränkung ausgeschlossen werden kann. Läßt sich zu diesem Zeitpunkt noch nicht abschließend beurteilen, ob diese Voraussetzung vorliegt, ist die Mitteilung vorzunehmen, sobald eine Gefährdung des Zwecks der Beschränkung ausgeschlossen werden kann.

Auf die Dreimonatsfrist, innerhalb derer nach § 3 Abs. 8 S. 2 G 10 a.F. eine Mitteilung an den Betroffenen grundsätzlich unterbleiben konnte und die nach dem Urteil des BVerfG in der dortigen Ausgestaltung nicht mit Art. 10 und Art. 19 Abs. 4 GG vereinbar ist, greift das G 10 n.F. nicht mehr zurück.

Dennoch muß auch nach geltendem Recht nicht in jedem Einzelfall, sobald nur zu irgendeinem Zeitpunkt die Gefährdung weggefallen ist, eine Mitteilung bzw. Benachrichtigung erfolgen:

bb) Ausnahmen von der Mitteilungspflicht[66]

(1) Fall der unverzüglichen Löschung

Die erste Ausnahme von der Mitteilungspflicht hängt eng mit den Prüf- und Löschungspflichten des BND zusammen. Nach § 6 Abs. 1 S. 1 und 2 G 10 n.F. muß der BND die bei der strategischen Überwachung erlangten personenbezogenen Daten unverzüglich (danach spätestens im Abstand von sechs Monaten) daraufhin überprüfen, ob sie im Rahmen seiner Aufgaben für die Zwecke der strategischen Überwachung nach § 5 Abs. 1 S. 3 G 10 n.F. erforderlich sind. Ist dies nicht der Fall und kommt auch eine Übermittlung an andere Stellen nicht in Betracht, sind die Daten unverzüglich zu löschen. In diesem Fall, also

---

[65] Bei deutschen Staatsangehörigen dürfte bei strategischen Überwachungsmaßnahmen der Zeitpunkt der „Einstellung" mit dem Zeitpunkt der „Erhebung" zusammenfallen, da personenbezogene Daten hier nach der Gesetzeskonzeption nur zufällig anfallen.

[66] „Mitteilungspflicht" bzw. „Benachrichtigungspflicht".

bei sofortiger Löschung im Anschluß an die erstmalige Prüfung, muß nach § 12 Abs. 2 S. 1 a.E. G 10 n.F. keine Mitteilung an den Betroffenen erfolgen[67].

(2) Feststellung der G 10-Kommission

Nach § 12 Abs. 2 i.V.m. Abs. 1 S. 3 G 10 n.F. bedarf es einer Mitteilung ferner dann nicht, wenn die G 10-Kommission festgestellt hat, daß 1. auch nach fünf Jahren die Gefährdung des Zwecks der Beschränkung noch nicht ausgeschlossen werden kann, 2. dies mit an Sicherheit grenzender Wahrscheinlichkeit auch in Zukunft nicht eintreten wird und 3. die Voraussetzungen für eine Löschung sowohl bei der erhebenden Stelle als auch beim Empfänger vorliegen. Dabei beginnt die Frist von fünf Jahren nach § 12 Abs. 2 S. 2 G 10 n.F. mit der Erhebung der personenbezogenen Daten.

cc) Bewertung

Indem der Gesetzgeber nunmehr den Fall einer unverzüglichen Löschung von der Mitteilungspflicht ausnimmt, greift er den einzigen Ausnahmetatbestand auf, den das BVerfG in seinem Urteil eindeutig als zulässig ansieht, obwohl jede Datenerfassung einen Eingriff darstellt, gegen den grundsätzlich Rechtsschutz möglich sein muß[68]. In diesem Fall ist das schwerwiegendere Risiko einer weiteren Datenverwendung ausgeschlossen, mit der Folge, daß Gründe der Verwaltungspraktikabilität trotz der Beschränkung des Art. 19 Abs. 4 GG überwiegen.

Die Zulässigkeit der zweiten Ausnahme von der Mitteilungspflicht im Falle einer näher qualifizierten Feststellung der Kommission ist dagegen nicht so eindeutig zu beurteilen. Immerhin greift der Gesetzgeber hier erneut auf das bereits bekannte Kriterium der Fünfjahresfrist als zeitliche Grenze für ein Bestehen der Mitteilungspflicht zurück, obwohl im Urteil des BVerfG vom 14. Juli 1999 zum Ausdruck gekommen ist, daß eine zeitliche Grenze gerade nicht mit dem Verhältnismäßigkeitsprinzip zu vereinbaren ist[69]. Das BVerfG hat sich allerdings

---

[67] Erweist es sich später, daß die personenbezogenen Daten nicht mehr erforderlich sind, darf der BND die Daten nicht mehr ohne weiteres löschen, sofern sie für eine Mitteilung nach § 12 Abs. 2 G 10 n.F. oder für eine gerichtliche Nachprüfung der Rechtmäßigkeit der Beschränkungsmaßnahme von Bedeutung sein könnten. In diesem Fall sind die Daten zu sperren, vgl. § 6 Abs. 1 S. 4 und 5 G 10 n.F.

[68] BVerfGE 100, 313 (398f.).

[69] BVerfG, a.a.O.

nicht gegen jedes zeitliche Kriterium ausgesprochen, sondern nur dagegen, „bloßen Zeitablauf" ohne Rücksicht auf die Frage der Verwendung der Daten als Ausschlußkriterium genügen zu lassen. In § 12 Abs. 1 S. 3 G 10 n.F. ist der Zeitablauf nur eines von mehreren Kriterien, die kumulativ erfüllt sein müssen. Die weiteren Kriterien, nämlich die Einschätzung der G 10-Kommission, daß mit an Sicherheit grenzender Wahrscheinlichkeit auch in Zukunft der Wegfall einer Gefährdung des Zwecks der Überwachungsmaßnahme ausgeschlossen werden kann, sowie die Bejahung der Löschungsvoraussetzungen bei allen beteiligten Stellen[70], dürften von größerer Bedeutung und schwieriger zu treffen sein. Sind jedoch alle diese Kriterien erfüllt, dann dürfte der Gesetzgeber mit dieser Regelung die Anforderungen an die Verhältnismäßigkeit im Hinblick auf Art. 19 Abs. 4 GG ebenfalls gewahrt haben[71].

Weder im jüngsten „Abhörurteil" des BVerfG noch in der gesetzlichen Neuregelung wurden jedoch alle Aspekte der Benachrichtigungspflicht geklärt. Bereits vor der Änderung des G 10 durch Art. 13 des „Verbrechensbekämpfungsgesetzes" wurde darauf aufmerksam gemacht, daß beim Begriff „Beschränkungsmaßnahme" unklar bleibt, ob darunter nur die Informationserhebung oder auch die Speicherung, Veränderung oder Weitergabe von Information zu subsumieren sei[72]. Dies läßt sich auch auf die Benachrichtigungspflicht des § 3 Abs. 8 G 10 a.F. nach dieser Gesetzesänderung übertragen, wonach die „Beschränkung" mitzuteilen ist. Der größere Eingriff wird in aller Regel weniger in der heimlichen Telekommunikationsüberwachung selbst liegen, mithin beim Vorgang der Datenerhebung, sondern darin, was weiter mit den einmal erhobenen Daten geschieht. Von Bedeutung ist, wie bereits betont, insbesondere die Übermittlung der Daten, da erst die datenempfangenden Behörden Befugnisse zu weiteren Eingriffen besitzen werden. Unter Rechts-

---

70 Die Bejahung der Löschungsvoraussetzungen muß nach § 4 Abs. 1 G 10 n.F. die Löschung nach sich ziehen, d.h. die Gefahr einer weiteren Verwendung der Daten ist bei korrekter Anwendung des Gesetzes damit gebannt.

71 A.a. Wollweber, ZRP 2001, 213 (216). Eine der gesetzlichen Neuregelung ähnliche Lösung wurde bereits von Arndt in NJW 1995, 169 (172) angedacht, als er aus der Streichung des Satzes 3 von Art. 5 Abs. 5 G 10 a.F. (Ausschluß der Benachrichtigungspflicht nach Ablauf von fünf Jahren) die Konsequenz zog, daß die Kommission dann selbst über ein Ende der Benachrichtigungspflicht wegen Zeitablaufs entscheiden dürfe, d.h. darüber, ab wann davon auszugehen sei, daß auch durch Zeitablauf die Gefährdung des Zwecks der Beschränkungsmaßnahme nicht wegfallen dürfte. Diese Feststellung ist nunmehr von der Kommission in der Tat zu treffen. Gegen Arndt Hirsch, Kontrolle der Nachrichtendienste, S. 118.

72 Rieger, DVBl. 1983, 1050 (1052).

schutzgesichtspunkten liegt es daher nahe, daß die Benachrichtigung auch umfassend darüber aufklären sollte, wie die Daten erlangt wurden und wie mit diesen Daten anschließend verfahren worden ist. Auch die Ausführungen des Gerichts weisen in diese Richtung, indem es die Zulässigkeit des Ausschlusses der Mitteilungspflicht davon abhängig machen will, daß - abgesehen von der Erhebung und der damit verbundenen Speicherung - die so gewonnenen Daten keiner weiteren Verwendung zugeführt worden sind[73]. Der hohe Wert eines umfassenden Rechtsschutzes kommt darin zum Ausdruck. Eine Interpretation, die unter „Beschränkung" lediglich „Erhebung" subsumieren wollte, würde daher verfassungsrechtlichen Anforderungen nicht gerecht. Eine diesbezügliche Klarstellung ist jedoch auch im G 10 in der Fassung vom 26. Juni 2001 nicht erfolgt.

Zudem bleibt auch in § 12 Abs. 1 S. 1 G 10 n.F. - wie bereits in den Vorgängerregelungen - unausgesprochen, wer als „Betroffener" anzusehen ist. Dies wurde bereits im Zusammenhang mit § 5 Abs. 5 G 10 a.F. kontrovers diskutiert. Dort sollten nur unmittelbar Betroffene, nicht aber mittelbar Beteiligte klageberechtigt sein[74]. Im Rahmen der strategischen Überwachung dürfte dies jedoch einfacher zu beantworten sein als im Bereich der Individualkontrolle. Anders als dort gibt es hier - mit Ausnahme des § 5 Abs. 2 S. 3 G 10 n.F. bei Anschlüssen von Ausländern im Ausland - keine Anordnungen, die unmittelbar auf die Erlangung personenbezogener Daten abzielen. Jedenfalls bei Deutschen handelt es sich daher, sofern personenbezogene Daten anfallen, in jedem Fall um mittelbar Beteiligte. Um § 12 Abs. 1 G 10 n.F. für diese Personengruppe nicht leerlaufen zu lassen, müssen daher auch mittelbar Beteiligte als Betroffene angesehen werden.

e) Ergebnis

Im Ergebnis ist festzuhalten, daß der BND immer dann zur Benachrichtigung verpflichtet ist, wenn personenbezogene Daten im Rahmen der individualbezogenen oder strategischen Überwachung der Telekommunikation anfallen, sobald eine Gefährdung des Zwecks der Beschränkung und der Verwendung ausgeschlossen werden kann. Für die Fälle der §§ 5 Abs. 1 S. 3 Nr. 2 bis 6, 8 G 10 n.F. folgt dies bereits daraus, daß es sich um Anwendungsfälle des Art. 10 Abs. 2 S. 1 G 10 handelt. Damit kommt eine Verkürzung des Art. 19

---

[73] BVerfGE 100, 313 (398).
[74] Rieger, DVBl. 1983, 1050 (1051).

Abs. 4 GG nur im Extremfall der Zweckgefährdung in Betracht. Aber auch für den Fall der „klassischen" strategischen Kontrolle nach § 5 Abs. 1 S. 3 Nr. 1 G 10 n.F., der im Anwendungsbereich von Art. 10 Abs. 2 S. 2 G 10 liegt, ist, wie vom BVerfG bestätigt, eine Mitteilung - vom Extremfall ebenfalls abgesehen - verfassungsrechtlich geboten.

Dies führt auf die grundsätzliche Frage der Verfassungsmäßigkeit des geänderten Art. 10 Abs. 2 S. 2 GG zurück. Von der darin eröffneten Möglichkeit bleibt nach dieser Rechtsprechung nicht mehr viel übrig. Auch jede andere Regelung, die als Regelfall zum tatsächlichen Ausschluß der Mitteilung führen würde, müßte in der vom Verfassungsgericht dem Art. 10 Abs. 2 S. 2 GG gegebenen Auslegung stets an dieser Rechtsprechung scheitern.

Diese Erkenntnis läßt sich jedoch dem Wortlaut von Art. 10 Abs. 2 S. 2 GG nicht entnehmen. Trotz der mittlerweile wesentlich besseren gesetzlichen Regelung als zu Zeiten der Grundgesetzänderung bleiben damit die damals vorgebrachten Kritikpunkte weiterhin gültig. Wenn der Gesetzgeber das Auseinanderklaffen der Verfassungsbestimmung mit der gesetzlichen Wirklichkeit durch Streichung von Art. 10 Abs. 2 S. 2 GG beseitigen würde, würden die Grundsätze der Normenklarheit und Normenwahrheit auch im Bereich der Verfassung selbst wieder zur Geltung kommen.

3. Sonderproblem: Auskunftsanspruch und Benachrichtigungspflicht bei heimlicher Telekommunikationsüberwachung von Ausländern im Ausland

Auch soweit der BND einer Benachrichtigungspflicht unterliegt, ist damit nicht festgestellt, daß er dieser Pflicht bei Ausländern im Ausland ohne weiteres nachkommen kann und muß. Bereits im Jahr 1979 wurde seitens der Bundesregierung vorgetragen, daß es dann, wenn der BND über Globalkontrollen Mitteilungen machen würde, zu Belästigungen der im Ausland wohnenden Empfänger durch die dortigen Sicherheitsdienste kommen und die Eingriffsintensität damit noch verstärkt werden könnte[75]. Hinzu kommt, daß Mitteilungen als „Hoheitsakte im Ausland" völkerrechtlich unzulässig sein könnten[76].

---

[75] Staatssekretär Hiehle in einer Stellungnahme der Bundesregierung zu den Verfassungsbeschwerden bzgl. § 3 G 10 in einem unveröffentlichten Schriftsatz vom 13.10.1979, zitiert bei Rieger, DVBl. 1983, 1050 (1051), Fn. 6.

[76] Zwar läßt sich hier einwenden, daß eine bloße Mitteilung - anders als z.B. die Urteilszustellung im Ausland - ohne Zustimmung des ausländischen Staates noch nicht völker-

Gegen eine Auskunfts- oder Benachrichtigungspflicht von Ausländern im Ausland läßt sich neben diesen praktischen Schwierigkeiten, die bei einer rechtlichen Betrachtungsweise auch nur sehr begrenzt angeführt werden können, vor allem vorbringen, daß nach der hier vertretenen Ansicht das Fernmeldegeheimnis des Grundgesetzes sich gegenwärtig nicht auf Ausländer im Ausland erstreckt. Da die Auskunfts- und Benachrichtigungspflicht der Durchsetzung dieses Grundrechts vor den Gerichten dient, kann sie nur dann zwingend einschlägig sein, wenn dieser Grundrechtsschutz besteht.

III. Rechtslage im Vereinigten Königreich

Im Vereinigten Königreich läßt sich weder RIPA 2000 noch ISA 1994 eine gesetzliche Regelung zu einem eigenständigen, gegen die Dienste gerichteten Auskunftsanspruch oder einer Benachrichtigungspflicht entnehmen.

Ein anderer Befund ergibt sich auch nicht aufgrund des neuen *Freedom of Information Act 2000*[77] (FIA 2000). Dieses Gesetz führt zwar ein allgemeines Recht auf Information und Akteneinsicht gegen öffentliche Behörden ein[78], doch werden die „öffentlichen Behörden" in Sch. 1 im einzelnen benannt. Die Nachrichtendienste gehören diesem Kreis ebensowenig an wie die Tribunale, die einzelnen *Commissioner* oder das *Intelligence and Security Committee*, die sich mit der Tätigkeit der Dienste befassen. Die britische Tradition der strengen Geheimhaltung in Bezug auf die Geheimdienste wird durch FIA 2000 nicht abgeschafft. Daß die Tätigkeit der Dienste auch nicht außerhalb von RIPA 2000 oder ISA 1994 ans Licht der Öffentlichkeit gezogen werden kann, wird durch Ausnahmebestimmungen in FIA 2000 zusätzlich abgesichert. Von der allgemeinen Informationspflicht sind nach s. 23 FIA 2000 unter anderem behördliche Informationen ausgenommen, die von den Nachrichtendiensten und den dazugehörigen Tribunalen stammen. Darüber hinaus kann nach s. 24 FIA 2000 auch in allen anderen Fällen die Akteneinsicht verweigert werden, in denen die nationale Sicherheit bedroht sein könnte[79].

---

rechtswidrig ist, da sie keinen Verwaltungsakt darstellt und den Rechtskreis des Empfängers erweitert. Doch schon dann, wenn daraufhin z.B. Auskunft begehrt wird, ist das Antwortschreiben als Verwaltungsakt anzusehen und kann nicht mehr ohne weiteres zugestellt werden.

77 Veröffentlicht unter http://www.legislation.hmso.gov.uk/acts/acts2000/20000036.htm.

78 S. 1 (1) FIA 2000.

79 In den Fällen von s. 24 FIA 2000 dient ein certificate eines Ministers als Beweis dafür, daß durch die Verweigerung der Akteneinsicht tatsächlich die nationale Sicherheit geschützt

Aufgrund des Fehlens einer Benachrichtigungspflicht, die allein durch die Beendigung der Überwachungsmaßnahme und den Wegfall der Zweckgefährdung ausgelöst wird, müßte man nach der skizzierten Rechtsprechung des EGMR im Fall *Klass* einen Verstoß gegen die EMRK feststellen. Dabei bliebe jedoch außer Betracht, daß das Überwachungssystem des Vereinigten Königreichs auch nach dem Erlaß der Rechtsgrundlagen erneut Gegenstand von Beschwerdeverfahren gewesen ist, die jedoch größtenteils bereits an der Zulässigkeitsbeurteilung durch die Kommission scheiterten[80]. Im Ergebnis bekam das Überwachungssystem nach IOCA 1985 bzw. SSA 1989 so die Rechtsstaatlichkeit bescheinigt[81]. Bei der erfolgten Gesamtbewertung durch die Kommission spielten Benachrichtigungspflichten keine Rolle[82]. Auf diese Weise werden auch die diesbezüglichen Aussagen des EGMR im Fall *Klass* zur Benachrichtigungspflicht relativiert[83].

Man kann dies wohl als Ausfluß der Rechtsprechung zu Art. 13 EMRK ansehen, wonach es nicht auf die Wirksamkeit einzelner Rechtsbehelfe, sondern auf diese Gesamtbewertung der Überwachungssysteme ankommt. Angesichts der Bedeutung der Benachrichtigung für die Einleitung des Rechtsschutzes müßte diesem Gesichtspunkt jedoch mehr Aufmerksamkeit zuteil werden.

C. Durchsetzungsmöglichkeiten

I. Vorgaben der EMRK: Präzisierung

Die Aussagen des EGMR zum Rechtsschutz finden sich in Bezug auf heimliche Telekommunikationsüberwachung in den Ausführungen zu Art. 13 EMRK[84]. Unter einer „wirksamen Beschwerde" ist, wie bereits angesprochen,

---

werden soll. Für diese Fälle sieht s. 60 FIA 2000 Rechtsschutz vor einem speziellen FIA Tribunal vor.

80 Vgl. hierzu EKMR, Entsch. v. 2. April 1993, *Esbester ./. Vereinigtes Königreich*; EKMR, Entsch. v. 1. September 1993, *Hewitt und Harman ./. Vereinigtes Königreich*; EKMR, Entsch. v. 27. Juni 1994, *Christie ./. Vereinigtes Königreich* (alle unter http://www.echr.coe.int).

81 Zur - im vorliegenden Zusammenhang nicht relevanten - Ausnahme vgl. EGMR, Urt. v. 25. Juni 1997, *Halford ./. Vereinigtes Königreich*, Reports 1997 - III.

82 Möglicherweise auch deshalb, weil in den entschiedenen Fällen das angegriffene staatliche Verhalten den Beschwerdeführern auch so zur Kenntnis gelangt war.

83 Vgl. oben B.I.2.

84 Für die weiteren Ausführungen wird angenommen, daß Art. 6 Abs. 1 EMRK nicht einschlägig ist, vgl. hierzu oben Kap. 4, B.II.2.b) und c).

im Regelfall nicht zwingend Rechtsschutz vor den Gerichten zu verstehen. Auch hier weicht jedoch die Rechtsprechung des Gerichtshofs in Bezug auf die heimliche Überwachung von Telekommunikation vom üblichen ab. Der EGMR unterscheidet zwischen der Situation vor und nach Bekanntgabe einer heimlichen Überwachungsmaßnahme. In Hinblick auf das Urteil im Fall *Klass ./. Deutschland* faßt er die Anforderungen im Fall *Rotaru ./. Rumänien* folgendermaßen zusammen[85]:

> *„Furthermore, where secret surveillance is concerned, objective supervisory machinery may be sufficient as long as the measures remain secret. It is only once the measures have been divulged that legal remedies must become available to the individual".*

In der Rechtsprechung des EGMR bleibt allerdings offen, zu welchem Zeitpunkt eine heimliche Überwachungsmaßnahme bekannt gegeben werden und dem Betroffenen folglich ein Rechtsmittel zur Verfügung stehen muß.

II. Rechtslage in Deutschland[86]

Auch nach deutschem Recht sind die Rechtsschutzmöglichkeiten unterschiedlich, je nachdem, ob der Rechtsschutzsuchende bereits Kenntnis von einer gegen ihn gerichteten heimlichen Telekommunikationsüberwachung hat oder eine solche nur vermutet[87].

1. Rechtsschutz vor Kenntniserlangung

a) Ausdrücklicher Ausschluß des Rechtswegs nach § 13 G 10 n.F.

Nach § 13 G 10 n.F., der die zuvor geltende Rechtslage klarer faßt, ohne sie inhaltlich zu verändern, ist gegen die Anordnung von Beschränkungsmaßnahmen nach den §§ 3 (Individualkontrolle) und 5 Abs. 1 S. 3 Nr. 1 G 10 n.F. (Strategische Überwachung zur Verhinderung eines bewaffneten Angriffs) und

---

85 EGMR, Urt. v. 4. Mai 2000, *Rotaru ./. Rumänien,* Ziff. 69 (http://www.echr.coe.int), mit Verweis auf EGMR, Urt. v. 6. September 1978, *Klass ./. Deutschland,* Serie A, Nr. 28, Ziff. 70-71 = EuGRZ 1979, 278 (288).

86 An dieser Stelle geht es nur um Rechtsschutzmöglichkeiten vor deutschen Gerichten.

87 Gegen den Betroffenen gerichtet, wenn auch nicht gezielt, ist die Telekommunikationsüberwachung auch dann, wenn dieser zufällig in die strategische Überwachung „hineingerät".

ihren Vollzug der Rechtsweg vor der Mitteilung an den Betroffenen nicht zulässig. Diese Vorschrift stützt sich auf den umstrittenen Ausschluß des Rechtswegs nach Art. 10 Abs. 2 Satz 2 GG i.V.m. Art. 19 Abs. 4 Satz 3 GG[88]. Ein endgültiger Rechtswegausschluß ist mit dieser Vorschrift jedoch, wie bereits aufgezeigt, nur im Extremfall verbunden[89].

b) Gerichtlicher Rechtsschutz: Verfassungsbeschwerde

Solange ein Bürger nur vermutet, zur Zielscheibe einer heimlichen Überwachungsmaßnahme geworden zu sein, bleibt ihm der ordentliche Rechtsweg, der die Überprüfung einer staatlichen Maßnahme zum Gegenstand hat, auch über die unter a) genannten Fälle hinaus, verschlossen. Ebensowenig kommt eine Verfassungsbeschwerde gegen einen staatlichen Vollzugsakt nach Erschöpfung des Rechtswegs gem. § 90 Abs. 2 BVerfGG in Betracht. Damit bleibt nur die Möglichkeit der Erhebung einer Verfassungsbeschwerde direkt gegen das Gesetz. Auch deren Voraussetzungen kann der Beschwerdeführer jedoch nicht ohne weiteres erfüllen. Denn er müßte geltend machen, durch die angegriffenen Vorschriften selbst, gegenwärtig und unmittelbar betroffen zu sein[90]. Um den Bürger insoweit nicht völlig rechtsschutzlos zu stellen, hat das BVerfG in nunmehr ständiger Rechtsprechung die Anforderungen an die Darlegung gelockert. Es genügt den Anforderungen an die Begründungspflicht gem. §§ 23 Abs. 1 S. 2, 92 BVerfGG, wenn der Beschwerdeführer darlegt, daß er „mit einiger Wahrscheinlichkeit durch Maßnahmen, die auf den angegriffenen Rechtsnormen beruhen, in seinen Grundrechten berührt wird“[91]. Dies gilt ebenso dann, wenn er sich nicht gegen das Gesetz als solches, sondern gegen die Anordnung zur strategischen Überwachung durch den Bundesminister der Verteidigung wendet[92]. Die Einlegung einer Verfassungsbeschwerde unmittelbar gegen das Gesetz ist nach § 93 Abs. 3 BVerfGG nur innerhalb eines Jahres zulässig[93].

---

88 Wollweber, ZRP 2000, 213 (216).

89 S.o. B.II.2., insbesondere e).

90 BVerfGE 1, 97 (101); BVerfGE 90, 128 (135), st. Rspr.

91 BVerfGE 100, 313 (354); ebenso BVerfGE 30, 1 (16).

92 BVerfGE 67, 157 (169).

93 Die Jahresfrist beginnt bei Gesetzesänderungen neu zu laufen und erstreckt sich auch auf Vorschriften, die keine inhaltlichen Änderungen erfahren haben, sofern sich das gesetzliche Umfeld so gewandelt hat, daß auch von der Anwendung der älteren Vorschriften neue belastende Wirkungen ausgehen können, vgl. BVerfGE 100, 313 (356).

Diese Rechtsprechung des BVerfG hatte auch der EGMR vor Augen, als er die Zugangsvoraussetzung an den Gerichtshof im Rahmen der Zulässigkeitsentscheidung herabsetzte[94].

c) Überprüfung durch besondere Instanzen

aa) Beschwerde zur G - 10 Kommission

Anstelle oder neben einer Verfassungsbeschwerde kann sich der Bürger, der einen Eingriff in sein Grundrecht aus Art. 10 GG befürchtet, mit einer Beschwerde an die G 10- Kommission wenden[95]. Dies ist an keine Frist gebunden. Als Folge ergeht in der Regel ein Bescheid, daß das Grundrecht nicht verletzt worden ist. Diese immer gleiche Formulierung läßt offen, ob eine Überwachung der Telekommunikation je stattgefunden hat oder nicht. Dies soll notwendig sein, um einer Ausforschung vorzubeugen. Laut *Hirsch* besteht allerdings dann eine - rechtswegeröffnende - Mitteilungspflicht, wenn ein unzulässiger Eingriff erfolgt ist[96]. Diese Forderung bringt das Fernmeldegeheimnis angemessen zur Geltung, doch können auch bei einem unzulässigen Eingriff Geheimnisschutzgründe im Einzelfall für einen Aufschub der Mitteilung sprechen. Gerade diese Einzelfallbezogenheit spräche jedoch dafür, bei Feststellung eines unzulässigen Eingriffs auf eine pauschale und dadurch inhaltslose Formulierung des Bescheids zu verzichten.

Die angesprochene Problematik wird etwas entschärft, wenn man die Mitteilungspflichten berücksichtigt, die das G 10 n.F. im Bereich der strategischen Überwachung grundsätzlich vorsieht[97]. Bei korrekter Anwendung müßte der wenig aufschlußreiche Bescheid der G 10-Kommission in den Fällen, in denen eine - zulässige oder unzulässige - Überwachung tatsächlich stattgefunden hat, durch eine später erfolgende Mitteilung ergänzt werden.

---

[94] EGMR, Urt. v. 6. September 1978, *Klass ./. Deutschland*, Serie A, Nr. 28, Ziff. 36 = EuGRZ 1979, 278 (283); vgl. auch die Anmerkung von Arndt zu diesem Urteil, NJW 1979, 1760.

[95] Hirsch, Kontrolle der Nachrichtendienste, S. 170; Rieger, Bundesnachrichtendienst, S. 73.

[96] Hirsch, Kontrolle der Nachrichtendienste, S. 170.

[97] Vgl. zu den Mitteilungs- bzw. Benachrichtigungspflichten ausführlich oben B.II.2.

bb) Beschwerde beim Bundesbeauftragten für den Datenschutz

Da der Bundesbeauftragte für den Datenschutz im Bereich des G 10-Gesetzes nur eine sehr eingeschränkte und untergeordnete Kontrollkompetenz besitzt[98], ist eine Beschwerde bei dieser Instanz für einen Betroffenen wenig erfolgversprechend.

2. Rechtsschutz nach Kenntniserlangung

Nach Kenntniserlangung sind die Rechtsschutzmöglichkeiten umfangreicher.

a) Gerichtlicher Rechtsschutz

Die Mitteilung eröffnet die gerichtliche Kontrolle in vollem Umfang, d.h. der Betroffene hat die Möglichkeit, unter den jeweiligen Voraussetzungen vor dem Verwaltungsgericht oder Zivilgericht (vor allem Schadensersatzansprüche), inzident vor dem Strafgericht sowie unter Umständen vor dem Verfassungsgericht seine Rechte geltend zu machen[99]. Zu berücksichtigen ist allerdings, daß die Beamten der Nachrichtendienste vor Gericht den besonderen beamtenrechtlichen Vorschriften über die Amtsverschwiegenheit unterliegen[100]. Insbesondere kann nach diesen Vorschriften die Genehmigung, in einem gerichtlichen Verfahren als Zeuge auszusagen, versagt werden, wenn die Aussage dem Wohl des Bundes oder eines deutschen Landes Nachteile bereiten oder die Erfüllung öffentlicher Aufgaben ernstlich gefährden oder erheblich erschweren würde[101]. Unter Umständen ist daher die Wahrheitsfindung auch dann beschränkt, wenn ein gerichtliches Verfahren stattfindet[102].

b) Überprüfung durch besondere Instanzen

Die Möglichkeiten zur Einleitung einer Überprüfung durch die o.g. Instanzen bleiben gleich, wenn von einer durchgeführten Telekommunikationsüberwachung Kenntnis erlangt wurde.

---

98 Vgl. § 15 Abs. 5 S. 4 G 10 n.F. und § 24 Abs. 2 S. 3 BNDG n.F. und oben Kap. 6, B.III.

99 Zu den einzelnen möglichen Verfahren vgl. ausführlich Hirsch, Kontrolle der Nachrichtendienste, S. 115ff.

100 Vgl. z.B. §§ 61, 62 BBG im Bereich des Bundes.

101 Vgl. § 62 Abs. 1 BBG.

102 Lediglich in Fällen vor dem BVerfG kann das Gericht mit einer 2/3-Mehrheit die Aussage erzwingen, vgl. § 28 Abs. 2 BVerfGG.

3. Ergebnis

Im Ergebnis existieren jederzeit zahlreiche Überprüfungs- und Rechtsschutzmöglichkeiten für den betroffenen Bürger. Dennoch muß ihre Effizienz in Frage gestellt werden. In tatsächlicher Hinsicht zeigt sich, daß die gerichtliche Kontrolle nicht den Stellenwert einnimmt, der ihr zugedacht wurde. Gerichtlicher Rechtsschutz setzt voraus, daß ein Rechtsschutzsuchender den Rechtsweg beschreitet. Soweit ersichtlich war jedoch die auf das Ausland konzentrierte Tätigkeit des BND - von einer Ausnahme abgesehen - bislang nicht Entscheidungsgegenstand eines ordentlichen gerichtlichen Verfahrens[103].

III. Rechtslage im Vereinigten Königreich

Im Vereinigten Königreich ist im Bereich heimlicher Telekommunikationsüberwachung eine Unterscheidung zwischen Rechtsschutz vor Gerichten und vor besonderen Instanzen nicht sinnvoll. Bereits durch IOCA 1985 und ebenso durch ISA 1994 wurde jeweils ein *tribunal*[104] als ausschließlich zuständige Instanz errichtet, an die sich jeder wenden konnte, der vermutete, von Maßnahmen heimlicher Telekommunikationsüberwachung bzw. sonstigen Handlungen der Dienste betroffen (worden) zu sein[105]. Ganz allgemein werden Tribunale im Vereinigten Königreich ebensowenig wie andere spezialisierte

---

[103] Bei ausschließlicher Berücksichtigung von Klagen gegen die Tätigkeit des BND, die sich nicht aus beamtenrechtlichen Streitigkeiten oder fiskalischem Handeln des BND ergeben. Auch die Überprüfungen des G 10 durch das BVerfG gehören nicht dazu. Zum soweit ersichtlich einzigen Fall vgl. Hirsch, Kontrolle der Nachrichtendienste, S. 117, insbes. Fn. 74: „Zwei Mitarbeiter des BND standen wegen Verstoßes gegen das KWKG im Zusammenhang mit der Verschiffung von militärischen Gütern, die als landwirtschaftliches Gerät deklariert waren, vor Gericht. Sie sind freigesprochen worden. Nicht hierher gerechnet werden soll der Strafprozeß um den Plutoniumschmuggel 1995, da hier keine Beamte des BND vor Gericht standen".

[104] Im folgenden: Tribunal.

[105] Gleiches gilt für SSA 1989, doch kann der Security Service als Inlandsgeheimdienst hier außer Betracht bleiben.

Spruchkörper zur ordentlichen Gerichtsbarkeit gezählt[106], sind aber unbestritten als Teil der Rechtsprechung anzusehen[107].

RIPA 2000 übernimmt das Vorbild eines speziellen Spruchkörpers innerhalb seines Regelungsbereichs. Zugleich werden die bestehenden Tribunale (IOCA Tribunal, ISA Tribunal, SSA Tribunal) abgeschafft und die Zuständigkeiten in einem einheitlich zuständigen Tribunal zusammengeführt. Ein Vorteil dieser Konzentration besteht darin, daß jemand, der sich von heimlichen Überwachungsmaßnahmen betroffen glaubt, nicht mehrere Klagen einreichen muß, um der Gefahr zu entgehen, ein unzuständiges Tribunal anzurufen.

1. Das Tribunal nach RIPA 2000

a) Zuständigkeit

Die Zuständigkeit des Tribunals ist in s. 65 RIPA 2000 geregelt.

aa) Persönliche Beschwerden

Für die Praxis ist die Zuständigkeit des Tribunals für persönliche Beschwerden, die sich aus s. 65 (2) (a), (4 bis 8) RIPA 2000 ergibt, am bedeutsamsten. Das Gesetz weist dem Tribunal eine Vielzahl von Verfahren zu, die sich durch die nach RIPA 2000 zulässigen Eingriffe ergeben können. Für den hier untersuchten Ausschnitt ist die Zuständigkeit im Hinblick auf heimliche Überwachung von Telekommunikation - sowohl hinsichtlich des Gesprächsinhalts als auch von *communications data* - und im Hinblick auf Eingriffe in drahtlose Telegrafie entscheidend. Dabei läßt sich gegenüber der Regelung in IOCA 1985 eine Verbesserung feststellen. Nach der abgelösten Regelung hatte das IOCA Tribunal zu untersuchen, ob einerseits hinsichtlich des Beschwerdeführers oder seines Arbeitsplatzes ein *relevant warrant* oder ein *relevant certificate* vorlag und ob, wenn dies bejaht wurde, die maßgeblichen Vorschriften eingehalten

---

[106] Zur ordentlichen Gerichtsbarkeit - ordinary courts oder courts of general jurisdiction - gehören die Zivil- und Strafgerichte, insbesondere der Supreme Court of Judicature, bestehend aus Court of Appeal, High Court und Crown Court sowie das House of Lords, soweit es als Berufungsgericht - Supreme Court - tagt. Die county courts und magistrates' courts sind hier ebenfalls dazuzurechnen. Vgl. zum Gerichtsaufbau Bradley & Ewing, Constitutional and Administrative Law, ch. 18.

[107] Halsbury's Laws of England, vol. 8 (2) (1996 Reissue), para 301.

worden waren[108]. Die Regelung hatte dazu geführt, daß die Nachforschungen des IOCA Tribunals endeten, wenn sich ein *warrant* oder *certificate* nicht feststellen ließ. Das IOCA Tribunal durfte sich somit mit illegalen Tätigkeiten der Dienste nicht beschäftigen. Dies war angesichts der Strafvorschrift in s. 1 (1) IOCA 1985 Aufgabe der Polizei[109]. Das ganze System war damit darauf angelegt, daß weniger das Verhalten der Dienste hinsichtlich heimlicher Telekommunikationsüberwachung, als vielmehr das Verhalten des zuständigen Ministers überprüft wurde[110]. Die Kritik an dieser Bestimmung in der britischen Öffentlichkeit reichte bis zu dem Vorwurf, daß das Tribunal nicht für die in der Praxis entscheidenden Probleme geschaffen worden war[111]. Daher wurde beispielsweise vorgeschlagen, im Zuge einer Gesetzesänderung dem Tribunal die Zuständigkeit zuzugestehen, zu prüfen, ob in der Tat eine heimliche Überwachung stattgefunden habe[112].

Nach der aktuellen Regelung ist fortan nicht ausgeschlossen, daß sich die Untersuchung des Tribunals auch auf ein möglicherweise illegales Verhalten der Dienste erstreckt. Denn die Zuständigkeit für persönliche Beschwerden knüpft in s. 65 (2) (b), (4) (b) RIPA 2000 an das Vorliegen von anfechtbaren Umständen („*challengeable circumstances*“) an. Zum einen erfassen sie ein Verhalten, das eine Überwachungsanordnung nach RIPA 2000 oder IOCA 1985 ausführt oder scheinbar ausführt und somit im wesentlichen der alten Regelung entspricht[113]. Zum anderen aber können Umstände untersucht werden, die - ob mit oder ohne eine Anordnung - eine Anordnung erfordert hätten bzw. wo eine Anordnung zumindest hätte in Erwägung gezogen werden müssen[114]. Aus die-

---

108 Vgl. s. 7 (2), (3) i.V.m. s. 2 bis 5 IOCA 1985.

109 Besonders problematisch ist diese Vorschrift dann, wenn sich die Polizei selbst illegaler heimlicher Telekommunikationsüberwachung bedient, worauf im Hinblick auf die ebenfalls fehlende Kontrollzuständigkeit des Commissioner bereits hingewiesen wurde.

110 Vgl. Lustgarten/Leigh, In from the cold, S. 61.

111 „(...) the Tribunal has been instituted to deal with a problem that has never in fact arisen“. Leigh, (1986) PL 15. Ein deutliches Indiz für die Richtigkeit dieser Behauptung liefert die Tatsache, daß das IOCA Tribunal während seines Bestehens nicht ein Urteil zugunsten eines Beschwerdeführers gefällt hat, sondern in jedem Beschwerdefall die Einhaltung der Vorschriften bestätigt hat. Inwieweit diese Tatsache mit dem angewandten rechtlichen Maßstab zusammenhängen könnte, dazu vgl. unten 2.c).

112 Williams (1987) LSG 971, 972.

113 S. 65 (7) (a) RIPA 2000.

114 In den Worten von s. 65 (7) (b) RIPA 2000: „For the purposes of this section conduct takes place in challengeable circumstances if - (b) the circumstances are such that (whether or not there is such authority) it would not have been appropriate for the conduct to take

ser Bestimmung läßt sich - anders als nach IOCA 1985 - eine Befugnis zur Untersuchung von Umständen, die auf illegale Abhörmaßnahmen der Dienste hindeuten, ableiten.

Das Ergebnis wird zusätzlich durch s. 67 RIPA 2000 gestützt, der festlegt, wie das Gericht seine Zuständigkeit auszuüben hat. Neben der Festlegung des rechtlichen Maßstabs hat sich das Tribunal in einem Individualbeschwerdeverfahren gem. s. 67 (3) RIPA 2000 zunächst davon zu überzeugen, daß sich die angegriffene Behörde in Bezug auf den Beschwerdeführer, seines Eigentums, seiner Kommunikation oder seiner sonstigen Benutzung eines Post- oder Telekommunikationsdienstes oder Telekommunikationssystems tatsächlich eines in s. 65 (5) RIPA 2000 festgelegten Verhaltens bedient hat, d.h. der in RIPA 2000 festgelegten Überwachungsformen einschließlich der dazu erforderlichen Anordnungen, sofern diese vorliegen („*if any*").

Anders als unter IOCA 1985 grenzt die neue Zuständigkeitsregelung auch keine ausländischen Gesprächspartner aus. Unter IOCA 1985 konnten diese im Rahmen der Überwachung grenzüberschreitender Kommunikation aufgrund eines *certificate,* im Gegensatz zu Bürgern im Vereinigten Königreich, gezielt überwacht werden, ohne daß das IOCA Tribunal zuständig gewesen wäre[115].

bb) Sonstige

S. 65 (2) (c) und (d) RIPA 2000 weisen dem Tribunal weitere Zuständigkeiten zu, die für den Untersuchungsgegenstand nur von untergeordneter Bedeutung sind. S. 65 (2) (c) RIPA 2000 ergänzt den individuellen Rechtsschutz um Beschwerden, die davon herrühren, daß dem Beschwerdeführer in

---

place without it, or at least without proper consideration having been given to whether such authority should be sought".

[115] Die Ausgrenzung ausländischer Beschwerdeführer ergab sich aus s. 7 (9) IOCA 1985: „For the purpose of this section-
(a) a warrant is a relevant warrant in relation to an application if- (i) the applicant is specified or described in the warrant; or (ii) an address used for the transmission of communications to or from a set of premises in the British Islands where the applicant resides or works is so specified;
(b) a certificate is a relevant certificate in relation to an applicant if and to the extent that an address used as mentioned in paragraph (a) (ii) above is specified in the certificate for the purpose of including communications sent to or from that address in the specified material".
Ein Rechtsschutz von Personen ohne Wohnsitz oder Arbeit innerhalb der britischen Inseln wird durch diese Bestimmung unmöglich gemacht.

einem zivilen Verfahren wegen des Beweisverwertungsverbots aus s. 17 RIPA 2000 Nachteile entstanden sind. S. 65 (2) (d) RIPA 2000 ermöglicht es dem Minister, dem Tribunal per *order* weitere Zuständigkeiten im Rahmen von s. 65 (3) RIPA 2000 zuzuweisen. Eine solche Zuständigkeitsübertragung wurde bislang nicht vorgenommen.

cc) Prüfungsinstanz im Sinne von s. 7 (1) (a) HRA 1998

Ehe RIPA 2000 die Zuständigkeit des Tribunals im einzelnen benennt, stellt es in s. 65 (2) (a) RIPA 2000 klar, daß ausschließlich dieses Tribunal ein Urteil darüber abgeben darf, ob die RIPA 2000 ausführenden Behörden deswegen unrechtmäßig gehandelt haben, weil sie gegen ein Konventionsrecht verstoßen haben. Das Tribunal ist damit alleinige Prüfungsinstanz i.S.v. s. 7 (1) (a) HRA 1998[116].

b) Besetzung

Die Besetzung des Tribunals ist in s. 65 (1) und Sch. 3 RIPA 2000 geregelt. S. 65 (1) RIPA 2000 läßt die Anzahl der Mitglieder des Gerichts, die durch eine amtliche Urkunde (*Letters Patent*) des Monarchen ernannt werden, offen[117].

Nach § 1 (1) Sch. 3 RIPA 2000 kommen für die Ernennung nur Personen in Frage, die entweder bereits ein hohes juristisches Amt bekleiden bzw. bekleidet haben, oder die als Mitglieder der Anwaltschaft[118] über mindestens 10 Jahre Berufserfahrung verfügen. Bei „guter Führung" beträgt die Amtszeit 5 Jahre. Wiederwahl ist möglich, eine Absetzung jedoch nur auf eigenen Wunsch oder auf Ersuchen sowohl des *House of Commons* als auch des *House of Lords*[119].

---

[116] Dies gilt für alle Verfahren gegen die Intelligence Services und gegen Personen, die im Auftrag der Intelligence Services gehandelt haben. Darüber hinaus werden alle Überprüfungen von heimlicher Telekommunikationsüberwachung (sowohl hinsichtlich des Gesprächsinhalts als auch hinsichtlich der „communication data"), von Eingriffen in drahtlose Telegrafie oder in das Eigentum sowie von sonstiger Überwachung (z.B. durch Verdeckte Ermittler) und von Überprüfungen in Zusammenhang mit Verschlüsselung erfaßt.

[117] Das IOCA Tribunal hatte sich aus fünf Juristen zusammengesetzt, vgl. § 1 (1) Sch. 1 IOCA 1985.

[118] Je nach Lokalrecht kommen hier solicitors, barristers oder members of the Bar in Nordirland in Betracht.

[119] § 1 (2), (3), (4), (5) Sch. 3 RIPA 2000. Sofern das schottische Parlament die Absetzung eines Mitglieds des Tribunals fordert, gelten Sonderkonditionen, vgl. § 1 (6) Sch. 3 RIPA 2000.

Zur Erfüllung seiner Aufgaben können dem Tribunal weitere Bedienstete zugeordnet werden, vgl. § 5 Sch. 3 RIPA 2000.

Diese Bestimmungen galten bereits für das IOCA Tribunal. Damit wurde die Kritik, die schon das IOCA Tribunal auf sich gezogen hatte, nicht aufgegriffen. Beispielsweise wurde der Forderung nach technischem Sachverstand in den Reihen des Gerichts nicht Rechnung getragen[120]. Die Ernennung durch die Königin ist ebenfalls nicht unproblematisch. Sie beruht auf einer Nominierung durch den Premierminister. Die Mitwirkung der Opposition ist dabei nicht vorgesehen und käme in der britischen Öffentlichkeit einem Verstoß gegen die Gewaltenteilung gleich[121]. Dennoch ist die Gefahr einer einseitigen Besetzung durch diese Regelung nicht von der Hand zu weisen.

2. Der rechtliche Maßstab: judicial review

Der Inhalt der Entscheidung des Tribunals hängt maßgeblich davon ab, welchen Maßstab es seiner Entscheidungsfindung zugrundelegen wird. RIPA 2000 geht, wie schon zuvor IOCA 1985, sowohl in Hinblick auf Beschwerden, die die Verletzung von Konventionsrechten geltend machen, als auch in Hinblick auf Individualbeschwerdeverfahren, die die Einhaltung der Bestimmungen von RIPA 2000 in Frage stellen, auf diesen Maßstab ein. In beiden Fällen läuft das Vorgehen des Tribunals auf eine Prüfung nach den Regeln des *judicial review* hinaus. *Judicial review* ist eine Rechtsschutzform des *common law* vor dem *High Court* und läßt sich mit verwaltungsgerichtlichem Rechtsschutz in Deutschland nur sehr vorsichtig vergleichen. Diese Rechtsschutzform hat sich herausgebildet, um Ermessensentscheidungen der Exekutive, wenn auch in einem eng begrenzten Umfang, gerichtlich überprüfen zu können[122]. Der Maßstab des *judicial review* läßt sich nicht auf eine kurze Formel bringen. Zum einen existiert bereits nach traditionellem *common law* eine ganze Reihe von Prüfungsansätzen, die einer richterlichen Rechtsfortbildung offenstehen. Zum an-

---

[120] Vgl. Mr. McWilliam M.P., Official Report, Vol. 75, HC, 12. März 1985, col. 211: „It is no good having five lawyers, because all they can determine is whether the paperwork is right. They cannot determine whether an interception has taken place" (in Bezug auf IOCA 1985).

[121] Vgl. Arndt, DÖV 1990, 467 (670), der auf den Gegensatz zum deutschen Verständnis hinweist, da nach BVerfGE 30, 1 (2, 31) die Beteiligung der Opposition in der G 10-Kommission für verfassungsrechtlich geboten erachtet wird.

[122] Die Abwesenheit einer eigenständigen, umfassenden Verwaltungsgerichtsbarkeit ist eine Folge der rule of law - wenn die Gesetze für Amtsträger und Bürger gleichermaßen gelten, bedarf es keines gesonderten Rechtsschutzes gegen Staatshandeln.

deren hat die wachsende Bedeutung von Menschenrechtsfragen innerhalb der letzten Jahrzehnte eine heftige, noch nicht beendete Diskussion darüber ausgelöst, inwieweit Grund- und Menschenrechte im Rahmen des *judicial review* Beachtung finden können.

a) Ausgangslage: Wednesbury review

Im Fall *Wednesbury*[123] wurde von *Lord Greene M.R.* die Funktion des *judicial review* und das richterliche Vorgehen erstmals auf den Punkt gebracht. *Lord Greene M.R.* stellte zunächst klar, daß *judicial review* zwar die Überprüfung einer Ermessensentscheidung der Exekutive darstelle, nicht aber eine Berufung im ordentlichen Rechtsweg („*appeal to the courts*"). Das Gericht habe die Maßnahme daher nur einer beschränkten Überprüfung zu unterziehen. Als erstes, so *Lord Greene M.R.*, stelle sich die Frage, ob die Behörde alle Gesichtspunkte in seine Entscheidungsfindung einbezogen habe, die nach dem Gesetzestext ausdrücklich oder konkludent einzubeziehen gewesen wären bzw. ob Gesichtspunkte einbezogen worden seien, die nach dem Gesetzestext nicht einzubeziehen gewesen wären[124]. Daran schließt sich die Frage der *reasonableness* der Entscheidung an. Eine Entscheidung werde dann, und nur dann, als unvernünftig (*unreasonable)* angesehen, wenn keine vernünftige Behörde zu dieser Entscheidung hätte gelangen können[125]. Die Tautologie dieser „Definition" wurde von *Lord Greene M.R.* zwar offensichtlich nicht gesehen[126], jedoch gab er einige Beispiele, z.B. die Einbeziehung rechtlich bedeutungsloser oder gar absurder Umstände[127]. Von diesen Umständen abgesehen kann das Ermessen von der Exekutive also frei ausgeübt werden.

Die in dieser Entscheidung von *Lord Greene M.R.* zwar nicht neu entwickelten, aber zum ersten Mal in dieser Deutlichkeit formulierten Maßstäbe wurden

---

[123] *Associated Provincial Picture Houses Ltd. v Wednesbury Corporation*, (1948) 1 KB 223.

[124] Ebenda, S. 228 bzw. insb. S. 233/234 (Zusammenfassung): „(...) whether they have taken into account matters which they ought not to take into account, or, conversely, have refused to take into account or neglected to take into account matters which they ought to take into account". Diese Gesichtspunkte spielen auch im Rahmen einer Ermessensentscheidung nach deutschem Recht eine Rolle, vgl. Kopp/Ramsauer, VwVfG, 7. Aufl., § 40, Rn. 32.

[125] *Associated Provincial Picture Houses Ltd. v Wednesbury Corporation*, (1948) 1 KB 223, 230 und (zusammenfassend) 234.

[126] In aller Deutlichkeit wurde dies von Jowell/Lester (1987) PL 368, 372 angesprochen.

[127] *Associated Provincial Picture Houses Ltd. v Wednesbury Corporation*, (1948) 1 KB 223, 229.

insgesamt unter dem Schlagwort des *Wednesbury review* oder der *Wednesbury unreasonableness* in der Folgezeit zum Standard innerhalb des *judicial review.*

b) Rechtsentwicklung vor Human Rights Act 1998 und Ausblick

Der Test des *Wednesbury review* stellt die Entscheidungsfindung in den Mittelpunkt[128]. Eine inhaltliche Überprüfung der Entscheidung findet zwar im Rahmen der Frage nach der *reasonableness* statt, ist in ihrer Reichweite jedoch begrenzt[129].

Bürgerlichen Freiheiten kommt innerhalb dieses Tests keine besondere Bedeutung zu. Lange Zeit wurde dies innerhalb der Rechtsprechung im wesentlichen nicht in Frage gestellt.

aa) Neuformulierung im Fall GCHQ[130]

Die Maßstäbe des *Wednesbury review* wurden 1985 von *Lord Diplock* im Fall GCHQ neu formuliert. *Lord Diplock* unterschied zwischen *„illegality"*, *„irrationality"* und *„procedural impropriety"*. *„Illegality"* bedeutet die Prüfung, ob der Entscheidungsträger sich im Rahmen seiner rechtlichen Zuständigkeiten gehalten hat. Die Frage nach der *„irrationality"* einer Entscheidung wird von *Lord Diplock* mit der *Wednesbury unreasonableness* gleichgesetzt. *Irrationality,* so die Definition von *Lord Diplock*, ist bei einer Entscheidung zu bejahen, die in ihrer Absage an Logik oder akzeptierte moralische Maßstäbe so empörend ist, daß kein vernünftiger Mensch, der sich damit beschäftigt hat, zu

---

128 Dies wurde in Rechtsprechung und Literatur immer wieder betont, s. auf Seiten der Rechtsprechung bereits Lord Greene M.R. im Fall *Associated Provincial Picture Houses Ltd. v Wednesbury Corporation*, (1948) 1 KB 223, 228; Lord Brightman in *Chief Constable of North Wales Police v Evans* (1982) 1 WLR 1155; vgl. Lord Fraser of Tullybelton im Fall GCHQ: *Council of Civil Service Unions v Minister for the Civil Service* (1985) AC 374, 401; in der Literatur: Lord Irvine of Lairg, (1996) PL 59, 60, der die traditionellen Grundsätze des *Wednesbury review* als „user-friendly slogans" bzw. „legalistic home truths" kritisiert (ebenda).

129 Sehr deutlich, im Anschluß allerdings kritisch zu diesen „user-friendly slogans" Lord Irvine of Lairg, (1996) PL 59, 60: „(...) the court must not substitute its opinion for that of the decision-maker; the court must rule only upon the legality of a decision and not upon its correctness; the court will concern itself with the manner in which a decision is reached rather than with the substantive merits of the decision itself".

130 *Council of Civil Service Unions v Minister for the Civil Service* (1985) AC 374.

ihr gelangen konnte[131]. Unter *„procedural impropriety"* wird vor allem untersucht, ob sich ein „Verwaltungsgericht"[132] an die ihm gesetzlich vorgegebenen Regeln gehalten hat[133].

Die solchermaßen neu formulierten Maßstäbe des *judicial review* wurden von *Lord Diplock* als einer Rechtsentwicklung zugänglich angesehen. Soweit er jedoch das Verhältnismäßigkeitsprinzip[134] als möglichen künftigen strengeren Maßstab ansah[135], sollte er zunächst nicht Recht bekommen.

bb) Super-Wednesbury[136] und Sub-Wednesbury[137]

Bereits in der Neuformulierung der *Wednesbury unreasonableness* als *irrationality* liegt innerhalb der „akzeptierten moralischen Maßstäbe" das Potential für eine weitergehende inhaltliche Überprüfung in Bezug auf *civil liberties* als innerhalb der *unreasonableness* nach vorherigem Verständnis[138]. Allerdings läßt sich anhand der Fälle, welche die Bedeutung von Menschenrechten in den Vordergrund stellen, eine klare Fortführung dieser Linie nicht feststellen. Die Rechtsentwicklung ist von vorsichtiger Weiterentwicklung hin zu einer strengeren inhaltlichen Überprüfung zum einen bzw. von zeitweiliger Abstandnahme von einer solchen Interpretation zum anderen gekennzeichnet. Beide Entwick-

---

[131] „(...) a decision which is so outrageous in its defiance of logic or of accepted moral standards that no sensible person who had applied his mind to the question to be decided could have arrived at it", s. ebenda, S. 410f.

[132] „Verwaltungsgericht" (administrative tribunal) ist mit den deutschen Verwaltungsgerichten nicht gleichzusetzen. Es handelt sich hier nicht um einen ordentlichen Rechtsweg, vielmehr wurden die britischen Verwaltungsgerichte jeweils als spezielle Fachgerichte in eng umgrenzten Bereichen geschaffen, z.B. im Bereich der Landwirtschaft (Dairy Produce Quota Tribunal), des Mietrechts (rent assessment panels), des Gesundheitswesens (Mental Health Review Tribunal), der sozialen Sicherheit (social security appeal tribunals) und der Industrie (industrial tribunals).

[133] Lord Diplock zufolge ist der Ausdruck „procedural impropriety" weitergehender als die Frage nach einem Verstoß gegen Naturrecht oder gegen verfahrensrechtliche Fairneß („(...) failure to observe basic rules of natural justice or failure to act with procedural fairness (...)", ebenda, S. 411) und daher vorzugswürdig. Diese Fragen sind aber darin enthalten.

[134] Vgl. unter cc.

[135] Lord Diplock, *Council of Civil Service Unions v Minister for the Civil Service* (1985) AC 374, 410.

[136] Zum Begriff vgl. *R. v Ministry of Defence, ex.p. Smith*, [1995] 4 All ER 427, 441.

[137] Zum Begriff vgl. Norris (1996) PL 590, 594.

[138] Hierzu insbesondere Jowell/Lester, (1987) PL 369, 370 und 374ff.; Donson, in: Administrative Law Facing the Future, S. 347, 350.

lungen wurden mit den Schlagwörtern *„Sub-Wednesbury"* bzw. *„Super-Wednesbury"* versehen[139].

Mit *„Super-Wednesbury"* wurden Fälle belegt, die den Maßstab von *Wednesbury review* weiter aufweichen. In Fällen, welche die nationale Wirtschaftspolitik betrafen, wurde verlangt, daß die Anweisungen des zuständigen Ministers so absurd sein müßten, daß sie von Unzurechnungsfähigkeit zeugten[140]. Ob darin jedoch wirklich eine Sonderform von *Wednesbury* zu sehen ist, läßt sich bezweifeln[141].

Die für Menschenrechtsfälle und damit im Bereich der Telekommunikationsüberwachung wichtigere Entwicklung zeigt sich in *„Sub-Wednesbury"*. Dieser Test legt einen strengeren inhaltlichen Maßstab an den *judicial review* an. In den Worten von *Simon Brown, L.J.* in *ex p Smith* kommt dies folgendermaßen zum Ausdruck:

> *„When the most fundamental human rights are threatened, the Court will not, for example, be inclined to overlook some perhaps minor flaw in the decision-making process or adopt a particularly benevolent view of the Minister's evidence, or exercise its discretion to withhold relief"*.
>
> *„But in judging whether the decision maker has exceeded this margin of appreciation the human rights context is important. The more substantial the inter-*

---

139 Eine von Lord Irvine of Lairg in (1996) PL 59, 63, 69ff. zusätzlich angesprochene Fallgruppe beleuchtet Prinzipien, die im Rahmen der Ermessensentscheidung der Exekutive in jedem Fall zu beachten sind und ohne Nachsicht von der Judikative überprüft werden („hard-edged principles"), z.B. improper purpose, breach of natural justice and failure to respect legitimate expectations.

140 *R. v Secretary of State for the Environment, ex parte Nottinghamshire CC* (1986) 1 AC 240, insb. Lord Scarman 247 G: „For myself, I refuse in this case to examine the detail of the guidance or its consequences. My reasons are these. Such an examination by a court would be justified only if a prima facie case were to be shown for holding that the Secretary of State had acted in bad faith, or for an improper motive, or that the consequences of his guidance were *so absurd that he must have taken leave of his senses"*. (Hervorhebung durch die Verf.'in); sowie *R. v Secretary of State for the Environment, ex parte Hammersmith LBC* (1991) 1 AC 521, insb. 522F.

141 Lord Irvine of Lairg macht in (1996) PL 59, 66 darauf aufmerksam, daß die Trennlinie zwischen „irrationality" in einem „gewöhnlichen" Fall des judicial review und „manifest absurdity" zum einen schwer zu ziehen sein wird und zum anderen nicht im Sinne der Definition von Lord Diplock sein dürfte.

ference with human rights, the more the courts will require by way of justification before it is satisfied that the decision is reasonable (...)“[142].

Noch weitergehend ist die Äußerung von Lord Templeman in *ex p Brind:*

„*The subject matter and date of the Wednesbury principles cannot in my opinion make it either necessary or appropriate for the courts to judge the validity of an interference with human rights by asking themselves whether the Home Secretary has acted irrationally or perversely. It seems to me that the courts cannot escape from asking themselves whether a reasonable Secretary of State, on the material before him, could reasonably conclude that the interference with freedom of expression which he determined to impose was justifiable. In terms of the Convention, as construed by the European Court, the interference with freedom of expression must be necessary and proportionate to the damage which the restriction is designed to prevent*“[143].

Nach diesen Worten könnte man annehmen, daß das Verhältnismäßigkeitsprinzip als weiterer Maßstab einer inhaltlichen Überprüfung Eingang in den *judicial review* gefunden hat, sofern der Fall einen Bezug zu Menschenrechten aufweist. Dies ist jedoch, wie gleich zu zeigen sein wird, mißverständlich, zumal gegenläufige Tendenzen wie *Super-Wednesbury* in der Rechtsprechung gleichfalls vorhanden sind[144].

cc) Verhältnismäßigkeitsprinzip im Rahmen des judicial review

Das dem deutschen Recht so vertraute Verhältnismäßigkeitsprinzip spielte innerhalb des *judicial review* im *common law* traditionellerweise keine Rolle. Obwohl die deutschen Richter bei der Anwendung des Verhältnismäßigkeitsprinzips mit Hilfe eines Ermessensspielraums für die Verwaltung ebenfalls richterliche Zurückhaltung üben können, besteht mehr als nur ein konzeptioneller Unterschied zum *judicial review.* Die praktische Vorgehensweise unterscheidet sich. Im Rahmen der Verhältnismäßigkeitsprüfung müssen zumindest die mit einer Maßnahme verfolgten Ziele ausdrücklich benannt und gegen die

---

142 *R. v Ministry of Defence, ex.p. Smith* [1995] 4 All ER 427, 441, 445 und 263d als bedeutendes Beispiel; auch *Bugdaycay v Secretary of State for the Home Department,* [1987] 1 All ER 514 deutet in die gleiche Richtung.

143 *R. v Secretary of State for the Home Department, Ex parte Brind and Others* (1991) AC 696, 751E, F (per Lord Templeman). Diese Meinung spiegelt jedoch nicht die Mehrheitsmeinung wider, vgl. sogleich (ebenfalls unter cc).

144 Ausführlich zu dieser Frage: Donson, Administrative Law Facing the Future, S. 347ff.

geltend gemachten Rechte abgewogen werden. Dagegen stellt sich die *Wednesbury unreasonableness*, jedenfalls nach herkömmlichem Verständnis, unstrukturiert dar[145]. Mit dem Beitritt des Vereinigten Königreichs zur Europäischen Gemeinschaft hat das Verhältnismäßigkeitsprinzip allerdings lange vor Inkrafttreten des HRA 1998 an Einfluß gewonnen. Als allgemeines Prinzip des Gemeinschaftsrechts ist das Verhältnismäßigkeitsprinzip in Bereichen des Gemeinschaftsrechts auch von englischen Behörden und Gerichten bereits seit längerem anzuwenden[146]. Für Fälle, die Bezug zu den in der EMRK niedergelegten Menschenrechten und Grundfreiheiten aufweisen, galt dies jedoch nicht. Zwar spielt das Verhältnismäßigkeitsprinzip auch in Fällen vor dem Europäischen Gerichtshof für Menschenrechte eine prominente Rolle, doch konnte dies mangels Inkorporation der EMRK nicht einfach auf das Vereinigte Königreich übertragen werden.

Es blieb daher den Richtern überlassen, ob sie im Wege richterlicher Rechtsfortbildung eine Vorreiterrolle bei der Einführung des Verhältnismäßigkeitsprinzips in die eigene Rechtsordnung einnehmen wollten. Ein Blick in die Rechtsprechung fördert hier kein einheitliches Bild zutage. Einerseits wurde dem Verhältnismäßigkeitsprinzip in ausschließlich englischen Rechtsfällen im Fall *ex p. Brind*[147] entgegen der zuvor angesprochenen abweichenden Meinung von *Lord Templeman* eine deutliche Absage erteilt[148]. Die Lordrichter stellten fest, daß einerseits in Fällen, in denen der Gesetzestext zweideutig oder unklar formuliert ist, anzunehmen sei, daß das Parlament seiner völkerrechtlichen Verpflichtung nachkommen und daher ein Gesetz schaffen wollte, das mit den Rechten der Konvention in Einklang stehe[149]. In allen anderen Fällen, d.h. wenn der Gesetzestext eindeutig formuliert ist, bestehe mangels Inkorporation keine Verpflichtung des zuständigen Ministers, sein Ermessen im Einklang mit den Rechten der Konvention auszuüben[150]. Wie *Lord Ackner* betonte, würde eine andere Sichtweise und damit die Anwendung des Verhältnismäßigkeitsprinzips

---

[145] De Búrca (1997) EPL 561, 562.

[146] Wie De Búrca in (1997) EPL 561, 577f. m.w.N. aufzeigt, fällt es englischen Richtern trotz der ausdrücklichen EG-rechtlichen Vorgabe auch hier nicht immer leicht, ihre traditionelle Zurückhaltung im Rahmen des judicial review aufzugeben.

[147] *R. v Secretary of State for the Home Department, Ex parte Brind and Others*, (1991) AC 696.

[148] *Brind* ist dabei kein Einzelfall; vgl. insbesondere De Búrca (1997) EPL 561, 5567-573 m.w.N.

[149] Sogenannte „rule of construction“.

[150] Vgl. Leitsatz in *Brind*, a.a.O., 697.

durch die Gerichte zur - gerade nicht beabsichtigten - Inkorporation der EMRK „durch die Hintertür" führen[151].

Andere Vertreter der Judikative zeigten dagegen geringere Berührungsängste, ohne dies bereits in eine uneingeschränkte, ausdrückliche Bejahung des Verhältnismäßigkeitsprinzips münden zu lassen. Das Spektrum reicht hier von einer Anerkennung des Verhältnismäßigkeitsprinzips, ohne es im konkreten Fall allerdings ausschlaggebend sein zu lassen[152], bis hin zu einem ausdrücklichen Berufen auf die *Wednesbury reasonableness,* um in der Sache dann doch das Verhältnismäßigkeitsprinzip anzuwenden[153].

Auch in der wissenschaftlichen Diskussion, die zu einem großen Teil von Vertretern der Judikative geführt wurde, wurde der Ruf nach dem Verhältnismäßigkeitsprinzip als Maßstab innerhalb des *judicial review* immer lauter[154].

Bis zur Verabschiedung des HRA 1998 konnten sich die englischen Gerichte jedoch nicht zu einer Anerkennung des Verhältnismäßigkeitsprinzips durchringen.

Der Grund für die Zurückhaltung der Richter des Vereinigten Königreichs bei der Anwendung des Verhältnismäßigkeitsprinzips läßt sich auf ihr traditio-

---

[151] Lord Ackner, ebenda, S. 761G-762B.

[152] In diesen Fällen kann man sich fragen, ob die Richter sich nur deshalb offen zum Verhältnismäßigkeitsprinzip bekannt haben, weil dies im Ergebnis folgenlos blieb. Vgl. z.B. *R. v Secretary of State for the Environment, ex p NALGO* (1993) Admin LR 785; *R. v Barnsley Metropolitan Borough Council, ex parte Hook* (1976) 1 WLR 1052; *R. v Highbury Magistrates' Court, ex parte Uchendu,* 158 JP 409; *R. v Warwick Crown Court, ex parte Smalley* (1987) 1 WLR 237; in der Einschätzung von Lord Irvine (1996) PL 59, 74 handelt es sich um „isolated instances".

[153] Vgl. z.B. Lord Templeman in *Brind*, a.a.O., 696 sowie die Hinweise von De Burca, (1997) EPL 561, 574-5 auf die beiden unveröffentlichten Urteile *R. v Secretary of State for the Home Department, ex parte Hargreaves*, Urteil des Court of Apeal vom 5. März 1993; noch zweideutiger *R. v Secretary of State for the Home Department ex parte Togher*, Urteil vom 1. Februar 1995.

[154] Vgl. den Aufsatz von Jowell/Lester, (1987) PL 368ff., die das Verhältnismäßigkeitsprinzip mit einer Reihe weiterer inhaltlicher Kriterien zum Gegenstand des judicial review machen wollen; vgl. auch Sir John Laws, (1993) PL 59, 69f.: Ohne von einer Inkorporation der EMRK auszugehen, schlägt Laws in der Sache die Prüfung der Verhältnismäßigkeit im Rahmen des *judicial review* vor: „(...) the greater the intrusion proposed by a body possessing public power over the citizen into an area where his fundamental rights are at stake, the greater must be the justification which the public authority must demonstrate"; a.A. Lord Irvine (1996) PL 59, 74.
Vgl. auch den Fall *R. v Secretary of State for the Home Department, ex parte McQuillan,* [1995] 4 All ER 400.

nelles Verständnis vom richterlichen Amt zurückführen. Nach diesem Verständnis führt das Gewaltenteilungsprinzip in Verbindung mit der Parlamentsouveränität zu einer klaren Aufgabenverteilung[155]. Danach dürfen die Gerichte zwar Gegenstände der Gesetzgebung überprüfen, aber nicht durch ihre eigene Politik oder Wertvorstellungen ersetzen[156]. Auch das Fehlen einer Richtschnur in Form eines Grundrechtskatalogs (*„fundamental law“*) wurde für die Einstellung der Richter verantwortlich gemacht[157].

Mit Inkrafttreten des HRA 1998 dürfte dieses Argument jedoch obsolet werden. Die britische Rechtslandschaft wird sich im Bereich des *judicial review* verändern. Hierin dürfte der Hauptanwendungsbereich des Gesetzes liegen. Nach s. 2 HRA 1998 hat in Zukunft jedes Gericht oder Tribunal bei der Entscheidung einer Frage, die sich im Zusammenhang mit Rechten der EMRK stellt, das Fallrecht der EMRK, ob es vom Europäischen Gerichtshof für Menschenrechte, von der Menschenrechtskommission oder vom Ministerkomitee herrührt, in Betracht zu ziehen. Nach s. 3 HRA 1998 muß, soweit dies möglich ist, Gesetzes- und davon abgeleitetes Verordnungsrecht in einer Weise interpretiert und angewendet werden, die mit den Rechten der Konvention vereinbar ist. Infolgedessen wird das Verhältnismäßigkeitsprinzip in Fällen mit Bezug zu Menschenrechten im Rahmen des *judicial review* nunmehr angewendet werden müssen[158]. Nicht mehr die Entscheidungsfindung, sondern das Ergebnis der Entscheidung muß im Zentrum stehen[159].

Dieser neu definierte Maßstab des *judicial review* ist damit auch von dem im Bereich heimlicher Überwachungsmaßnahmen neu geschafffenen Tribunal nach RIPA 2000 anzuwenden. RIPA 2000 bestimmt in s. 65 (2) (a) RIPA 2000 darüber hinaus, daß das Tribunal hier eine Alleinzuständigkeit besitzt. Im Klartext

---

[155] Nach Lord Irvine, der sich eingehender mit der verfassungsrechtlichen Grundlage auseinandersetzt, verlangen drei Gründe nach einer richterlichen Selbstbeschränkung: ein verfassungsrechtlicher („a constitutional imperative“), da die Kompetenz von der Behörde ausgeübt werden soll, die damit betraut wurde, ein demokratischer („the democratic imperative“), da gewählte Körperschaften, im Gegensatz zu den Richtern, von den Wählern zur Verantwortung gezogen werden können und als dritter Grund die Vermutung, daß es den Richtern an entscheidungserheblichem Sachverstand fehlen könnte („lack of judicial expertise“), vgl. Lord Irvine (1996) PL 59, 60f.

[156] Vgl. Hoffmann J in *R. v Goldstein* (1983) 1 WLR 151, obgleich dieser Fall einen Bezug zum Gemeinschaftsrecht aufwies: „The function of the court is to review the acts of the legislature but not to substitute its own policies or values“.

[157] De Búrca (1997) EPL 561, 585.

[158] Supperstone/Coppel, (1999) EHRLR 301, 313.

[159] Lustgarten/Leigh (1999) CLJ 509, 518.

bedeutet dies, daß alle Fragen, die sich in diesem sensiblen Bereich stellen werden, gebündelt von einem einzigen Spruchkörper entschieden werden sollen[160].

c) Judicial review und nationale Sicherheit

Die traditionell eingeschränkte Rolle des *judicial review* kommt im Bereich der nationalen Sicherheit in erhöhtem Maß zum Tragen. Auch dies brachten die Lordrichter im Fall GCHQ zum Ausdruck. Im Kern ging es in dieser Entscheidung um den Konflikt zwischen Erfordernissen der nationalen Sicherheit und einem Recht auf Anhörung vor einer Entscheidung als Erfordernis prozessualer Fairness[161]. Sofern das Gericht davon überzeugt ist, daß die behördliche Entscheidung sich in der Tat auf Erwägungen der nationalen Sicherheit stützt, wird es diese Entscheidung nicht in Frage stellen. In den Worten von *Lord Fraser of Tullybelton:*

> „*The question is one of evidence. The decision on whether the requirements of national security outweigh the duty of fairness in any particular case is for the Government and not for the courts; the Government alone has access to the necessary information, and in any event the judicial process is unsuitable for reaching decisions on national security. But if the decision is successfully challenged, on the ground that it has been reached by a process which is unfair, then the Government is unter an obligation to produce evidence that the decision was in fact based on grounds of national security*“[162].

Lord Diplock geht soweit, das Eingreifen des so geschaffenen Ausnahmetatbestands „nationale Sicherheit“ als „nicht justiziabel“ zu bezeichnen[163].

---

[160] Es sei denn, es ist ausnahmsweise ein Rechtsmittel eröffnet, vgl. unter 4.

[161] Sachverhalt: Ende 1983 hatte die Regierung, ohne daß sie diese Absicht im Vorfeld zum Ausdruck gebracht hätte, geschweige denn die betroffenen Gewerkschaftsmitglieder oder Gewerkschaften angehört hätte, den Mitarbeitern von GCHQ das Recht auf Mitgliedschaft in einer Gewerkschaft, das diese seit 1947 innegehabt hatten, entzogen. Dagegen klagten eine der betroffenen Gewerkschaften sowie 6 Gewerkschaftsmitglieder - im Ergebnis erfolglos.

[162] *Council of Civil Service Unions v Minister for the Civil Service* (1985) AC 374, 402 C; s. auch 407F-G (Lord Scarman), 412H-413B (Lord Diplock), 420E-G und 423B-D (Lord Roskill), 424G (Lord Brightman).

[163] Ebenda, S. 412. Ebenso deutlich Lord Parker of Waddington in *The Zamora* (1916) 2 AC 77, 107: „Those who are responsible for the national security must be the sole judge of what national security requires. It would be undesirable that such matters be made the subject of evidence in a court of law or otherwise discussed in public“.

Obwohl das Urteil im Fall GCHQ die nationale Sicherheit unter Berufung auf Präzedenzfälle von der Überprüfung durch *judicial review* ausnimmt, ist zweifelhaft, ob sich diese Präzedenzfälle zur Begründung eines allgemeingültigen Grundsatzes eignen[164]. Vielmehr war die richterliche Zurückhaltung im Bereich der „nationalen Sicherheit" weder vorgegeben noch im Gesetz selbst angelegt oder anhand der königlichen Prärogative gefordert. Der Begriff „nationale Sicherheit" taucht in der Rechtsprechung erst zu Beginn des zwanzigsten Jahrhunderts auf und gewann vermutlich aufgrund seiner Verwendung in der EMRK entscheidend an Einfluß[165]. Die Begriffe, die man als Vorläufer betrachten kann, d.h. Krieg („*war*") oder Verteidigung des Reiches („*defence of the realm*"), waren in ihrem Anwendungsbereich auf den Ausnahmezustand Krieg beschränkt und als solche unangefochten Gegenstand der königlichen Prärogative[166]. Gründe für die Entwicklung im Fall GCHQ lassen sich sowohl in verfassungsrechtlichen Überlegungen als auch in praktischen Erwägungen ausmachen, ohne daß eine scharfe Trennlinie zwischen beiden gezogen werden könnte. Weist die Judikative Entscheidungen über nationale Sicherheit der Exekutive zu, so läßt sich daraus - gleichsam intuitiv[167] - ein Verständnis von Gewaltenteilung herauslesen, das davon ausgeht, daß für letztlich politische Entscheidungen die Verantwortlichen gegenüber dem Parlament und nicht vor einem Gericht Rechenschaft ablegen müssen.

Die praktischen Probleme resultieren aus der - behaupteten oder realen - Geheimhaltungsbedürftigkeit von streitentscheidenden Tatsachen. Werden diese jedoch nicht Gegenstand des Rechtsstreits, so kann ein Urteil des Gerichts nur einseitig ausfallen, was für denjenigen, dessen Fall entschieden wird, einer Rechtsverweigerung nahe oder sogar gleich kommt. Die *rule of law* wird dadurch auf den Kopf gestellt. In der Praxis wird dies - verständlicherweise - nicht zugegeben. Vielmehr wird von den Gerichten betont, daß die Rechtsprechung ihre Aufgabe auch dann auszufüllen hat, wenn Gründe nationaler Sicherheit für eine Entscheidung geltend gemacht werden. Es ist in diesen Fällen Aufgabe der

---

164 Forsyth, (1985) 36 NILQ 25, 30f. in Bezug auf *The Zamora* (1916) 2 AC 77; *Chandler v Director of Public Prosecutions,* [1962] 3 All ER 142 (HL) und *R. v Secretary of State for the Home Department, ex parte Hosenball,* (1977) WLR 766.

165 Vgl. Lord Diplock in *Council of Civil Service Unions v Minister for the Civil Service* (1985) AC 374, 410.

166 Hierzu mit Erläuterung des historischen Hintergrunds Lustgarten/Leigh, In from the cold, S. 323ff.

167 Lustgarten/Leigh, In from the cold, S. 338.

Exekutive, ihre Einschätzung zumindest glaubhaft zu machen. Auch dies kommt im Fall GCHQ zum Ausdruck. So formulierte *Lord Roskill*:

> *„The courts have long shown themselves sensitive to the assertion by the executive that considerations of national security must preclude judicial investigation of a particular individual grievance. But even in that field the courts will not act on a mere assertion that questions of national security were involved. Evidence is required that the decision under challenge was in fact founded upon those facts"*[168].

Abgesehen von diesem „niedrigen Standard"[169] wurden auf Seiten der britischen Judikative weitere Wege gefunden, um die *rule of law* im Umfeld „nationaler Sicherheit" ihrer Wirkung zu berauben. Diese reichen von der „Erfindung" von Tatsachen, um das Vorbringen der Exekutive zu stützen, über das - schier unmögliche - Ersuchen an den Kläger, seinerseits Beweise heranzutragen, bis hin zu der Bereitwilligkeit, unbestimmte Rechtfertigungen durch die Exekutive zu akzeptieren[170].

Für die weitere Entwicklung im Vereinigten Königreich ist es von erheblicher Bedeutung, ob sich das Tribunal nach RIPA 2000 die richterliche Selbstbeschränkung bei Fragen nationaler Sicherheit ebenfalls zu eigen macht. Das „Interesse der nationalen Sicherheit" stellt immerhin einen Grund dar, wonach eine heimliche Überwachungsmaßnahme genehmigt werden kann. In jedem Fall dürfte das Tribunal unter dem Einfluß des HRA 1998 diese Fragen neu überdenken, ehe es die „Trumpfkarte nationale Sicherheit"[171] erneut hervorholt.

d) Die Rolle des staatlichen Ermessensspielraums innerhalb des judicial review

Eine Überprüfung staatlicher Maßnahmen anhand des Verhältnismäßigkeitsprinzips erfordert zwar, anders als *Wednesbury review,* in jedem Fall eine

---

168 *Council of Civil Service Unions v Minister for the Civil Service* (1985) AC 374, 420 (per Lord Roskill).

169 Lustgarten/Leigh, In from the cold, S. 330.

170 Vgl. z.B. die Fälle *R. v Superintendant of Vine St Police Station, ex p. Liebmann* (1916) 1 KB 268; *Guardian Newspapers v Secretary of State for Defence* (1985) AC 339; *R. v Secretary of State for Home Affairs ex p. Ruddock* [1987] 2 All ER 518; *R. v Secretary of State for Home Affairs, ex p. Cheblak* [1991] 2 All ER 319; und hierzu im Detail Lustgarten/Leigh, In from the cold, S. 331ff. m.w.N.

171 Begriff bei Forsyth, (1985) 36 NILQ 25, 29, 32.

Interessenabwägung. Daraus folgt aber nicht, daß diese Vorgehensweise im Ergebnis immer zu einem stärkeren Schutz des Betroffenen führen wird. Beim Blick auf die Rechtsprechung des EGMR wurde deutlich, daß man sich auch im Rahmen der Verhältnismäßigkeitsprüfung vor die Notwendigkeit gestellt sieht, daß dem Staat - vor allem bei Maßnahmen der Gesetzgebung - ein Handlungsspielraum verbleiben muß. Der EGMR füllt diesen Handlungsspielraum mit Hilfe der Lehre vom staatlichen Ermessensspielraum aus. Diese Lehre wurde auch als das Straßburger Äquivalent zur englischen *Wednesbury* Doktrin bezeichnet, in dem die Begrenztheit der richterlichen Aufgabe anerkannt wird[172].

Doch folgt daraus nicht, daß die Gerichte des Vereinigten Königreichs im Rahmen der Interpretation des HRA 1998 mit dem Verhältnismäßigkeitsprinzip auch ohne weiteres die Lehre vom staatlichen Ermessensspielraum in das heimische Recht übertragen könnten. Der Grund für die richterliche Zurückhaltung des EGMR als *internationales* Gericht, das anzuerkennen hat, daß die nationalen Behörden eher in der Lage sind, die nationalen Gegebenheiten zu beurteilen, trifft auf sie nicht zu. Die Gefahr bestünde, daß der beabsichtigte Wandel durch den HRA 1998 bei der Übernahme dieser Lehre gering ausfallen würde[173]. Die nationalen Gerichte sollten eigenständig prüfen, wo sie den staatlichen Autoritäten sinnvollerweise einen eigenen Ermessensspielraum zugestehen. Dabei bleibt die Rechtsprechung des EGMR über den Ermessensspielraum insoweit relevant, da hier Mindestanforderungen festgelegt werden[174].

Es wäre nun zu kurz gegriffen, wenn die Gerichte des Vereinigten Königreichs statt der Straßburger Lehre vom staatlichen Ermessensspielraum die vertrauten Maßstäbe des *Wednesbury review* heranziehen würden. Damit würde der beabsichtigte Wandel ebenfalls nicht erreicht. Man könnte hier den Vorschlag von *Lustgarten/Leigh* aufgreifen, wonach sich ein Gericht die Frage stellen sollte, ob der Eingriff die demokratische Natur des zeitgenössischen Vereinigten Königreichs fördert[175]. Welche Maßstäbe sich aber in der Praxis entwickeln werden, bleibt vorerst abzuwarten.

---

172 „(...) it can be seen as the Strasbourg equivalent of the *Wednesbury* doctrine in English law: a recognition of the limitations of the judicial role in questioning the decisions which are challenged before them", so Supperstone/Coppel (1999) EHRLR 301, 317.

173 Vgl. Lustgarten/Leigh, (1999) CLJ 509, 515.

174 Supperstone/Coppel (1999) EHRLR 301, 319.

175 Lustgarten/Leigh, (1999) CLJ 509, 515.

3. Zustandekommen einer Entscheidung, Entscheidungsinhalt, - form und -frist

Nachdem die Beschwerde eingereicht worden war, sah IOCA 1985 eine weitere Mitwirkung des Beschwerdeführers nicht vor. RIPA 2000 scheint dagegen einer solchen Mitwirkung nicht so restriktiv gegenüberzustehen. Nach s. 69 (1) RIPA 2000 kann der zuständige Minister Verfahrensregeln („*rules*") aufstellen, die zumindest eine anwaltliche oder sonstige Vertretung des Beschwerdeführers zulassen[176].

Auch im Hinblick auf die Begründung von Entscheidungen ist RIPA 2000 offener als IOCA 1985 formuliert. Zwar wird nach s. 68 (4) RIPA 2000 in Anlehnung an das alte Recht der Beschwerdeführer lediglich davon unterrichtet, ob eine Entscheidung zu seinen Gunsten oder Ungunsten getroffen wurde[177]. Handelt es sich um eine Entscheidung zu Gunsten des Beschwerdeführers, und läßt sich der Erfolg der Beschwerde auf ein Handeln oder Unterlassen des Beschwerdeführers zurückführen, so muß das Tribunal darüber hinaus dem Premierminister Bericht erstatten, vgl. s. 68 (5) RIPA 2000. In den bereits erwähnten *rules* des zuständigen Ministers (Innenminister) könnte jedoch eine andere Regelung getroffen werden[178].

Als Gegenstand der Entscheidung kann das Gericht nach seinem Ermessen dem Beschwerdeführer Entschädigung gewähren, eine Überwachungsanordnung aufheben oder die Löschung von Daten verlangen[179]. Ein Recht des Beschwerdeführers auf Ausübung dieses Ermessens besteht dagegen nicht. RIPA 2000 stellt es außerdem in das Ermessen des Tribunals, eine Beschwerde zu bearbeiten, die mehr als ein Jahr nach der mutmaßlichen Überwachungsmaßnahme des Geheimdienstes zur Überprüfung gestellt wurde.

All diese Vorschriften machen deutlich, wie sehr die Prüfung einer Beschwerde bzw. die damit verbundene Transparenz, für den Beschwerdeführer vom Ermessen des zuständigen Ministers oder des Tribunals abhängen. Diese

---

[176] S. 69 (3), (4) RIPA 2000.

[177] Dies wurde bereits im Zusammenhang mit IOCA 1985 kritisiert, vgl. Noorlander (1999) 4 IJHR 49, 59.

[178] Vgl. s. 69 (4) (d) RIPA 2000.

[179] S. 67 (7) RIPA 2000; diese Aufzählung ist nicht abschließend und steht zudem unter dem Vorbehalt von „rules", die der zuständige Minister in Bezug auf die Amtsführung des Tribunals erlassen kann, vgl. s. 69 RIPA 2000.

Rechtslage wirft daher die Frage auf, ob damit „effektiver Rechtsschutz" i.S.v. Art. 13 EMRK noch gewahrt wird[180].

4. Rechtsmittel

In der Regel kann gegen die Entscheidung eines Tribunals im Hinblick auf Rechtsfragen Berufung vor dem *High Court* eingelegt werden, selbst wenn das Gesetz, das die Aufgaben des Tribunals festlegt, dies nicht ausdrücklich vorsieht[181]. Stellt der *High Court* einen Rechtsfehler fest, kann er durch einen *order of certiorari* die Entscheidung des Tribunals aufheben.

Diese Berufungsmöglichkeit wird von englischen Richtern als wichtiges rechtsstaatliches Erfordernis angesehen. Selbst einer ausdrücklichen Ausschlußklausel wird nur eine sehr eingeschränkte Bedeutung beigemessen. So stellte das *House of Lords* im Fall *Anisminic Ltd v. Foreign Compensation Commission*[182] fest, daß die Ausschlußklausel des *Foreign Compensation Act 1950* nicht für Fälle gelten würde, bei der das Tribunal seine Zuständigkeit überschritten hätte[183]. Die Frage nach einer Zuständigkeitsüberschreitung wurde dabei so großzügig interpretiert[184], daß die Ausschlußklausel praktisch wirkungslos bleiben mußte[185].

---

180 Vgl. zu diesen Kritikpunkten Wadham, allerdings mit Blick auf Art. 6 EMRK und das Recht auf ein „faires Verfahren", (2000) NLJ 514 und unten Kapitel 8, A.

181 Vgl. s. 11 Tribunals and Inquiries Act 1992.

182 *Anisminic Ltd v Foreign Compensation Commission* (1969) 2 AC 147.

183 Die Klausel lautete: „The determination by the commission of any application made to them under this Act shall not be called in question in any court of law".

184 Vgl. hierzu Ewing/Gearty, Freedom under Thatcher, S. 79: „Here the answer is just about any error the superior courts wish". Lord Reid in *Anisminic Ltd v Foreign Compensation Commission* (1969) 2 AC 147 zählt z.B. einen Verstoß gegen Treu und Glauben dazu, eine Entscheidung des Gerichts „which it had no power to make" (im Ergebnis eine Leerformel), einen Verstoß gegen das Naturrecht oder „It may have refused to take into account something which it was required to take into account" (Dies läßt an judicial review denken).

185 Das Verhalten des Gerichts in *Anisminic* wurde auch seitens der Judikative begrüßt, da die gesetzliche Bestimmung den als fundamental angesehenen gegenseitigen Respekt von Parlament und Gerichten verletzte. Vgl. Lord Woolf of Barnes, (1995) PL 57, 69:
„Since that case (d.h. der Ablehnung in *Anisminic*) Parliament has not again mounted such a challenge to the reviewing power of the High Court. There has been, and I am confident there will continue to be, mutual respect for each other´s roles. However, if Parliament did the unthinkable, then I would say that the courts would also be required to act in a manner which would be without precedent. Some judges might choose to do so by saying that it

Um eine solche Entwicklung zu verhindern, wurde vom Gesetzgeber bereits in s. 7 (8) IOCA 1985 die Ausschlußklausel zum ersten Mal so formuliert, daß den Gerichten kein Spielraum zur Umgehung der Klausel verblieb:

> „*The decisions of the Tribunal (including any decisions as to their jurisdiction) shall not be subject to appeal or liable to be questioned in any court*“[186].

Diese Klausel wurde vielfach kritisiert. Sie verhindert die Nachprüfung, ob das IOCA Tribunal sich wirklich im Rahmen seiner gesetzlich festgelegten Zuständigkeiten bewegt. Letztlich konnte das IOCA Tribunal damit über seine eigene Zuständigkeit entscheiden. Zu einer extensiven Auslegung seiner Zuständigkeit hat das IOCA Tribunal diese Freiheit jedoch nicht genutzt. Hoffnungen, das IOCA Tribunal könnte der Exekutive Erfordernisse auferlegen, die über das übliche - gemessen am Standard des *judicial review* - hinausgehen[187], haben sich nicht erfüllt.

Angesichts des erheblich weiteren Regelungsbereichs von RIPA 2000 wurde auch diese Rechtsweg-Ausschlußklausel neu gefaßt. S. 67 (8) RIPA 2000 bestimmt nun folgendes:

---

wears an unrebuttable presumption that Parliament could never intend such a result. I myself would consider there were advantages in making it clear that ultimately there are even limits on the supremacy of Parliament which is the courts' inalienable responsibility to identify and uphold. They are limits of the most modest dimensions which I believe any democrat would accept. They are no more than are necessary to enable the rule of law to be preserved“.

Vgl. hierzu auch Laws, (1993) PL 59, 78:

Anisminic (Hervorhebung durch Laws) *is a case about statutory construction, not the metaphysic of nullity. To oust the court's power of review is necessarily to put some party above the law, or, at least, to make it and not the court the judge of what the law is, which is the same thing. The courts will presume against the conferment of such a power. My point is that precisely the same approach may be taken where, or if ever, there is a naked assertion of a power to interfere with fundamental rights without a demonstrated justification. The courts will presume against it“.

186 Nahezu wortgleich s. 9 (4) ISA 1994 sowie s. 5 (4) SSA 1989: hier sind auch Entscheidungen des Commissioner in den Rechtsmittelausschluß einbezogen.

187 Vgl. Ewing/Gearty, Freedom under Thatcher, S. 79: „It is true of course that the device could potentially backfire: having equipped this Tribunal with so much power, it might begin to use it and impose demands on the executive which exceed those which the courts would demand“. Ewing/Gearty weisen jedoch auch darauf hin, daß es keine Möglichkeit gibt, die Exekutive zur Umsetzung eines Urteils des IOCA Tribunal zu zwingen, da der Contempt of Court Act im Bereich der „Verwaltungsgerichte“ nicht einschlägig ist, vgl. *Attorney-General v BBC* (1981) AC 303.

„Except to such extent as the Secretary of State may by order otherwise provide, determinations, awards, orders and other decisions of the Tribunal (including decisions as to whether they have jurisdiction) shall not be subject to appeal or be liable to be questioned in any court".

Anders als IOCA 1985 bleibt RIPA 2000 damit nicht beim absoluten Rechtswegausschluß stehen, sofern eine *order* des britischen Innenministers in Kraft ist. In welchen Fällen und unter welchen Voraussetzungen dies geschehen kann bzw. muß, regelt s. 67 (9ff.) RIPA 2000. Im Zusammenhang mit Beweisverwertungsverboten muß beispielsweise in Zukunft eine Berufungsmöglichkeit vorgesehen werden[188]. Die Vorschrift zur obligatorischen Berufungsmöglichkeit ist allerdings bislang nicht in Kraft getreten[189]. Da der Innenminister auch noch nicht von den fakultativen Möglichkeiten Gebrauch gemacht hat, Berufungen vorzusehen, ist bislang trotz einer offeneren Formulierung die Rechtswirklichkeit unverändert geblieben.

[188] S. 67 (9) i.V.m. S. 65 (2c) i.V.m. s. 17 RIPA 2000.

[189] Vgl. The Regulation of Investigatory Powers Act 2000 (Commencement Nr. 1 and Transitional Provisions) Order 2000 = SI 2000 Nr. 2543, C.71 (http://www.hmso.gov.uk/si/si2000/20002543.htm), der s. 67 (9) RIPA 2000 vom Inkrafttreten zum 24. Oktober 2000 ausnimmt.

KAPITEL 8:

GESAMTBEWERTUNG

A. Vereinbarkeit des nationalen Rechts mit den Vorgaben der EMRK

Mit den „Voraussetzungen“ und „Durchsetzungsmöglichkeiten“ des Rechtsschutzes sind die letzten Prämissen geklärt, die zu einem Urteil über die grundsätzliche Vereinbarkeit des jeweiligen nationalen Rechts mit den Vorgaben der EMRK befähigen[1].

Anhand der vorangegangenen Kapitel ist deutlich geworden, daß der EGMR sehr detailliert vorgibt, was die Mitgliedstaaten im Hinblick auf die heimliche Überwachung von Telekommunikation zu regeln haben.

So müssen - zusammenfassend - Regelungen über die zu überwachende Person, über die Umstände, unter denen überwacht werden darf, über die einzelnen Abhörmethoden und das anzuwendende Verfahren, über die Behandlung von Zufallsfunden und über die Art der gerichtlichen oder außergerichtlichen Kontrolle getroffen werden. Diese Kontrolle ist durch die ausdrückliche Betonung von „angemessenen und wirksamen Garantien gegen Mißbrauch“[2] im Rahmen heimlicher Überwachungsmaßnahmen unerläßlich. Noch genauer schreibt der Gerichtshof vor, daß die Kontrolle grundsätzlich unabhängig ausgestaltet sein muß und bei einem Verzicht auf eine gerichtliche Kontrolle die Opposition in einem unabhängigen Gremium ebenfalls Gehör und Stimme finden muß. Die konkrete inhaltliche Ausgestaltung bleibt allerdings dem staatlichen Ermessen vorbehalten. Im Bereich heimlicher Überwachungsmaßnahmen ist zudem international wie national eine Anpassung der Zulässigkeitsvoraussetzungen notwendig, soweit diese eine „Beschwer“ des Beschwerdeführers verlangen. Da ein überprüfbarer Nachweis heimlicher Überwachungsmaßnahmen oftmals nicht gelingen dürfte, muß hier ein nachvollziehbares potentielles Betroffensein genügen. Zudem wird die datenschutzrechtliche Problematik, die über den Eingriff in das Telekommunikationsgeheimnis hinausreicht, vom EGMR ebenfalls gesehen.

---

1 Es wurde bereits mehrfach darauf hingewiesen, daß der EGMR nur einzelfallbezogene Entscheidungen trifft. Die hier vorgenommene Bewertung kann daher auf der Basis der entschiedenen Fälle nur in die Richtung weisen, der der EGMR wahrscheinlich folgen würde.

2 EGMR, Urt. v. 6. September 1987, *Klass u.a. ./. Deutschland,* Serie A, Nr. 28, Ziff. 50 = EuGRZ 1979, 278 (285).

Auf den ersten Blick fordert der EGMR mit seinen Vorgaben also ein hohes Schutzniveau zugunsten von Personen, deren Telekommunikation heimlich überwacht worden ist. In der Tat wurde der staatliche Spielraum zur Ausgestaltung eines Systems heimlicher Überwachungsmaßnahmen in feste Bahnen gelenkt. Diese Einschätzung scheint durch die Tatsache bestätigt zu werden, daß der EGMR bereits einige nationale Überwachungssysteme, ob geheimdienstlich oder polizeilich, auf Telekommunikation oder sonstige Ausspähung privater Daten gerichtet, für mit der EMRK unvereinbar erklärt hat.

Betrachtet man allerdings die vom EGMR entschiedenen Fälle im Detail, so muß das Urteil etwas nüchterner ausfallen. Die Frage, wann der EGMR ein nationales System heimlicher Überwachungsmaßnahmen für unzulässig erklärt hat, verdient genauere Betrachtung.

Die Fälle, in denen eine Verletzung von Art. 8 EMRK bzw. Art. 13 EMRK festgestellt wurde, lassen sich ausnahmslos darauf zurückführen, daß die Überwachung entweder überhaupt nicht gesetzlich geregelt war oder daß mit der vorhandenen gesetzlichen Regelung dem Bestimmtheitsgrundsatz nicht ausreichend Rechnung getragen wurde, weil Regelungslücken bestanden.

In allen anderen Fällen, in denen die gesetzliche Regelung dem Bestimmtheitsgrundsatz genügte, wurde die Beschwerde entweder bereits von der Kommission als unzulässig verworfen oder schließlich vom Gerichtshof als unbegründet abgewiesen. Es zeichnet sich daher ab, daß gesetzlich geregelte Überwachungssysteme von den Konventionsorganen durchweg nicht beanstandet werden.

Zudem fordert der EGMR bislang keine Ausdehnung des räumlichen Schutzbereichs des Fernmeldegeheimnisses auf die Gespräche von Ausländern im Ausland zwingend ein, obwohl sich dies mit Blick auf den Wortlaut und den Schutzzweck der EMRK begründen ließe. Damit erstreckt sich auch die Rechtmäßigkeitskontrolle anhand der EMRK bislang nicht auf diese Konstellationen[3].

Die Rechtmäßigkeitsbeurteilung heimlicher Überwachung von internationaler Telekommunikation ist anhand dieser Vorgaben vorgezeichnet: Die jeweiligen Überwachungssysteme sind im nationalen Recht Deutschlands und des

---

[3] Allerdings ist durchaus denkbar, daß sich durch die Interpretation des staatlichen Ermessensspielraums Eingriffe in diese Konstellation weitgehend rechtfertigen ließen, so daß mit der Anerkennung eines weiten räumlichen Schutzbereichs im Ergebnis wenig gewonnen wäre.

Vereinigten Königreichs umfassend gesetzlich geregelt. Keiner der vom EGMR zwingend geforderten Bereiche ist von diesen gesetzlichen Regelungen ausgenommen. Dies trifft auch im Hinblick auf das englische Recht zu, obwohl es weder Auskunfts- oder Benachrichtigungspflichten statuiert noch das Recht auf eine wirksame Beschwerde nach Art. 13 EMRK durch den HRA 1998 in das Recht des Vereinigten Königreichs inkorporiert wurde[4].

Letzteres läßt sich darauf zurückführen, daß die EMRK die Inkorporation nicht vorschreibt, es mithin ausreicht, wenn die vorhandenen Beschwerdemöglichkeiten als „effektiv“ angesehen werden können. Aus der Sicht der Konventionsorgane ist dies der Fall trotz der Tatsache, daß bislang keine Beschwerde vor dem Tribunal zugunsten eines Beschwerdeführers ausgegangen ist - ein Vorwurf, den man im Ergebnis wohl ebenfalls gegen das deutsche Recht erheben könnte[5]. Ersteres, d.h. die im Vereinigten Königreich nicht vorhandenen Auskunfts- und Benachrichtigungspflichten, sind nach der Systematik der Konvention nicht zwingend vorgeschrieben.

Auf der Basis der gegenwärtigen Rechtsprechung des EGMR ist die heimliche Überwachung internationaler Telekommunikation daher in beiden Vergleichsländern mit der EMRK vereinbar.

Dieser Befund bedeutet allerdings nicht, daß das geltende Recht das Optimum dessen darstellt, was von einem System staatlicher Telekommunikationsüberwachung erwartet werden kann. Vielmehr spiegelt er den herausragen-

---

4 Auf den ersten Blick könnte die Auslassung von Art. 13 EMRK Anlaß zu Spekulationen über die Motive der britischen Regierung geben. Kritisch zur Auslassung von Art. 13 EMRK z.B. (in Bezug auf diesbezügliche Änderungsanträge) Lord Lester of Herne Hill, HL Deb vol. 583 col. 467, 468, 470 vom 18. November 1997 (http://www.parliament.the-stationary-office.co.uk). Hinter dieser Vorgehensweise steht jedoch offensichtlich nicht die Absicht, sich eine Hintertür für die Eingrenzung von Beschwerdemöglichkeiten offen zu halten. Vielmehr war man der Ansicht, daß aufgrund der remedies, die der HRA 1998 im Fall einer Konventionsverletzung vorsieht, alle vorstellbaren Fälle erfaßt würden. Ein unmittelbarer Rückgriff auf Art. 13 EMRK wurde darüber hinaus als überflüssig angesehen, zumal eine Inbezugnahme der britischen Gerichte auf die Rechtsprechung des EGMR zu dieser Vorschrift nach Auskunft des Lord Chancellors Lord Irvine of Lairg für die Regierung nicht ausgeschlossen ist: HL Deb vol. 583 col. 475-477 vom 18. November 1997 (http://www.parliament.the-stationary-office.co.uk).

5 Insbesondere hat die EKMR, nachdem die gesetzlichen Regelungen geschaffen worden waren, die verfahrensrechtlich und materiell-rechtlich eingeschränkten Befugnisse des IOCA Tribunals - die eher restriktiver ausgestaltet sind als die des RIPA 2000 Tribunals - nicht beanstandet, vgl. die EKMR, Entsch. v. 27. Juni 1994, *Christie ./. Vereinigtes Königreich* (http://www.echr.coe.int).

den Stellenwert des staatlichen Ermessensspielraums wider, den der Gerichtshof den Mitgliedsstaaten auch in diesem sensiblen Bereich zugesteht.

Fraglich ist jedoch, ob der EGMR im Bereich heimlicher Überwachungsmaßnahmen die Grenzen des staatlichen Ermessens nicht hätte enger ziehen müssen, um so dem von ihm selbst aufgestellten Grundsatz eines möglichst effektiven Menschenrechtsschutzes gerecht zu werden. Schon der bereits erwähnte Umstand, daß weder das Tribunal im Vereinigten Königreich noch, soweit ersichtlich, die Gerichte in Deutschland im Bereich der Auslandsüberwachung zugunsten eines Betroffenen entschieden haben, läßt an der Wirksamkeit vorhandener Beschwerdemöglichkeiten zweifeln. Auch scheinen die materiell-rechtlichen und verfahrensrechtlichen Schwächen, die im Zusammenhang mit den gesetzlichen Regelungen des Tribunals aufgezeigt wurden[6], von der EKMR nicht ausreichend in die Beurteilung eines „effektiven Rechtsschutzes“ einbezogen worden zu sein.

Neben diesem punktuellen Vorwurf an die Beurteilung der „Effektivität“ einer Beschwerdemöglichkeit liegt ein entscheidender Schwachpunkt in der vom EGMR bislang nicht aufgegebenen Prämisse, wonach mehrere Beschwerderechte im nationalen Recht, die für sich gesehen die Anforderungen an eine „wirksame Beschwerde“ i.S.v. Art. 13 EMRK nicht erfüllen, in ihrer Gesamtheit dann doch als „wirksame Beschwerde“ angesehen werden können. Die Rechtsposition des einzelnen verbessert sich durch eine mengenmäßige Zunahme unwirksamer Beschwerden nicht. Eine nachvollziehbare Begründung ist nicht erkennbar. Aufgrund des besonderen Gefährdungspotentials heimlicher Überwachungsmaßnahmen in einem demokratischen Rechtsstaat müßte vielmehr darauf bestanden werden, daß die vorhandenen rechtsstaatlichen Sicherungen besonders zahlreich *und* effektiv sein müssen, um eine Ausuferung der Überwachung und den Mißbrauch solcher Maßnahmen von vornherein zu unterbinden.

Weiter wurde von den Konventionsorganen die vom EGMR im Fall *Klass* angelegte Rechtsauffassung, daß die EMRK regelmäßig eine Benachrichtigung von Personen verlange, deren Telekommunikation heimlich überwacht worden sei[7], im weiteren Verlauf nicht durchgehalten. Da jedoch nur eine grundsätzlich auf Lückenlosigkeit angelegte Benachrichtigungspflicht die umfassende ge-

---

6 Vgl. oben Kapitel 7, C.III.

7 EGMR, Urt. v. 6. September 1987, *Klass u.a. ./. Deutschland,* Serie A, Nr. 28, Ziff. 71f. = EuGRZ 1979, 278 (288).

richtliche Überprüfung von heimlichen Überwachungsmaßnahmen ermöglicht, sollte dieses Erfordernis in zukünftigen Fällen durch den Gerichtshof wieder stärkere Berücksichtigung finden.

Entscheidet sich ein Gemeinwesen allerdings dazu, das Mittel heimlicher Telekommunikationsüberwachung einzusetzen, wird sich kaum vermeiden lassen, daß die „Wirksamkeit" von Beschwerdemöglichkeiten und Rechtsmitteln aufgrund entgegenstehender Geheimschutzgründe immer wieder an Grenzen stößt. Um diese Grenzen auf möglichst wenige Fälle zu beschränken, muß der Gesetzgeber sein Überwachungssystem immer wieder neu hinterfragen.

Diese Aufgabe ist jedoch vorrangig von den Mitgliedstaaten zu leisten. Der EGMR ist seiner Aufgabe, einen europäischen Mindeststandard durchzusetzen, trotz der angesprochenen Kritikpunkte im wesentlichen gerecht geworden.

B. Vergleichbarkeit von deutschem und englischem Recht?

Als zweites muß bei einer „Gesamtbewertung" dieser Arbeit zur Vergleichbarkeit des deutschen mit dem englischen Recht Stellung genommen werden. Dies erfordert eine Betrachtung der wichtigsten Gemeinsamkeiten und Unterschiede der nationalen Überwachungssysteme.

Eine erste Gemeinsamkeit des deutschen und englischen Rechts ist rein formaler Natur. Beide Länder haben die Tätigkeiten ihrer (Auslands-) Nachrichtendienste erst Anfang der neunziger Jahre und damit sehr spät auf eine gesetzliche Grundlage gestellt.

Auch inhaltliche Gemeinsamkeiten lassen sich feststellen. So sehen beide Länder mehrere Kontrollinstanzen vor, die sowohl im Bereich der Exekutive als auch der Judikative angesiedelt werden können. Interessanterweise wurde die Frage der personellen Ausstattung dieser Kontrollinstanzen in letzter Zeit sowohl in Deutschland als auch im Vereinigten Königreich stärker in den Mittelpunkt gestellt. Einerseits ermöglicht RIPA 2000 eine stärkere personelle Unterstützung des *Commissioner*, andererseits hat auch der deutsche Gesetzgeber auf die in die gleiche Richtung weisende Forderung des BVerfG im jüngsten „Abhörurteil" reagiert. G 10 n.F. sieht demzufolge in § 15 nicht nur eine Stärkung der G 10-Kommission um vier stellvertretende Mitglieder vor, sondern auch eine bessere Personal- und Sachausstattung zur Unterstützung der Kommissionsmitglieder.

Ähnlichkeiten lassen sich auch in der Art der Auskunftserteilung beobachten, ungeachtet dessen, ob sie nach deutschem Recht auf einem Auskunftsanspruch gegen den BND oder im Vereinigten Königreich auf dem Ergebnis einer Beschwerde vor dem Tribunal beruht. In beiden Fällen wird die Auskunft so erteilt, daß die Gefahr einer Ausforschung als gemeinsames Interesse beider Dienste ausgeschlossen ist.

Insgesamt lassen sich jedoch deutlich mehr Unterschiede als Gemeinsamkeiten feststellen. Die ersten Weichen für diese Unterschiede werden durch die unterschiedliche verfassungsrechtliche Ausgangslage gestellt. Ein dem Fernmeldegeheimnis vergleichbares „Grundrecht" als oberster Wertmaßstab läßt sich im Vereinigten Königreich auch nach Inkrafttreten des HRA 1998 nur mit Vorsicht feststellen, im übrigen bewegt sich der in RIPA 2000 verankerte Schutz von Telekommunikationsbeziehungen auf der Ebene des einfachen Rechts.

Während der in Deutschland erst im „Verbrechensbekämpfungsgesetz" von 1994 vollzogene Schritt, die heimliche Überwachung internationaler Telekommunikation in Aufklärungsfeldern zuzulassen, die sich nicht mehr eindeutig und ausschließlich dem Bereich der äußeren Sicherheit zuordnen lassen, verfassungsrechtliche Diskussionen ausgelöst hat, steht man im Vereinigten Königreich solchen gesetzlichen Befugnissen wesentlich unbefangener gegenüber. Sowohl nach RIPA 2000, dem Vorläufergesetz IOCA 1985 und der zuvor geübten Praxis stellen sie eine Selbstverständlichkeit dar.

Zwar trifft es zu, daß in beiden Ländern mehrere Kontrollinstanzen tätig sind, die sich den Bereichen von Exekutive, Legislative und Judikative zuordnen lassen. Im einzelnen bestehen hier jedoch besonders deutliche Unterschiede. So lassen sich beispielsweise bei dem wichtigen Element der parlamentarischen Kontrolle geheimdienstlicher Tätigkeit im Vereinigten Königreich nur vorsichtige Anfänge feststellen, die zudem auf konkrete Maßnahmen wie die heimliche Überwachung internationaler Telekommunikation nicht zugeschnitten sind. Dies läßt sich darauf zurückführen, daß der Wille zur Geheimhaltung im Vereinigten Königreich, aber auch deren Akzeptanz in der englischen Öffentlichkeit, stärker ausgeprägt ist als in der Bundesrepublik.

Auch die unterschiedlichen Organisationen und Vorgehensweisen im Bereich der Judikative verdienen nähere Betrachtung. Die Errichtung des Tribunals im Vereinigten Königreich als spezieller Spruchkörper im Bereich heimlicher (Telekommunikations-)Überwachungsmaßnahmen hat den Vorteil, daß sich dieses Gericht eine besondere Sachkenntnis aufbauen kann, was in diesem sensiblen Bereich auch dazu führen könnte, daß die Dienste im Interesse der Wahrheitsfindung bereitwilliger mit diesem Gericht kooperieren. Bei einem Blick auf den rechtlichen Maßstab des *judicial review*, den das Tribunal als Teil der Verwaltungsgerichtsbarkeit anlegt, wurden jedoch die Grenzen der richterlichen Überprüfung deutlich. Während vor deutschen Gerichten eine Rechtskontrolle am Maßstab der Verfassung auch im Hinblick auf Regierungstätigkeit selbstverständlich ist, haben sich englische Gerichte bis in jüngster Zeit große Zurückhaltung auferlegt, wenn es darum ging, Maßnahmen der Regierung rechtlich zu überprüfen. Die Vorsicht war um so ausgeprägter, je offensichtlicher Fragen nationaler Sicherheit Entscheidungsgegenstand waren. In dieser Rechtstradition steht auch das Tribunal nach RIPA 2000. Ob sich diese Einstellung durch das Inkrafttreten des HRA 1998 wandeln wird oder ob etwa im Hinblick auf einen staatlichen Ermessensspielraum der Regierung weiterhin ein möglichst großer Freiraum zugestanden werden wird, kann derzeit nur schwer eingeschätzt werden. Da die Rechtsentwicklung, die letztlich zum Inkrafttreten des HRA 1998 geführt hat, maßgeblich von hohen Repräsentanten der Rechtsprechung beeinflußt wurde, dürfte vorsichtiger Optimismus angebracht sein.

Der Unterschied zwischen den Rechtstraditionen in Deutschland und dem Vereinigten Königreich zeigt sich auch darin, daß einige Aspekte der heimlichen Überwachung internationaler Telekommunikation, die in Deutschland zu heftigen verfassungsrechtlichen Diskussionen geführt haben, im Zusammenhang mit Geheimdiensten im Vereinigten Königreich, soweit ersichtlich, nicht erörtert werden. Insbesondere betrifft dies die Frage der Anwendbarkeit des „Fernmeldegeheimnisses" auf Ausländer im Ausland, die Datenübermittlung zwischen den einzelnen Sicherheitsbehörden oder die gesetzliche Festlegung von Auskunfts- und Benachrichtigungspflichten. Auch darin kommt die stärker ausgeprägte Geheimhaltungstradition im Vereinigten Königreich zum Ausdruck.

Dem Ausgangsanliegen, aus den Lösungsansätzen des englischen Rechts Anstöße für die Rechtslage in Deutschland zu gewinnen, kann nach den vorangegangenen Feststellungen im Ergebnis nur sehr eingeschränkt Rechnung getragen werden. Verfassungsrechtliche Impulse lassen sich dem Recht des Vereinigten Königreichs aufgrund der unterschiedlichen verfassungsrechtlichen Ausgangslage nicht entnehmen. Als „Vorgaben" sind dort seit dem Inkrafttreten des HRA 1998 die vom EGMR aufgestellten Grundsätze für ein System heimlicher Telekommunikationsüberwachung maßgeblich. Im Vergleich stellt jedoch das deutsche Verfassungsrecht sowohl in Bezug auf die Zulässigkeit strategischer Überwachungsmaßnahmen als auch hinsichtlich der geforderten Datenschutzmaßnahmen, Kontrollinstanzen und Rechtsschutzmöglichkeiten einen strengeren Maßstab auf.

Als Anregung aus dem englischen Recht läßt sich allenfalls die Kontrollinstanz des *Interception of Communications Commissioner* als Vorbild für eine zusätzliche Bestellung eines speziellen „Datenschutzbeauftragten für die Dienste“ zur Ergänzung des geltenden Kontrollsystems heranziehen, doch dürfte diese Forderung im Hinblick auf das am 29. Juni 2001 in Kraft getretene G 10 n.F. in naher Zukunft kaum zu verwirklichen sein.

LITERATURVERZEICHNIS:

Albert, Helmut: Das „Trennungsgebot" - ein für Polizei und Verfassungsschutz überholtes Entwicklungskonzept?, ZRP 1995, 105ff.

Albrecht, Peter-Alexis: Grenzen „geheimer Verbrechensbekämpfung"? Die G 10-Entscheidung des Bundesverfassungsgerichts (BVerfGE 100, 313ff.), KritV 2000, 273ff.

Alder, John: Constitutional and Administrative Law, 3. Aufl., Houndmilles, Basingstoke, London 1999.

Alexy, Robert: Theorie der Grundrechte, 1. Aufl., Frankfurt am Main 1986.

Aristoteles: Politik. Schriften zur Staatstheorie. Übersetzt und herausgegeben von Franz F. Schwarz, Stuttgart 1989.

Arndt, Claus: Anmerkung zu EGMR, Urt. v. 6. September 1978 (Klass ./. Deutschland), NJW 1979, 1760.

Arndt, Claus: Die „strategische Kontrolle" von Post- und Fernmeldeverkehrsbeziehungen, NJW 1985, 107ff.

Arndt, Claus: Die Kontrolle der Post- und Fernmeldeüberwachung in Großbritannien, DÖV 1990, 467ff.

Arndt, Claus: Die Fernmeldekontrolle im Verbrechensbekämpfungsgesetz, NJW 1995, 169ff.

Arndt, Claus: Zum Abhörurteil des BVerfG, NJW 2000, 47ff.

Auernhammer, Herbert: Die Europäische Datenschutz-Konvention und ihre Auswirkungen auf den grenzüberschreitenden Datenverkehr, DuD 1985, 7ff.

Badura, Peter: Territorialprinzip und Grundrechtsschutz, in: Freiheit und Eigentum, Festschrift für Walter Leisner zum 70. Geburtstag. Herausgegeben von Josef Isensee und Helmut Lecheler, Berlin 1999 (zitiert: Badura, FS Leisner).

Bär, Wolfgang: Strafverfahrensrechtliche Aspekte der Online-Kommunikation, in: Kröger, Detlef / Gimmy, Marc A. (Hrsg.), Handbuch zum Internetrecht, S. 611ff., Heidelberg 2000 (zitiert: Bär, in: Handbuch zum Internetrecht).

Bäumler, Helmut: Der Auskunftsanspruch des Bürgers gegenüber den Nachrichtendiensten, NVwZ 1988, 199ff.

Bäumler, Helmut: Geheimhaltung und Transparenz bei der Datenverarbeitung der Geheimdienste, DuD 1996, 537ff.

Baldus, Manfred: Rechtliche Grenzen der Fernmeldeüberwachung durch den Bundesnachrichtendienst, RTkom 3/4/1999, S. 133ff.

Baum, Marius: Rights Brought Home - Zur Inkorporierung der Europäischen Konvention zum Schutze der Menschenrechte und Grundfreiheiten in das nationale Recht des Vereinigten Königreiches von Großbritannien und Nordirland, EuGRZ 2000, 281ff.

Baxter, John: State security, privacy and information, New York, London, Toronto, Sydney, Tokio, Singapore, 1990.

Bernstein, Herbert: Ein Kollisionsrecht für die Verfassung, NJW 1965, 2273ff.

Best, Kirstie: MI 5 and MI 6: Old Wine in New Bottles?, (1993-94) 16 HLR 90.

Bettermann, Karl August: Die Rechtsweggarantie des Art. 19 Abs. 4 GG in der Rechtsprechung des Bundesverfassungsgerichts, AöR 1971, 528ff.

Bibel: Studienausgabe. Einheitsübersetzung der Heiligen Schrift, Psalmen und Neues Testament, ökumenischer Text, 1. Aufl., Stuttgart 1984.

Birkett Report: Report of the Committee of Privy Councillors Appointed to Inquire into the Interception of Communications, Cmnd 283 (1957).

Bizer, Johann: Verschlüsselung und staatlicher Datenzugriff - Die deutsche Debatte - , in: Büllesbach, Alfred (Hrsg.), Datenschutz im Telekommunikationsrecht, Deregulierung und Datensicherheit in Europa, Köln 1997 (zitiert: Bizer, in: Büllesbach (Hrsg.), Datenschutz im Telekommunikationsrecht).

Bleckmann, Albert: Das Allgemeine Persönlichkeitsrecht in der Europäischen Menschenrechtskonvention, in: Recht der Persönlichkeit, hrsg. von Hans-Uwe Erichsen, Helmut Kollhosser, Jürgen Welp, Berlin 1996 (zitiert: Bleckmann, in: Recht der Persönlichkeit).

Bleckmann, Albert: Staatsrecht. 2. Die Grundrechte. Unter Mitarbeit von Ingo Erberich, Sabine Schmeinck und Heinz-Gerd Suelmann. Köln, Berlin, Bonn, München, 4. neubearb. Aufl., 1997.

Blumenwitz, Dieter: Einführung in das anglo-amerikanische Recht, 6. Aufl., München 1998.

Bolesch, Cornelia: Die Big-Brother-Hotline, SZ vom 6. Juli 2000.

Borgs-Maciejewski, Hermann/ Ebert, Frank: Das Recht der Geheimdienste: Kommentar zum Bundesverfassungsschutzgesetz (Gesetz über die Zusammenarbeit des Bundes und der Länder in Angelegenheiten des Verfassungsschutzes) sowie zum G 10 (Gesetz zur Beschränkung des Brief-, Post- und Fernmeldegeheimnisses - Gesetz zu Art. 10 Grundgesetz); nebst Sammlung aller einschlägigen Gesetze des Bundes und der Länder sowie einer Chronik der Nachrichtendienste, Stuttgart, München, Hannover 1986 (zitiert: Borgs-Maciejewski/Ebert).

Bradley, A.W./ Ewing, K.D.: Constitutional and Administrative Law, 12. Aufl., London, New York 1997, Wiederauflage mit Anhang 1999.

Breitenmoser, Stephan: Der Schutz der Privatsphäre gem. Art. 8 EMRK - Das Recht auf Achtung des Privat- und Familienlebens, der Wohnung und des Briefverkehrs, Basel und Frankfurt am Main 1986 (zitiert: Breitenmoser, Schutz der Privatsphäre).

Brenner, Michael: Bundesnachrichtendienst im Rechtsstaat: zwischen geheimdienstlicher Effizienz und rechtsstaatlicher Kontrolle, 1. Aufl., Baden-Baden 1990.

Bull, Hans Peter: Verfassungsrechtliche Vorgaben zum Datenschutz - zur Entscheidung des Bayerischen Verfassungsgerichtshofs vom 11.11.1997, CR 1998, 385ff.

Burke, Karen C.: Secret Surveillance and the European Convention on Human Rights, (1981) SLR 1113.

Burkert, Herbert: Die Konvention des Europarates zum Datenschutz - Rückblick und Ausblick, CR 1988, 751ff.

Cäsar, Gaius Julius: Der Gallische Krieg, übersetzt und erläutert von Curt Woyte, Nachwort von Karl Büchner, Stuttgart 1977.

Cameron, Iain: Telephone Tapping and the Interception of Communications Act 1985, (1986) 37 NILQ 126.

Cape, Ed: Regulating police surveillance, (2000) NLJ 452.

Cape, Ed: The right to privacy - RIP?, (2001) LA 21.

Chryssogonos, Kostas: Zur Inkorporation der Europäischen Menschenrechtskonvention in den nationalen Rechtsordnungen der Mitgliedstaaten, Europarecht 2001, 49ff.

Coester-Waltjen, Dagmar: Die Wirkungskraft der Grundrechte bei Fällen mit Auslandsberührung - familien- und erbrechtlicher Bereich, in: Coester-Waltjen, Dagmar/ Kronke, Herbert/ Kokott, Juliane: Die Wirkungskraft der Grundrechte bei Fällen mit Auslandsbezug: [in Zürich März 1997]; Referate und Thesen; mit Diskussion; with English Summaries of the reports; S. 9ff., Heidelberg 1998 (zitiert: Coester-Waltjen, in: Coester-Waltjen/Kronke/ Kokott, Wirkungskraft der Grundrechte).

Cohen-Jonathan, Gérard: Les „écoutes téléphoniques", in: Protecting Human Rights: The European Dimension, S. 97ff.; Studies in honour of Gérard J. Wiarda, hrsg. von Franz Matscher/ Herbert Petzold, Köln, Berlin, Bonn, München 1988 (zitiert: Cohen-Jonathan, FS Wiarda).

Cohen-Jonathan, Gérard: La Convention Européenne des Droits de l´homme, Paris 1989 (zitiert: Cohen-Jonathan, La Convention européenne).

Davies, Philip H.J.: The British Secret Services, Oxford 1996 (Bibliographie).

Davies, Simon: Interception of Communications - II, Storm Clouds Gather Over Spy Agency, (1999) CL&SR 392.

De Búrca, Gráinne: Proportionality and *Wednesbury* Unreasonableness: The Influence of European Legal Concepts on UK Law, (1997) EPL 561.

Denninger, Erhard: Die Trennung von Verfassungsschutz und Polizei und das Grundrecht auf informationelle Selbstbestimmung, ZRP 1981, 231ff.

De Smith, Stanley/ De Brazier, Rodney: Constitutional and Administrative Law, 8. Aufl., London, New York, Victoria, Toronto, Auckland 1998.

Dicey, A.V.: Introduction to the Study of the Law of the Constitution, 10. Aufl. 1959.

Dickinson, Ian S.: Statutory Regulation of the Intelligence Services, (1994) JLSS 298.

van Dijk, P./ van Hoof, G.J.H.: Theory and Practice of the European Convention on Human Rights, The Hague, London, Boston 1998 (zitiert: van Dijk/van Hoof, ECHR).

Diplock Report: Interception of Communications in Great Britain. Cmnd 8191 (1981).

Donson, Fiona: Civil Liberties and Judicial Review: Can the Common Law Really Protect Rights? in: Administrative Law Facing the Future: Old Constraints & New Horizons, hrsg. von Peter Leyland/ Terry Woods, London 1997 (zitiert: Donson, in: Administrative Law Facing the Future).

Dreier, Horst (Hrsg.): Grundgesetz. Kommentar, Bd. I: Artikel 1-19, Tübingen 1996 (zitiert: Dreier, GG).

Dürig, Günter/ Evers, Hans Ulrich: Zur verfassungsändernden Beschränkung des Post-, Telefon- und Fernmeldegeheimnisses, Bad Homburg v.d.H., Berlin, Zürich 1969.

Elbing, Gunther: Zur Anwendbarkeit der Grundrechte bei Sachverhalten mit Auslandsbezug, Berlin 1992, zugl.: München, Univ. Diss. 1994 (zitiert: Elbing, Anwendbarkeit der Grundrechte).

Endell, Antje: „Freund hört mit" - Zur TK-Überwachung befreundeter Dienste in Deutschland, DuD 1999, 692ff.

Entschließung der Konferenz der Datenschutzbeauftragten des Bundes und der Länder und der Datenschutzkommission Rheinland-Pfalz vom 27./28. März 1984, abgedruckt in: DÖV 1984, 504ff.

Erichsen, Hans-Uwe: Zu den Grenzen von Verfassungsänderungen nach dem Grundgesetz, VerwA 62 (1971), 291ff.

Evers, Hans Ulrich: Anmerkung zu BGH, Urteil vom 11. Januar 1963, JZ 1963, 404ff.

Ewing, K.D./ Gearty, C.A.: Freedom under Thatcher - Civil Liberties in Modern Britain, Oxford 1990.

Ewing, K.D.: The Human Rights Act and Parliamentary Democracy, (1999) MLR 79.

Fahrenhorst, Irene: Die Individualbeschwerde vor den Organen der Menschenrechtskonvention, Jura 1987, 130ff.

Feldman, David: Civil Liberties and Human Rights in England and Wales, Oxford 1993.

Forsyth, Christopher: Judicial review, the royal prerogative and national security, (1985) 36 NILQ 25.

Franke, Ulrich/ Wienroeder, Karl: Betäubungsmittelgesetz (BtMG). Kommentar. 2. neubearb. Aufl., Heidelberg 2001 (zitiert: Franke/Wienroeder, BtMG).

Frankenberg, Günter: Die Freiheit und die Verhältnisse - Anmerkungen zu den Beschlüssen des BVerfG zur Kunstfreiheit („Anachronistischer Zug“) und zur „strategischen Überwachung“ gemäß § 3 G 10, KJ 1984, 437ff.

Friehe, Heinz-Josef: Strategische Fernmeldekontrolle im internationalen Vergleich, ZFIS 1998, 215ff.

Frowein, Jochen A./ Peukert, Wolfgang: Europäische Menschenrechtskonvention - EMRK-Kommentar, 2. Aufl. Kehl a.R., Straßburg, Arlington 1996 (zitiert: Bearbeiter, in: Frowein/Peukert, EMRK-Kommentar).

Ganßer, Walter: Zusammenarbeit von Verfassungsschutz und Polizei, BayVBl. 1983, 711ff.

Geiger, Klaus: Datenschutz bei den Verfassungsschutzbehörden - Vorschläge für eine Neukonzeption, DVBl. 1990, 748ff.

Geiger, Rudolf: Grundgesetz und Völkerrecht: die Bezüge des Staatsrechts zum Völkerrecht und Europarecht, 2. Aufl., München 1994.

Germann, Michael: Gefahrenabwehr und Strafverfolgung im Internet, Berlin 2000, zugl. Erlangen, Nürnberg, Univ., Diss., 1999.

Gill, Peter: Policing Politics: Security Intelligence and the Liberal Democratic State, London 1994.

Gössner, Rolf: Lizenz zum Äther-Schnüffeln: Jüngstes BND-Abhörurteil beschädigt Bürgerrechte, Datenschutz Nachrichten 3/1999, 19f.

Grabenwarter, Christoph: Die Charta der Grundrechte für die Europäische Union, DVBl. 2001, 1ff.

Gridl, Rudolf: Datenschutz in globalen Telekommunikationssystemen - Eine völker- und europarechtliche Analyse der vom internationalen Datenschutzrecht vorgegebenen Rahmenbedingungen, Baden-Baden 1999.

Gröpl, Christoph: Die Nachrichtendienste im Regelwerk der deutschen Sicherheitsverwaltung: Legitimation, Organisation und Abgrenzungsfragen, Berlin 1993, zugl.: München, Univ. Diss., 1993 (zitiert: Gröpl, Nachrichtendienste).

Gröpl, Christoph: Das Fernmeldegeheimnis des Art. 10 GG vor dem Hintergrund des internationalen Aufklärungsauftrages des Bundesnachrichtendienstes, ZRP 1995, 13ff.

Grote, Rainer: Die Inkorporierung der Europäischen Menschenrechtskonvention in das britische Recht durch den Human Rights Act 1998, ZaöR 1998, 309ff.

Güllich, Gerhard: „Staubsauger im Äther", Der Spiegel 1993, Heft 15, S. 65ff.

Gusy, Christoph: Der Bundesnachrichtendienst, Die Verwaltung 1984, 273ff.

Gusy, Christoph: Die Rechtsstellung der Nachrichtendienste, Jura 1986, 296ff.

Gusy, Christoph/ Hueck, Ingo: Fernmeldegeheimnis für Auslandsgespräche? - Grundrechtsschutz und Grundrechtsreichweite, NJ 1995, 461ff.

Häberle, Peter: Die Abhörentscheidung des Bundesverfassungsgerichts vom 15.12.1970, JZ 1971, 145ff.

Hall, Karl-Heinrich: Notstandsverfassung und Grundrechtseinschränkungen - Kritische Bemerkungen zu einzelnen Problemen des Regierungsentwurfs eines Gesetzes zur Ergänzung des Grundgesetzes, JZ 1968, 159ff.

Halsbury's statutes of England and Wales: 4. Auflage, London 1986 -,
—Volume 41: Solicitors, Stamp Duties, Statutes (2000 Reissue)
—Volume 45: Telecommunications and Broadcasting (1999 Reissue).

Halsbury's laws of England: 4. Auflage, London 1973 -,
—Volume 8 (2): Constitutional Law and Human Rights (1996 Reissue).

Hampson, Françoise J.: The concept of an „arguable claim" under Art. 13 of the European Convention on Human Rights, 39 (1990) ICLQ 891.

Henke, Ferdinand: Die Datenschutzkonvention des Europarates, Studien zum vergleichenden und internationalen Recht, Bd. 1, Frankfurt am Main, Bern, New York 1986.

Hetzer, Wolfgang: Geheimdienste gegen organisierte Kriminalität?, ZFIS 1999, 3ff.

Hetzer, Wolfgang: Polizei und Geheimdienste zwischen Strafverfolgung und Staatsschutz, ZRP 1999, 19ff.

Hilf, Meinhard: Die Charta der Grundrechte der Europäischen Union, in: Charta der Grundrechte der EU, Sonderbeilage zu NJW, EuZW, NVwZ und JuS 2000, S. 5*ff.

Hirsch, Alexander: Die Kontrolle der Nachrichtendienste. Vergleichende Bestandsaufnahme, Praxis und Reform. Berlin 1996.

Höfelmann, Elke: Das Grundrecht auf informationelle Selbstbestimmung anhand der Ausgestaltung des Datenschutzrechts und der Grundrechtsnormen der Landesverfassungen; Frankfurt am Main, Berlin, Bern, New York, Paris, Wien 1997.

Huber, Bertold: Post aus Pullach - Das G 10-Urteil des BVerfG vom 14.7.1999, NVwZ 2000, 393ff.

Intelligence and Security Committee: Report for 1995, Cm 3198 (1996).

The Interception of Communications in Great Britain 1980: Weißbuch. Cmnd 7873 (1980).

Interception of Communications in the United Kingdom - A Consultation Paper: Cm 4368 (1999).

Ipsen, Jörn: Staatsrecht. 2. Grundrechte; 3. überarb. Aufl.; Neuwied, Kriftel, Berlin 2000 (zitiert: Ipsen, Staatsrecht II).

Isensee, Josef: Grundrechtsvoraussetzungen und Verfassungserwartungen an die Grundrechtsausübung, in: Handbuch des Staatsrechts der Bundesrepublik Deutschland, hrsg. von Josef Isensee und Paul Kirchhof, Band V, Allgemeine Grundrechtslehren, § 115, Heidelberg 1992 (zitiert: Isensee, in: HbStR V).

Isensee, Josef: Staatsrechtliche Stellung der Ausländer in der BRD, VVStRL (32) 1974, 49ff.

Jarass, Hans/ Pieroth, Bodo: Grundgesetz für die Bundesrepublik Deutschland: Kommentar, 5. Aufl., München 2000 (zitiert: Bearbeiter, in: Jarass/Pieroth, GG, 5. Aufl.).

Jowell, Jeffrey/ Lester, Anthony: Beyond *Wednesbury:* Substantive Principles of Administrative Law, (1987) PL 368.

Kappeler, Robert: Die Kontrolle des Bundesnachrichtendienstes durch die parlamentarische Kontrollkommission, in: Auswärtige Sicherheit als nachrichtendienstliche Aufgabe - Herausforderungen in veränderter Globallage, hrsg. von Manfred Zoller, S. 315ff., Brühl 1999 (zitiert: Kappeler, in: Kontrolle des BND).

Kirchhof, Paul: Verfassungsrechtlicher Schutz und internationaler Schutz der Menschenrechte: Konkurrenz oder Ergänzung? in: EuGRZ 1994, 16ff.

Kopp, Ferdinand/ Ramsauer, Ulrich: Verwaltungsverfahrensgesetz, 7. wesentlich überarbeitete Auflage, München 2000 (zitiert: Kopp/Ramsauer, VwVfG, 7. Aufl.).

Kunig, Philip: Der Grundsatz informationeller Selbstbestimmung, Jura 1993, 595ff.

Kunig, Philip: Anmerkung zu OVG Nordrhein-Westfalen, Urteil vom 26. November 1981, DVBl. 1983, 38f.

Kutscha, Martin: Datenschutz durch Zweckbindung - ein Auslaufmodell? ZRP 1999, 156ff.

Laws, Sir John: Is the High Court the Guardian of Fundamental Constitutional Rights? (1993) PL 59.

Lehner, Dieter: Der Vorbehalt des Gesetzes für die Übermittlung von Informationen im Wege der Amtshilfe, München 1996; zugl.: München, Univ., Diss., 1996.

Leigh, Ian: A Tappers' Charter? (1986) PL 8.

Le Sueur, Andrew P./ Sunkin, Maurice: Public Law, London 1997.

Lloyd, Ian L.: The Interception of Communications Act 1985, (1986) MLR 86.

Lord Irvine of Lairg, Q.C.: Judges and Decision Makers: The Theory and Practice of Wednesbury Review, (1996) PL 59.

Lord Woolf of Barnes: Droit Public - English Style, (1995) PL 57.

Lüderitz, Alexander: Grundgesetz contra Internationales Privatrecht? Vorschläge zur Bestimmung des Geltungsbereichs von Grundrechten, RabelsZ 36 (1972), 35ff.

Lustgarten, Laurence/ Leigh, Ian: In from the Cold: National Security and Parliamentary Democracy, Oxford 1994.

Lustgarten, Laurence/ Leigh, Ian: Making Rights Real: The Courts, Remedies, and the Human Rights Act, (1999) CLJ 509.

Mahoney, Paul: Marvellous Richness of Diversity or Invidious Cultural Relativism? (1998) HRLJ 1.

v. Mangoldt, Hermann/ Klein, Friedrich/ Starck, Christian: Das Bonner Grundgesetz. Kommentar. Vierte, vollständig neubearbeitete Auflage;
Bd. 1: Präambel, Art. 1 bis 19; München 1999;
Bd. 2: Artikel 20 bis 78; München 2000 (zitiert: Bearbeiter, in: v. Mangoldt/ Klein/Starck, GG, 4. Aufl.).

Marshall, Geoffrey: Constitutional Conventions: the rules and forms of political accountability, 1st ed., repr. with additions, Oxford 1986.

Matscher, Franz: Zur Funktion und Tragweite der Bestimmung des Art. 13 EMRK, in: Festschrift für Ignaz Seidl-Hohenveldern, S. 315; Hrsg: Bockstiegel, Folz, Mössner, Zemanek; Köln, Berlin, Bonn, München 1988 (zitiert: Matscher, FS für Seidl-Hohenveldern).

Maunz, Theodor/ Dürig, Günter u.a.: Grundgesetz. Kommentar (Loseblattsammlung) München, Stand August 2000 (zitiert: Bearbeiter in Maunz/Dürig).

Meyer-Ladewig, Jens/ Petzold, Herbert: Der neue ständige Europäische Gerichtshof für Menschenrechte, NJW 1999, 1165ff.

Meyer-Teschendorf, Klaus: Die Amtshilfe, JuS 1981, 187ff.

Milgate, Helen: Interception of communications, (2000) NLJ 1862.

Möstl, Markus: Verfassungsrechtliche Vorgaben für die strategische Fernmeldeaufklärung und die informationelle Vorfeldarbeit im allgemeinen, DVBl. 1999, 1394ff.

Müller-Terpitz, Ralf: Die „strategische Kontrolle“ des internationalen Telekommunikationsverkehrs durch den Bundesnachrichtendienst, Jura 2000, 296ff.

v. Münch, Ingo (Begr.)/ Kunig, Philip (Hrsg.): Grundgesetz-Kommentar; Band 1 (Präambel bis Art. 19), 5. neubearb. Aufl., München 2000 (zitiert: Bearbeiter, in: v. Münch, GG, 5. Aufl.);
Band 1 (Präambel bis Art. 20), 3. neubearb. Aufl., München 1985.

Nash, Susan: Interception of Communications in the European Union, (1996) The Juridical Review 320.

New Labour: Because Britain deserves better. Parteiprogramm 1997.

Newman, Frank C./ Vasak, Karel: Civil and Political Rights in: Vasak, Karel (General Editor): The International Dimensions of Human Rights, 1. Civil rights (International law) - Addresses, essays, lectures. Revised and edited for the English edition by Philip Alston, S. 135ff., Paris 1982 (zitiert: Newman/Vasak, in: Vasak/Alston I).

Nobbe: Auto und Brieftasche mit E-mail-Adresse, SZ vom 8. März 1999.

Noorlander, Peter: The Impact of the Human Rights Act 1998 on Covert Policing: Principles and Practice, (1999) 4 IJHR 49.

Norris, Martin: Es parte Smith: irrationality and human rights, (1996) PL 590.

Nowak, Manfred: UNO-Pakt über bürgerliche und politische Rechte und Fakultativprotokoll: CCPR-Kommentar, Kehl a.R., Straßburg, Arlington 1989 (zitiert: Nowak, CCPR-Kommentar).

Ovey, Clare: The Margin of Appreciation and Art. 8 of the Convention, (1998) HRLJ 10.

Palandt, Otto: Bürgerliches Gesetzbuch, 59. neubearbeitete Auflage, München 2000 (zitiert: Palandt-Bearbeiter, 59. Aufl.).

Paeffgen, Hans-Ullrich: Das Urteil des Bundesverfassungsgerichts zum G 10 in der Fassung des Verbrechensbekämpfungsgesetzes 1994, StV 1999, 668ff.

Petiti, Louis-Edmont/ Decaux, Emmanuel/ Imbert, Pierre-Henri (Hrsg.): La Convention européenne des droits de l'homme: Commentaire article par article, Paris 1995 (zitiert: Bearbeiter, in: Petiti/Decaux/Imbert, CEDH).

Peitsch, Dietmar/ Polzin, Christina: Die parlamentarische Kontrolle der Nachrichtendienste, NVwZ 2000, 387ff.

Pieroth, Bodo/ Schlink, Bernhard: Staatsrecht II - Grundrechte, 15. neubearb. Aufl., Heidelberg 1999 (zitiert: Pieroth/Schlink, Staatsrecht II).

Quaritsch, Helmut: Der grundrechtliche Status der Ausländer, in: Handbuch des Staatsrechts der Bundesrepublik Deutschland, hrsg. von Josef Isensee und Paul Kirchhof, Band V, Allgemeine Grundrechtslehren, § 120, Heidelberg 1992 (zitiert: Quaritsch, HbStR V).

Report of the Commissioner: Interception of Communications Act 1985, ch. 56:
—for 1988: Cm 652 (1989).
—for 1990: Cm 1489 (1991).
—for 1991: Cm 1942 (1992).
—for 1992: Cm 2173 (1993).
—for 1994: Cm 2828 (1995).
—for 1995: Cm 3254 (1996).
—for 1997: Cm 4001 (1998).
—for 1998: Cm 4364 (1999).

Report on the Profumo Affair: Cmnd 2152 (1963).

Riegel, Reinhard: Datenschutz bei den Sicherheitsbehörden, 2. neubearbeitete und erweiterte Auflage, Köln, Berlin, Bonn, München 1992.

Riegel, Reinhard: Der Quantensprung des Gesetzes zu Art. 10 GG (G 10), ZRP 1995, 176ff.

Riegel, Reinhard: Die Kontrolle von Überwachungsmaßnahmen nach dem Gesetz zu Art. 10 GG - Die Kontrollzuständigkeit der Datenschutzbeauftragten, DÖV 1985, 314ff.

Riegel, Reinhard: Gesetz zur Beschränkung des Brief-, Post- und Fernmeldegeheimnisses (Gesetz zu Art. 10 des Grundgesetzes) (G 10) mit Ausführungsvorschriften der Länder, München 1997 (zitiert: Riegel, G 10-Kommentar).

Riegel, Reinhard: Polizei und Geheimdienste (zu Hetzer, ZRP 1999, 19), ZRP 1999, 216ff.

Rieger, Thomas: Der Bundesnachrichtendienst im demokratischen Rechtsstaat, Ellwangen/Jagst 1986 (zitiert: Rieger, Bundesnachrichtendienst).

Rieger, Thomas: Zur Rechtswegeröffnung gemäß § 5 Abs. 5 Gesetz zu Art. 10 GG, DVBl. 1983, 1050ff.

Rieß, Joachim: Vom Fernmeldegeheimnis zum Telekommunikationsgeheimnis, in: Alfred Büllesbach (Hrsg.), Datenschutz im Telekommunikationsrecht - Deregulierung und Datensicherheit in Europa, Köln 1997 (zitiert: Rieß, in: Datenschutz im Telekommunikationsrecht).

Rivers, Julian: Menschenrechtsschutz im Vereinigten Königreich, JZ 2001, 127ff.

Roewer, Helmut: Nachrichtendienstrecht der Bundesrepublik Deutschland: Kommentar und Vorschriftensammlung für die Praxis der Verfassungsschutzbehörden, des Bundesnachrichtendienstes und des Militärischen Abschirmdienstes, Köln, Berlin, Bonn, München 1987.

Roewer, Helmut: Geschichtlicher Nachtrag zur Kontroverse um die Trennung von Polizei- und Verfassungsschutzbehörden, DVBl. 1988, 666ff.

Roewer, Helmut: Bürgerauskunft durch die Verfassungsschutzbehörden? Ein Beitrag zu § 13 II BDSG und § 3 I BVerfSchG, NVwZ 1989, 11ff.

Rogge, Kersten: Kommentierung zu Art. 25 in: Internationaler Kommentar zur Europäischen Menschenrechtskonvention, von Heribert Golsong † u.a., Red.:W. Karl; Köln, Berlin, Bonn, München, Loseblatt-Ausgabe. Grundwerk 1986. Stand 4. Lieferung, Mai 2000 (zitiert: Rogge, in: IntKomm EMRK).

Rohlf, Dietwalt: Der grundrechtliche Schutz der Privatsphäre - Zugleich ein Beitrag zur Dogmatik des Art. 2 Abs. 1 GG, Berlin 1980.

Rowe, Heather/ Proudler, Geraldine: A review of the right to privacy, with emphasis on interception of communications, (1993) CL&P 224.

Rupp, Hans Heinrich: Anmerkung zu BVerfGE 30, 1f. in: NJW 1971, 275ff.

Rupprecht, Reinhard: Zulässigkeit technischer Kommunikationsaufklärung durch den Bundesnachrichtendienst (BND), ZFIS 1999, 256ff.

Ruthig, Josef: Globalisierung und Grundgesetz - Die Grundrechte in Sachverhalten mit Auslandsbezug, in: Wolter, Jürgen/ Riedel, Eibe/ Taupitz, Jochen (Hrsg.): Einwirkungen der Grundrechte auf das Zivilrecht, Öffentliche Recht und Strafrecht: Mannheimer Fakultätstagung über 50 Jahre Grundgesetz, S. 271ff.; Heidelberg 1999 (zitiert: Ruthig, in: Wolter/ Riedel/Taupitz (Hrsg.): Einwirkungen der Grundrechte auf das Zivilrecht, Öffentliche Recht und Strafrecht).

Sachs, Michael: Fernmeldeüberwachung durch den Bundesnachrichtendienst (Rechtsprechungsübersicht), JuS 2000, 597ff.

Schieren, Stefan: Der Human Rights Act 1998 und seine Bedeutung für Großbritanniens Verfassung, ZParl 1999, 999ff.

Schlink, Bernhard: Das Abhör-Urteil des Bundesverfassungsgerichts, Der Staat 1973, 85ff.

Schlink, Bernhard: Die dritte Abhörentscheidung des Bundesverfassungsgerichts, NJW 1989, 11ff.

Schmitt Glaeser, Walter: Schutz der Privatsphäre in: Handbuch des Staatsrechts der Bundesrepublik Deutschland, Band VI: Freiheitsrechte, § 129. Hrsg. von Josef Isensee und Paul Kirchhof, Heidelberg 1989 (zitiert: Schmitt Glaeser, in: HbStR VI).

Scholz, Rupert/ Pitschas, Rainer: Informationelle Selbstbestimmung und staatliche Informationsverantwortung, Berlin 1984 (zitiert: Scholz/Pitschas, Informationelle Selbstbestimmung).

Schrader, Hans-Hermann: Das Abhörurteil des BVerfG: Gewinn oder Verlust für den Datenschutz? DuD 1999, 650ff.

Schröder, Meinhard: Zur Wirkkraft der Grundrechte bei Sachverhalten mit grenzüberschreitenden Elementen, in: Festschrift für Hans-Jürgen Schlochauer zum 75. Geburtstag am 28. März 1981, S. 137ff.; hrsg. v. Ingo von Münch, Berlin, New York 1981 (zitiert: Schröder in FS f. Schlochauer).

Schwan, Eggert: Das Abhörurteil des Europäischen Gerichtshofes für Menschenrechte, NJW 1980, 1992ff.

Schweitzer, Michael: Staatsrecht III. Staatsrecht, Völkerrecht, Europarecht. 7. neubearbeitete Auflage, Heidelberg 2000.

Seidel, Gerd: Handbuch der Grund- und Menschenrechte auf staatlicher, europäischer und universeller Ebene, 1. Aufl., Baden-Baden 1996.

Seidl-Hohenveldern, Ignaz/ Stein, Torsten: Völkerrecht, 10. neubearbeitete Aufl., Köln, Berlin, Bonn, München 2000.

Shpiro, Shlomo: Guarding the Guards - Parliamentary Control of the Intelligence Services in Germany and Britain, Interne Studie Nr. 146/1997 der Konrad-Adenauer-Stiftung, Sankt Augustin 1997.

Simitis, Spiros: Von der Amtshilfe zur Informationshilfe, NJW 1986, 2795ff.

Simitis, Spiros/ Dammann, Ulrich/ Geiger, Hansjörg/ Mallmann, Otto/ Walz, Stefan: Kommentar zum Bundesdatenschutzgesetz, 4. Aufl., Baden-Baden 1992 (Loseblattsammlung; Stand: 30. Lieferung, Mai 1999; zitiert: Bearbeiter, in: Simitis u.a., BDSG).

Smith, Kenneth/ Keenan, Denis J.: Smith & Keenan´s English law, 12. Aufl., London 1998 (zitiert: Smith&Keenan, English Law).

Staff, Ilse: Sicherheitsrisiko durch Gesetz - Anmerkung zum Urteil des Bundesverfassungsgerichts zum G 10-Gesetz, KJ 1999, 586ff.

Stelkens, Paul/ Bonk, Heinz Joachim/ Sachs, Michael u.a.: Verwaltungsverfahrensgesetz: Kommentar, 5. neubearbeitete Auflage, München 1998 (zitiert: Bearbeiter, in: Stelkens/Bonk/Sachs, VwVfG, 5. Aufl.).

Stern, Klaus: Das Staatsrecht der Bundesrepublik Deutschland, Bd. 3: Allgemeine Lehren der Grundrechte/ unter Mitwirkung von Michael Sachs, Halbband 1: Grundlagen und Geschichte, nationaler und internationaler Grundrechtskonstitutionalismus, juristische Bedeutung der Grundrechte, Grundrechtsberechtigte, Grundrechtsverpflichtete, München 1988 (zitiert: Stern, Staatsrecht III/1).

Supperstone, Michael/ Coppel, Jason: Judicial Review after the Human Rights Act, (1999) 3 EHRLR 310.

Tomuschat, Christian: Die staatsrechtliche Entscheidung für die internationale Offenheit, in: Handbuch des Staatsrechts der Bundesrepublik Deutschland, hrsg. von Josef Isensee und Paul Kirchhof, Band VII: Normativität und Schutz der Verfassung, § 172, Heidelberg 1992 (zitiert: Tomuschat, in: HbStR VII).

Verdross, Alfred/ Simma, Bruno: Universelles Völkerrecht: Theorie und Praxis, Dritte, völlig neu bearbeitete Aufl., Berlin 1984.

Vogel, Klaus: Der räumliche Anwendungsbereich der Verwaltungsrechtsnorm - Eine Untersuchung über die Grundfragen des sog. Internationalen Verwaltungs- und Steuerrechts, Frankfurt am Main, Berlin 1965.

Volio, Fernando: Legal Personality, Privacy and the Family, in: Henkin, Louis (Hrsg.), The International Bill of Rights - The Covenant on Civil and Political Rights, S. 183ff., New York 1981.

Wassermann, Rudolf (Gesamtherausgeber): Reihe Alternativkommentare. Kommentar zum Grundgesetz für die Bundesrepublik Deutschland. Band 1: Art. 1-20. Neuwied und Darmstadt 1984 (zitiert: Bearbeiter, in: Wassermann (Hrsg.), AK-GG).

Wadham, John: The Intelligence Services Act 1994, (1994) MLR 916.

Wadham, John: Secret service immunity, (2000) NLJ 514.

Warren, Samuel D./ Brandeis, Louis D.: The Right to Privacy, (1890) 4 Harv LR 193.

Weber, Klaus: Betäubungsmittelgesetz, Verordnungen zum BtMG: Kommentar. München 1999 (zitiert: Weber, BtMG).

Wenserski, Markus: Geheimnisschutz nach Art. 8 MRK und die Einwirkungen auf das deutsche und englische Recht, München 1988; zugl. München, Univ., Diss. 1988.

Werthebach, Eckart/ Droste-Lehnen, Bernadette: Organisierte Kriminalität, ZRP 1994, 57ff.

Wildhaber, Luzius/ Breitenmoser, Stephan: Kommentierung zu Art. 8 in: Internationaler Kommentar zur Europäischen Menschenrechtskonvention, von Heribert Golsong † u.a. Red.: W. Karl; Köln, Berlin, Bonn, München, Loseblatt-Ausgabe. Grundwerk 1986. Stand 4. Lieferung, Mai 2000 (zitiert: Wildhaber/Breitenmoser, in: IntKomm EMRK).

Williams, John: Intercepting Communications - Does the Act Provide Adequate Safeguards? 84 (1987) 13 LSG 971.

Wollweber, Harald: Die G 10-Novelle: Ungeahnte Folgen eines Richterspruchs, ZRP 2001, 213ff.

Wolff, Peter: Datenerhebung und -verarbeitung bei den Sicherheitsbehörden unter Berücksichtigung einer neuen Übermittlungskonzeption, Frankfurt am Main 1997.

Zellick, Graham: Government Beyond Law (1985) PL 283.

Zöllner, Dieter: Der Datenschutzbeauftragte im Verfassungssystem: Grundsatzfragen der Datenschutzkontrolle, Berlin 1995, zugl.: Bonn, Univ. Diss. 1994.

Zuleeg, Manfred: Grundrechte für Ausländer: Bewährungsprobe des Verfassungsrechts, DVBl. 1974, 341ff.

Zweigert, Konrad/ Kötz, Hein: Einführung in die Rechtsvergleichung auf dem Gebiete des Privatrechts, 3., neubearbeitete Auflage, Tübingen 1996.

FSC
www.fsc.org
MIX
Papier | Fördert gute Waldnutzung
FSC® C083411

Kolibri 360 GmbH
Ferdinand-Jühlke-Straße 7
99095 Erfurt, Deutschland
produktsicherheit@kolibri360.de